장 거 정
시대를 구하다

오 금 성

오금성 吳金成

전북 정주에서 출생, 서울대학교 사범대학 역사과를 졸업하고 같은 대학 동양 사학과에서 《明代 紳士層 研究》로 박사학위를 받았다(1986). 서울대학교 동양사학 과 교수로 재직(1972~2007)하면서 미국 하버드대 옌칭연구소·프린스턴대, 일본 도쿄대, 중국 베이징대, 타이완 중앙연구원 등의 방문교수였고, 서울대학교 동아 문화연구소장·명청사학회장·동양사학회장을 역임했다. 대한민국 학술원상을 수상 (2008)했으며, 현재 서울대학교 명예교수이다.

저서로는 《中國近世社會經濟史研究》(1988), 《國法과 社會慣行—明淸時代 社會經濟史 研究—》(2007), 《矛·盾의 共存—明淸時代 江西社會 研究—》(2007)가 있고, 공저로는 《科擧》(1981), 《講座 중국사》(1989), 《中國史研究的成果與展望》(1991), 《近世 東아시 아의 國家와 社會》(1998), 《明末淸初社會의 照明》(1990), 《명청시대 사회경제사》 (2007)가 있다. 중요 논문으로는 〈中國의 科擧制와 그 政治·社會的 機能〉(1981), 〈明 中期의 江西社會와 陽明〉(1997), 〈黑社會의 主人; 無賴〉(2007), 《〈金瓶梅〉를 통 해 본 16세기의 中國社會〉(2007), 〈從社會變遷視角對明中期史的再認識〉(2011), 〈太平 天國時期的江西社會和紳士〉(2012) 등 다수가 있다.

장거정 시대를 구하다

초판 1쇄 발행 2018. 8. 1.
초판 2쇄 발행 2018. 11. 15.

지은이   오 금 성
펴낸이   김 경 희
펴낸곳   (주)지식산업사
         본사 · 10881, 경기도 파주시 광인사길 53(문발동)
         전화 (031) 955-4226~7 팩스 (031) 955-4228
         서울사무소 · 03044, 서울시 종로구 자하문로6길 18-7
         전화 (02) 734-1978, 1958 팩스 (02) 720-7900
         영문문패 www.jisik.co.kr
         전자우편 jsp@jisik.co.kr
         등록번호 1-363
         등록날짜 1969. 5. 8.

책값은 뒤표지에 있습니다.

ISBN 978-89-423-9047-2(03910)

이 책에 대한 문의는
지식산업사로 연락 바랍니다.

오금성 저작집 4

장거정
시대를 구하다

오 금 성

지식산업사

서 문

개관논정(蓋棺論定)이란 말이 있다. '사람의 평가는 관 뚜껑을 덮고 나서 확정해야 한다'는 뜻이다. 명말의 재상 장거정(張居正, 1525-1582)이 눈을 감은 지 이미 436년이 되었지만, 세계 중국사 학계에서는 장거정의 일생을 '개관'한 채로 '논정'은 아직도 끝나지 않은 실정이다. 청나라 건륭 41년(1781)에 나온 《사고전서》(四庫全書)에는 "장거정의 일생에 대해서는 칭찬과 비난이 일정치 않아서, 아직도 정평이 없다"고 쓰여 있다. 이 말은 장거정이 눈감은 만력 10년(1582)부터 오늘에 이르기까지의 총결산이라고 할 수 있다.

16세기 중국사회는 곳곳에서 위기의 조짐이 보였다. 명나라(1368-1644)는 땅은 넓고 인구도 많았지만 북방에서는 몽골족, 남방에서는 왜구가 끊임없이 들어와 노략질해 갔고, 국가 재정은 수십 년째 적자가 계속되었다. 관료들은 온갖 부정을 저지르고, 기득권층은 대토지를 겸병하면서도 세금은 포탈하였다. 힘없는 농민은 유리방황하고 사방에서 폭동이 일어났지만, 조정에는 그러한 총체적 난국을 책임질 만한 지도자가 없었다.

바로 이때 감연히 자임하고 나선 사람이 장거정이었다. 장거정은 그러한 난세(難勢)를 통찰하고 종합적인 비전을 세운 후에는 좌고우면(左顧右眄)하지 않고 '죽으면 죽으리라'는 의지로 개혁을 실천한, 보기 드문 정치가였다.

주변 4강의 종잡을 수 없는 각축 속에서, 오늘날의 한국의 상황도 장거정이 살던 중국사회와 크게 다르지 않다. 이미 70년 이상 북한과 대치해 오는 상태에서 안보 상황은 아직도 요원한데, 국론은 극도로 분열되어 있고 경제는 갈수록 어려워지면서 국가경쟁력은 수년째 정체되어 있다. 바로 이러한 때에, 나라 안팎으로 심각한 위기에 처해 있던 명나라를 바로 세워 '구시재상'(救時宰相)이란 찬사를 받았던 430여 년 전의 장거정처럼, 우리에게도 정말 용기와 희망을 줄 수 있는 투철한 지도자가 절실하다.

필자는 54년 전에 대학원에 들어가 명대사(明代史)에 관심을 가지면서부터 장거정을 눈여겨보기 시작하였다. 1975년 일본에 건너갈 때 가능하면 장거정을 중심으로 관계되는 여러 문제를 보고 싶었다. 그런데 은사(恩師)이신 야마네 유키오(山根幸夫) 선생을 뵈었을 때, "인물 연구는 비교적 쉽게 고지를 점령할 수 있지만, 길게 숨을 쉴 수는 없다"고 하셨다. 그래서 망설이고 있을 때, 마침 시게타(重田德)와 가타야마(片山誠二郎) 씨의 논문을 읽고 깨달은 바 있어 장강 중류지방의 사회경제사를 연구하기로 하여 지금까지 40년 가까이 노력해 왔다. 그러면서도 뇌리에는 늘 장거정에 대한 애정이 자리하고 있었다.

명말 청초의 대학자인 황종희(黃宗羲, 1610-1695)는, 고국 명나라가 동북 변방의 소수민족인 여진족에게 멸망당하는 경천동지할 현실 속에서 《명이대방록》(明夷待訪錄)을 써서 '새로운 시대를 열어줄 현명한 군주를 고대하는 소망'을 담아냈다. 중국의 주둥룬(朱東潤, 1896-1988)은 정치 사회적으로 참으로 어려웠던 항일(抗日)전쟁 후기의 중국의 상황을 보면서 《장거정대전》(張居正大傳, 1945)을 집필하여 '장거정과 같은 구국의 지도자'를 소망하였다. 아놀드 토인비(Arnold Joseph Toynbee, 1889-1975)의 명언 가운데 '역사로부터 교훈을 얻지 못하는 민족에게는 밝은 미래는 결코 오지 않는다'는 말이 있다. 역사만큼 큰 스승은 없고 역사의 교훈만큼 정확한 교훈도 없다. 필자도 비재(非才)를 무릅쓰고, 마지막 연구의 하나로 장거정의 일생을 정리하여 '이 시대의 거울'로 삼아 볼까 하였다.

시들어가던 16세기의 명나라를 소생시켰던 장거정의 일생을 되살펴봄으로써, 한국에도 이러한 '탁월하고 투철한 비전을 갖춘 지도자'의 출현에 실낱같은 희망이나마 갖고 싶다. 좌파우파, 보수진보와 같은 이분법적인 편 가르기가 아니고, '보스'에게 맹종하는 사이비 정당정치가 아닌, 모든 세대를 아우르고 국민을 하나로 통합하여 '자유민주주의'를 지켜낼 수 있는 신념과 능력이 있는 탁월한 지도자를 기대해 본다. 이것이 '왜 이제 와서 새삼스럽게 장거정 타령인가?'라고 묻는 독자에 대한 답이다.

이 책이 나오기까지 어언 8-9년의 긴 산고를 겪었다. 기본적으로 나태한 탓도 있지만, 고려해야 할 사항이 너무도 많았기 때문이다. 이 과정에서 참으로 여러 분에게 귀중한 도움을 받았다. 김홍길·이준갑·구범진·조영헌·박민수 교수와 강원묵·채경수·이옥인·이옥지·김영진 제군들에게 조언과 교정의 도움을 받았다. 또한 지식산업사 김경희 사장은 어려운 출판 여건 아래에서도 흔쾌히 출판해 주셨고, 김연주 편집자는 난삽한 원고를 이렇게 보기 좋게 정리해 주었다. 모든 분들에게 깊은 감사를 드린다.

2007년 2월 정년할 때 그동안 동학들에게 진 '감사의 빚'이 너무도 많아 눈감을 때까지 5권의 책을 집필하여 갚아보겠다고 공언하였다. 그리고 11년 만에 겨우 이 한 권을 내놓게 되었다. 참으로 민망하기 그지없다. 그러나 그때의 공언은 아직도 유효하며, 그동안 진 감사의 빚은 꼭 갚고 싶다. 마음 같아서는 성경에 나오는 히스기야 왕과 같은 기도(왕하 20:1-11)라도 하고 싶다.

　끝으로 보잘것없는 부끄러운 책이지만, 이 책을 하나님께 바치고 싶다. 그리고 백발이 되어서도 변함없이 곁을 지켜주는 아내도 이 책 으로 적은 위안이나마 받았으면 좋겠다.

2018년 1월 1일
상도동 일우에서
吳 金 成

차 례

일러두기

1. 시대사에서 일반적으로 언급되는 내용에는 번잡을 피하기 위하여 주석을 달지 않았다.
2. 책에 기재된 날짜는 모두 음력이다.
3. 인용문의 표기는 ""과 ''로 되어 있다. ""는 원사료를 그대로 번역한 것이고, ''는 고문 투가 현대어로 맞지 않고 너무 길고 난삽하기 때문에, 앞뒤의 논지에 어긋나지 않는 정도에서 현대어에 맞게 생략하여 번역한 것이다.
4. 시대순으로 기술하였으므로, 반드시 절 제목과 맞지 않는 내용도 있다.
5. 가끔 중국 밖의 사실을 적은 것은 본문의 내용을 더욱 강조하고 명확히 하기 위함이다.
6. 지명 가운데 북경(北京)만은 너무 흔히 쓰기 때문에 '베이징'으로 표기하였다.
7. 사진 설명 부분에서 출처를 생략한 사진이나 지도는 저자가 소지하고 있거나 재편집한 것이다.

제1장

장거정이 가고 없는 세상

선생은 온몸을 다 바쳐 사직의 안위를 돌보고, 명예와 비방은 뜬구름 같이 여기면서 많은 개혁을 추진하며 원성을 샀다... 10년 동안 사직을 위해 이룬 공을 누가 잊겠는가? 나중에 반드시 그의 누명을 벗겨줄 사람이 있을 것이다.

_여곤(呂坤, 1536-1618)_

장거정상. 어린 황제 신종의 수보로서 개혁을 추진하여 명의 중흥을 이끌었다.

제1절 난세를 구한 재상(宰相)

명나라(1368-1644) 중기, 장거정이 살았던 16세기의 중국은 백성들로서는 참으로 살기 어려운 사회였다. 황제들은 하나같이 어리석은데다 정사를 돌보지 않았고, 무능한 관리들은 부정부패로 치부만 일삼았으며, 세호대가(勢豪大家)는 대토지를 겸병하고 세금은 포탈하면서도 도학군자인양 거드름만 피우면서 향촌에 군림하고 있었다. 북방에서는 몽골족이 끊임없이 침략하였고, 동남해안에서도 왜구가 수시로 약탈하였으므로〔北虜南倭〕, 이를 방어하기 위해서 지출되는 막대한 경비 때문에 수십 년 동안 재정 적자가 계속되었다. 10년이면 8-9회나 발생하는 재해와 질병 때문에, 백성들은 도탄에 빠져 있는 데도 세금은 갈수록 무거워져서 빈부격차는 날로 심화되었다. 이 때문에 16세기 중엽의 명나라는 모든 면에서 반세기 이상 쇠퇴의 길을 걷고 있었다.

관료들 중에는 이러한 난국을 인식하고 개혁의 필요성을 주장한 사람은 많았지만 정작 앞에 나서서 책임지려는 자질과 배포를 가진 지도자는 없었다. 바로 이렇게 어려운 시기에 감연히 나선 사람이 장거정이었다.

장거정은 세종 가정 4년(1525)에 태어나서 신종 만력 10년(1582)에 58세로 눈을 감았다. 그는 현재 호북성 형주시(荊州市)의 가난한 농가에서 태어나, 지방학교의 학생인 생원(生員, 수재라고도 함)과 과거시험의 첫 단계인 거인(擧人)을 거쳐 진사에 합격하고 관직에 들어가 내각 대학사(大學士)에까지 오르고 마지막 10년은 내각의 수보(首輔)를 지냈다.

〈그림 1〉 장거정상(중국역사박물관 소장)

내각의 대학사는 황제를 대신하여 황제의 명령을 기초하는 비서직으로 정5품에 불과하였다. 한림원 학사 가운데 우수한 사람은 몇 차례의 승진을 거쳐 대학사에 임명되었다. 그 가운데 수석 대학사인 수보는 상소문에 대하여 황제가 내려야 할 비답(批答)의 초안1)을 작성하는 보좌역이었다. 그런데 명 중엽부터 대학사에게 6부의 장관인 상서(尙書, 정2품)직을 겸하게 하면서, 재상의 지위를 얻게 되었다. 그리고 세종(1522-1566) 중엽부터 황제가 정무에 소홀히 하는 틈을 타서 내각 수보가 정무의 대행자로 올라서게 되어 재상(宰相)의 권위를 갖게 되었고, 수보는 실질적으로 재상의 직능을 수행하게 되었다.

---

1) 이를 조지(條旨)라고 한다. 조지는 상주문에 첨부하는 내각의 의견서로, 상주문에 대하여 황제가 결재할 원안이다. 수석 대학사인 수보가 작성하였다. 성조 영락제 때까지는 모든 상주문에 대하여 대학사가 황제에게 의견을 개진하고, 황제가 친히 구두로 의견을 지시한 것이 문서화되어 비답(批答)이 되었다. 선종(宣宗)은 대학사와의 면담의 번거로움을 피하기 위해서 각신으로 하여금 먼저 상주문을 보고 황제가 지시할 내용을 상주문 말미에 첨부토록 지시하였다. 이는 대개 작은 쪽지에 기재하였으므로 표의(票擬)라고도 하였다.

장거정은 마지막 눈을 감기 전 10년(1572-1582) 동안은 내각의 수보로서, 겨우 10살에 즉위한 어린 황제 신종(神宗)을 도와서 반세기 넘게 쇠퇴해 가던 명나라를 일시적으로 부흥시켰다. 《명사》에서는 "신종은 어려서 황제가 되었지만 장거정이 잘 보좌하여 나라가 부강하였다"[2]고 평하고 있을 만큼, 명나라 최성기인 만력중흥(萬曆中興)을 이뤄낸 주역이었다. 그의 이러한 업적 때문에 그가 눈감은 후에는 "쇠퇴해 가던 나라를 바로 세웠다"는 의미에서 구시재상(救時宰相)[3]으로 평가되었고, 역사가들은 그를 전국시대의 상앙(BC 395-BC 338)·북송시대의 왕안석(1021-1086)과 함께 중국 역사상 삼대 개혁가로 평가한다.

장거정이 10년 동안 추진한 중요한 개혁은 ① 공직기강의 확립, ② 토지를 측량하고 조세제도를 개혁하여 국가경제와 민생 안정, ③ 국방력을 강화시켜 변경 방어의 안정, ④ 역전제도 정리, ⑤ 황하·회수의 수리와 운하를 안정시켜 물류의 원활화, ⑥. 향촌에서 군림하던 사인의 통제 등 크게 6가지였다. 명나라 276년 동안 164명의 재상이 나왔지만, 장거정과 같은 업적을 남긴 인물은 없었다.

어린 신종은 장거정이 살아 있는 동안에는 그에 대하여 한없는 존경심을 보였다. 만력 4년에는 "선생은 온 몸을 다 바쳐 큰 공을 세웠는데(精忠大勳), 짐은 그것을 말로는 다 표현할 수 없고 관직으로도 다 채워드리지 못하니, 오직 조종열성(祖宗列聖)들께서 선생의 자손들을 기억하시고 도와주셔서 세세토록 복락을 누리기를 바랄 뿐입니다."[4]라고 하였다. 또 만력 5년에 부친이 사망하여 응당 고향에 내려

---

2) 張廷玉 等, 《明史》(이하에서는 《明史》로 약칭함) 권21, 本紀 21, 神宗2, 〈贊〉.
3) 高以儉(만력 38년), 〈太師張文忠公集跋〉, 張舜徽 編, 《張居正集》(이하에서는 《張居正集》으로 약칭함) 第4册, 권47, 附錄1, p.505.
4) 《張居正集》第1册, 권5, 奏疏5, 〈考滿謝手勅加恩疏〉.

가 상을 치르고 27개월 동안 수제(守制)해야 할 장거정에게 신종은 '반간청 반명령'조로 '탈정(奪情)'[5]을 권유하였다. 일단 현직에서 떠나고 나면 지난 몇 년 동안 추진해 온 개혁이 허사가 될 터인데 '정말 그렇게 포기할 수 있겠느냐'면서 '신종 자신뿐 아니라 억조창생을 위해' 정사를 계속 돌보라는 것이었다. 장거정의 폐부를 찌르는 '설득 기제'를 모두 사용한 것이었다. 그리고 그 후에도 기회 있을 때마다 사직지신(社稷之臣) 혹은 전충전효(全忠全孝)[6]라고 칭찬하였다. 그뿐인가? 죽기 전 9일에는 태사(太師)[7]의 관함을 더해 주었다. 그가 눈 감을 때는 그가 이미 받은 태사겸태자태사이부상서중극전대학사(太師兼太子太師吏部尙書中極殿大學士)[8]라는 관직과 함께, 문충(文忠)[9]이라는 시호와 상주국(上柱國)[10]이라는 명예직까지 받음으로써 중국 역사

---

5) 관료가 조부모나 부모의 상을 당하면 고향에 내려가 3년상을 살아야 한다. 이것을 정우수제(丁憂守制)라 한다. 그런데 황제가 이를 허락하지 않고 계속해서 현직에 남아 근무하게 하는 것을 '탈정'이라 한다. '사직을 위해 개인의 사사로운 정을 뺏는다'는 의미이다. 탈정은 극히 드문 일이지만, 전쟁 중에 중요한 작전을 전개하고 있는 경우와 같이 불가피할 때는 황제가 탈정을 명령하였다.

6)《張居正集》第1冊, 권9, 奏疏9,〈召見平臺記事〉.

7) '태사'는 문신으로서 받을 수 있는 최고의 관함(官銜)이었다. 명대에 살아서 태사에 오른 사람은 태조 때 이선장(李善長), 장거정, 희종 때 고겸겸(顧兼謙) 등 3인이었다. 그런데 이선장의 경우는 치사하면서 받은 위로의 형식이었고, 고겸겸도 치사하면서 받은 위로이기도 하였지만, 나는 새도 떨어뜨릴 위세를 떨치던 환관 위충현(魏忠賢)의 손으로 된 것이었다. 그러므로 순수하게 살아서 태사 관함을 받은 사람은 장거정이 처음이자 마지막이었다.

8) '이부상서'는 관료의 인사를 담당하는 이부의 장관, '중극전대학사'는 궁궐의 하나인 중극전에서 근무하는 대학사를 말한다. 명대에는 6명의 대학사가 중극전(中極殿)·건극전(建極殿)·문화전(文華殿)·무영전(武英殿)의 4전, 문연각(文淵閣)·동각(東閣)의 2각에 근무하게 되어 있었으므로, 이들을 전각대학사로 불렀다.

9) '문'은 명대에 한림 경력자에게 주는 일반적인 시호이고, '충'은 '국가를 위해 충성한 사람에게 주는 '특별한 은사'였다.

10) 춘추시대부터 군대의 최고 통수였으나, 수당시대부터는 훈관(勳官) 가운데 가장 존귀와 영광을 인정받는 관이었다.

상 최고의 지위와 영예를 누렸다.

제2절 십 년 쌓은 공이 하루아침에

그렇지만 여기까지였다. 장거정이 눈을 감고 상사(喪事)가 채 끝나기도 전에 정치적인 후폭풍이 거세게 몰아쳤다. 그 맨 앞에는 장거정을 그리도 존경하던 것 같았던 신종이 서 있었다. 신종은 나이가 들어가면서 점차 장거정을 존경하던 생각에 변화가 일어났다. 그러다가 장거정이 눈을 감고 그동안 장거정의 독단적인 정국운영에 대해 쌓여온 모든 사람의 증오가 폭발하던 시기에는 바로 티핑포인트(Tipping Point)[11]에 서게 되었다.

신종은 장거정의 병이 위독해지면서 고도의 기만전술을 펴기 시작하였다. 그러다가 그가 눈을 감자, '역모를 꾸며 황위를 찬탈하려 하였다(謀國不忠)'는 억울하고 황당한 죄명을 씌운 후에, 그에게 주었던 모든 관함(官銜)과 명예를 빼앗아 버리고, 재산을 몰수하였으며, 아들들의 관직도 모두 빼앗고 가족을 유배시켰다. 큰아들 경수는 분에 못이겨 혈서를 남기고 자결하고 말았다. 황제는 마음만 먹으면 이렇게 무엇으로나 죄를 씌울 수 있는, 무소불위의 존재였다.

어린 신종은 장거정이 살아 있을 동안에는 황제로서의 자유를 거의

---

11) '작은 변화들이 상당한 기간 서서히 쌓여서, 이제 작은 변화가 하나만 더 일어나도 갑자기 균형을 잃고 폭발적으로 번질 수 있는 단계' 즉 '갑자기 뒤집히는 점'으로 사용되는 개념이다. 그로진스(Morton Grodzins)가 1957년 '화이트 플라이트' 연구에서 처음 사용한 용어이다. 말콤 글래드웰 지음/임옥희 옮김, 《티핑 포인트: 베스트셀러는 어떻게 뜨게 되는가》, 2000 참조.

누려보지 못하였다. 신종에게 장거정은 신하가 아니라 냉혹한 선생이면서 '섭정왕' 같은 두려운 존재였다. 그러다가 그가 눈을 감자 마치 '고삐 풀린 망아지'처럼 마음껏 사치와 방종에 빠져들었다. 명말에 사상가로서 내각 수보에까지 오른 풍종오(馮從吾)는 "매일 밤 술을 마시고

〈그림 2〉 조복 입은 신종상. 명의 제13대 황제로서 초기에는 내정 개혁을 추진하여 '만력중흥'을 이끌었으나, 장거정 사후 정무를 내팽개치는 '태정(怠政)'으로 명의 멸망을 앞당겼다.

마시면 반드시 취하고 취하면 반드시 노(怒)를 발한다. 좌우에서 조금만 말을 잘못해도 곤장을 때려 죽이는 것을 모르는 사람이 없다."[12)는 상소를 올렸다가 곤장을 맞을 뻔하였다.

16세기 중엽의 명나라는 나라 안팎으로 총체적 위기상태였다. 그런 때에 장거정이 집권하면서 잠시 '중흥(中興)'의 면모를 보였지만 그가 눈을 감자마자 '십 년 쌓은 공이 하루아침에 물거품'〔十年心血, 毁于一旦〕이 되고, 이전에 있었던 각종 사회모순이 일거에 일어나면서

---

12)《明史》권 243,〈馮從吾傳〉.

나라가 급격하게 기울어 갔다. 장거정이 눈감은 후에 나타난 명조 패망의 징조는 다음 다섯 가지로 요약할 수 있다.

첫 번째 징조는 중앙의 최고 통치력이 무너지기 시작한 것이었다. 이제 20세가 된 신종은 장거정이 눈을 감자 친정(親政)을 시작하였는데, 첫 작업은 장거정이 추진한 개혁들을 차례로 취소시켜 나가는 것이었다. 즉, ㉠ 공직기강을 바로잡아 관료의 근무 효율을 높였던 고성법(考成法)을 폐지시키고, ㉡ 그가 등용한 인재들은 모두 제거하는 대신 그가 내쳤던 무능한 관료들은 모두 복직시켰다. ㉢ 관료들이 임의로 이용하지 못하게 한 역전제도 없던 일로 하였고, ㉣ 외척들이 작위를 세습하지 못하게 한 조항도 취소시켰다. ㉤ 지방학교 생원의 정원을 제한한 규정도 폐지시켰다. ㉥ 장거정이 폐쇄시킨 서원에는 편액(扁額)을 써 주며 인정해 주었다. 군주 전제정치 아래에서 개혁의 성패는 이렇게 군주의 의지 여하에 달려 있었던 것이다.

신종이 그렇게 할 수 있었던 것은 장거정의 뒤를 이어 내각 수보가 된 장사유(張四維)와 신시행(申時行)이 적극적으로 협조했기 때문이다. 평소 이 두 사람은 겉으로는 순종하였지만, 속으로는 장거정을 좋아하지 않았다.

신종은 장거정이 눈을 감자마자 사치와 방종에 빠졌지만, 정사에 대해서는 한동안 상당히 열의를 보였다. 그러다가 만력 14년(1586)에 황태자 책봉 문제로 내각과 대립하면서부터 정사를 멀리하기 시작하였다. 신종에게는 큰 아들 상락(常洛)이 있었는데도, 가장 총애하던 정귀비 소생인 셋째 아들 상순(常洵)만 편애하면서 태자 책봉을 미루고 있었다. 만력 29년(1601) 10월에 이르러서야 관료들의 상소와 생모 이태후의 강권에 못 이겨 상락을 황태자로 봉하고, 상순은 막대한 책봉비를 들여 복왕(福王)으로 봉하였다. 신종은 이렇게 자기의 의지가 좌절되자 병을 핑계로 정사를 게을리 하다가, 만력 17년(1589)부터는 무려 30여 년 동안 아예 조정에 나오지 않고, 거의 모든 정사를 방치한 채 궁궐에 깊이 틀어박혀 환락에만 젖어 있었다. 모든 정사는 '소대(召對)' 형식이 아니라 유지(諭旨)로 처리하였다.

최고 통치권자인 신종의 가장 큰 악행은 이렇게 장기간 정사를 돌보지 않은 것이었다. 관료들은 몇 년 동안이나 황제의 얼굴을 보지 못한 경우도 있었다. 심지어 신시행조차도 내각 수보로 재직하는 8년 동안에 신종을 본 것이 모두 8차례였는데, 그 가운데 조정에서 직접 신종을 대면한 것은 겨우 3번이었고, 나머지 5번은 외부 행사장에서 먼발치로 본 것이었다.[13] 내각의 수보가 이 정도였으니 다른 각료들이야 미루어 짐작할 만하다. 신시행은 만력 15년(1587) 당시의 사정을 "상소문은 쌓여가지만 내각에서는 표의를 할 수 없고, 정부에서는 정무를 수행할 수가 없다. 그 때문에 중요한 상소들이 모두 지체되거나 시행되지 못하고 있다."[14]고 하였고, "황제와 신하가 소통하지 못하여 조정의 안팎이 따로 놀고 있다. 자고로 국가가 이와 같이 되고도 오래 다스려지고 평안한 적은 없었다."[15]고 한탄하였다. 당연히 여론은 비등하였다. 예부주사 노홍춘(盧洪春)은 '병환이 사실이라면 관료들에게 보여주시고, 그게 아니라면 정무에 임하소서'[16]라는 상주를 올렸다가 자금성의 정문인 오문 앞에서 곤장 60대를 맞고 파직되었다.

신종의 또 한 가지 악행은 공석이 된 관직을 충원하지 않는 것이었다.[17] 대신이 물러나도 황제는 알지도 못했고, 알았다 한들 만류하

---

13) 申時行, 《召對錄》序(韋慶遠, 1999, p.864 轉引).
14) 《萬曆起居注》 만력 17년 8월 26일조, 申時行奏(위경원, 1999, p.864 전인).
15) 申時行, 〈答葉臺山相公〉, 《皇明經世文編》 권380, 申文定公文集, p.11.
16) 《萬曆起居注》 만력 14년 10월 初五日조(위경원, 1999, p. 864 전인).

〈그림 3〉 금사(金絲)로 짠 신종의 금관
(정릉박물관 소장)

지도 않았으며, 후임자도 임명하지 않았다. 지방관은 멋대로 직을 떠나는 일도 있었는데, 어떤 관청은 무려 10여 년 동안 책임지는 사람이 없었다. 두드러진 예만 들어보면, 만력 28년(1600)에는 공석이 된 관원의 수가 중앙의 상서 3명·시랑 10명·과도관 94명, 지방의 순무 3명·포안감사 66명·지부 25명이나 되었다. 만력 45년(1617)에는 중앙의 고관 가운데 공석이 십에 육칠이나 되었고, 급사중은 겨우 4명, 어사는 경우 5명이 남아 있었다. 이부와 병부에는 관인을 찍을 사람이 없어서 상경하여 임명을 기다리는 문무 후보관원들이 수천 명이나 되었고, 그 가운데는 베이징의 여관에 머물면서 고초를 겪는 경우도 많았다. 형부에는 오랫동안 범인을 심문하는 사람이 없어, 만력 45년(1617)에는 범인 가족 100여 명이 궁궐문 밖에서 울면서 오히려 빨리 처결해 달라고 소동을 벌이기도 하였다.

장거정은 공직기강을 바로잡기 위해서 고성법을 실시하여 '넛지'(nudge)[18]효과 내지 '메기'(catfish)[19]효과를 내게 하였다. 그런데

---

17) 《神宗實錄》 권419, 만력 34년 3월 병신조; 권563, 만력 45년 11월 을축조; 《明史》 권218, 〈方從哲傳〉; 《明史》 권240, 〈葉向高傳〉; 趙翼, 《廿二史箚記》 권35, 〈萬曆中缺官不補〉; 劉志琴, 2006, p.360.

18) 넛지는 '옆구리를 슬쩍 찌르다'는 뜻인데, 행동경제학에서는 '타인의 선택을 유도하는 부드러운 개입'이란 의미로 사용한다. 즉, 강요하지 않고도 일의 효율성을 높

그가 눈을 감고 고성법이 폐기되자, 관료사회에 기강이 무너져서 뇌물과 부정부패가 성행하게 되었다. 신사와 세호대가들이 토지를 겸병하고 상권(商圈)마저 독점하니, 사기꾼과 조직폭력배들만 설치면서 상품유통도 정체되었다.[20]

장거정이 가고 1년 반이 지난 만력 12년(1584) 정월에 형부우시랑 구순(丘橓)은 당시 관료사회에 나타나는 8가지 병폐를 지적한 상주문[21]을 올렸다. 그 가운데 한 가지는 '관료들이 뇌물과 매관매직을 자행하고, 과도한 세금을 부과하여 가난한 백성의 고혈(膏血)을 빨고 있다'는 것이었다. 흡사 《춘향전》에서 어사 이몽룡이 변 사또 생일잔치에서 읊조렸던 어사시(御史詩), '금항아리에 담긴 맛 좋은 술은 만백성의 피요, 옥쟁반의 기름진 안주는 만백성의 기름이다. 촛농이 떨어질 때 백성의 눈물도 쏟아지고, 노랫소리 높은 곳에 원성도 높구나'라는 시가 생각나는 대목이다.

만력 14년 7월에는 내각 수보 신시행이 전국 8개 성에서 나타난 극심한 홍수와 가뭄 피해 상황[22]을 상주하였다. 그런데도 신종은 그

이는 방법 혹은 적은 비용으로 큰 정책 효과를 가져오는 방법을 말한다. 리처드 세일러(Richard H. Thaler)·캐스 선스타인(Cass R. Sunstein) 지음/안진환 옮김, 2009 참조.

19) '강한 경쟁자가 있으면 약자들의 활동 수준이 높아져 전체적인 분위기가 활성화되는 것'을 말한다. 영국의 역사가이자 문명비평가인 아놀드 토인비는 《역사의 연구》에서 자신의 역사 이론(도전과 응전)을 효과적으로 설명하기 위해 '청어잡이 어부'의 이야기를 비유로 들었다. 냉장고가 나오기 전에는, 북해에서 잡은 청어를 수조에 넣어 멀리 영국의 항구까지 오는 동안에 거의 다 죽고 말았다. 그런데 유독 한 어부는 수조에 청어의 천적인 메기를 한두 마리씩 넣어 놓았더니, 청어들이 육지에 도착할 때까지 싱싱하게 살아 있었다고 한다. 이처럼 조직 내에 적절한 자극제가 있어야 전체 조직의 정체 현상을 막고 기업의 경쟁력을 키울 수 있는 것이다.

20) 趙世卿, 〈三爭店稅疏〉, 陳子龍 等編, 《皇明經世文編》 권411; 顧炎武, 《日知錄輯釋》 권13, 〈貴廉〉 三上, p.63.

21) 《萬曆邸抄》 만력 12년 정월 pp.214-219.

22) 《萬曆起居注》 만력 14년 7월 13일조(위경원, 1999, 869)

저 공허하고 상투적인 말 몇 마디를 했을 뿐이었고, 오히려 사정의 심각함을 지적하고 황제의 절제를 간언한 관료들에게 감봉과 같은 징벌을 내렸다.[23] 심지어 호부시랑 손비양(孫丕揚)은 만력 15년(1587) 7월에 "황하 연변에 사는 백성들은 초근목피(草根木皮)로 연명하고, 섬서성에서는 백성들이 돌을 먹고 있다"[24]는 상주와 함께 돌덩이 두 근을 올렸지만, 신종의 굳어진 마음을 움직이지는 못하였다. 21년(1593)에는 더욱 놀라운 일도 있었다.[25] 하남순안어사 진등운(陳登雲)이 굶주린 백성들이 먹고 있는 기러기똥을 포장하여 황제에게 보냈고, 형과급사중 양동명(楊東明)은 하남성의 굶주린 백성들이 나무껍질을 먹고 심지어 사람들이 서로 잡아먹고 있는〔人相食〕 그림을 그려 보내면서, '백성들이 굶주리다 못해 반란이라도 일으킬까 걱정이니, 이들을 속히 구제해달라'는 상주를 올렸다. 그러나 그 기러기똥과 기민도(飢民圖)는 겨우 신종과 사랑하는 정귀비의 담소거리에 지나지 않았다. 그리고 정귀비가 구제에 쓰라고 마지못해 은자 5천 냥을 내리자, 신종은 정귀비의 은총을 전국에 널리 알리라는 명령을 내렸다.

만력 25년(1597) 4월에 형부좌시랑 여곤(呂坤)이 올린 상소[26]에는 '만력 10년부터는 재해 보고가 없는 해가 없고, 보고했다 하면 여러 성에서 올라왔다. 나라의 창고는 비어 있고 백성들은 10분의 9가 도망간 상태'라고 하였다. '장거정이 집권하던 시기'와 '그가 가고 없는 시기'에 사회와 민생의 정황을 극적으로 대비시켰던 것이다.

명조 패망의 두 번째 징조는 국가재정이 심각하게 악화된 것이었다. 만력 10년 말에 이미 54만여 냥이 적자였다. 호부상서 왕린(王

---

23) 談遷,《國榷》권73, 만력 14년 7월 戊申조.
24)《國榷》권74, 만력 15년 7월 戊子조.
25) 王錫爵,〈勸請賑濟疏〉,《皇明經世文編》권395, 王文肅公文集, 疏.
26) 呂坤,〈憂危疏〉,《皇明經世文編》권415.

遜)의 보고에 따르면,[27] 만
력 11년에 태창으로 들어온
은은 372만여 냥이었고 지
출은 565만여 냥이었으므로
193만여 냥이 적자였다. 이
렇게 되자 만력 14년에는
그동안 신종에게 아부하면
서 부귀를 누리던 내각 수
보 신시행마저, '세입은 적
고 세출은 많으니 이대로는
지속하기 어렵다'[28]고 보고
하였다.

〈그림 4〉 정릉의 황후의 관에서 발견된 봉
황관. 5449개의 진주가 달려 있어 화려하다
(정릉박물관 소장).

　　그런데도 신종의 사치와 방탕한 생활은 갈수록 더해 갔다.[29] 신종
은 황후 왕씨 외에 11명의 빈(嬪)이 더 있었는데, 그 가운데 9명은
신종 10년 3월의 단 하루에 취하였다. 당시 궁중에는 신종과 동거하
는 잘생긴 어린 태감 10명이 있어 '십준(十俊)'이라 하였다. 늘어나는
자녀와 외척에게 주는 선물 비용도 막대하였다. 준마 3천여 필을 징
발하여 궁중에서 사용하였다.[30] 신종은 국고를 흡사 개인의 주머니
정도로 생각하고 있었다.

　　그러나 무엇보다 엄청난 비용이 들어간 요인은 소위 '만력삼대정'

---

27)《神宗實錄》권148, 만력 12년 4월 甲寅조, pp.2755−56.
28)《萬曆起居注》만력 14년 5월 12일조(위경원, 1999, 861).
29) 대리시(大理寺) 좌평사(左评事) 낙우인(雒于仁)의〈酒色財氣四箴疏〉에서는 신종의
　　성정을 주색·탐재·잔포(殘暴)·혼용(昏庸)·무능(无能)·나타(懶惰)의 5가지 독으로
　　지적하고 있다.《明史》권234, 雒于仁·朱弘論傳.
30) 위경원,《張居正和明代中後期政局》, 1999, p.933.

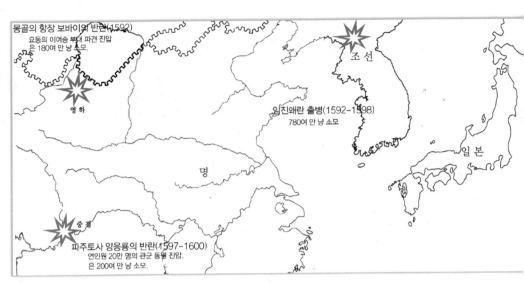

몽골의 항장 보바이의 반란(1592)
요동의 이여송 부대 파견 진압.
은 180여 만 냥 소모.

영 하

조 선

임진왜란 출병(1592-1598)
780여 만 냥 소모

명

일 본

중 경

파주토사 양응룡의 반란(1597-1600)
연인원 20만 명의 관군 동원 진압.
은 200여 만 냥 소모.

〈지도 1〉 만력삼대정 지도(박한제 등, 《아틀라스 중국사》 p.162 참조하여 재구성)

(萬曆三大征)이라 부르는 군사비의 급증이었다. 만력삼대정이란 신종 만력 시기에 일어난 3번의 큰 전투를 의미한다. 이 삼대정에 들어간 비용이 1,200만 냥 정도나 되었다. 당시 국가 경상비는 400만 냥 정도였으므로, 국가 재정의 3배나 되는 막대한 금액이었다.[31]

삼대정의 첫 번째는 중국 서북변에서 일어난 보바이(哱拜)의 반란(만력 20년, 1592)을 진압한 것이다. 보바이는 원래 몽골인 추장으로 명나라에 투항해서 영하진(寧夏鎭, 오늘날 영하 회족자치구) 부총병으로 있었다. 그런데 순무(巡撫) 당형(黨馨)과 불화하여 오르도스(오늘날 내몽골자치구의 서남부)의 몽골세력과 연합해서 거병하여 2월에 영하성을 점거하였다. 명나라는 동북변 요동의 정예부대를 동원하여 겨우 8개월 만에 진압하였다. 이때 요동병을 지휘한 장수가 바로 임진왜란 때 조선에 출병한 이여송이었다. 이 반란을 진압하는 데에

---

31) 《明史》 권 235, 王德完傳.

180여만 냥이나 소요되었다.

삼대정의 두 번째는 조선의 왜란에 참여한 것이었다. 보바이의 반란이 진행 중이던 만력 20년(1592, 壬辰) 4월에 일본의 도요토미 히데요시(豊臣秀吉)가 보낸 일본군이 한반도에 상륙하였다. 일본군은 신무기인 조총과 100년가량 내전을 겪으며 쌓은 풍부한 전투 경험으로 무장하였지만, 조선은 반세기 가까이 훈구파와 사림파가 무한 대립하는 소용돌이에 휩싸여 국력을 기르지 못한 상태였다. 일본군 15만 8천 명(보조 병력까지 합하면, 전체 병력은 20여만 명이었음)은 4월에 부산에 상륙하여 불과 18일 만인 5월 초에는 수도 한성을 점령하였고 6월에는 평양까지 점령할 정도로 진격 속도가 빨랐다. 당시 명나라는 국가 재정이 대단히 어려웠지만, 조선의 원조 요청도 있었고, 또 만주 동변의 국경 방어도 중요하였다. 명나라는 영하의 보바이 반란을 진압한 이여송에게 4만 3천 명의 군대를 주어 출병케 하였다. 이여송은 다음 해 1593년 정월에 평양을 탈환하고 이어서 개성까지 탈환하였다. 그러나 한성을 목전에 둔 고양의 벽제관에서 일본군에게 패하여 평양으로 후퇴하였다. 그 뒤로 명군은 더 이상 전쟁을 원치 않아서 일본군과 대치 상태에 들어갔다. 그리고 '조선의 의지'와는 상관없이 일본과 화의 담판을 벌이다가 3년 만에 결렬되고 말았다.

크게 분노한 히데요시는 1597년(만력 25년, 선조 30년) 정월에 또다시 15만의 군대를 부산에 상륙시켰고, 한때는 한성 가까이까지 진격하였다. 그러나 그 후로는 육지와 바다에서 서로 밀고 밀리는 전투상황 속에서 만력 26년(1598) 8월 히데요시가 죽고 전쟁은 겨우 끝을 맺었다.

이렇게 7년 동안 지속된 전쟁은 조선과 명·일 3국 모두에게 심각한 영향을 미쳤다. 그 가운데에서도 조선은 치명적인 피해를 입고 국가 운영이 거의 마비상태에 빠졌다. 명나라는 국가 재정의 두 배에 가까운 780여만 냥의 전비를 소비하였을 뿐 아니라 요동의 방어망이 허술해졌고, 그 틈을 타서 성장한 여진족에게 멸망당하고 말았다. 일본은 조선에 상륙시킨 군대의 1/3과 군수물자를 잃었으나, 조선에서 포로로 잡아간 학자들과 도자공·활판공들이 전수한 주자학과 도업·인쇄술이 일본 근세문화를 발전시키는 토대가 되었다.

삼대정의 세 번째는 중국의 서남쪽에서 일어난 양응룡(楊應龍)의 봉기를 진압한 것이었다. 조선에서의 전쟁이 채 끝나기도 전인 만력 25년(1597) 7월에 이번에는 사천성 파주(현재의 준의)의 토관(명조가 소수민족 추장에게 부여한 관직) 양응룡이 묘족을 모아 봉기하였다. 이 반란은 1599년 3월에야 겨우 진압되었는데 총 200여만 냥이 소요되었다. 이 반란은 명 중기부터 살아나기 시작한 경제 발전과 인구의 증가 때문에 일어난 것이었다. 중국 내지에서 인구가 증가하자 농촌에서 경쟁력을 잃고 몰락한 농민들이 살 곳을 찾아 소수민족지역으로 들어갔다. 이들은 소수민족에 비해 발달된 농업기술을 소유하고 있었으므로 경쟁에서 우위에 서게 되어, 두 민족 사이에 분란이 발생하고 이를 견디다 못한 소수민족들이 반란을 일으키게 된 것이다.

국가 재정이 악화된 또 한 가지 원인은 왕릉 축조 때문이었다. 베이징 북방 40km 지점에 있는 천수산 기슭에는 명나라 황제 13명이 잠자는 '명 십삼릉'이 있다. 신종은 장거정이 죽은 다음 해에 이곳에 자신이 죽은 후에 들어갈 능묘(陵墓) 자리를 정하고 미리 축조케 하였다. 이 왕릉을 정릉이라고 부른다. 오늘날 천안문·만리장성과 함께 베이징의 3대 여행코스 가운데 하나가 되었다. 정릉은 만력 12년(1584)부터 6년에 걸쳐 800만 냥이라는 거금을 들여 축조하였다. 당시 국가예산 2년분에 해당하고, 1천만 농민이 1년 동안의 주식비에 상당하였다. 6년 동안 동원된 인원이 650만여 명이었으므로 매년 화북 인민 100만여 명이 동원된 셈이었다. 그 규모는 지하 20m 깊이, 높이 7m, 총길이 88m에 전·중·후 3개의 커다란 방으로 되어 있는 지하 궁전이고, 그곳에서 나온 부장품도 호화롭고 정교하다. 정릉의 안내판에는 '이 능묘는 인민을 혹사한 전형적인 예'라고 하면서도, '건축방법, 부장품의 호화

〈그림 5〉 정릉의 명루(明樓). 능내에서 가장 안쪽에 위치한 건축물이다. 명루 안에는 거대한 석비가 있고, 명루 앞에는 석오공(石五供)이라는 상징적 재물이 있다.

로움과 정교함은 중국미술의 정수'라고 자랑하고 있어서 쓴웃음을 자아낸다.

　재정 악화 원인의 또 한 가지는 궁전 축조였다. 명대 자금성 안의 궁전은 대단히 웅장하고 호화로웠다. 그런데 만력 24년(1596)에 건청궁과 곤녕궁, 25년에 황극전·중극전·건극전, 두 해에 걸쳐 연거푸 5채의 궁전이 불타버렸다. 이 궁전들을 재건하는 데 필요한 목재를 호광·사천·귀주 등 남방의 심산유곡에서 벌채해서 베이징까지 운반하는데 소요되는 인적·물적 비용은 엄청났다.[32] 다섯 채의 궁전은 만력

---

32) 김홍길, 〈명대의 궁궐 목재 조달과 삼림환경〉, 2007.

〈그림 6〉 북경 궁성도: 명대 일실된 명화(名畵). 영락 18년 베이징 궁전이 완성되었고 다음 해에 베이징으로 천도했으므로, 창건 시기의 베이징 황궁의 화려한 모습이 보인다. 승천문(承天門), 대명문(大明門) 부근이 묘사되어 있다. 그림 가운데 오른 쪽 아래의 인물은 궁전 설계자 공부시랑 괴상(蒯祥)이라 하지만, 확실치 않다. 당시 자금성의 궁전은 모두 유리기와로 덮었고 계단은 백옥석의 벽돌로 쌓았다. 남경박물원 소장.

30년(1602)부터 4년에 걸쳐 재건하였는데, 총 930만 냥이 들었다. 명나라의 2년 예산을 훨씬 웃도는 액수였다.

또 다른 재정 파탄의 원인은 황자 책봉에 들어가는 비용과 혼빙비(婚聘費)였다. 조선시대와 달리, 중국에서는 황태자를 제외한 모든 황자들은 지방에서 살게 하였다. 신종은 황태자와 황자의 책봉비와 혼빙비로 934만 냥, 의복비로 270만 냥, 합계 1,200만 냥 정도를 사용하였다. 이는 국가 예산의 3배에 해당하는 천문학적인 액수였다. 신종은 이렇게 막대한 재정 수요를 마련하기 위해 국방 예산까지 끌어다 썼고, 그것으로도 모자라자 마지막에는 비상수단을 강구하였다.

명조 패망의 세 번째 징조는 신종이 재정 확보를 위한 비상수단으로 파견한 광세사(礦稅使)[33]의 횡포였다. 신종은 '금은광산을 개발하고 상세(商稅)를 징수한다'는 명분으로, 만력 24년(1596)부터 전국 20여 지역에 환관을 파견하였다. 이들을 광세사라 하였다. 광세사는 신종으로부터 무소불위의 전권을 위임받고, 중앙에서 수행원 10여 명을 대동하고 임지에 부임하였다. 수행원들은 현지에서 각기 10명에서 100명의 앞잡이를 채용하였다. 그러므로 광세사 휘하에는 최소 100명에서 최대 1,000여 명의 심복이 있었는데 대부분은 시정의 무뢰배였다.

광세사들은 심복을 앞세워 수탈과 만행을 자행하였다. 그들은 금은광산을 채굴한다는 명목으로 분묘·가옥·논밭 등을 발굴하겠다고 위협하여 신사와 세호대가의 재산을 갈취하였다. 그들은 육로나 수로에 거점을 장악하고, 상세 징수를 명분으로 상공인의 재물을 강탈하였다. 또한 마음대로 지방관청에 드나들면서 지방관을 위협하여 뇌물을 받아냈고, 여의치 못하면 공무 수행을 방해한다는 죄목으로 탄핵하였다. 지방관들은 그들의 협박에 못 이겨 협조하였지만, 이를 이용해 오히려 이권을 챙기기도 하였다.

그런데 광세사의 수탈과 만행은 이렇게 자행되었지만, 실제로 그

---

33) 《明史》권81, 〈食貨志〉 p.5; 《明史》 권237, 田大益傳, p.6171; 谷應泰, 《明史紀事本末》 권65, 〈礦稅之弊〉; 吳金成, 《國法과 社會慣行》, 2007A, 제3편 제3장.

들이 궁중에 상납한 금액은 다음 자료에서처럼 그리 많지 않았다.

ⓐ 궁중에 납부하는 것이 십(十)에 일(一)이라면, 앞잡이들이 먹는 것은 십에 구(九)나 됩니다.[34]

ⓑ 내탕(內帑)에 납부하는 것이 일(一)이라면, 광세사가 가로채는 것이 이(二)요, 참수들이 나누어 먹는 것이 삼(三)이요, 무뢰배에게 돌아가는 것이 사(四)입니다.[35]

광세사들은 착취한 금액 가운데 극히 일부만을 궁중에 보내고, 나머지로는 자기들 사복을 채웠기 때문이다. 실제로 만력 25년에서 33년까지 8-9년 동안, 광세사들이 궁중에 바친 돈은 대략 3백만 냥 정도였다. 이 수치를 자료 ⓑ에 따라 계산해 보면, 궁중으로 입금된 3백만 냥 외에도, 광세사가 6백만 냥·수행원이 9백만 냥·무뢰배가 천2백만 냥을 각각 착복한 셈이 된다. 바꾸어 말하면, 9년 동안에 3천만 냥, 연평균 333만 냥 정도가 징수된 것이다. 당시 명나라의 정상수입은 4백만 냥 정도였으므로, 농민들은 매년 83퍼센트 이상의 세금을 더 착취당한 셈이었다. 그러므로 신종의 광세사 파견은 본래의 목표량만큼 달성하지도 못하면서, 오히려 호부가 징수하는 국가의 조세가 대폭 감소하는 결과를 낳았을 뿐이었다.[36]

이러한 광세사의 폐단에 대하여 대학사로부터 지방관, 신사에 이르기까지 광세사 철수를 요구하고 탄핵하는 상소가 100여 건이 넘었지만, 신종은 끝까지 묵묵부답이었다. 그러나 광세사들이 올린 상주문

---

34) 文秉, 《定陵注略》 권4, 〈內庫進奉〉, 〈漕運總督李三才天變人離疏〉, 만력 31년. 기타 《明史》 권305, 陳增傳; 谷應泰, 《明史紀事本末》 권65, 〈礦稅之弊〉 참조.

35) 馮琦, 〈爲災旱異常備陳民間疾苦懇乞聖明亟圖拯救以收人心荅天戒疏〉(諫止礦稅), 《皇明經世文編》 권440; 《神宗實錄》 권360, 만력 29년 5월 丁未條 참조.

36) 巫仁恕, 2011, pp.271-272 참조.

은 대개가 무고(無辜)였음에도 불구하고 신종에게 직통되어, '아침에 상소를 올리면 오후에 답변이 내려왔는데, 상주의 내용보다 더 무겁게 처벌되었다.'[37] 그들의 만행에 대하여 초기에는 주로 관료와 지배층인 신사들이 반발하였지만, 이윽고 상공인과 도시 거민 등 서민들이 반발하면서 전국적으로 대대적인 '반광세사 민변'이 일어났다.

명조 패망의 네 번째 징조는 국방력이 심각하게 약화된 것이다. 장거정이 사망한 후, 중앙 병부의 관료와 변방의 장수들이 대폭 물갈이되었는데, 그 후로 전투력이 현저하게 약화되었다. 지방에 도적이 발생해도 서로 숨기기에 급급하였고, 장수들은 패전을 승리로 위장하고 전공을 부풀리며, 승진을 위해 공공연하게 뇌물을 바쳤다. 장수들은 병사의 정원을 부풀려서 배를 채우면서도, 병사들에게 주어야 할 봉급은 제대로 지급하지 않았다. 심지어 수도 베이징 주변의 병사는 대개 시장의 무뢰배뿐이어서 일단 유사시에는 아무 쓸모없는 존재들이었다. 현실적으로 보면 '서류에만 병사가 있고 실제 전장에 나갈 병사는 없는 경우'가 많았지만, 군관의 수는 오히려 대폭 늘려서 승진의 욕망을 채웠다. 이 때문에 가장 피해를 많이 입는 것은 최하층 병사들이었다. 만력 중기부터 각지에서 병사들의 봉기〔兵變〕가 빈발한 것은 그 때문이었다.[38] 이러한 병변은 그 자체로 중대한 문제였을 뿐 아니라, 국가의 통치력에 심각한 약점을 노정하는 사태였다.

더구나 요동의 만주족 수령인 누르하치가 흥기하여, 만력 16년(1588)부터 건주 각부를 정복하기 시작하였다. 이때 요동순무 주영(周詠)이 '여진족의 한 수령이 요동 밖의 건주지방으로 세력을 확장하는 것이 범상치 않으니 미리 준비하는 것이 좋겠다'는 상소를 올렸지만,

---

37) 《明史》권305, 高淮傳.
38) 위경원, 1999, pp.878-883.

〈그림 7〉 청나라 태조 누르하치상. 만주족 출신으로 1616년에서 1626년까지 재위하면서 후금을 건국하는 등 청의 기틀을 다졌다.

누구도 관심을 가지지 않았다.[39] 누르하치는 만력 19년에는 압록강 연변의 여러 부족을 아우르고, 20년에는 몽골 제부를 복속시켜 큰 세력으로 성장하여 갔다. 장거정은 생전에 척계광과 이성량을 중용하면서 공을 들인 덕분에 만주지방이 안정되었지만, 그가 죽자 몇 년이 못 되어 여진족이 성장하였고 명나라는 결국 1644년 여진족의 후금에게 멸망당하고 말았다.

그러면 왜 장거정이 떠난 지 채 몇 년이 안 되어 국방력이 이 정도로 약화되었던 것일까? 장거정은 유능한 장수를 뽑아 적재적소에 배치하고, 체계적으로 전략과 전술을 세운 후에 서신과 표의를 이용하여 그들을 지휘하여 천리 밖에서도 승리를 거둘 수 있었다. 그러나 장거정이 가고 난 후에는 조정에 그와 같은 사령탑이 없었다.

명조 패망의 다섯 번째 징조는 심각한 국론분열이었다. 관료들은 공무는 게을리하면서도 오히려 당파 분쟁에는 열심이었다. 이부(吏部)에서 지방관을 선발할 때면 지원자가 서로 청탁하기 때문에 할 수

---

39) 酈波, 《風雨張居正》, 2009, p.338.

〈그림 8〉동림서원 구 석방(石坊). 만력 32년(1604), 고헌성과 고반룡 등이 무석에 재건한 것으로, 강학과 논정, 인물평까지 하고 환관을 비판하다가, 천계 6년(1626)에 폐쇄되고 당원이 살해되었다. 숭정 2년(1629)에 회복, 현재 복원되었으나 옛 모습은 없어졌다.

없이 추첨으로 정하는 경우도 많아서, 그 당시에는 이부를 '제비를 뽑는다'는 의미에서 첨부(籤部)라고 비웃기까지 하였다.

이러한 상황에서 새롭게 나타난 것이 소위 동림당(東林黨)이었다. 중국에서는 전통적으로 좌주문생(座主門生) 관계가 전해 내려왔다. 좌주문생 관계는 관료사회에서 '스승과 제자들 사이에 서로 끌어 주고 밀어 주는 끈끈한 관계'를 말하는 것인데, 그 자체로는 바람직스러운 일이다. 그러나 그 정도가 지나쳐 정치 파벌로 발전하는 경우도 많았다. 또 그러한 순수한 사제관계가 아니고, 정치적 이념을 같이 하거나 같은 지역 출신끼리 어울리는 당파가 나타났다.

만력 5년(1577) 10월에 장거정이 작고한 부친의 3년상을 살지 않고 '탈정(奪情)'하기로 결정하자, 신진 관료들이 강력하게 비판하였다. 그들은 자기들만이 정의파로 자처하면서, 장거정이 죽은 후에도 사사건건 내각과 대립하고 황태자 책립문제로 신종의 노여움을 사기도 하였다. 이들 가운데 고헌성(顧憲成)은 만력 32년(1604)에 고향인 강남의 무석(無錫)으로 내려가 고반룡(高攀龍)·조남성(趙南星)·추원표(鄒元標) 등과 함께 동림서원(東林書院)을 재건하고,[40] 동지들을 모아 적극적으로 강학 활동을 전개하였다. 그 후로 그곳에 모인 사람을 '동림당'이라 불렀다. 동림서원에는 위로는 신사로부터 아래로는 농민이나 나무꾼에 이르기까지 광범한 계층이 참여하여, 선현(先賢)을 제사하고, 사서오경이나 정치·사회에 대한 주제를 광범하게 토론하였다. 동림서원의 강학활동이 이렇게 발전하자 반동림파 세력도 나타났고, 후에는 환관을 중심으로 하는 엄당(閹黨)도 나타났다. 이렇게 극도로 국론이 분열되었지만, 신종은 계속하여 정사를 돌보지 않으면서 모든 것에 무관심하였다.

제3절 장거정에 대한 그리움

장거정이 10년 동안 애써 추진하였던 개혁은 그가 눈감은 후로, 이렇게 대개 원상태로 되돌려지면서 명조에 쇠망의 징조가 나타나기

---

40) 동림서원은 송대의 유명한 주자학자인 양시(楊時)가 개창하였다.

시작하였다. 신종 말기의 대학사 섭향고(葉向高, 1559-1627)는 '지금 대단히 위험한 징조는 관직에 공석이 많은 것과 상하가 소통이 되지 않는 것이다. 나라가 망하는 것은 아마도 적국 때문이 아니라 조정 내부에서 일어날지도 모른다'[41]는 요지로 상주하였다. 청대의 학자 조익(趙翼)은 '명나라가 망한 것은 숭정(崇禎) 때가 아니고 신종 때였다[42]고 하였다. 《명사》[43]에서는 '신종은 어려서 황제가 되었지만 장거정이 잘 보좌하여 나라가 부강하게 되었다. 그런데 장거정이 가고 난 뒤에는 궁중에 틀어박혀 정사를 돌보지 않으니 공직기강은 무너지고 군신 간에 소통도 되지 않았다. 그러자 소인배들이 권력과 이권을 좇아 붕당을 만들어 국론이 분열되었다. 명나라는 실제로는 신종 때에 망했다는 지적이 진실이라 할 수 있다'고 정리하고 있다. 청나라 고종 건륭황제도 "명나라가 망한 것은 도적 때문이 아니라 신종이 방종했기 때문"[44]이라고 하였다. 명말 청초의 대사상가 왕부지(王夫之, 1619-1692)는 북송 말기의 사정을 '황제가 황제 같지 않고 재상은 재상 같지 않은 상태에서 망해가는 대세'[45]였다고 평하였는데, 이러한 정황은 장거정이 가고 없는 명말에도 적용 가능하였다. 이러한 지적들은 말하자면, '하인리히의 법칙'[46]을 이미 3백-4백 년 전에 중국

---

41) 《明史》 권240, 섭향고전. 당나라 시대의 시인 두목(杜牧, 803-852)의 〈아방궁부 (阿房宮賦)〉에서도 "6국의 멸망은 진(秦) 때문이 아니라 6국 때문이었고, 진의 멸 망도 진 때문이었다"고 하였다.

42) 趙翼, 《廿二史箚記》 권35, 〈萬曆中礦稅之害〉.

43) 《명사》 권21, 본기 21, 神宗2, 〈贊〉, p.294.

44) 淸 高宗, 〈明長陵神功圣德碑〉.

45) 王夫之, 《宋論》, 권8, 〈徽宗〉.

46) 대형 사고가 일어나기 전 일정 기간 동안 여러 번의 경고성 징후와 전조들이 나 타난다. 그러므로 사소한 문제가 발생할 때 그 원인을 잘 살펴 잘못된 점을 시정하 면 대형 사고나 실패를 방지할 수 있지만, 징후가 있음에도 이를 무시하고 방치하 면 돌이킬 수 없는 대형사고로 번질 수 있다는 것이다. '예측할 수 없는 재앙은 없 다'는 것이다. Heinrich, Herbert W., *Industrial Accident Prevention*, 1931 참조.

에서 언급하였다고 할 수 있다.

장거정은 눈을 감자마자, '역모를 꾸며 황위를 찬탈하려 하였다(謀國不忠)'는 억울하고 황당한 죄목으로 재산은 몰수되고 자손은 귀양가게 되었다. 하량준(何良俊, 1506-1573)의 지적처럼, "신하로서 과도한 권한을 휘두르다가 화를 당하지 않은 사람은 없었다."[47] 세종 가정 연간 중기에 20년 동안 대학사직에 있었고, 그 가운데 14년을 수보직을 맡았던 엄숭, 조선 정조대왕 초기에 젊은 나이로 무소불위의 권력을 행사하던 홍국영(1748-1781)도 같은 길을 걸었다. 왕부지의 지적처럼 "하루 만에 수천 년 동안 내려온 관행을 고치고 싶고, 혼자서 물에 빠진 사람 모두를 건지고 싶지만 대단히 어려운 일일 뿐!"[48]이었던 것이다.

장거정이 가고난 후에 그를 가장 신랄하게 비난한 사람은 청초의 역사가 곡응태(谷應泰, 1620-1690)였다.[49] 그는 장거정을 '환관 풍보(馮保)와 결탁하여 아첨꾼이나 등용하면서 황제의 이름으로 전권을 휘둘렀으니 사람이 아니라 개나 돼지 같고, 신종이 후에 정사를 돌보지 않고 사치와 방종에 빠진 것도 모두 장거정 때문이었으니, 장거정은 명나라를 망하게 한 수괴'라고 평하였다. 그러나 환관 풍보와 결탁한 점만을 제외하면, 그의 평은 흡사 신종이 장거정에게 '역모를 꾸며 황위를 찬탈하려 하였다'는 억울하고 황당한 죄를 씌운 것 같이, '역사권력(歷史權力)'을 휘두른 견강부회에 지나지 않은 것이었다.[50] 또 현대의 역사가 전목(錢穆)은 장거정을 "권신(權臣)이고 간신(奸臣)"[51]이라

---

47) 何良俊, 《四友齋叢說》 권31, 〈崇訓〉.
48) 王夫之, 《宋論》(위경원, 1999, p.897).
49) 谷應泰, 《明史紀事本末》 권61, 〈江陵柄政〉.
50) 邱仲麟, 《獨裁良相-張居正》, 1993, pp. 189-192에서도 같은 맥락의 평가를 하고 있다.

36_ 제1장 장거정이 가고 없는 세상

고 매도하였다.

장거정 자신도 만년에 "내가 죽은 후에는 온전하지 못할 것"[52]이라고 하면서, '내가 추진하고 있는 개혁은 잠시 동안은 불편하겠지만, 내가 죽은 후에는 반드시 나를 생각하게 될 것'[53]이라고 예언하였다. 과연 그의 예언처럼 그를 그리워하는 사람이 나타나기 시작하였다.[54]

놀라운 것은, 장거정에게 정치적으로 배척당하고 고문을 받았던 관료들이 오히려 장거정을 변호하였다는 점이다. 전에 장거정에게 해임되었다가 그가 죽은 후에 복직된 조금(趙錦)은 복직되자마자, 장거정이 "사심으로 하였다면 원한을 살 수도 있지만, 국가를 위해 하였다면 사심이라고 해서는 안 된다"[55]고 하였다. 역시 장거정에게 관직을 박탈당했던 한림원시강학사 우신행(于愼行)은 "장거정이 집권하고 있을 때는 다투어 그의 공을 찬양하고 감히 잘못은 말하지 못하더니, 이제 그가 죽고 나니 다투어 그의 죄를 말하면서도 그의 공적은 말하지 않는 것은 옳은 일이 아니다"[56]라고 하였다. 여러 번 장거정을 공격하다가 3급이나 강등낭했던 호광부사 낙문례(駱問禮)는 장거정의 개혁 방향이 정확하였음을 깨닫고 〈장거정을 애도함〉[57]이란 시를 남겼다. 이들은 시국이 어지러워지는 것을 보면서 개인의 은혜나 원망을 초월해서 장거정에 대한 태도를 바꾼 것이다.

대학사 심리(沈鯉, 1531-1615)는 만력 22년에 '명분과 실제, 상벌

---

51) 錢穆, 《中國歷代政治得失》, 1980.
52) 沈德符, 《萬曆野獲編》 권9, 內閣, 〈三詔亭〉.
53) 《張居正集》 第2冊, 권21, 書牘8, 〈答應天巡撫論大政大典〉.
54) 陳治紀, 〈書張文忠公文集後〉, 《張居正集》 第4冊, 권47, 附錄1, pp.509-510.
55) 趙錦, 〈請矜宥張居正疏〉, 孫承澤, 《春明夢餘錄》 권45.
56) 《明史》 권217, 〈于愼行傳〉; 《張居正集》 第4冊, 권47, 附錄1, 淸, 周聖楷, 〈張居正傳〉, p.479.
57) 駱問禮, 《萬一樓集》 권12, 〈哭張江陵〉(위경원, 1999, p.890).

등을 분명히 하면서 비난과 원성은 피하지 않았고 명예와 이해를 돌보지도 않았다 … 국가와 법을 먼저 생각하고 개인의 이해관계는 뒤로 미루고, 힘든 일과 원성을 정면 돌파하면서 만력 초 10년 동안의 태평성세를 이루어 낸 것은 우리나라 재상 중에는 없는 일'[58]이라고 최고의 평가를 하였다.

장거정에 대한 긍정적인 평가는 신종의 치세 말기로 갈수록 더욱 증가하였다. 만력 38년(1610)에 고이검(高以儉)은 "장거정은 온몸을 다 바쳐 순국하였을 뿐 사적인 것은 하나도 없었다. '장거정은 국가를 위하는 일에는 온갖 정성을 쏟았으나 자신을 위하는 일에는 서툴렀다'고 한 해서(海瑞)의 말은 옳다."라고 하였다.[59]

저명한 학자로 형부시랑까지 지낸 여곤(呂坤, 1536-1618)은 만력 40년(1612)에 '선생은 온몸을 다 바쳐 사직의 안위를 돌보고, 명예와 비방은 뜬구름 같이 여기면서 많은 개혁을 추진하며 원성을 샀다. 그러나 오늘에 이르러서는 노인과 사대부들이 나라가 태평하고 기강이 잘 잡혔던 그 시절을 기억하며 탄식하고 있다. 10년 동안 사직을 위해 이룬 공을 누가 잊겠는가? 후에 반드시 그의 누명을 벗겨줄 사람이 있을 것이다.'[60]라고 희망을 보이고 있다. 만력 42년 12월에 강릉 지현 석응숭(石應嵩)이 장거정의 묘를 개장하면서 남긴 비문에는 "놀라운 공을 세우고도 몸은 가고 없고, 간교한 토끼를 잡을 양궁(良弓)도 없구나! 시간이 흐르면 평가도 달라질 것이다."[61]라는 구절도 있다. 만력 말에는 간관(諫官)들이 연이어서 신종에게 장거정의 억울함과 함께 10대 공적을 상주하였으나 신종은 못 들은 체하였다. 사상적

---

58) 《張居正集》第4冊, 권47, 附錄1, 沈鯉, 〈張太岳集序〉.
59) 《張居正集》第4冊, 권47, 附錄1, 〈太師張文忠公集跋〉, pp.505-507.
60) 《張居正集》第4冊, 권47, 附錄1, 呂坤, 〈書太岳先生文集後〉, p.502.
61) 《張居正集》第4冊, 권47, 附錄1, 〈張文忠公改葬碑文〉, p.522.

으로는 장거정을 거세게 비난했던 이지(李贄)도 '장거정은 사직에 크게 이바지한 걸출한 재상'(宰相之傑)[62]이라고 평하였다. 바로 이러한 추세 속에서 만력 40년(1612)에는 장거정의 상소문·서신·시문 등을 모은 《장태악집》(張太岳集)이 간행될 수 있었다.

장거정은 죽은 지 40년 만인 천계 2년(1622) 5월에 이르러 복권되었다. 먼저 좌도어사 추원표(鄒元標, 1551-1624)가 그 테이프를 끊었다.[63] 추원표는 만력 5년에 진사에 합격하여 형부에 관정진사(실습 진사)로 근무하고 있었는데, 그해 10월에 장거정이 부친

〈그림 9〉 추원표상. 진사(進士)가 된 만력 5년에 장거정의 실정을 논하다가 죄를 얻어 귀주로 수(戍)자리를 갔다. 그곳에서 6년 동안 머물면서 이학(理學)을 연구해 성과가 있었다. 남경이부원외랑(南京吏部員外郎)에 올랐지만 모친상을 당해 귀향한 뒤 30년 동안 집에 머물면서 강학하여 명성이 천하에 떨쳤다.

상을 치르지 않고 '탈정'하기로 결정하자, '짐승만도 못한 놈'이라는 극단적인 표현까지 써가며 비판하는 상소를 올렸다가 정장 80대를

---

62) 李贄, 《焚書》 권1, 答鄧明府.
63) 《神宗實錄》 권68, 만력 5년 10월 丁未조. pp.1485-86; 《明史》 권213, 張居正傳; 《明史》 권243, 鄒元標傳; 沈德符, 《萬曆野獲編》 권18, 〈廷杖〉.

맞고 진사 지위는 박탈당하고 병사로 강등되어 귀주의 도균위로 귀양 갔다. 그는 양명학파로서, 후에 고헌성과 함께 동림서원을 세웠다. 그는 도균위의 산중에서 오히려 착실히 이학(理學)을 연구하다가, 장거정이 죽고 6년이 지난 1583년에야 돌아와 급사중에 임명되었고 천계 연간(1621-1627)에 좌도어사(모든 관료를 감찰하는 도찰원의 장관)에까지 올랐다. 그러한 그가 장거정의 누명을 상주하여 '장거정의 명예와 이전의 관직을 회복시키고 후하게 장사지내 주라'는 조지를 얻어냈다.

장거정이 모국불충(謀國不忠)하였다는 억울하고 황당한 죄명을 벗고 완전히 명예를 회복하게 된 것은 명나라가 거의 기울어 가던 숭정 13년(1640)이었다. 장거정이 가고 58년이 지난 후였다. 요동벌에서 여진족의 후금군이 엄습해오고, 나라의 운명이 경각에 달린 시기였다. 그해에 이부상서 이일선(李日宣) 등이 "장거정은 목종의 고명을 받고 10년 동안 어린 신종황제를 보좌하면서 온갖 어려움과 원망을 견디며 적폐를 척결하고 만력중흥을 이뤄냈습니다. 그때는 나라는 부요하고 기강과 법도가 잘 세워져 평안하였습니다."[64]라고, 그를 기리는 상주를 올렸다. 그에 따라 '시호와 관함을 회복시키고, 자손의 습직(襲職)도 회복시켜 주라'는 명령이 있었고, 그에 따라 장거정이 살던 옛집은 장문충공사(張文忠公祠)로 바꾸었다. 장거정이 눈감은 후에는 중국사회가 급격하게 패망의 수렁으로 빠져들어 가고 있어, 16세기보다도 훨씬 더한 위기가 다가오고 있었는데도, 누구 하나 이를 구할 사람이 없었다. 마치 '나라가 극도로 혼란해지고 나서야 겨우 경륜이 뛰어났던 어른을 그리워하게 되는 것'[65]이라는 고염무(顧炎武, 1613-1682)의 말

---

64) 《明史》 권213, 張居正傳; 《明史》 권254, 李日宣傳.
65) 顧炎武, 《日知錄輯釋》 권13, 〈重厚〉, 三上, p.55.

처럼 되었던 것이다.

　그 후로도 장거정에 대한 긍정적인 평가는 끊이지 않았다. 명말 청초의 정치가 전겸익(錢謙益, 1582-1664)은 "장거정이 등용한 인재는 양마(良馬)였고, 그가 가고 난 후에 등용된 자들은 여우나 쥐새끼들이었다. 장거정은 양마를 볼 줄 아는 백락(伯樂)이었고, 그가 가고 난 후에는 여우나 쥐새끼의 덕을 보려는 자들뿐이었다."[66]고 장거정의 인재를 알아보는 능력을 칭찬하였다. 《명사》에서도 '장거정은 엉뚱한 인물을 세우고 재치 있게 거느려 사람들이 모두 즐겁게 능력을 발휘하였다. 그러므로 세상에서는 장거정이 사람을 볼 줄 안

〈그림 10〉 전겸익. 만력 38년(1610) 진사시에 급제한 뒤, 편수와 첨사를 지냈다. 처세에는 절조가 결여된 면이 있었지만, 문학으로 동남 지역에서 명성이 자자했고, 동림(東林)의 거목이 되었다.

다고 하였다.'고 평하고 있다.[67] 청대의 임로(林潞)는 '장거정 당시의 관료들은 겨우 외면만 볼 뿐 내부에서 벌어지는 구체적인 것은 보지 못하였고, 황제의 권한을 침해하는 것만 보았을 뿐 세상을 구하기 위해서는 어쩔 수 없었던 점은 보지 못하였다. 장거정은 현지에서 군대를 직접 지휘하지 않으면서도 수천 리 밖에서 장수와 수만 군병을 지휘하여 10년 동안 중국을 평안하게 하였다.'면서 "평범한 재상 100

---

66) 錢謙益, 《牧齋初學集》 권30, 〈少保梁公恤忠錄序〉(위경원, p.855).
67) 《明史》 213, 張居正傳.

명보다 꼭 필요할 때 구시재상(救時之相) 한 명을 얻는 것이 더 낫다."[68]고 하였다.

장거정에 대한 비난 가운데 가장 큰 것은 삼국시대의 조조처럼 '어린 황제를 등에 없고 권력을 독단'하였다는 것이었다. 그런데 자기 자신도 겨우 5세에 즉위하여 숙부 예친왕(睿親王) 도르곤(多爾袞)의 '독단적'인 섭정을 받았던 청나라 순치황제(1644-1661)는 '장거정의 죄를 독단이라 하는 것은 잘못이다. 당시 황제는 어리고 나라는 위태로웠으므로 어쩔 수 없이 혼자서 추진할 수밖에 없었다.'[69]고 변호하였다. 장거정이 강행한 '탈정'도 가장 큰 비난 대상의 하나였다. 그러나 추원표의 사례에서 보았듯이, 장거정이 죽은 후에는 사회 여론이 사적인 것보다 국가의 백년대계를 생각하는 쪽으로 바뀌었다. 반대파들은 또 장거정을 불충(不忠)으로 공격하였다. 그런데 청나라 도광 연간(1821-1850)의 어사 주기백(朱琦伯)은 '나라에 이롭고 자신에게 해가 없다면 누구나 할 수 있지만, 나라에는 이롭지만 자신에게 해가 된다면 지혜로운 자는 하지 않을 것이다. 그러나 장거정은 그렇지 않았다. 분명히 자기에게 해가 되는 것을 잘 알면서도 실행한 사람이다. 자기에게는 해가 되지만 나라에는 이로운 것을 잘 알 뿐 아니라, 또한 후대에 천하가 비방할 것을 각오하고 용감하게 추진한 사람이다. 그의 과오는 일을 성공한 시점에서 멈추지 못하고, 또한 자기가 죽은 후를 생각해서 어진 재상을 세우지 못한 데 있다.'[70]고 지적한 것은 정곡을 찌른 평가였다. 장거정에 대한 반대론자들은 역사의 발전 방향을 생각하기보다는 개인의 기득권이나 지키려는 심산이었던

---

68) (청) 林潞, 〈江陵救時之相論〉, 賀長齡, 《淸經世文編》 권14; 《張居正集》 第4冊, 권47, 附錄1, 〈江陵救時之相論〉, pp.528-530.
69) 《張居正集》 第4冊, 권47, 附錄1, 張同奎, 〈上六部稟貼〉, p.548.
70) 《張居正集》 第4冊, 권47, 附錄1, 〈答王子壽比部書〉, pp.533-534.

것이다. 청초에 유명한 시인 왕계무(王啓茂)는 장거정의 사당 앞에 서서 "은혜와 원한은 때가 되어야 정해지고, 나라에 위험이 닥친 후에야 재난이 보이는 것이다. 눈앞에 국사(國士)를 두고도 자네는 아는가 모르는가?"[71]라는 시를 남겼다.

청대 학자 유헌정(劉獻庭, 1648-1695)은 '명대에 황제는 단 한 사람 태조 고황제이고, 재상도 단 한 사람 있었으니 장거정이 그 사람이다'[72]라고 하였고, 청말에서 민국시대에 걸쳐 학자요 정치가였던 양계초(梁啓超)도 역시 "명대에 정치가는 장거정 단 한 사람뿐이었다"[73]고 평했다.

그러면 장거정이 생전에 무엇을 어떻게 하고 어떻게 처신하였기에, 그가 눈감기 전에는 그렇게도 그를 비판하던 반장거정 관료들마저 그가 죽고 난 후에는 '천고일상(千古一相)'이라고까지 칭찬하면서, 개인의 원한을 초월한 채 그를 변호한 것일까?

나태주 씨의 시 〈풀꽃〉은 우리에게 잔잔한 감동을 준다. "자세히 보아야 예쁘다/ 오래 보아야 사랑스럽다/ 너도 그렇다" 이름 모를 작은 꽃이라도 자세히 들여다보면, 참으로 예쁘고 사랑스럽다. 이제 장거정의 삶과 그가 추진한 개혁을 '자세히' 살펴보면서 그의 진면목을 보려고 한다.

---

71) 《張居正集》第4冊, 권47, 附錄1, 〈謁張文忠公祠〉, p.540.
72) 劉獻庭,《廣陽雜記》, 권1(劉志琴, 2006, p.366 轉引).
73) 梁啓超,《中國歷史研究法補編》제6장 專傳的做法.

제2장

신동의 탄생

"울창한 저 대나무 곧기도 하구나! 내 저 꼭대기까지 올라가 보리라!"

소년 장거정이 지은 시 〈제죽〉 가운데

제1절 사세동당(四世同堂)

매실이 막 익기 시작하고 장마가 올 무렵인 5월 초3일에 호북성 형
주부 강릉현(현재의 형주시)의 가난하지만 하급 신사인 생원(지방 학
교의 학생) 가정에서 신동이 태어났다. 모친 조씨가 12개월 만에 낳은
아들이었다.[1] 부친이 22세, 모친이 20세에 태어난 이 아이의 증조부
장성(張誠)과 조부 장진(張鎭)도 살아 있었으니, 4세대가 함께 산 셈
〔四世同堂〕이었다. 명나라가 개국한 지 157년째 되던 해, 제11대 황제인
세종 가정제가 즉위한 지 4년(1525)째 되던 해였다. 바로 이 아이가
자라서 명나라 역사에서 가장 업적을 많이 남겼고 사후에는 명재상이
라는 평가를 받았지만, 후일의 평가는 분분한 장거정이었다.[2] 장거정
은 자를 숙대(叔大), 호를 태악(太岳)이라 하였고, 당시에는 그의 고향
이름을 따라서 장강릉(張江陵)이라고 불렀다.

장거정이 태어나기 전날 밤, 증조부 장성은 '달이 물독에 빠져 밝
은 빛을 내다가 이윽고 흰 거북으로 변하여 하늘로 올라가는 꿈'을
꾸었는데 조금 뒤에 장거정이 태어났다. 중국에서는 꿈에 거북을 보

---

1) 유명인에게는 으레 믿기 어려운 이야기가 따라다닌다.
2) 이 책에서 별주(別註)가 없는 한 《張居正集》 제4책, 권47, 附錄1, 〈張文忠公行實〉;
   같은 책, 제3책, 권38, 文集10, 〈先考觀瀾公行略〉; 《明史》 권213, 張居正傳; 焦竑,
   《國朝獻徵錄》 권17, 〈張居正〉; 王世貞, 《嘉靖以來首輔傳》 권7, 張居正傳; 邱仲麟,
   1993; 唐新, 1968; 鄘波, 2009; 樊樹志, 2005·2008-A·2008-B; 楊益, 2010; 위경
   원, 1999/2017; 劉志琴, 2006; 주둥룬(朱東潤), 1981(이화승 옮김, 2017); 陳生璽,
   2012; 陳翊林, 1956 등을 참조하였다.

는 것은 대단한 길몽으로 생각하였다. 그래서 그의 이름을 흰 거북〔白龜〕과 같은 발음인 백규(白奎)라고 지었다. 장거정은 만 2세 때 《맹자》에 나오는 왕왈(王曰)을 인식하였고, 5세부터 글방에 들어가 글을 배웠으며, 10세에 육경(六經, 시경·서경·역경·예기·춘추·악경)의 큰 뜻을 이해하였고 상당한 문장도 지을 줄 알았으므로, 신동이라는 칭찬을 들었다. 그의 문집에는 그가 13세에 지었다는 시 2편이 전하는데,[3] 그 가운데 요왕부(遼王府)의 정원에서 지은 〈제죽〉(題竹)에는 "울창한 저 대나무 곧기도 하구나! 내 저 꼭대기까지 올라가 보리라!"라는 구절이 나온다. 전통시대에는 입신양명(立身揚名)하는 것이 최대의 목표였으므로, 어린 나이에 이미 포부가 대단했음을 엿보게 한다. 사람은 그 내면세계가 형성되는 유소년기를 주목해야 하는데, 장거정의 그때의 포부는 그로부터 35년 후에 이루어졌다.

　장거정은 이마가 넓어 미목이 수려하고 턱수염을 길게 길렀다. 그의 얼굴에는 항상 권위와 지혜가 넘쳐흘렀고, 입고 있는 관복은 주름이 반듯하고 단정하였으며, 매일 옷을 바꾸어 입을 정도로 깔끔하였다. 그는 매우 총명하고 기억력도 뛰어나서 세세한 일까지 기억하였다. 각종 직무에 대해서도 핵심을 잘 파악하고 있었고, 말은 항상 간단명료하고 예리하여 정곡을 찔렀다. 성격은 신중하면서도 정력적이었고, 과단성이 있고 다재다능한 인물이었다. 평소 즐거울 때나 노할 때에도 얼굴색이 변하지 않았고 말수도 적었지만, 일단 말을 시작하면 힘이 있어 대중을 제압하였다. 그러나 바로 그러한 완벽함이 오히려 그의 약점이 되어, 겸손하지 못하고 외고집이며 독단적이라는 비난을 받기도 하였다. 그런데 그러한 비난을 받은 장거정은 청사에 길

---

3) 《張居正集》 제4책, 권45, 詩6, 〈題呂仙口號〉·〈題竹〉, pp.387-388.

이 남을 만한 혁혁한 업적을 남겼지만, 장거정이 죽은 후에 '충후하고 유덕한 인품의 소유자'라는 평판을 받았던 내각 수보 신시행(申時行)은 오히려 별다른 업적을 남기지 못하였다.

장거정의 먼 조상 장관보(張關保)는 안휘성 봉양부 정원(定遠) 사람이다.4) 그는 명나라 태조 주원장과 동향이어서, 주원장이 호주〔濠州, 오늘날 안휘성 봉양(鳳陽)〕에서 원나라에 반기를 들고 기병할 때 홍건군 사병으로 참여하였고, 대장군 서달(徐達)을 따라 강남을 평정하고 절강·복건·광동 등 여러 지역의 전투에서 많은 전공을 세웠다. 그 공적으로 호북성 귀주(歸州) 장녕소〔오늘날 호북성 자귀(秭歸)〕의 천호(千戶)에 임명되면서 호광의 군적(軍籍)에 편입되었다.

명대의 군사제도는 위소제도(衛所制度)였다. 즉, 각 성에 도지휘사(都指揮使)를 두고 그 아래에 각지의 요충지에 위(衛)를 두고, 각 부(府)에 소(所)를 두었다. 각 위에는 지휘사를 두고 관병 5,600명을 지휘하게 하였고, 그 아래에 5개 천호소(千戶所)에는 천호를 두어 각각 1,120명을 지휘케 하였으며, 그 아래에 10개 백호소를 두고 백호를 두어 112명을 지휘케 하였다. 장관보는 천호로 1,120명을 지휘하는 정5품이었으니 중하급 군관이었던 셈이다. 군관과 사병은 모두 군적에 편입되는데, 군호(軍戶)는 세습되어 민호(民戶)와 구분되었다. 단, 세습은 적장자(嫡長子)만 해당되고, 그 밖의 아들은 일반 군호가 부담하는 요역 의무만 부담하였다. 명대에 모든 호는 민호(民戶)·군호(軍戶)·장호(匠戶, 수공업자)·조호(竈戶=鹽戶) 등 직업으로 구분하고, 성인의 수와 재산에 따라 9등분하여 《부역황책》에 등재하고 세습케 하였다. 군호는 하층민에 속하여 가난할 수밖에 없었지만, 법률상

---

4) 〈文忠公行實〉에는 시조의 이름은 복(福)이고 안휘성 합비(合肥) 출신이라고 했다.

여러 아들 가운데 한 사람은 과거에 응시할 수 있었다.

그 후 장관보→ 장당→ 장왕을 거쳐 증조부 장성(張誠) 대에 이르기까지 가정 형편은 매우 어려웠다. 장성은 둘째 아들이어서 세습군호에서 벗어날 수 있었으므로, 귀주에서 강릉현으로 이사하여 정착하였다. 많은 문헌에서 장거정을 장강릉(張江陵) 혹은 '강릉 선생'이라고 기록한 것은, 명청시대에 저명한 인물은 그 사람의 관적(貫籍)으로 본인의 이름을 대신하는 습관이 있었기 때문이었다. 장성은 말을 더듬었지만 호인이었고 훈화를 잘하여, 강릉 사람들은 그의 말에 따라 자제를 교훈하는 일도 많았다.

장성은 월·진·익(鉞·鎭·釴)의 세 아들을 두었는데, 둘째 아들 장진이 장거정의 조부였다. 장성의 큰 아들 월은 재리(財利)에 밝아서 상당한 재산을 모았고, 삼남 익은 현학(縣學)의 생원이 되었다. 그런데 둘째 아들 진은 성격이 호방하였지만 살림에는 관심이 없었으며, 후에 형주 요왕부의 호위병이 되었고, 문명을 낳았다. 호위병은 최말단 병사였으므로 경제적으로도 매우 어려웠다.[5] 그래서 장성이나 장진의 대에는 그러한 어려움에서 벗어나기 위해서 많은 노력을 기울였을 것이다. 장거정이 셋째 아들 무수(懋修)에게 보낸 서신에서 '우리 집은 학문으로 출세한 집이니, 열심히 노력하는 규범을 후세에 전하라'[6]고 한 말이 그것이다.

장거정의 부친 장문명(張文明)[7]은 상당한 재주가 있어 20세에 형

---

[5] 《張居正集》 제2책, 권28, 書牘15, 〈與南學院吳初泉書〉; 《張居正集》 제3책, 권37, 文集9, 〈學農園記〉; 《張居正集》, 제2책, 권28, 書牘15, 〈謝病別徐存齋相公〉 등 참조. 그런데 후에 노복과 유모를 두었다는 기록이 있는 걸 보면, 장거정이 출생한 후에 가세가 조금 나아졌던 듯하다.

[6] 《張居正集》 제2책, 권28, 書牘15, 〈示季子懋修〉.

[7] 《張居正集》 제3책, 권38, 文集10, 〈先考觀瀾公行略〉.

주부학의 생원이 되어, 집안 형편을 바꾸어 보려하였지만, 그 후 향시(거인 시험)에는 운이 없어서 7번이나 낙방하였다. 그러나 장문명은 자유분방하여 술을 좋아하고 우스갯소리로 사람들을 잘 웃겨서, 위로는 신사로부터 아래로는 농민에 이르기까지 그와 사귀기를 싫어하는 사람이 거의 없었다고 한다. 훗날 아들 장거정이 과거에 합격하여 한림원 서길사를 제수받고도 3년이나 지나서야, 과거를 포기했다고 한다. 그 때문에 장거정이 사내아이로 태어나자, 당시로서는 신분 상승의 지름길이었던 과거시험 준비를 위한 가정 환경을 만들려 애썼고, 더구나 어려서부터 남달리 영민했던 장거정에 대해서 집안에서거는 기대는 대단하였다.

제2절 장거정 성장기의 중국사회

장거정이 살았던 명 중기(15세기 중엽-16세기 중엽)의 중국사회를 이해하기 위해서는 먼저 그 시기에 나온 소설 한 편을 보아야 한다. 바로 오승은(吳承恩, 1500-1682)이 지은 사회소설 《서유기》[8]이다. 소설은 그 작품이 나타난 시기의 정치·사회·경제·문화·사상의 종합 산물로서, 그 시기에 사회에서 실제로 발생할 수 있는 현상들을 적나라하게 묘사한 경우가 많다. 소설을 통해서 그 시대 사회의 구체적인 실상을 이해할 수도 있고, 기본적인 사료에서는 볼 수 없는 부

---

8) 모두 100회로 된 초고는 오승은이 가정 21년(1542)에 발표한 것으로, 당시 통치계급의 타락상을 폭로한 해학과 풍자의 문학이다.

분을 보충할 수도 있다. 역사의 근거가 되는 사료는 진실만을 간결하게 적어 놓았지만, 소설은 그 사료에 피와 살을 보충해서 생동감을 살리는 역할을 한다. 사료를 통해서 본 사실이 뼈대라고 한다면, 소설은 그러한 뼈대에 살을 붙여 사람의 모습을 만들고 예쁜 옷을 입혀서, 마치 살아 있는 듯한 생동감 있는 사람의 모습을 만들어 낸다.9) 아이들에게 역사책 《삼국지》를 읽어주면 별 감동을 받지 못하지만, 소설 《삼국지연의》를 읽어주

〈그림 11〉 오승은(1500-1582) 동상. 강남공원박물관 소장.

면 재미있어 하는 것이 바로 소설의 힘이다.

　《서유기》는 7세기에 삼장법사 현장(600~664)이 당나라 황제의 칙명을 받고, 중앙아시아를 거쳐 천축국(북인도)에 가서 《대승불경》을 구하여 돌아온 사실에 근거하고 있다. 현장이 제자인 손오공·저팔계·사오정과 함께 17년 동안 50여 개국을 지나는 기나긴 여행길에서 겪었던 81가지의 어려움을 그린 이야기이다. 작자 오승은은 현장의 여행담인 《대당서역기》(大唐西域記)를 기초로, 민간에 전해오는 전설이나 설화를 가미하고 자기 자신의 상상력을 더하여 환상의 세계를 그려놓고, 그 속에서 현실의 부조리를 비판하고자 한 것이다. 《홍길동전》이나 《춘향전》 같은 조선시대의 고전 소설도 여기에 해당된다.

---

9) 吳金成, 〈《金甁梅》를 통해 본 16세기의 중국사회〉, 《明淸史硏究》 27, 2007C.

《서유기》의 주인공 손오공(바위에서 태어난 원숭이)은 수십 가지의 변신술을 자유자재로 부리고, 근두운(觔斗雲)을 타고 10만 8천 리를 단숨에 날아가기도 하며, 갖가지 무기도 자유자재로 쓸 수 있고, 상대방의 마음도 훤히 꿰뚫어 보면서 수많은 악한과 요괴를 물리친다.

손오공이 물리치는 악한이나 요괴들은 당시에 부정부패와 고리대를 일삼던 관리나 통치계층을 상징한다고 볼 수 있다. 장거정과 오승은이 살던 명나라 중기의 사회는 황제(무종→세종→목종→신종)가 정사를 게을리 하는 틈을 타서, 관리와 통치계급인 신사가 부정부패를 일삼아서 빈부의 격차가 심하였고, 백성들은 고통으로 신음하다가 고향을 등지고 도망하기도 하고 대규모로 반란을 일으키기도 하였다. 이러한 시기에 손오공이 보여준 통쾌한 활약은 힘이 없어 어찌할 수 없는 암울한 현실에 저항하고 싶은 백성들의 소망을 대변하는 것이었다.

이러한 명 중기의 중국에서는 다양한 사회 변화가 동시에 진행되었다.[10] 명나라(1368-1644)가 건국한 후 30-40년 동안은 중국 사회가 어느 정도 안정되어 각지에서 농업 생산력이 빠르게 회복되었다. 정부가 권농과 개간을 권장하고 전국에 걸쳐 이갑제(里甲制)를 실시하여 사회를 안정시켰기 때문이다. 이갑제란 이전부터 존재하던 촌락의 공동체 질서를 그대로 존속시키면서, 자급자족이 가능한 110호를 1리로 편성하고 인정(人丁)과 재산의 많고 적음에 따라 호등을 9개로 구분하여, 이장(里長)에게 사회 질서와 세금 징수를 맡기는 제도였다. 재산이 많은 10가구는 이장호(里長戶), 나머지 100가구는 다시 10갑으로 편성하였다.

이렇게 어느 정도 안정되어가던 중국사회가 15세기에 들면서 다시

---

10) 오금성, 2007A, 제1편 제1장.

불안해지기 시작하였다. 그 원인은 아주 복합적이었다. 먼저 밖으로는 북변에서 몽골족이, 남해안에서는 왜구의 침략이 심각하였다. 안으로는 첫째, 황제가 정사를 소홀히 하는 것을 기화로 공직기강이 무너지면서, 환관이 정치에 개입하고 관료와 서리가 부정부패를 일삼았다. 둘째, 새로이 지배층으로 성장하여 간 신사들은 대토지를 겸병하면서도 응당 내야 할 조세는 교묘하게 기피하였다. 셋째, 그 때문에 힘없는 농민들은 평년작일 때도 근근이 살았고, 혹시 재해나 질병이라도 발생하면 농민뿐 아니라 지주마저 몰락하는 경우도 많았다. 이렇게 몰락한 가구는 우선은 고리대를 얻어 연명하다가 견딜 수 없게 되면 소작농이나 노비로 전락하고, 심하면 처자를 팔거나 고향을 등지고 도망하였다. 명 중기에는 전국적으로 이러한 대대적인 인구이동이 진행되었다.

이렇게 고향을 떠난 유민들이 간 곳은 세 곳이었다. 첫째는 개발이 덜 된 '낙후(落後)지역'이었다. 낙후지역에는 아직 개간이 안 된 황무지가 많이 남아 있었다. 더구나 명대에는 왕토사상(王土思想=모든 땅은 황제의 것이라는 사상)에 따라 특별히 국가에 등록된 토지가 아닌 경우에도 모두 국가 소유로 간주하였다. 그러므로 산이나 구릉지·호수나 강변의 저습지 등 아직 개발되지 않은 황무지는 확실히 개간되어 국가에 세수원(稅收源)으로 등록될 때까지 3년 동안 면세 혜택을 주었다. 그 때문에 고향에서 몰락한 인구의 대부분은 이렇게 낙후지역으로 들어가 토착인과 경쟁하면서 황무지를 열심히 개간하며 살았다. 이렇게 갑자기 외래 객민(客民)이 대거 몰려들어 토착인과 경쟁하던 지역에서는 객민은 경제적으로 성장해 가는데 토착인은 오히려 몰락하여 타향으로 유산하는 '인구의 대류 현상'이 일어나기도 하였다.

둘째, 일부의 유민은 금산(禁山)구역으로 들어갔다. 금산구역이란 명나라가 넓은 영토의 치안을 유지하기가 어려워지자, 백성의 출입을 법으로 통제했던 심산유곡의 산악지역을 말한다. 그런데 실제로 금산 구역으로 지정된 지역은 경계도 확실치 않았고, 관군을 동원하여 철 저하게 경비를 서는 것도 아니어서, 사실은 국가의 통치가 미치지 못 하는 사각지대로 방치되어 있었다. 산악지역이라고 해도 실제로는 조 금만 노력하면 개간이 가능하여 오히려 국가의 조세를 피하면서 충분 히 살아갈 수 있었다. 이러한 금산구역에는 처음에는 국가의 통제도 미치지 않고 경작이 가능한 토지를 획득할 수도 있었지만, 점차 소문 이 나면서 계속해서 유민이 모여들었다. 처음에는 먼저 들어가 정착 한 사람들이 뒤에 들어온 유민을 소작인이나 노비로 부리면서 그럭저 럭 유지해 갔다. 그러나 점차로 객민이 늘어나면서 과밀화되었고, 목 재를 채취하거나 광산을 개발하는 지역에서는 홍수 등의 자연재해 때 문에 생활이 어려워지자 폭동이 일어나게 되고 반란으로까지 발전하 는 경우도 있었다. 명 중기로부터 청 중기에 걸쳐서 끊임없이 반란이 일어난 곳도 있었는데, 호광 서북부의 4성 접경지역과 강서 남부의 4 성 접경지역은 특히 유명하였다. 셋째, 일부의 유민은 도시나 수공업 지역으로 들어갔다. 이들 유민은 노동을 하거나 소수는 무뢰(조직폭 력배) 조직에 흡수되었다.11)

그런데 명 중기에 나타난 사회변화 가운데는 이상과 같은 부정적 인 면만 있었던 것은 아니다. 경제적으로는 농업과 수공업 등 각 분 야에서 생산이 증대되면서 지역적인 분업이 일어나고 상품 경제가 발 전하였으며, 그 결과로 기존의 대도시 외에도 각지에 중소도시와 정

---

11) 오금성, 2007A, 제3편 제2장 黑社會의 主人: 無賴.

〈지도 2〉 명대의 중국지도

기시(定期市)가 발달하고 장거리 교역이 확대되는 등 긍정적인 면도 있었다. 그러나 오늘날 자본주의 사회에서도 그러하듯이, 재부가 모든 사람에게 공평하게 분배되지 않았기 때문에 갈수록 빈부의 격차가 심화되어 갔다.[12]

제3절 장거정이 태어난 호광사회

장거정이 태어난 호광사회[13]는 "땅은 넓고 인구는 희소하다〔地廣人稀〕"는 말이 나올 정도로 개발이 덜 된 낙후지역이었다. 명초에는 "호

---

12) 오금성, 2007A, 제3편 제1장 강남의 도시사회.
13) 위경원, 1999, pp.47-59; 오금성,《中國近世社會經濟史硏究》, 1986, 제2편 제2·3장.

광지방은 인구는 적고 황무지는 많은데, 이웃 강서지방에는 농토가 없는 사람이 많으니 그곳 사람들을 이사 오게 해달라"[14]고 황제에게 상소까지 올린 일이 있었다. 15세기 중엽에도 "호광지방은 전토는 많고 인구는 적다"[15]고 전하고 있고, 장거정이 죽은 후의 16세기 말에 이르러서도 "(전국에서 인구가) 가장 희소한 곳은 호광이고 가장 조밀한 곳은 강절(강소·강서·절강)"[16]이라고 할 정도였다.

호광지방에는 이렇게 아직 개간되지 않은 황무지는 많고 인구는 희소하였으므로, 명초부터 사방에서 외래 객민이 모여들었다. 지방지에서는 그들 객민이 호광에 들어온 후의 삶을 다음과 같이 전하고 있다.

ⓐ (호광 사람들의) 습속은 게을러서 산과 호수의 이익은 버려두고 거들떠보지도 않았다. 오히려 객민이 들어와서 그런 땅을 개간해서, 소출은 많으나 세금이 없는 토지의 이익을 차지한다.[17]

ⓑ 수없이 방치된 모래톱, 하류가 막힌 강줄기, 방치되어 있는 호숫가의 저습지와 같이 전에는 농토로 사용하지 않던 곳이 모두 개간되었다. 또 그렇게 개간한 땅은 아무리 넓어도 조세는 1석도 안되므로, 다행히 홍수가 나지 않으면 제방을 쌓아 물을 막고 농사를 지을 수 있다. 높고 낮은 땅은 이렇게 하여 모두 옥토로 변하였다. 객민과 상인은 그렇게 하여 재산을 조금씩 늘려 치부하게 되었다.[18]

ⓒ 상인과 객민은 처음에는 땅을 빌려 농사를 짓고 집을 빌려 거주하다가 오래되면 점차로 정착한다. 토착 소민은 세금이 무거워 객민에게서 빚을 얻어 쓰고 두 배의 이자로 갚고, 집과 농토를 저당 잡혔다가 오래

---

14) 《太祖實錄》 권250, 홍무 30년 2월 정유조, pp.3619~3620.
15) 丘濬, 〈江右民遷荊湖議〉, 《皇明經世文編》 권72.
16) 于愼行, 《穀山筆塵》 권12, 〈形勢〉.
17) 萬曆 《湖廣總志》 권25, 貢賦, 跋.
18) 萬曆 《荊州志》 권3, 江防書.

되면 그들의 소유가 되고 만다.[19]

이를 통해 보면, 호광지방에 들어온 객민 중에는 고향에서 몰락한 후 호광 농촌에 소작인이나 노복의 지위로 유입되는 경우가 많았다. 그러나 상인이나 각종 기능을 가지고 들어오기도 하였고, 혹은 원주지에서 몰락 직전의 농민이 상당한 재산을 가지고 들어온 경우도 있었다. 이들은 처음에는 호광의 농토나 가옥을 빌려서 살았다. 그 후로 기능을 살리거나 황무지를 개간하여 점차 성장하여 갔다. 황무지는 비옥한 땅인데도 3년 동안은 면세였고, 또 상당한 기간은 가벼운 세만 부담하였다. 그런데 토착인은 무거운 세금을 부담하였으므로 객민과의 생존경쟁에서 열세에 놓이는 경우도 많았다.

이렇게 객민이 대거 유입하여 토착인과 경쟁적으로 농토를 개간한 결과, 명초의 1400년 무렵부터 만력 연간에 장거정의 전국에 걸친 토지 측량[丈量] 결과가 확정된 1600년까지, 호광의 등록전지가 398,000경에서 838,520경으로 44만여 경이 증가하여, 실질 증가율이 근 2.4배(239.2퍼센트)에 달하였다. 그 중에서도 호광의 중심부에 위치한 운몽택(雲夢澤) 6부 지역(동정호 주변 지역 및 양자강 중류와 한수가 만나는 강한지역)은 같은 기간에 152,169경에서 454,561경으로 증가하여, 실질 증가율이 근 3배(298.7퍼센트)에 달하였다. 여기서 나타난 30만여 경의 토지는 호광지방 총증가분의 51퍼센트에 해당하는 수치였고, 같은 기간 사천성의 총증가 면적을 능가하는 수치였다.

명초 즉 15세기 전반기까지는 "소주와 호주에 풍년이 들면 천하가 족하다[蘇湖熟, 天下足]"는 속담과 같이, 중국의 경제 중심지는 장강 하류의 삼각주지역이었다. 그런데 명초부터 그 지역에 외래 인구가

19) 萬曆《承天府志》권6, 風俗.

대거 모여들면서, 명 중기부터는 점차 양식이 모자라는 결량지역(缺糧地域)으로 전락하고 말았다. 그런데 호광지방은 명초부터 '땅은 넓고 인구는 희소하다'는 소문이 나면서, 주변 여러 성에서 객민이 대거 유입되어 토착인과 경쟁적으로 토지를 개간하였다. 그 결과 명 중기에 이르면 호광지방의 농업생산이 획기적으로 증가하여 식량이 부족하게 된 강남지방에 식량을 공급할 수 있게 되었다.

명대의 호광지방은 오늘날의 호남성과 호북성에 해당하는 지역으로 그 면적이 남북한 전체 면적의 두 배에 가까운 37만㎢나 되었다. 그러므로 그 지역의 개발을 통한 농업생산량의 획기적인 증가는 중국 경제의 발전에 큰 의미가 있었다. 그래서 "소주와 호주에 풍년이 들면 천하가 족하다"는 명초의 속담 대신, 명 중기부터는 "호광에 풍년이 들면 천하가 족하다〔湖廣熟 天下足〕"는 속담이 새로 생겨날 만큼, 중국의 새로운 곡창지대로 자리 잡게 되었다.

장거정의 고향인 형주부 강릉현(현재의 형주시)은 소설 《삼국지》에서 위·촉·오 3국이 서로 차지하려고 쟁탈전을 벌일 만큼 기름진 운몽택에 속해 있어 '땅은 넓고 기름진 곳'이었다.

그런데 명대 호광지방에는 위와 같이 긍정적인 면만 있었던 것은 아니다. 이 지역에도 ① 관료와 서리의 부정부패와 가렴주구, ② 신사와 세호대가의 토지겸병과 고리대 수탈, ③ 갈수록 더해가는 무겁고 불공평한 세역, ④ 재해와 질병의 빈발 등 중국의 다른 지역과 마찬가지로 명초부터 수많은 사회모순이 발생하였다. "온갖 수단을 다하여 세량과 요역을 독촉하므로 더 이상 견딜 수 없는 지경에 이르면 타향으로 도망하여 상인이 되기도 하고 세호대가의 전호나 노복이 된다. 백성이 도망하는 것은 세량과 요역이 공평치 못하기 때문이다."[20] 라는 지적이 그것이다. 더구나 호광지방은 ⑤ 왕부(王府)의 횡포와 수탈21)이 있었다. 그런데 바로 그러한 상황에 처해 있던 호광지방에 ⑥ 명초부터 객민이 대거 유입하여 토착인과 생존경쟁을 벌이면서 성장해 갔다. 말하자면 객민은 호광에서 이미 진행되고 있던 사회적 모순에 박차를 가한 셈이었다. 호광의 토착민은 과중한 세금과 고리대의 착취로 몰락의 위기에 직면해 있었는데, 객민은 새로운 개간지를 확보하거나 혹은 자기의 기능을 살려 성장해 가면서도 세금은 면제받았다. 그 때문에 '인구의 대류현상'도 나타났고, 지역에 따라서는 토착민과 객민의 경쟁으로 사회질서가 교란되어 반란이 일어난 곳도 있었다. 특히 호광 북부의 4성 접경지역인 형양(荊揚)지방에서는 끊임없이 반란이 일어났다.

장거정은 가난한 농가 출신이었으므로 농민에 대한 관심이 많아 그러한 사회 상태를 잘 알고 있었다. 그리고 바로 이러한 사회 환경에서 태어나 그러한 환경을 체험하면서 자랐기 때문에, 후일 집권하자 이러한 모순을 바로잡아 보려 하였다.

제4절 소년등과

장거정은 12세(가정 15년, 1536)에 형주부의 동시(童試)22)에 1등

---

20) 錢琦, 〈設縣事議〉, 《皇明經世文編》 권226.
21) 장거정의 고향 형주부에는 요왕부(遼王府)와 군왕부(郡王府) 10개·의빈부(儀賓府) 26개가 더 있었다. 그 중에서도 요왕부는 이미 몇 대에 걸쳐 수탈과 토지겸병과 횡포를 일삼아 왔다. 왕부에 대한 설명은 제3장 제2절 참조.
22) 부주현 유학의 입학시험을 동시라 하고, 응시생을 동생(童生)이라 한다. 동시는

으로 합격하여 '신동'이라 불리며 형주 부학(府學)의 생원(生員, 속칭 秀才)23)이 되었다. 명대의 통계로 보면 가장 어린 나이에 생원이 된 것이다.

청 중기의 오경재(吳敬梓, 1701-1754)가 지은 소설 《유림외사》(儒林外史)의 제3회에는 범진(范進)이라는 사람이 등장한다. 그는 현성에서 45리(약 25.2㎞)나 떨어진 시골 마을에 살았다. 집은 다 쓰러져 가는 단칸 초가집이어서, 안방에는 모친이 기거하고 범진 내외는 헛간에 거적을 치고 거처할 정도로 가난하였다. 범진의 처는 그 마을 백정 호(胡)씨의 딸이었다. 범진은 그동안 동시에 수없이 떨어지다가, 54세가 되어서야 대망의 생원에 합격하였다. 이 소식을 들은 장인 호 백정이 와서 주의를 주었다.

자네는 이제 생원이 되었으니 모든 일에 체통을 세워야 하네. 자네 주위에 사는 농민들은 모두 평민들이니, 자네가 만일 바보같이 그들과 정중하게 인사를 나눈다든지 대등하게 앉거나 서는 것은 모두 학교의 규범을 깨뜨리는 것이고 내 체면에도 먹칠을 하는 것일세. 자네는 야무진 데가 없이 마음만 좋아서 다른 사람들의 웃음거리가 되지 않도록 이런 말을 해 주는 것일세.

명청시대(1368-1911)에 생원이 되는 것은 이와 같이, 평민들이 일약 신사(紳士=전통적인 사대부 계층)의 신분으로 상승하는 것이어서, 평민들로서는 대단히 중요한 신분의 변화였다. 왜냐하면 생원이

각 현의 장관인 지현(知縣)이 주관하는 현시, 각 부의 장관인 지부(知府)가 주관하는 부시, 각 성의 학교 감독관인 제학관(提學官)이 주관하는 원시(院試) 등 3단계의 시험을 모두 통과해야 하였다.
23) 《明史》 권 213, 張居正傳과 《嘉靖以來首輔傳》 권7, 張居正傳에서 장거정이 15세에서 부학생이 되었다고 한 것은 가정 15년을 잘못 표기한 것이다.

되는 것만으로도 관료후보생으로서 사회에서 여러 가지 특권적 대우를 받았기 때문이다.

생원은 지방학교의 학생에 지나지 않았지만, 9품관과 비슷한 대우를 받았다. 첫째는 생원만이 입는 유복(儒服)24)과 모자〔四方平定巾〕를 착용하였다. 평민들이 길에서 생원을 만나면 관료에게 하듯이 예를 갖추어야 하였고, 이를 위반하면 처벌을 받았다. 연회 자리에서도 관료가 아닌데도 특별한 자리를 마련하여 평민보다 상석에 앉았다. 둘째, 생원은 법률상으로도 우대를 받았다. 재판을 받을 때 태장(笞杖)을 맞기 일쑤였지만, 생원에게는 고문은 가해지지 않았다. 또 생원이 중대한 죄를 범하였을 경우에는 제학관(지방학교 감독관)의 허락을 받아 생원 자격을 박탈한 후에야 형을 집행할 수 있었다. 셋째, 생원은 9품관이 면제 받는 것처럼 요역을 면제받았다. 이것을 우면(優免)이라 하는데, 우면을 받는 사람과 못 받는 사람 사이에는 신분에 차등이 있었다. 지방에서는 여러 가지 명목으로 노역을 징발했는데, 생원은 본인분을 제외하고도 성인 남자 2인분의 요역을 면제받았다. 또 세금을 납부할 때에도 서민들은 체납하면 곧바로 처벌을 받았으나, 생원은 어쩔 수 없을 경우에는 몇 달 동안 유예해 주기도 하였다. 넷째, 일반 서민들은 법률적으로 노비를 소유할 수 없었고 이를 위반하면 장 100대를 맞았다.25) 그러나 생원은 합법적으로 노비를 소유할 수 있었다. 다섯째, 생원은 유학에서 실시하는 시험 성적에 따라 국립대학 격인 국자감에 진학할 수 있었다. 또 성적에 따라 각 성에서 실시하는 향시에 응시할 수도 있었는데, 명대부터는 생원에게만 향시

---

24) 생원은 가선이 있고 목부분과 가장자리가 검은〔鑲有黑領黑邊〕남색 장포, 감생은 가선이 있고 목부분과 가장자리가 남색인 흑포〔鑲有藍領藍邊〕를 입었다.

25) 그러나 명말의 소설 《금병매》에서 보듯이, 현실적으로는 그러한 법률은 거의 지켜지지 않았다.

〈그림 12〉 동시(童試) 치루는 광경(강남공원박물관)

응시 자격을 주었다. 여섯째, 무엇보다도 중요한 것은 이러한 모든 자격과 특권이 평생 유지되었다는 점이다. 생원은 보통 상공(相公)으로 지칭되었고, 평민들은 사인(擧人·貢生·監生·生員)들을 '라오야'(老爺=어르신, 나리)라고 불렀다.

명말 청초의 3대 학자로서 자신도 생원 출신이었던 고염무는 〈생원론〉[26]에서 이렇게 말했다.

ⓐ 국가가 생원을 둔 것은 무엇 때문인가? 그 목적은 천하의 우수한 인재를 모아 학교에서 교육하여 인격을 완성시키고, 선왕(先王)의 도를 체득하고 시사(時事)의 중요한 문제를 깊이 깨닫게 해서, 출사하여 공경대부가 되어 군주와 함께 천하를 분치(分治)하게 하기 위함이다.
ⓑ 일단 생원의 지위를 얻으면 서민이 부담하는 요역을 면제받을 수 있고, 서리의 횡포도 받지 않고 관료들과도 교제할 수 있으며 관장(官長)도 예를 갖추어 만날 수 있고 죄를 짓더라도 태장을 맞지 않는다.

서리만 만나도 굽실대야 하는 전통사회 백성들의 현실을 생각해 보면, 생원의 사회적 지위와 명망이 얼마나 높았는지를 추측할 수 있다.

---

26) 顧炎武, 《顧亭林文集》 권1, 〈生員論〉上.

생원은 백성 가운데서 시험[童試]으로 선발되어 국가가 인정하는 지식인들이었다. 그 때문에 그들은 서로 동류의식(同類意識)을 느끼는 일종의 특권계층으로 부상하였다. 그들은 관청에도 출입하며 향촌의 여론을 주도하고, 필요에 따라 집단행동도 하였으므로, 지역사회에서의 영향력은 대단히 컸다. 그 때문에 명대부터 생원의 사회적 지위는 평민과는 비교할 수 없을 만큼 높았다. 그리고 이들은 명 중기부터 향신(鄕紳=관직 경력자)과 연대하여 공동행동도 전개하였으므로, 사회에서는 이들을 합칭하여 신사(紳士)라 하였다.27)

생원에 대한 평민들의 존경 기풍28)은 대개 북송시대(960-1126)부터 나타났는데, 그러한 현상은 20세기 전반기에도 생생하게 지속될 정도였다.29)

장거정이 생원에 합격한 12세는 한국으로 치면 아직 초등학교 5학년 정도의 어린이에 지나지 않는다. 그러나 명청시대에는 아무리 어린 나이라도 일단 생원이 되면, 일반 평민과는 달리 이렇게 여러 가

---

27) 오금성, 1986, pp.12~23. 신사는 '관직경력자(휴직·퇴직관료와 진사 포함)와 미입사학위소지자(= 사인 = 거인·공생·감생·생원 등 미입사 관위지망자)를 포함하는, 과거제·연납제·학교제 등을 매개로 하여 나타난 정치·사회적인 지배층을 총칭하는 개념이다.

28) 17세기 초, 명말의 여곤(1536~1618)은 생원에 얽힌 자기의 경험담을 소개한 바 있다.
"내가 젊어서 고향에 거주할 때 (다음과 같은 정황을) 보았다. 마을의 노인들과 길거리의 소민이 함께 술을 마시며 왁자지껄 떠들다가, 생원 한 사람이 가까이 오자 얼굴색이 변하며 입을 다물고, 오직 그의 얼굴만 바라보고 그가 하는 말을 듣기만 하였다. 그가 거만하게 굴면서 속된 말을 해도 (그들은 그저) 서로 미소만 지을 뿐 감히 가타부타 말참견을 하지 못하였다. 그가 거드름을 피우며 거리를 거닐면 길 양편 사람들이 모두 그를 주시하면서, '저분은 모모 글방의 선생님이야'라고 하였다. 세상에서 사인(士人)을 중히 여김이 이와 같다."(呂坤, 《實政錄》 권1, 〈弟子之職(2)〉)

29) 呂坤, 《實政錄》 권1, 〈弟子之職(2)〉; 노신(魯迅), 〈사희〉(社戲), 1922; 濱島敦俊, 2001 참조.

〈그림 13〉 남경에 남아 있는 강남공원

지 대우를 받는 하층 '신사' 신분이 되는 것이었다.

장거정이 동시(童試)를 치를 때의 일화를 살펴보자. 형주 지부(知府) 이사고(李士翱)[30]는 시험이 있던 전날 밤, 옥황상제가 옥도장을 주면서 '한 동자(童子)에게 전해주라'고 말하는 꿈을 꾸었다고 한다. 그리고 다음 날 부시(府試)에 합격한 생원을 호명하는데, 일등으로 합격한 장백규의 얼굴이 바로 꿈에서 본 그 아이였다. 이사고는 그를 가까이 불러 이름을 거정(居正)으로 바꿔주면서, "백규는 네 이름으로는 부족하다. 너는 후에 황제의 스승이 될 사람이다. 나는 옥황상제의 명령을 받았다. 부디 자중자애하여라!"고 하였다. 이사고가 동시의 최종 단계인 원시(院試)를 주관하러 온 제학관 전욱(田頊)에게 장거정의 총명함을 말하자, 전욱도 장거정을 면접한 후 흔쾌히 부학생으로

---

30) 이사고는 후에 관직이 호부상서에 이르렀다.

선발하였다. 이때부터 장백규는 장거정으로 불리었고, "형주의 장 수재(秀才)"로 이름을 날리게 되었다. 그러므로 이사고는 장거정의 자질을 알아본 첫 번째 백락(伯樂)이요 은사였다.

장거정은 생원이 된 다음 해(13세, 가정16년, 1537)에 성도(省都)인 무창(武昌)에 가서 거인(擧人) 시험인 향시[31](鄕試, 과거시험의 제1단계)를 보았다. 호광안찰첨사 진속(陳束)은 장거정의 답안지를 보고 감동하여 합격시키고 싶었다. 호광순무 고린(顧璘)도 그의 답안지 정도면 응당 합격시켜야 한다고 생각하였다. 그러나 '겨우 13세의 어린 나이에 거인이 된다면 자칫 자만에 빠져 앞으로 더 큰 성장에 장애가 될 터이니, 차라리 일시적으로 좌절을 주어 몇 년 더 분발하고 정진하게 하는 것이 좋겠다'고 생각하였다. 그래서 시험 감독관인 풍 어사에게 "장거정은 큰 그릇이니 일찍 등용해도 좋겠지만, 오히려 몇 년 더 늦추어서 좀 더 연마하도록 하는 것이 좋을 것 같다. 이것은 어사 그대의 일이니 잘 알아서 판단하라."고 조언하였다. 장거정의 답안지를 본 풍 어사도 순무 고린의 말이 옳다고 생각하여, 안찰첨사 진속의 반대에도 불구하고 낙방시켰다. 장거정은 이 일로 깊은 감동을 받았고, 평생 고린의 은혜를 잊지 않았다. 만력 2년(1574)의 한 편지에서 '내가 13세 때 순무 고린 공이 나를 소우(小友)라고 부르시고, 포정사와 안찰사에게 "이 아이는 재상의 재목"이라고 칭찬하셨다. 또 "너는 후일에는 이것을 두르지 않을 것이다"라고 하시면서, 당신이 허리에 차고 계시던 소뿔 혁대를 나에게 풀어 주셨다. 또 댁에 초

---

31) 향시[=秋闈=大比=賓興]는 3년에 한 번, 자·묘·오·유년 8월에 각성 성도의 공원(貢院)에서 3장[9·12·15일]으로 시행되었다. 시험문제는 제1장에서 사서(四書)와 경의(經義), 제2장에서 논(論), 판어(判語), 조(詔)·고(誥)·표내과(表內科), 제3장에서 경사시무책(經史時務策)을 부과하였다.

대하여 음식을 함께하는 자리에 아들을 소개시켜 주시면서, 출사는커녕 아직 거인도 되지 못한 13세 소년에게 아들의 장래까지 부탁하셨다. 한낱 어린아이에 불과했던 나에게 베풀어 주신 은공을 내가 어찌 잊을 수 있겠는가.'[32]라고 회고하였다. 향시에 낙방시킨 것을 오히려 두고두고 고맙게 생각한 장거정의 인물됨을 이해할 수 있는 것이다.

고린은 자(字)가 동교(東橋)인데 응천부(應天府) 상원(上元, 오늘날 남경시)의 인재로, 진기(陳沂)·오위(王韋)와 함께 금릉삼준(金陵三俊)으로 불리는 명사였다. 왕수인의 '이상사회론'이 나타나 있는 〈발본색원론〉(拔本塞源論)은 〈답고동교서〉(答顧東橋書) 중에 표현되어 있다. 고린은 장거정의 문장을 보고, "나라의 그릇"이라고 했다고 전해진다. 당시에 장거정은 확실히 쉽게 만날 수 없는 소년 영재였지만, 사람을 알아보는 고린의 혜안도 알 만하다.

장거정은 3년 후인 16세 때(가정 19년, 1540)에 향시에 합격하여 거인이 되었다. 16세의 거인도 명대의 통계로 보면 너무 어린 나이였다. 장거정은 두 번째 은사인 고린이 본 대로 과연 36년 후에 내각 수보가 되었다.

명청시대의 거인은 생원이 받는 모든 특권을 향유하는 것 외에도, 종신토록 회시(會試, 중앙의 예부에서 주관하는 과거시험)에 응시할 수 있는 자격을 가졌고,[33] 관료에 추천될 자격도 부여받았다. 고향집 대문에는 '거인의 집'임을 알리는 문기(門旗)를 세울 수 있었고, 모든 《지방지》(地方志)에 이름이 기록되었다. 사회적 지위는 생원이나 감생보다도 훨씬 높았다. 생원이 향시에 합격하면, 보록인(報錄人, 합격통

---

32) 《張居正集》 第2册, 권28, 書牘15, 〈與南掌院趙麟陽〉, p.1218.
33) 송·원시대의 거인은 회시(會試)에 단 한 번의 응시 자격을 갖는, 한시적인 신분이었다.

지서를 전하는 사자)들이 각 목을 들고 그 집에 가서 즉시 창문을 부숴버렸고, 뒤따라온 목수들은 즉시 새 창문을 달아주었다. 이를 개환문정(改換門庭)이라 하였다. 일단 향시에 합격하여 거인이 되면, 주위에서는 그에게 딸을 주겠다는 사람, 곡식이나 돈을 바리바리 지고 오는 사람, 집을 주겠다는 사람, 문생(門生)이나 노비가 되겠다는 사람들이 문전성시를 이루었다. 《유림외사》 제3회에 범진이 광동성의 향시에 합격하자, 같은 마을에 사는 향신(鄕紳) 장씨(거인 출

〈그림 14〉 거인임을 알리는 문기(門旗, 강남공원박물관 소장).

신으로 지현을 역임한 사람)가 3진3간이나 되는 집과 50냥을 주면서 축하해 주었고, 또한 농토를 주겠다는 사람, 가게를 주겠다는 사람도 있었으며, 파락호(＝무뢰) 두 사람은 자청하여 노복이 되겠다고 하였다. 이렇게 하여 범진은 불과 2~3개월 만에 좋은 집에 쌀과 돈은 말할 것 없고 남녀 노복도 모두 갖추게 되었다고 한다.

사람에게는 자기를 알아보고 믿어주고 격려해 주는 이만큼 고마운 사람은 없다. 3년 전 자기를 알아주고 격려해 주었던 순무 고린은 마침 이때 공부우시랑(工部右侍郎)으로 같은 호광성 승천부의 흥왕부(興王府, 세종 가정제의 출신지) 현릉(顯陵) 축조를 감독하기 위해 와 있

었다. 장거정이 찾아뵙자 고린은 대단히 기뻐하고, 자신의 소뿔 혁대를 풀어주면서 '이윤(伊尹)이나 안연(顔淵)[34]과 같이 원대한 포부를 가지고 학문에 정진하라'고 권면하였다.

---

34) 이윤은 은(=상)나라 초기의 정치가로 탕왕을 도와 왕도정치를 폈다. 안연은 춘추시대 노나라 사람으로 공자의 수제자였으나 요절하였다.

제3장

청운의 꿈

　　그는 그 기간 동안에 양병(養病)과 정신수양을 하는 한편, 광범하게 독서하고 산천경개를 유람하면서 농촌의 현실을 직접 목도하고 농민들과 함께 생활하면서 그들의 이야기도 들으며 사회 현실을 체험하여, 앞으로 펼치고 싶은 구체적인 개혁 방향을 정립하였던 것이다.

구영의 청명상하도 부분(요녕성 박물관 소장)

제1절 진사합격과 출사

장거정은 거인이 된 지 4년 후인 가정 23년(1544) 2월에 베이징에 가서 회시(會試, 과거시험의 제2단계)에 응시하였으나 낙방하였다.[1] 춘위(春闈) 또는 예위(禮闈)라고도 하는 이 시험은 향시의 다음 해인 축(丑)·진(辰)·미(未)·술(戌)년 2월(청대에는 3월) 초9일부터 15일 사이에 중앙의 예부에서 주관하였고 베이징의 공원(貢院)에서 시행되었다. 시험 보는 날수와 문제의 형식은 향시와 비슷하였고, 합격자(貢士)는 전시(殿試, 과거시험의 제3단계)에 응시할 수 있었다. 전시는 3월(청대는 4월) 15일에 황제 주관 아래 궁중의 봉천전(奉天殿, 혹은 文華殿)에서 실시하였다. 전시의 문제는 책론(策論＝시무책, 조선에서는 책문) 한 문제만 부과하였다. 전시에서는 낙방자는 없고 합격자의 순위만 정하였다. 전시의 합격자는 성적에 따라 제1·2·3갑(甲)의 3등급으로 나누었고, 모든 진사의 이름은 진사제명비(進士題名碑)에 새겨 국자감에 세웠다. 오늘날 베이징의 국자감 유지(공자묘)에는 청대의 진사제명비가 남아 있다. 장거정은 33년이 지난 만력 5년(1577)에 셋째 아들 무수에게 보낸 서신[2]에서, 그때 자기가 합격하지 못한 원인을 '실사구시'를 위해 널리 고전을 보았을 뿐, 과거시험 준비를 위해 팔고문(八股文)[3]을 익히기 위한 공부에는 등한히 하였기

---

1) 장거정이 거인이 된 다음 해(가정 20년)에 회시가 있었으므로, 장거정은 응당 그 회시에도 응시할 수 있었으나, 너무 어린 탓이었는지 응시하지 않았던 것 같다.
2) 《張居正集》第2冊, 권28, 書牘15, 〈示季子懋修〉, pp.1251-1252.

때문이라고 반성하였다.

그런데 바로 그 4년여 동안, 장거정이 아마도 당시 유행하고 있던 양명학과 선종(禪宗)의 경전을 접한 듯하고, 그것이 낙방의 한 원인도 되었을 것으로 생각한다. 당시 양명학은 이미 양명학 본래의 학문에서 많이 벗어나 공리공담과 선학(禪學)으로 흐르고 있었지만, 장거정은 아마도 '지행합일(知行合一)'의 본래의 뜻을 이해하였고, 그것이 그 후 그가 개혁을 추진하는 데 상당한 영향을 끼쳤던 것으로 여겨진다.

장거정은 가정 26년(1547, 23세)에 다시 베이징에 가서 2월에 회시에 합격하고, 이어서 3월에 전시에 합격하여 진사가 되었다. 총 301명의 진사합격자 가운데 제2갑 진사로 합격하여,[4] 한림원 서길사(庶吉士, 한림원의 수련생)에 임명되었다. 명대에는 그때그때의 수요에 따라 진사를 100-400여 명 합격시켰다. 제1갑에는 장원(狀元)·방안(榜眼)·탐화(探花)의 3명만 두고 진사급제(進士及第)의 칭호를 주었고, 제2갑에는 소수의 인원에게 '진사 출신'을 주었으며, 나머지 제3갑에게는 '동진

---

3) 명조의 헌종 성화 연간(1465-1487)부터 향시와 회시의 제1장 경의(經義)의 답안을 팔고문(八股文)으로 작성하도록 하였다. 팔고문이란 제1장의 경의(經義)시험에서 답안을 쓸 때 요구하는 특수한 문체였다. 전체의 문장을 파제(破題)·승제(承題)·기강(起講)·입수(入手)·기고(起股)·중고(中股)·후고(後股)·속고(束股)의 8개 부분으로 나누되, 기고에서 속고까지 4개의 단락이 본론이고, 중고가 전 문장의 중심이 된다. 이 4개의 단락은 대련 형식이므로 팔고(八股)가 된다. 명청시대 독서인들은 진정한 독서 대신, 팔고문에 필요한 문장의 기교만 익히는 경우가 많았다.

4) 장거정이 회시에 합격할 때 좌주(座主)는 손승은(孫承恩)과 장치(張治)였다. 그해 전시의 장원은 이춘방(李春芳, 1510-1584)이었는데, 바로 한림원 수찬에 임명되었다. 그 밖에 동년은 은사담(殷士儋)·왕세정(王世貞)·왕도곤(汪道昆)·왕종무(王宗茂)·오백붕(吳百朋)·유응절(劉應節)·왕린(王遴)·은정무(殷正茂)·능운익(凌雲翼)·육광조(陸光祖)·양산외(楊山巍)·송의망(宋儀望)·서식(徐栻)·양계성(楊繼盛) 등이었다. 이들 가운데에는 일류 재상·일류 문인·변강에서 공을 세운 대장수·권세가 큰 신하를 탄핵한 충신 등이 있어 장거정 집권 시기에 동료가 되었다.

〈그림 15〉 서길사 패(강남공원박물관 소장).

사 출신'을 주었다. 장원은 즉시 한림원 수찬(修撰), 방안과 탐화는 한림원 편수(編修)에 임명하였다. 제2갑과 제3갑 합격자에게는 두 가지 길이 있었다. 성적이 좋은 사람은 한림원의 서길사나 수도의 하층 관직을 주었고, 그 밖의 합격자는 지방의 지현 등 관직에 임명되었다.

그런데 장거정이 태어나서(1525) 과거에 합격하고 정치 초년생으로 활약하던 세종 가정제(1522-1566) 시기는 중앙 정국뿐 아니라 주변 정세도 대단히 복잡하였다. 세계사적으로 보면 16세기는 대전환기였다. 유럽과 아시아에서 다 같이 신흥 세력이 발흥하고 도시가 발달하며 사람과 물자의 유통이 활발해지면서 사회는 오히려 불안해지고 그에 따라 새로운 사회사상이 대두되던 시대였다.

세종(世宗) 가정제(嘉靖帝)는 상당히 총명한 사람이었다. 어려서는 호북성의 안육(安陸, 세종 즉위 후에 承天府로 개명, 현재의 종상현)에서 살다가 16세(1522)에 무종(武宗) 정덕제(正德帝)의 대통을 이어받았다. 그는 지방에 있다가 중앙 무대에 들어왔으므로 대신들과도 이해관계가 별로 없었다. 그 때문에 즉위 후에는 여러 가지 적폐를 청산하면서 영명한 황제로 기대를 모았다.[5] 즉위하자마자 무능한 관료와 장수들을 징계하고 무고로 제재를 받았던 관원은 풀어 주었다. 무종의 의자(義子)로 국정을 농단하며 부정부패가 심했던 강빈(江彬)의 재물을 몰수하였는데, 그 규모가 '황금 70상자에 10만 5천 냥, 은 2,200상자에 440만 냥, 그밖에 금은 장식 1,500상자'[6]였다. 당시 국가재정의 3년분에 해당하는 막대한 수치였다. 세종은 또 금의위(錦衣衛) 관리와 환관을 대거 감원시켜 미곡

〈그림 16〉 명나라 제11대 황제 세종 가정제(재위 1522-1566) 초상화. 즉위 초에는 신정을 보여주었으나, 중기부터 정사를 멀리하고 권신 엄숭을 신임하여 관료사회에는 부정부패가 만연하였고, 북에서는 몽골족, 남에서는 왜구의 노략질로 국가재정 적자가 계속되었다.

을 매년 153만 2천여 석 절감하였다. 또 관료의 공직기강을 바로잡기 위하여 상벌을 엄격히 하고, 반드시 지현(知縣)을 거쳐야 어사나 급사중이 될 수 있으며, 지부(知府)를 거쳐야 고급 관료가 되게 하였다. 또 감찰관의 선발과 권한을 엄격하게 규정하고, 상호 평가를 통하여 무능한 관료를 없애려 하였다. 이 대부분은 내각 수보(首輔) 장총(張璁, 1475-1539)의 노력이었다. 세종 초년에는 이렇게 상당히 혁신적인 '신정'이 이루어졌으므로 장거정도 그 시기를 긍정적으로 평가하고 있다.[7]

---

5) 田澍, 《嘉靖革新硏究》, 2002.
6) 談遷, 《國榷》 권51, 정덕 16년 3월 경오조, p.3217.

그러나 이윽고 대례(大禮)의 의(儀)[8]로 정국을 흔들더니, 33세가 되던 가정 18년(1539)부터는 어전회의 참석을 등한시하기 시작하였고, 19년(1540)에는 태자를 감국(監國, 황제 대신 국사를 돌봄, 보통 태자가 맡음)으로 앉혔으며, 도교의 승려[道士]들을 중용하였다. 21년부터는 아예 만수궁에 틀어박혀 도교 수련에 몰두하면서 정사를 돌보지 않았다.

　세종이 이렇게 정사를 멀리하자, 엄숭(嚴嵩, 1480-1567)이 황제를 대신하여 권세를 휘두르게 되었고 탐관오리들은 이를 기화로 날뛰게 되었다. 그런데 세종은 도교를 수련한다면서도 심성은 더욱 포학해져 갔다. 걸핏하면 궁녀를 때렸는데 그 때문에 맞아 죽은 수가 200여 명이나 되었다. 가정 21년(1542) 10월에는 세종이 술에 취한 틈을 타서 궁녀들이 황제를 목 졸라 죽이려다가 미수에 그친 사건이 일어났는데, 참여한 궁녀는 책형(磔刑, 기둥에 묶어놓고 창을 찔러 죽임)되고 가족은 참살당하였다.[9]

7)《張居正集》第1册, 권10, 奏疏10, 〈議外戚子弟恩蔭疏〉.
8) 세종 가정제가 일으킨 예송논쟁(禮訟論爭)이다. 명나라의 9대 황제는 효종(孝宗)이고 제10대 황제 무종은 아들이 없어서, 제9대 효종의 아우인 흥헌왕(興獻王)의 아들로 뒤를 잇게 했는데 그가 곧 세종이다. 문제의 발단은 세종이 어느 황제의 뒤를 계승한 것으로 할 것인가' 하는 예제(禮制) 문제였다. 양정화 등 중신들은 명나라의 예법대로, 세종을 9대 효종의 양자로 삼아서 10대 무종과 세종을 2촌지간(형제)으로 만들고, 효종을 황고(皇考=부황제의 의미), 무종을 황형(皇兄), 생부인 흥헌왕을 황숙(皇淑)으로 하자고 주장하였다. 그러나 세종은 효에 어긋난다며, 생부 흥헌왕을 황고, 9대 효종을 황백고(皇伯考)로 하겠다고 주장하였다. 이것은 생부 흥헌왕을 황제로 추존하겠다는 의미였다. 신진 관료들은 세종을 지지하였다. 이 논쟁은 무려 3년 반을 끌었다. 세종은 결국 중신들을 면직시키고 신진 관료들을 기용하며, 생부 흥헌왕을 황고라 칭하게 하였고 이어 황제로 추존하여 예종(睿宗)이라는 묘호를 추존하였다.
9)《世宗實錄》권268, 가정 21년 10월 丁酉;《明史》권17, 〈세종본기 1〉;《國榷》권57, 세종 가정 21년 10월 정유; 조선《中宗實錄》권99, 가정 21년 11월 癸亥; 같은 책, 22년 정월 계유.

제2절 한림원 시기의 장거정

장거정은 23세에 과거에 합격하여 한림원 서길사(庶吉士)에 임명되었다. 명대의 한림원은 5품 아문으로 중급 기구였지만, 정부의 최고 학술연구 내지 훈련기관으로서 황제의 경연(經筵)을 담당하고, 황제의 조서(詔書) 등 국가의 중요한 사항이나 법률을 기초하며, 역사 편찬·문서 작성·황제의 정책 자문 등의 일을 수행하였다. 책임자인 한림학사 밑에는 시독학사·시강학사·수찬(修撰), 편수(編修), 검토(檢討) 등의 관원이 있었다. 한림원은 순수한 학술기구는 아니지만 서길사가 학문을 연마하는 곳이었다. 서길사는 후에 한림학사에 승진할 수도 있었는데, 한림학사 가운데에서 내각대학사가 발탁되었다. 그러므로 서길사는 예비재상의 평가를 받는 청요직(淸要職)이어서, 과거합격자들이 가장 흠모하는 곳이었고 전도가 유망한 직책이었다.

서길사는 한림원의 수련생으로 관품도 없이, 오로지 자기 계발을 하는 지위였다. 당시 서길사들은 시문(詩文)을 연마하고 산수를 노닐며 풍월을 즐기기도 하고, 혹은 장래를 위하여 권문세가에 연줄을 만들려고 노력하기도 하였다. 그러나 장거정은 문을 걸어 잠그고 오로지 역대의 제도와 경사자집(經史子集) 등 고전을 열심히 읽으면서, 묵묵히 관료사회의 동향·민생의 동태·국방과 같은 '치국흥망'의 도리를 연구하는 등 실용적인 경세제민에 집중하였다. 아마도 이러한 그의 행동이 서계(徐階, 1503-1583)의 눈에 들었는지, 다른 서길사들보다 단기간에 한림원 편수로 특진될 수 있었고, 또 후에 그가 내각수보로 집권할 수 있는 계기가 되었을 것이다.

명대에는 진사에 합격하여 한림원 서길사에 임명되는 것을 관선(館選)이라 하고, 3년 동안의 수습〔期滿〕을 마치면 산관(散館)이라 하여 대개는 한림원편수로 임명되었다. 그런데 장거정은 서길사로 임명받은 지 2년 만인 가정 28년(1549)에 한림원편수(정7품)로 특진되었다. 서계의 특별한 발탁이 없었다면 불가능한 일이었다.[10] 장거정은 그 후 가정 38년까지 10년 동안 편수로 있었다. 편수는 실제로 하는 일은 많지 않았으므로, 그는 편수가 된 후에도 서길사 시절의 초심을 잃지 않고 독서에 열중하였다. 혹 정무에 배석할 때면 지방에서 올라온 관원들을 방문하여 지방의 민정·국방·산천 형세·풍토와 인정·사회 상황 등을 물어 메모해 두었다가 밤에 정리하였으며, 필요할 때 자기의 견해를 제시하곤 하였다.[11] 장거정은 지방관 경험이 한 번도 없었지만, 한림원의 서길사와 편수시절에 이렇게 성실하게 지방 정세를 익히면서 당면 문제와 개선 방향을 생각해 두었기 때문에, 후에 집권

10) 서계는 장거정이 서길사로 임명받았을 때 한림원학사로 그의 관사(館師)였고 한림원편수로 승진한 가정 28년에는 예부상서로 임명되었다. 서계는 장거정이 후에 〈론시정소〉를 올릴 무렵부터는 장거정을 더욱 아꼈다. 그러므로 서계는 장거정의 세 번째 스승이자 백락(伯樂)이었다. 서계는 장거정이 태어나기 2년 전인 가정 2년에 21세로 과거시험의 전시 제1갑 제3인 탐화로 합격하여 한림원 편수로 입사하였다. 그로부터 30년 만인 가정 31년(1552)에야 예부상서겸동각대학사의 직함으로 입각하였다. 서계는 입각한 다음 해에 수보 아래의 차보로 승격하였다. 서계가 이렇게 승진이 빨라지면서 엄숭의 질투가 시작되었다. 엄숭은 서계를 여러 번 제거하려 하였지만, 서계는 겉으로는 엄숭에게 공손하였고, 또 대단히 총명하고 능수능란하고 유연한 인물인데다가 문필이 뛰어났으며 특히 청사를 잘 지어 세종의 신임을 받았으므로 어찌할 수가 없었다. 두 사람은 그로부터 장장 10여 년 동안 암투를 벌였다. 당시 엄숭은 서계와 가까운 사람은 모두 꺼려했지만, 장거정은 막강한 두 맞수 사이에서 은인자중하며 양쪽 모두에게 호감을 받으며 능란하게 처세하였다. 이하 서계에 대한 내용은 姜德成, 《徐階與嘉隆政治》, 2002 참조.

11) 《神宗實錄》 권125, 만력 10년 6월 을축조, p.6; 《嘉靖以來首輔傳》 권7, 〈張居正傳〉; 《國朝獻徵錄》 권17; 劉志琴, 2006, pp.28−29.

했을 때 필요한 개혁을 추진할 수 있었던 것이다.

장거정은 한림원편수로 승진한 그해(가정 28년) 10월에 당면한 개혁방안을 제시한 〈론시정소〉(論時政疏)[12]를 올렸다. 당시 장거정은 25세였다. 전한 문제(文帝, BC 179~164) 때 가의(賈誼)는 겨우 20여 세의 나이에 당시 정국의 현안이었던 '제왕대책'을 상주하여 황제의 지지를 얻었다. 삼국시대의 제갈량은 27세에 유비에게 '먼저 천하를 삼분하고 후에 통일하는 것'을 골자로 한 〈융중대〉(隆中對)를 제시하였다.

그해에는 명나라가 국내외로 대단히 어수선한 때였다. 내각수보였던 하언(夏言)이 참수된 후 기시(棄市)되었다. 하언은 황제의 신임을 두고 엄숭과 경쟁하는 사이였다. 하언은 강직한 사람이었고, 엄숭은 황제의 비위를 잘 맞추었으며, 특히 청사(靑詞, 도교의 기도문)를 잘 지어 청사재상(靑詞宰相)이라는 별명을 들었다. 가정 26년에 몽골의 타타르가 서북 변경을 침입하자 하언은 삼변군무(三邊軍務) 증선(曾銑)을 추천하였으나 큰 성과가 없었고, 엄숭이 이를 비판하자 세종은 두 사람을 처형해 버린 것이다. 세종은 이미 가정 20년부터 만수궁에 은거하면서 장생술에 빠져 있었으므로, 가정 27년 10월부터는 엄숭이 수보가 되어 전권을 휘두르고 있었다.[13]

가정 28년에 세입은 2백만 냥, 지출은 347만 냥으로 엄청난 적자였다. 동남 연해지방에서는 세종시기 내내 왜구의 침략으로 평안할 날이 없었다. 북변에서는 몽골의 알탄(俺答) 칸이 수시로 침공하여 사람과 가축을 끌고 돌아가면서도, '만일 조공을 허락하지 않으면 다

---

12) 《張居正集》第1册, 권12, 奏疏12, 〈論時政疏〉.
13) 이하 엄숭에 대한 언급은 《明史紀事本末》권54, 〈嚴嵩用事〉; 曹國慶 等, 1989; 張顯清, 1992 등 참조.

시 침공할 것'이라고 위협하였다.

〈론시정소〉는 바로 이렇게 어려운 상황에서 나온 것이었다. 전체의 내용은 2천여 자로 다섯 가지 현안에 대한 개혁을 주장한 것이었다. 그 핵심은 '① 종번(宗藩, 지방에 영지를 받은 황제의 친족)의 수를 억제하고, ② 참다운 인재를 등용하며, ③ 공직기강을 바로 잡고, ④ 변경 방어를 굳게 하며, ⑤ 국고를 충실히 하자'는 것이었다. 말하자면, 당시의 내외 상황과 장기간 누적되어온 적폐를 정확하게 진단하고 그 해결책을 제시한 것이었다. 관료 초년생으로서는 상당한 정치적 혜안을 발휘한 수준작이었다. 그리고 그의 이러한 개혁 의지는 20여 년이 지나서 세종이 죽고 목종이 즉위(1567)하면서 비로소 새로운 전기를 맞게 되었다.

장거정이 〈론시정소〉에서 제일 먼저 '종번' 문제를 제기한 것은 그만한 이유가 있었다.[14] 명대에 종번이 심각한 문제가 된 것은 종록(宗祿) 때문이었다. 태조 주원장은 26명의 아들과 16명의 딸이 있었다. 아들들은 의문태자 외에 23명이 왕으로 각 지방에 책봉되었다. 이들 친왕의 장남은 당연히 왕으로 세습되었고, 그 밖의 아들들은 군왕(郡王)으로 책봉되었다. 이렇게 세습되는 과정에서, 장자 세습 외에는 진국(鎭國)장군·보국(輔國)장군·봉국(奉國)장군, 그 다음 대에는 진국중위(中尉)·보국중위·봉국중위 등으로 봉해졌다. 왕과 군왕의 딸들은 공주·군주(郡主)로 봉해지고, 다음 단계에서는 현주(縣主)·군군(郡君)·현군(縣君)·향군(鄕君)으로 봉해지고, 공주의 남편은 부마, 군주 이하 향군의 남편은 의빈(儀賓)이 되었다. 이들에게 지급되는 세록(歲祿)은 매년 왕에게 1만 석, 장군에게 1천 석, 향군에게 100석이

---

14) 劉志琴,《張居正評傳》, 2006, pp.37, 168-173.

었다. 그러므로 왕부 하나의 세록도 놀라울 정도로 많았다. 왕부는 황제가 이어질수록 증가하였다. 가정 8년(1529) 5월의 통계로 보면, 친왕 30, 군왕 203, 종번의 수는 8,203명이었고,[15] 가정 44년에는 3만여 명, 장거정이 집권하던 신종 초에는 4만여 명으로 증가하였다. 더구나 종실은 처첩을 제한하지도 않았다. 진부(晉府) 경성왕(慶成王)의 아들은 무려 70명이나 되었다. 따라서 종실에게 지급되는 세록 때문에 국가의 재정은 더욱 어려워질 수밖에 없었다.[16]

〈그림 17〉 명 제10대 무종 정덕제상. 미녀를 후궁으로 삼아 음탕한 생활에 빠졌을 뿐만 아니라 유희를 좋아하여 국비를 낭비하였다. 그 결과 백성들의 난과 왕의 반란이 끊이지 않았다(《중국역대명인도감》).

이미 홍치 8년(1495) 11월에 예부상서 예악(倪岳)이 당시의 현안 32개 문제를 상주하였는데,[17] 그 가운데 제3조는 종번 세록의 과중함을 지적하고 절감할 것을 건의한 것이었다. 무종 정덕제 때에는 두 곳에서 왕의 반란이 있었다. 먼저 정덕 5년(1510)에는 영하의 안화왕 치번(寘鐇)이 횡포가 극심한 환관 유근의 죄를 묻겠다는 명목으로 봉기하였으나, 황제의 명을 받은 도어사 양일청(楊一淸)과 환관 장영(張

---

15) 鄭曉, 《今言》 권4. 徐學聚, 《國朝典彙》 권35에 따르면, 이미 정덕 연간에 종실인원이 5만여 명이나 되었다고 한다(위경원, 1999, 503).
16) 王天有, 《明代國家機構硏究》, 1992, pp.91-92; 주둥룬(朱東潤) 지음/이화승 옮김, 《張居正評傳》, 2017, p.45; 陳生璽, 《帝國暮色: 張居正與萬曆新政》, 2012, p.54-55.
17) 《孝宗實錄》 권106, 홍치 8년 11월 甲申조.

永)이 진압하고 개선한 후에 유근을 제거하였다. 또 정덕 14년(1519)에는 강서성 남창의 영왕 신호(宸濠)가 10만 군으로 봉기하였으나, 양명학을 창도한 왕수인이 평정하였다.

가정 후기에 종실 봉록의 감축에 대한 새로운 조치가 있었다.[18] 장거정이 〈론시정소〉를 올린 지 13년 후인 가정 41년(1562)에 감찰어사 임윤(林潤)이 올린 상소[19]는 그 전모를 잘 표현하고 있다. 그 핵심은 "오늘날 국가대사 중 가장 큰 문제는 종번이 받는 봉록입니다. 매년 거두는 세량은 400만 석인데, 왕부의 봉록은 853만 석이나 됩니다. 세금은 늘릴 수 없는데, 종실은 날로 늘어나니 기가 막히는 일입니다."라는 내용이었다. 가정 44년(1565)에는 종번조례(宗藩條例)를 편찬해 종실의 수를 줄여서 재정 지출을 축소하려 하였지만, 반발이 심하여 유야무야 되고 말았다.[20]

명대의 종번은 이렇게 국가 재정에 큰 위협이 되었다. 후에 장거정이 수보로 있던 만력 7년(1579) 2월 장거정은 《정덕회전》(正德會典)의 예전(禮典) 가운데 종번 부분의 잘못된 곳을 바로잡기 위해 상소를 올렸고,[21] 신종도 같은 달에 이를 근거로 종번의 특권을 제한하였다. 이 내용은 당시 재편찬 중이던 《대명회전》(大明會典)에도 반영되었다. 그러나 장거정의 종실 규정은 가정시기의 제한 규정에서 더나아가지는 못하였다. 장거정도 개혁할 의지는 있었지만, 너무도 크고

---

18) 田澍, 2002, p.6.
19) 《世宗實錄》 권514, 가정 41년 시월 을해조; 《明史》 권82, 食貨志6, 俸餉, p.2001. 853만석은 녹봉을 모두 본색(本色)으로 환산한 수치이다. 실제로는 초(鈔)로 지급되는 부분도 있어, 본색의 수치는 330만 정도였다. 朴元浩 등, 《명사 식화지 역주》, 2008, p.441.
20) 《明史》 권 82, 食貨志 6, 俸餉.
21) 《張居正集》 第1冊, 권8, 奏疏8, 〈請裁定宗藩事例疏〉; 《神宗實錄》 권83, 만력 7년 정월 甲寅條; 《神宗實錄》 권84, 만력 7년 2월 乙酉條.

복잡한 문제였기 때문이다.

〈론시정소〉는 장거정이 정치에 입문한 후 처음으로 올린 상소였다. 그 전에 직간하다가 혹형을 받은 관료들을 보면서도 대담하게 위정자들을 비판하면서 정치 개혁을 주장한 것이다. 청렴하기로 유명한 해서(海瑞)는 직접 세종 황제를 공격하다가 투옥되기도 하였다. 그런데 〈론시정소〉는 사실은 황제와 엄숭을 비판한 것이었지만, 내용이 완곡하였으므로 다행히 황제로부터도, 엄숭에게서도 정치적인 화는 당하지 않았다.

〈그림 18〉 15세기 타타르 병사. 런던, 빅토리아 & 앨버트박물관 소장.

그러한 면에서 장거정은 고도의 모략과 기교를 갖춘 정치가였다.

장거정이 〈론시정소〉 제4항에서 변경 방어를 굳게 하라고 했던 바로 그 다음 해인 가정 29년(1550)에는 북변 방어에 심각한 구멍이 뚫렸다. 몽골 타타르부의 알탄(俺答, Altan, 1507-1582) 칸이 공전의 위협을 가해 온 것이다. 그해 6월에는 북변의 대동지방을 침공하더니, 8월에는 선부·계주·회래·통주까지 침입해 들어왔다. 그리고 더욱 남하하여 수도 베이징을 8일 동안이나 포위하고 마음껏 노략질한 후에 '마시(馬市) 개설'을 약속 받고 퇴각하였다. 이 사건을 '경술(庚戌)의 변'이라 한다. 명나라는 이를 계기로 베이징에 외성을 신축하였으나 근년에 도시계획으로 철거되었다. 장거정은 이 사건을 통해서 변경 방어의 중요성·군사력의 취약성·알탄 칸에 대한 대책의 필요성 등을

〈지도 3〉 구변진도

절감하였고, 그 후로 '부국강병(富國強兵)' 정책을 충실하게 실행해 나갔다.

'중국의 역사는 북방민족과의 투쟁사'라고 할 만큼, 중국 역대 왕조의 최대의 적은 북방민족이었다. 명나라가 개국한 후로는 북으로 달아난 몽골족이 계속해서 북변의 우환거리였다. 몽골족은 15세기 초에 서쪽의 오이라트(瓦剌)부와 동쪽의 타타르(韃靼)부로 분열되었다. 정통 4년(1439)에 오이라트부의 에센(也先)이 타타르부를 제압하고, 실크로드의 천산(天山)에서 요하 유역까지 지배하였다. 정통 14년(1449)에는 토목보(土木堡)에서 대승을 거두고 황제도 영종도 포로로 잡아갔다(토목의 변). 그러나 경태 5년(1454)에 에센이 피살되자 오이라트부는 급격히 약화되었고, 그 대신 15세기 후반에는 동부 타타르부의 다얀(達延) 칸이 오늘날의 내몽골 지방을 통일하고 명조의 북변을 위협하였다.

명나라는 이를 방어하기 위하여 동북지방의 요동에서 서북지방의 감숙에 이르는 9곳에 9변진(邊鎭)[22]을 구축하고, 각각 총독과 순무로 통솔케 하며 순안어사를 두어 감독케 하였다. 9변진에는 80여만 명의 상비군을 주둔시켰고, 이들을 위해 매년 약 250만 석의 식량이 필요했다. 그리고 몽골군의 침입이 늘어날수록 중요한 진에는 병사를 증파하였다. 예컨대 계주진에는 정원이 78,621명인데 107,813명으로, 선부진은 126,395명에서 151,452명으로, 대동진은 54,154명에서 135,778명으로, 고원진은 28,830명에서 71,918명으로 증가시켰다. 그 때문에 가정 초에는 북변방어비가 59만 냥이었던 것이 28년(1549)에는 221만 냥으로 증가하였고, 38년에는 240만 냥, 43년에는 251만 냥, 융경 4년에는 280여만 냥으로 수직 상승하였다. 더구나 남쪽의 왜구 방어 비용까지 합치면 매년 300~500만 냥이 소요되었다.[23] 장거정은 이러한 실정을 '오늘날 변방(邊防) 비용이 날로 증가하여 매년 140여만 냥씩이나 부족한 실정입니다. 백성의 능력은 이미 바닥이 나서 거둘 곳이 없으니 어찌하면 좋겠습니까.'[24]라고 탄식하고 있다. 그런데 또 다른 문제는 이렇게 증가해 가는 변방 비용의 상당 부분을 장수들이 중간에서 착복하여 사치와 낭비로 탕진하였던 점이다.

명나라는 갈수록 거세지는 몽골족의 침략을 막기 위해 9변진 연변에 장성을 쌓았다. 먼저 헌종(憲宗) 성화제(成化帝, 1465-1487) 초에는 연수(延綏) 순무 여자준(余子俊, 1428-1489)을 시켜서 성벽을 쌓게 하였다. 병사 4만을 동원하여 동쪽 청수영(淸水營)에서 서쪽의 화마지(花馬地)까지 총 1,770여 리(990여 km)에 걸쳐 적당한 거리에 망

---

22) 동쪽으로부터 요동(遼東)·계주(薊州)·선부(宣府)·대동(大同)·태원(太原)·延綏(연수 혹 유림)·고원(固原)·영하(寧夏)·감숙(甘肅)진을 말한다.

23) 孫承澤, 《春明夢餘錄》 권42, 〈九邊〉; 余繼登, 《典故紀聞》 권18; 위경원, 1999, p.366; 韋占彬, 2002.

24) 《張居正集》 第2, 권14, 書牘1, 〈與應天龐巡撫〉, p.52, 융경 3년 방상붕(龐尙鵬)에게 보낸 서신. 방상붕은 右僉都御史總理九邊屯·鹽이었다.

〈그림 19〉 명 제8대 헌종 성화제상. 황
장(皇莊)을 두고, 내비(內批)에게 관직
을 주는 제도를 실시하는 등 실정을 많
이 저질렀다. 방술(方術)을 과신했고,
환관 왕직(汪直)을 기용했다. 하투(河
套) 달단(韃靼) 부락들과 형양(荊襄) 유
민들 및 광서(廣西) 부족들이 반란을
일으키기도 했다(《중국역대명인도감》).

루(敵臺)와 초소, 봉화대를 쌓
았고, 장벽 안쪽에 둔전을 개간
하여 매년 6만 석 정도를 생산
하였다.[25] 그러나 이때의 장성
은 황토로 쌓은 것이었고, 오늘
날 중국 북방에 여기저기 남아
있는 장성은 그 후에 다시 쌓
고 수시로 보수한 것이다. 베
이징에 여행가면 으레 가보는
팔달령이나 사마대(司馬臺) 장
성은 가정 연간(1522-1566)에
벽돌로 다시 쌓고 수시로 보수
한 것이다.[26]

가정 시기 40여 년(1522-1566)
동안에는 북변은 거의 매년 크
고 작은 침범이 계속되었다. 그

25) 《明史》 권178, 〈余子俊傳〉.
26) Waldron, Arthur, *The Great Wall of China*, 1990; 줄리아 로벨/김병화 옮김, 《장
성, 중국사를 말하다》, 2007; 사카쿠라 아츠히데(阪倉篤秀) 지음/유재춘·남의현 옮
김, 《장성의 중국사》, 2008.
　역사적으로 보면, 만리장성 동단은 하북성 동부의 산해관(山海關)의 노룡두(老龍
頭), 서단은 감숙성의 가욕관(嘉峪關)에 이르기까지 12,000여 리로 알려져 있는데,
중국장성학회에서는 명대 장성의 길이를 총 6,300km라고 발표하였다. 그런데 중국
은 2009년부터 소위 '동북공정'을 추진하면서, '만리장성 동단이 압록강 어구였다'
는 터무니없는 주장을 시작하였다. 중국이 이처럼 만리장성을 고무줄처럼 늘이면서
역사를 왜곡·날조하는 이유는, 고래로 만주에 세워졌던 나라는 모두 '소수민족의
지방 정권'이란 억지 주장을 펴서, 중국이 천하의 중심이고 주변국은 모두 오랑캐
라는 중화사상과 역사 패권주의가 도사리고 있기 때문이다. 중국의 이러한 역사 전
쟁에서 밀리지 않으려면 한국사뿐 아니라 세계사 교육을 더욱 강화해야 한다.

〈그림 20〉 만리장성 팔달령

가운데 가정 33년에 계요총독 양박(楊博, 후에 이부상서)이 알탄 칸을 격퇴한 것을 빼면 이긴 적이 거의 없었다. 1530년대부터는 다얀의 손자인 알탄이 타타르 부족을 지휘하여 거의 매년 북쪽 변경을 위협하였다. 특히 대동지방에 주둔한 명나라의 군졸들이 몽골에 투항하여 안내자 역할을 하면서부터는 하북과 산서지방까지 침공하였다. 가정 21년(1542)에는 알탄이 산서지방에 침입하여 약 1개월 동안 노략질하였다. 이때 명나라가 입은 피해는 10개의 위(衛)·38개 주현에 걸쳐 건물 8만 호가 불타거나 파괴되고, 남녀 20여만 명이 죽었으며, 10만여 경의 토지가 폐허로 변했고, 가축 200여만 두를 탈취해 갔다. 알탄의 침공은 그 후에도 거의 매년 계속되었고, 심지어 베이징까지도 넘봤다.

　명조는 북변을 방어하기 위해 성조 영락제(1403-1424) 때부터 경영(京營) 40만 명을 두어 수도 북경을 방어케 하였고, 그 밖에 수도 주변에 28만과 대녕·하남·산동에 16만 등 도합 80여 만의 군사를 배치해 두었다. 그런데 가정 29년에 베이징이 포위되는 '경술의 변'이 발생하자, 병부상서 정여기(丁汝夔)가 급히 경영(京營) 병사를 조사해 보니, 싸울 만한 병사는 고작 5-6만 명 정도가 남아 있었다. 세종은 대동총병관 구란(仇鸞)을 평로대장군으로 임명하고 대동과 하남·산동의 병사들을 급히 불러 10만 군으로 알탄군을 대응케 하였다. 세종은 대학사 엄숭·장치(張治)·이본(李本)과 예부상서 서계를 불러 상의한 후, 알탄이 장성 밖으로 퇴군하면 그들이 원하는 '마시(馬市)'를 열게 해 주겠다고 약속하여 겨우 퇴군시켰다.

알탄이 물러가자 수보인 엄숭을 탄핵하는 관료가 많았으나 오히려 파직되거나 하옥되었다. 좌유덕 조정길(趙貞吉, 후에 대학사)은 정장을 맞고 좌천되었고, 병부상서 정여기(丁汝夔)·보정순무 양수겸(楊守謙)은 시장에서 참수되었으며, 좌도어사와 형부시랑도 정장을 맞았다. 그러나 엄숭의 심복 구란(仇鸞)은 방어의 핵심 책임자였음에도 불구하고 오히려 개편된 경영의 '융정총독'을 맡게 되었다.

알탄과의 마시 개설에 대해서 병부에서는 적극 반대하였지만, 엄숭의 동의로 가정 30년(1551) 3월부터 대동과 선부 두 지역에 개설하고 1년에 두 번 열도록 하였다. 그런데 알탄 측은 생활필수품을 조달하면서도 명나라에는 작전에 투입할 수도 없는 병약한 말들만 보냈으므로 명조에서는 관료 대부분이 반대하였다. 더구나 마시가 개설된 후에도 알탄의 노략질은 그치지 않았다. 그 때문에 북변 방어비는 여전히 지출되었고 국가 재정은 갈수록 악화되었다. 거기다가 왜구 소탕 비용·궁정 건축비·재초(齋醮, 도교에서 단을 설치하고 기도하는 의식) 등에 소요되는 비용도 막대하였다. 이를 보충하기 위해서 남직례와 절강 지방에 120만 냥을 증액하였고 그 후로는 상례화되었다. 가정 31년

(1552) 3월에는 구란이 알탄군에게 대패하고서도 오히려 승리했다고 사칭한 것이 발각되어 8월에 구란의 대장군 인(印)을 회수하였고 구란은 놀라서 병사하고 말았다. 그런데 구란이 몽골과 내통하면서 뇌물을 받은 것이 밝혀지자 그 시체를 나누어 9변진에 회람시켰다. 물론 마시도 개설한 지 1년 반 만인 9월에 폐쇄하였다. 북변은 다시 전시 상태로 되돌아가서, 알탄이나 예하 각부가 거의 매년 광범한 북변을 침범하였지만 명군은 한 번도 온전히 방어하지 못하였다.[27]

제3절 전원 생활

장거정은 28세(가정 31년, 1552) 때에 부인 고(顧)씨와 사별하고, 후처로 왕(王)씨를 들였다. 그런데 망부(亡婦)를 생각하며 두 편의 시와 한 편의 문장을 남긴 것을 보면, 이때가 가장 의기소침했던 시기였던 듯하다.[28]

장거정은 엄숭이 집권하는 상태에서는 정치적인 포부를 실현하기가 어려움을 깨달았다. 더구나 부인 고씨를 잃고 정신적으로 불안한 상태였기에, 30세의 젊은 나이(가정 33년, 1554)에 양병을 핑계로 6년 동안 정치판을 떠나 있었다.[29]

---

27) 주둥룬 지음/이화승 옮김, 2017, pp. 48-51.
28) 《張居正集》 제4책, 권40, 詩1, 〈余有內人之喪一年矣, 偶讀韋蘇州'傷內詩'愴然有感〉, p.24; 같은 책 같은 권, 〈朱鳳吟〉, p.25; 《張居正集》 제3책, 권37, 文集9, 〈游衡嶽記〉, pp.541-543.
29) 《張居正集》 제3책, 권38, 文集10, 〈先考觀瀾公行略〉; 같은 책 제4책, 권47, 부록1,

그가 귀향하기 전에 스승인 서계에게 보낸 장문의 서신[30]에는 고향에 돌아가는 진정한 동기를 표현하고 있다. 정직하고 충성스러운 관료들은 배제되고 오히려 간신배가 날뛰는 혼란한 정국에 대한 울분, 엄숭에 대한 불만과 서계에 대한 기대를 토로한 내용이었다.

고향인 호광성 강릉에 내려온 장거정은 처음 3년 동안은 논밭 사이에 초가집을 지어 놓고 살면서 한가롭게 양병하거나 온종일 문을 닫고 독서하였다. 읽은 책은 주로 고전과 경세에 관한 것이었다. 또 가끔씩 산천경개를 유람하면서 호광의 사정을 친히 목도하였다. 이때의 암울한 심경은 20여 수의 시에 토로하고 있다. 특히 〈등회유루〉[31]라는 시에는 "세상은 칠흑 같은 바다처럼 어둡고 온통 구름으로 덮여 있다"는 구절이 보인다. 장거정은 몸은 강릉에 있었지만 마음은 이렇게 중앙조정에 두었고 시국에 대한 관심도 여전하였다. 흡사 삼국시대 조조(曹操)가 젊은 시절에 지은 〈구수수(龜雖壽)〉라는 시에서 "천리마는 늙어서 마굿간에 있어도 뜻은 여전히 천리 밖에 있고, 열사(烈士)는 나이가 들어도 뜻은 시들지 않는다"고 한 것을 생각나게 한다.

장거정이 휴가를 보내고 있던 시기에 호광지방은 마침 큰 가뭄과 홍수가 교차로 일어나서 사회가 대단히 불안하였다.[32] 장거정은 가난한 농가 출신이었으므로 농민에 대해 애정이 대단하였다. 이 시기(가정 33-36년)에 쓴 〈학농원기〉[33]를 보면, 그는 노인들에게 농사일을 배우며 그들과 애환을 같이 하였다. 그러면서 '농민들은 평년에도 근근이 살아가는데, 만일 흉년이라도 들면 관리의 세금 독촉에 못 이겨

〈張文忠公行實〉.
30) 《張居正集》 제2책, 권28, 書牘15, 附錄翰林時書牘, 〈謝病別徐存齋相公〉.
31) 《張居正集》 제4冊, 권40, 詩1, 〈登懷庚樓〉.
32) 《世宗實錄》 권486, 가정 39년 칠월 임진조.
33) 《張居正集》 제3冊, 권37, 文集9, 〈學農園記〉; 〈張文忠公行實〉.

처자를 팔거나 타향으로 도망할 수밖에 없는 실정'을 안타까워하고
있다. 또 그가 귀향한 이듬해(가정 34년, 1555)에 쓴 〈형주부제명
기〉34)에서는 농민들의 인식을 빌어 다음과 같이 적고 있다. 곧 "형주
부는 성화·홍치 연간(15세기 후반)까지는 소송(訴訟)은 적고 백성은
편안하게 살았는데, 그 후부터 크게 변하여 객민이 몰려와 잡거하고
서 종번(宗藩)들이 수탈을 일삼고,35) 신사와 세호대가들은 토지를 겸
병하는 반면 빈민은 실업하고 도산하게 되었다." 장거정의 이러한 인
식은 정확한 것이었다. 이러한 그의 견문은 후일 그가 내각 수보로
집권하던 만력 초기 10년 동안 추진한 종번과 세호대가 억제·법치
시행·토지 장량과 일조편법 등의 정책에 반영되었다.

　학계에서는 15세기 중기로부터 16세기 중기까지를 송대부터 청말
에 이르는 900여 년 동안의 중요한 시대 변화시기로 보고 있다. 그리
고 그 가운데에서도 성화·홍치 연간(1465-1505)은 전형적인 시대 변
혁기로 본다.36) 16세기 중엽에 편찬된 《사우재총설》37)에서 명 중기
의 사회 변화를 사실대로 전해주고 있다.

　정덕 이전에는 백성의 1/10만 관(官)에 있고 9/10는 농사를 지었다. 사
민(四民)이 각기 일정한 직업이 있어 백성들은 농사에 몰두하고 다른 뜻이

---

34) 《張居正集》第3册, 권37, 文集9, 〈荊州府題名記〉, p.560.
35) 《明史》권117, 열전 제5, 諸王2, pp.3586-3588에서도 요왕부에 대해서 "招群小,
　奪軍民商賈利"라고 하여 갖가지 횡포를 적고 있고, 특히 장거정과 동갑으로 장거정
　을 시기하여 장거정의 조부를 술에 취해 죽게 만든 요왕 헌절(憲㸁)에 대해서는
　'여러가지 불법과 음학(淫虐) 등의 죄상으로 폐서인(廢庶人)'되었음을 지적하고 있
　다. 또 沈德符, 《萬曆野獲編》권4, 〈宗藩〉에도 "憲㸁淫虐不道"라 하고 있다. 또 경왕
　(景王) 주재수(朱載圳)도 호광에서 전지호피(田地湖陂) 수만 경을 빼앗았다(《명사》
　권120, 열전8, 제왕5, 景王朱載圳).
36) 오금성, 〈從社會變遷視角對明中期史的再認識〉, 2011 참조.
37) 何良俊, 《四友齋叢說》권13, 〈史九〉.

없었기 때문이다. ··· 40-50년 이래로 세금이 날로 증가하고 요역이 날로 무거워지자 백성들은 생활고를 견딜 수 없어 마침내 직업을 바꾸게 되었다. 전에는 향신(鄕紳)의 노복은 많지 않았으나, 지금은 농사를 떠나 향신의 노복이 된 자가 전보다 10배나 된다. 전에 관청에 있던 사람은 제한되어 있었으나 지금은 농사를 떠나 관청에 몸담고 사는 자가 전보다 5배는 된다. 전에는 상인이 적었으나 지금은 농사를 떠나 상공업으로 바꾼 자가 전보다 3배는 된다. 전에는 놀고먹는 자가 없었으나 지금은 농사를 떠나 무위도식하는 자가 열에 두셋은 된다. 백성을 10으로 나누면 그 중 육칠명은 농사를 떠났다.

이처럼 장거정이 출사하여 수보를 지낸 16세기 중기에는 사회경제적으로는 부정적 현상이 두드러졌다. 관리들은 부정부패를 일삼고, 세호대가(勢豪大家)는 대토지를 겸병하여 빈부격차는 날로 심화되었으며, 수십 년 동안 재정 적자가 계속되는 난국이 지속되었다.

그러나 또 한편으로는 그와 상반되는 현상이 나타났다. 명초부터 시행된 중농억상책(重農抑商策)과 이갑제 실시 이후 농업생산력이 빠르게 회복되어 중국사회가 어느 정도 안정화된 것이 사회경제적 발전의 바탕이 되었다. 중국의 모든 지역에서 농업과 수공업의 각 분야에서 생산이 증대되면서 상품 경제가 발전하고, 그 결과로 기존의 대도시 외에도 각지에 정기시와 중소도시가 수없이 나타났다. 특히 인구가 증가하면서 선진지역의 인구가 저개발 지역으로 이동하여 기술이 이전되면서 각 지역에서 그 지역만의 특산물이 생산되었다. 대상인들은 장거리 교역을 통하여 이러한 특산물을 교류시켜 경제적인 활력을 높여 주었다. 이렇게 된 배경에는 당시 외국의 은이 대량으로 유입되었기 때문이다.

이러한 사회변화를 예리하게 감지(感知)한 장거정은 상인에 대해서도 상당히 긍정적인 견해를 가지고 있었다. 그는 이미 가정 33년

(1554)에 '농업을 진흥시켜 상업을 돕고, 관세를 가볍게 하여 상업유통을 원활히 해서 농업과 상업을 함께 발전시켜야 한다'는 농상병중(農商并重)의 의견을 피력한 바 있다.38)

장거정은 이러한 그의 지견(知見)을 토대로 수보가 된 후에는 '농상병중(農商并重)' 정책을 시행하였다. 또한 그가 전국적으로 실시케 한 일조편법(一條鞭法)은 농촌과 정기시·중소도시와 대도시를 연계하여 농업과 수공업 생산품의 상품화를 유도하는 기능과 함께, 화폐 은본위제를 확립하는 기능도 하였다.

이상의 여러 사례를 종합해 보면, 장거정은 단순히 우울증에 걸려 고향에 내려간 것도 아니었고, 그곳에서 유유자적한 것도 아니었다. 그는 그 기간 동안에 양병(養病)과 정신수양을 하는 한편, 광범하게 독서하고 산천경개를 유람하면서 농촌의 현실을 직접 목도하고 농민들과 함께 생활하면서 그들의 이야기도 들으며 사회 현실을 체험하여, 앞으로 펼치고 싶은 구체적인 개혁 방향을 정립하였던 것이다.

장거정이 고향에 내려가 있던 시기에는 동남 연해에서 왜구(倭寇)가 전에 없이 노략질하며 돌아다녔다. 장거정은 후에 그때를 회상하면서, '가정 중기에는 고관들이 장사꾼처럼 매관매직으로 재물을 거두어들이는 데만 여념이 없었고, 백성들은 시름 속에서 살고 있었으니, 흡사 한(漢)나라와 당(唐)나라 말기와 다를 바 없었다'고 탄식하였다.39)

왜구40)는 대개 13세기 전반기부터 고려의 남해안을 노략질하기 시

---

38) 《張居正集》 第3冊, 권36, 文集8, 〈贈水部周漢浦榷竣還朝序〉.
39) 《張居正集》 第2冊, 권25, 書牘12, 〈答福建巡撫耿楚侗言治理安民〉.
40) 林仁川, 《明末淸初私人海上貿易》, 1987; 윤성익, 《명대 왜구의 연구》, 2007; 片山誠二郎, 〈明代海上密貿易と沿海鄕紳層〉, 1953·〈月港'二十四將'の反亂〉 1962; 田中建夫, 《倭寇と勘合貿易》, 1961; 石原道博, 《倭寇》, 1964.

작하였다. 다만 그때는 소규모였고 산발적이었으나, 14세기 후반에서 15세기 초반에 가장 치열하였다. 이 시기의 왜구를 편의상 전기(前期) 왜구라 한다. 전기 왜구가 나타난 것은 당시 동아시아 3국의 정세가 모두 불안했기 때문이다. 중국은 원나라 말기와 명나라 초기의 동란기였고, 한반도에서는 이미 쇠퇴기에 접어든 고려가 왜구의 침략으로 더욱 약화되어 갔다. 일본열도는 남북조의 내란기에 막부의 통제력이 약화되자, 북규슈 지방의 주민과 몰락한 하급무사들이 해상 밀무역에 종사하다가 여건이 맞지 않으면 해적으로 돌변하였다.

〈그림 21〉 명말 《일용백과전서》(도쿄대학 동양문화연구소 소장 《學海群玉》에 실린 전형적인 왜인 모습.

왜구는 일본 서해안 지방 토호의 보호를 받으면서 점차 세력이 확대되어 한반도 남해안·서해안에서 중국의 산동·강소·절강·복건·광동의 연해지역으로까지 진출하였다. 명 태조 홍무제는 해금령(海禁令)을 내리고 연안방비를 강화하면서 해상무역을 엄격하게 통제하고 조공무역만 허용였다.[41] 그러자 복건 연해의 주민들은 남양·유구·일본 등 지역과 밀무역을 감행하였다. 성조 영락제 시기에는 일본 무로마치

---

41) 해금은 해상무역을 통제하여 연해 지역의 안정을 도모하려는 것이었다. 그러나 현실적으로는 광범위한 해안선을 모두 차단할 수도 없었으므로, 지방관의 묵인 아래 지역의 세호대가를 중심으로 밀무역이나 사무역이 이루어졌다.

(室町) 막부의 아시카가 요시미츠(足利義滿)에게 감합부(＝조공사절임을 확인하는 패)를 지급하여 무역을 허락한 일종의 조공무역이 이루어졌다. 이러한 무역은 1540년대까지 단속적으로 계속되고, 왜구의 노략질은 소강상태였다.

그런데 이미 15세기 중엽부터 동남 연해안의 신사와 대상인도 밀무역에 가담하였고, 특히 1517년에 포르투갈 상인이 광동의 광주에 도착한 후로는 동아시아 해상에서 밀무역이

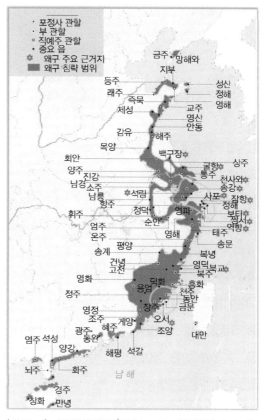

〈지도 4〉 왜구침략도(程光裕 外, 《중국역사지도》 하, 참고).

점차 증가하게 되었다. 또 일본에서도 서일본의 토호·상인·승려 가운데 밀무역에 가담하는 자가 출현하였고, 규모도 많을 때는 400여 척에 3,000여 명이 참여하는 집단도 있었다. 이들은 거의 매년 중국에 진출하였는데, 이들 사이에 밀무역이 적당히 성사되면 좋지만 그렇지 못하면 역시 해적으로 돌변하였다. 그 때문에 중국 동남 연해지역 농어민들의 삶은 참으로 어려웠다. 당시를 살았던 생원 진앙(陳昂)의 시에는 '난세를 살아가는 인생이여, 추위와 배고픔을 어디서 풀 것인

〈그림 22〉 명인(明人)의 항왜도권(抗倭圖卷)에 실린 명군출정도(일본교토대학 소장).

가. … 나이든 아내가 하늘 향해 묻기를 도적은 언제나 그치나요?'[42] 란 구절이 있을 정도였다. 이 시기의 왜구를 편의상 후기(後期) 왜구라고 한다.

명나라는 가정 27년(1548)에 절강순무 주환(朱紈)을 보내서 밀무역의 근거지였던 쌍서(雙嶼, 영파 부근)와 월항(月港, 漳州 부근)을 급습하여 일망타진하였다. 그러자 밀무역으로 큰 이익을 보고 있던 연해 신사층은 온갖 연줄을 동원하여 반발하였고, 주환은 오히려 면직된 후 옥에서 독약을 먹고 자살하고 말았다(1550). 그 후로 10여 년 동안은 전무후무한 왜구 창궐 시기였다. 가정 35-36년(1557)에는 민절총독 호종헌(胡宗憲)을 보내 토벌을 시도하였다. 호종헌은 일본을 왕래하는 밀무역 두목 왕직(王直)이 투항하자 주살(1559)해 버렸다.

---

42) 陳昂,《白云集》,〈城破領老妻逃入仙游胡岭〉. 진앙의 생졸연대는 미상이나 세종~신종 초까지 살았던 듯하다.

〈그림 23〉 왜구도권에 실린 명군 2척과 왜구선 2척의 교전. 佚名씨 그림(일본교토대학 소장)

또 가정 40년(1561)에 장주(漳州)의 월항(月港)에서 중소상인의 대표 24명의 반란이 일어나자, 총병 유대유(兪大猷)와 부총병 척계광(戚繼光)을 보내 복건성 평해위(平海衛, 현재 복건 莆田)에서 왜구를 평정하였다. 왜구는 그 후에도 매년 나타났고, 그 틈을 타서 해적·산적·유적(流賊)들이 봉기하였지만, 순무 담륜(譚綸)·총병 유대유·척계광 등이 분발하여, 가정 43년(1564) 무렵에는 대규모의 왜구는 거의 제압되었다. 이로써 40여 년에 걸쳐 중국 동남연해를 분탕질하던 왜구가 일단 잦아들었다. 특히 척계광은 군기를 엄정하게 하여 왜구 섬멸에 공이 컸다. 그 때문에 오늘날의 중국에서는 그를 항왜(抗倭)영웅으로 추앙하고 있다.

그런데 왜구 문제는 그리 단순한 것이 아니었다. 중국의 동남 연해 주민들에게는 바다는 삶의 터전이었다. 또 당시 중국은 은(銀)경제로 넘어가던 시기였으므로 일본의 은이 절실하였고, 일본은 명나라

〈그림 24〉 주인선. 에도막부로부터 해외도항 허가증인
주인장(朱印狀)을 받아 무역하는 상선을 말한다.

의 동전이 절대 필요한 실
정이었다. 당시의 기록에
"진짜 왜구가 2-3이라면
가짜 왜구는 7-8"이라 할
정도로 중국인의 참여가 많
았던 것은 그 때문이었다.
신사나 세호대가는 자금을
대고, 토착 무뢰들은 향도
가 되며, 궁민(窮民)들은
일꾼이 되어 활동하였다.43)
그러므로 밀무역을 무작정
금지시킬 수도 없었다.

그래서 명나라도 가정 45년(1566)에는 월항에 해징현(海澄縣)을 설
치하였고 다음 해(융경 원년, 1567)에 해금을 중단시키고, 중국인의 출
항과 해외무역을 허락하였다. 명나라는 가정 30년(1551)에는 군사비가
600만 냥이나 들었고, 그 후로는 매년 300-500만 냥이나 지출하였으
므로 대규모의 증세가 불가피했던 점도 그 원인의 하나이다. 다만 일
본과의 무역은 여전히 금지하였다. 일본에서도 오다 노부나가(織田信
長)와 도요토미 히데요시(豊臣秀吉)가 국내를 통일하고 통제력을 강화
하면서 왜구는 종식되었다. 이후 일본상선은 주인선(朱印船)으로서 마
카오(澳門, Macao)무역에 참가하였고, 다시 동남아시아 각지로 진출하였
다. 이로써 그때까지 중국의 동남연해에서 출몰하던 밀수행위와 왜구의
약탈은 공식적인 무역으로 변화되었다. 그로부터 5년 뒤인 융경 6년

---

43) 章煥, 〈御倭疏〉, 《明經世文編》 권272.

(1572)에는 해징현에 시박사(市舶司)가 설치되면서, 복건의 장주(漳州)가 해외 무역의 중심지로 성장하게 되었다.[44]

해금을 중단시키고 난 3년 후인 융경 4년(1570)에는 몽골의 알탄 칸과의 화의(和議)를 체결하고 이듬해에 마시(馬市)를 개설하여 조공무역을 허락하였다. 이러한 일련의 조치는 명나라로서는 두 가지로 반가운 일이었다. 그 하나는 북로남왜 문제로 매년 지출되던 300-500만냥의 군사비가 절약될 수 있었고, 또 한 가지는 외국과의 자유로운 교역을 통해서 외국 은이 물밀듯이 들어왔던 점이다. 16세기 중엽부터 동북아시아 해상은 중국·일본·스페인·포르투갈 상인의 국제무역장으로 변하였고, 학자들은 16세기 중엽부터 17세기 전반기까지 아메리카에서 생산된 은의 1/3 내지 1/2이 중국에 유입되었을 것으로 추측한다.[45] 이렇게 들어온 외국 은이 후술하는 장거정 개혁의 최후의 백미를 이루었던 일조편법 실시의 전제 조건이 되었다.

장거정이 고향에 내려가 있던 가정 34년(1555) 9월에도 알탄 칸이 대동과 선부를 침범하였고 곧 이어 깊숙이 남하하자 수도 베이징에는 또다시 계엄령이 내려졌다. 장거정은 이때 〈문경〉[46]이란 시를 지어, 국사와 시폐를 걱정하였다. 알탄 칸은 북변의 광대한 지역을 수시로 침략하였다. 특히 가정 42년(1563)에는 알탄이 정월에 선부를 침공하였고, 10월에는 그의 동생과 아들이 깊숙이 들어왔으므로, 베이징에 또 다시 1개월 동안 계엄령이 발동되었고 각지의 근왕군(勤王軍)을 불러들였다〔癸亥之變〕. 이러한 사정은 장거정의 북변 방어관에 많은 영향을 주었다.

---

44) 원정식, 《종족 형성의 공간과 문화—15·16세기의 복건 新縣을 중심으로》, 2012, p.47.
45) 吳金成, 《신판 강좌중국사》(근간).
46) 《張居正集》 第4册, 권44, 詩5, 〈聞警〉, p.277.

〈그림 25〉 엄숭(1480-1567)상. 세종 시대 내각 수보, 20여 년 동안 권력을 잡았다. 뇌물을 받고 관직을 팔았고, 심지어 군사비까지 착복하였으며, 만년에는 아들 세번이 권력을 농단하였다(절강도서관《중국역대명인도상》).

장거정은 고향에 돌아간 3년 만인 가정 36년(1557) 가을에 베이징으로 돌아왔다. 귀경길에 지은 두 편의 시는 의미심장하다. 먼저 〈할고행〉[47]은 진충보국(盡忠報國)의 의지로 충만하다. 할고는 《장자》〈도척〉편에 있는 고사로, '진(晉)나라 개자추(介子推)가 자기 넓적다리를 잘라 군주의 주린 배를 채우게 했다'는 이야기다. 장거정은 이 고사를 빌어서, 전통시대의 최고 윤리인 '충과 효'를 선언하며 '진충보국'하겠다는 결심을 드러내 보였다. 또 한편의 시 〈독록편〉에서는 '황제의 은혜에 보답할 수 있다면 어떠한 비난도 두렵지 않다'[48]고 하였다.

그런데 장거정의 군건한 결심과 포부와는 달리, 베이징의 분위기는 3년 전과 견주어 별로 변한 것이 없었다. 황제는 여전히 궁중에 틀어박혀 도교 수련에 빠져 있었고, 엄숭은 수보로서 대권을 휘두르며 뇌물 받는 데에만 열중하였으며, 관료사회는 매관매직이 공공연하게 퍼져 있었다.[49] 한 가지 변한 것은 엄숭의 아들 엄세번(嚴世蕃)이

---

47) 《張居正集》第4册, 권41, 詩2, 〈割股行〉, p.101.
48) 《張居正集》第4책, 권40, 詩1, 〈獨漉篇〉.
49) 장거정이 살던 시기에 나온 소설 《금병매》에는 관료들의 매관매직과 뇌물 주고받기가 잘 묘사되어 있다. 오금성, 2007 참조.

새로운 정치 세력으로 등장한 것이었다. 엄숭은 63세(가정 21년, 1542)에 겨우 입각하여 이제는 이미 78세의 노구였다. 엄숭은 궁궐에 틀어박혀 있는 황제와 관료들의 연결고리 역할을 모두 아들 세번에게 맡겼다. 그 때문에 엄세번은 겨우 공부좌시랑에 지나지 않았지

〈그림 26〉 만리장성 동쪽 맨 끝인 산해관 천하제일관. 엄숭이 쓴 글씨이다.

만, 사실상 엄숭의 대리인이었다. 아버지 엄숭은 '대승상'이고, 아들 세번은 '소승상'인 셈이었다.

이 시기에 수보 엄숭과 차보 서계의 암투는 점차 표면화되어 갔다. 가정 37년(1558) 3월에 형과급사중 오시래(吳時來)와 형부주사 장충(張𤟟)·동전책(董傳策)이 같은 날 상소를 올려 엄숭을 탄핵하였다. 세 사람 모두 엄숭이 변방의 예산을 빼돌린 것·매관매직·사당(私黨) 만들기 등 6가지를 지적하였다.[50] 오시래와 장충은 서계의 문생이고 동전책은 서계와 동향인이므로, 엄숭은 서계의 사주를 받은 것으로 확신하였다. 엄숭은 이전부터 서계를 의심하고 있었으므로, 이번

---

50)《明史》권210, 吳時來傳.

에는 작심하고 황제 면전에서 서계가 언관과 야합하고 있다고 읍소하였다. 그러나 황제는 세 사람만 광서와 귀주 변방으로 보내 충군시켰을 뿐이었다. 이 시기부터 엄숭의 권위는 점차 추락하고, 방향 추는 서계 쪽으로 기울기 시작하였다. 황제는 자문이 필요할 때는 엄숭보다 서계를 먼저 찾았다.

장거정은 한림원에 돌아온 후(가정 41년, 1562 전후)에 지인에게 "수도의 10리 밖까지 도적의 무리가 떼 지어 횡행하고, 탐관오리가 판을 치니 백성의 원한이 날로 더해가고 있습니다. … 세상에 뛰어난 인재가 있다 해도 아는 사람이 없고 알아도 등용해 주지 않으니 개탄할 일이 아닙니까!"[51]라는 편지를 쓴 일이 있다. 나라는 내우외환에 빠져 망국의 길로 치닫고 있는데, '인재가 있어도 알아주는 사람이 없어 능력을 발휘할 수 없음'을 토로한 것이었다. 당나라 때의 한유(韓愈, 768-824)가 〈잡설〉(雜說)에서 자기를 천리마로, 황제를 백락(伯樂)으로 비유하였듯이, 장거정도 그러한 속마음을 내비치고 있는 것이다.

제4절 대학사 준비시절

장거정은 6년 동안의 휴직을 끝내고 가정 39년(1560)에 정식으로 복직하여, 한림원편수(7품관)에서 우춘방우중윤(右春坊右中允　정6품)

---

51) 《張居正集》 제2책, 권28, 書牘15, 〈答西夏直指答耿楚侗〉.

겸서국자감사업(署國子監司業)으로 승진하였다. 전년 5월에 이부상서를 겸임하게 된 서계의 추천 때문이었는데, 편수로 임명받은 후 9년 만의 승진이었다. 우춘방우중윤은 명예직이었지만 직책상 태자의 강독〔日講〕관이었다. 이 시기의 사정을 《명사》[52]에서는 '머지않아 태자가 되고 또 목종 융경제가 된 유왕(裕王)도 장거정을 '현재(賢才)'라고 좋아하였고 환관들도 좋아하였으며, 특히 유왕의 신임을 받고 있던 이방(李芳)과는 친밀하였다'고 한다. 한편 장거정의 실제 직

〈그림 27〉 명 제6대 영종 정통제상. 9세에 등극했을 때 양사기(楊士奇), 양영(楊榮), 양부(楊溥) 등 '삼양(三楊)'이 정치를 보좌했으나, 이후 환관이 조정의 권력을 독단했다. 1449년에 토목보에서 에센족의 포로로 잡혀갔다가 나중에 복위되었다(《중국역대명인도감》).

책은 북경국자감사업 곧 국립대학의 부총장직이었다. 그러므로 관품은 그리 높지 않았지만 조정의 중요한 일에 참여하고 고관들과 왕래할 수 있는 요직에 오른 셈이었다. 이때 태상시경이었던 고공(高拱)이 국자감의 교장인 제주(祭酒)를 겸임하고 있었다. 《명사》에서는 이 시기의 사정을 '고공과 장거정은 우의가 돈독하고 절차탁마하면서 서로 재상을 꿈꾸도록 격려하였다'고 한다. 고공과 장거정은 12살이나 나이 차이가 났지만, 개성도 비슷했고 당시의 현안에 대해서도 인식

---

52) 《明史》 권213, 張居正傳.

을 같이하였다.

한편 가정 40년(1561) 11월에 세종이 오래 머물면서 도가 수련을 하던 영수궁이 화재로 전소되어 옥희전으로 이사할 수밖에 없었다. 그런데 옥희전은 너무 좁아서 새로운 궁전을 짓고 싶었다. 세종은 먼저 엄숭에게 의견을 물었더니, 비용이 많이 든다는 이유로 남원에 거주하도록 청하였다. 그런데 남원은 전에 영종이 몽골에 포로(1449)로 잡혔다가 돌아와 태상황으로 있을 때 거주하던 곳이었으므로, 세종은 엄숭의 말을 듣고 대단히 불쾌하게 생각하였다. 이번에는 서계에게 의견을 물었다. 서계는 최근 봉천전·화개전·근신전을 수복하고 남은 목재가 있으니, 공부상서에게 명하면 그리 오래 걸리지도 않을 것이라고 하였다. 가정제는 대단히 기뻐하면서 서계가 건의한 대로 명령하고, 서계의 아들 상보사승 서번(徐璠)을 공부주사직을 겸하게 하여 공사를 감독케 하였다.

다음 해(가정 41년) 3월에 천신전이 낙성되자 가정제는 즉시 그곳으로 이사하고 만수궁이라 하였다. 그리고 서계를 소사(少師)로 승진시키고 아들 번을 태상소경으로 특진시키며 또 다른 아들을 중서사인에 임명하였다. 그런데 이때 마침 엄숭의 아들 엄세번의 부정 축재 사실이 드러났다. 5월에 어사 추응룡(鄒應龍)이 엄숭 부자를 탄핵한 것을 계기로, 세종은 엄숭을 귀향시키고, 아들 엄세번을 뇌주위로 충군시키며, 손자 2명과 노복 2명 등도 변경 지방에 충군시켰다.

엄숭이 실각하자 왕종무(王宗茂)를 필두로 엄숭 부자에 대한 탄핵 상소가 줄을 이었다.[53] 그들의 내용에 따르면, 외국에서도 황제보다

53) 王宗茂, 〈糾劾誤國輔臣疏〉, 陳子龍 等, 《明經世文編》 권296; 《國榷》 권63, 가정 41년 5월 임인; 《明史》 권209, 沈鍊傳·楊繼盛傳; 위경원, 1999, pp. 137-138; 유지금, 2006, pp.57-60.

엄숭을 더 높이 보는데, 그 이유는 국가대사가 모두 그의 손으로 좌우되기 때문이라고도 하였다. 엄숭은 가인(家人, 노복)을 5백여 명이나 두고, 관료의 승진과 임명을 관장하는 이부와 병부의 권한을 장악하며 매관매직과 같은 불법행위를 자행하였다. 부(府)의 통판은 5백냥, 도지휘사는 7백 냥 하는 식으로 관직의 고하는 뇌물로 오가는 은의 다소(多少)에 따라 결정하였다. 그 가운데에서도 형부주사 항치원(項治元)은 은 1만 3천 냥으로 이부주사로 전임되었고, 공사(貢士, 회시 합격자) 반홍업(潘鴻業)은 은자 2,200냥으로 임청(臨淸) 지주 자리를 샀다. 전반적으로 호부에서 지출되는 변향(邊餉)은 "4할은 변방으로 가고, 6할은 엄숭 부자의 손에 들어간다"는 말도 떠돌았다. 엄숭 부자의 뇌물 수수 행위는 변방 장수에게도 통했으니, 민간에서는 "알탄이 문 앞에 와 있는데도 재상은 돈만 요구하네"〔膁子(=알탄)在門前, 宰相還要錢〕라는 노래도 유행하였다.[54] 그래서 《명사》에서는 "엄숭은 다른 재주는 없고 오직 황제에게 아첨하여 권력을 도둑질하고 온갖 이익만 탐했다"[55]면서 명대 육대간신으로 평했다.

장거정이 복직한 후에 서계는 장거정을 세심하게 보살펴 주었다. 가정 41년 8월에는 《영락대전》(永樂大全) 교정 작업에 고공을 도와 참여케 하였다. 《영락대전》은 중국역사상 가장 방대한 규모의 총서이므로, 장거정은 이를 통해서 학술적인 소양을 넓힐 수 있었다. 가정 43년(1564)에 장거정은 《승천대지》(承天大志) 수정작업을 완성한 공로로 우춘방우유덕겸유왕부시독학사(右春坊右諭德兼裕王府侍讀學士)로 승진하였다.[56] 우춘방우유덕은 명예직이지만, 후에 대학사가 되는 지름

---

54) 《明史》 권309, 楊繼盛傳.
55) 《明史》 권308, 嚴嵩傳.
56) 세종은 흥헌왕(興獻王)으로 호광의 안육주(安陸州)에서 살다가 정덕 16년(1521)에 북경으로 와서 세종 가정제로 즉위하였다. 그래서 가정 10년에 안육주를 승천부

길이었다.

가정 43년(1564), 어사 임윤(林潤)이 엄세번을 탄핵하였고,[57] 다음 해 3월에 임윤이 다시 '엄세번과 나용문(羅龍文)이 왜구와 내통하여 반역을 도모하였다'고 상소하자, 황제는 대노하여 두 사람을 사형시켰다. 8월에는 엄숭의 재산을 몰수하였는데 그 액수가 당시 명나라의 2-3년의 총수입과 맞먹었다고 한다.[58] 그리고 2년 후에는 엄숭도 가난 속에 사망하였다. 청사(靑詞)재상 엄숭은 대학사로 20년, 그 가운데 수보로 14년 집권하면서 막강한 권력을 행사하였지만, 황제의 말 한마디에 낙마하고 말았다.

중국사에서 황제의 권력은 송나라 시대에 한 단계 강화되었고 명 태조 홍무제(1368-1398) 시대부터는 막강한 권력을 갖게 되었다. 당나라 시대까지의 황제권은 그리 강하지 못했다. 물론 진나라 시황제·한나라 무제·당나라 태종과 같이 강력한 권력을 휘두른 황제도 있었지만, 그것은 그들 개인의 역량이 뛰어났기 때문이었다. 자질이 모자란 황제, 예컨대 후한의 헌제는 조조의 아들 조비에게 황위를 찬탈당하였고, 세력이 강한 환관에게 살해당한 황제도 있었다. 유능한 황제로 막강한 권력을 행사했던 당태종도 처음 즉위해서, 신하들에게 전국

(承天府)로 고치고 《승천대지》 수찬을 명하였고, 가정 42년(1563)에 다시 수보 서계와 차보 원위(元煒)를 총재로 하여 수정하도록 명령하였다. 張敬修, 〈張文忠公行實〉에 가정 41년으로 적은 것은 오류이다.
57) 《明史》 권210, 〈林潤傳〉.
58) 田藝蘅, 《留靑日札摘抄》, 권4, 〈嚴嵩〉에서는 엄숭의 가산이 "황금 3.29만여 냥, 백은 202.7만여 냥, 그 밖에 금은보화와 저택·토지의 수목은 놀랄 정도였고, 베이징에도 각종 보물과 서화골동이 셀 수 없이 많았다"고 한다. 또 어떤 기록에서는 "은 200만 냥, 9개 현에 걸친 토지가 수만 경(1경은 약 6ha), 큰 저택 118개소, 점포 3,911간, 크고 작은 연못 25처, 가게의 수입이 매년 15,063냥에 달하였고, 그 외의 금은보화와 서화 골동품의 수도 헤아릴 수 없다"고 하였다. 위경원, 1999, pp. 159-160; 유지금, 2006, p.60 참조.

의 명망 있는 가문의 서열을 정해
오게 하였더니, 놀랍게도 황제를
배출한 이씨를 3위에 넣고 산동의
박릉 최씨를 1위로 올려서 가져왔
다. 물론 태종이 진노하자 어쩔 수
없이 다시 이씨를 1위로 정해 왔
다. 당대까지는 이렇게 황제의 통
치 아래에서도 실질적으로는 문벌
이 사회를 지배하였으므로, 당대
를 흔히 '문벌귀족사회'라 하는 것
이다.

〈그림 28〉명 태조 홍무제상. 농업
생산 장려, 세금 감면, 탐관오리 숙
청 등으로 사회를 안정시키고, 승상
제도를 폐지하여 중앙집권을 강화
시켰다(《중국역대명인도감》).

그러나 송대부터는 황제권은 제
도적으로 보장되었다. 황제가 아무
리 어리석어도 그 권력은 신성불
가침이었고, 아무리 환관이 막강한
권세를 누리다가도 황제의 말 한마디면 끝났다. 더구나 명 태조 홍무
제는 승상을 없애고 승상이 통솔하던 6부를 독립시켜 황제에게 직속
시켰다. 이로써 황제는 군사통수권과 감찰권 외에 재상직까지 겸하게
되어, 중국 역사상 가장 강력한 권한을 갖게 되었다. 홍무제는 재위
30년 동안에 무려 10만여 명의 관료를 죽였다고 전해질 만큼 공포정
치를 폈다. 그 때문에 대신들이 아침에 출근하면서 가족들과 작별 인
사를 하였고 퇴근하면 상봉 인사를 했다고 한다.[59] 그러므로 엄숭이
수보로 14년 집권하면서 온갖 권세를 누린 것은 사실은 호가호위(狐

---

59) 葉子奇,《草木子》.

假虎威)였던 것이다.

엄숭의 실각으로 가정 42년(1563)에 수보에 오른 서계[60]는 '모든 권위는 황제에게 돌리고, 정무는 조정에 돌리며, 관료의 임면과 상벌은 공론에 따른다'는 집정 강령을 발표하고, 약 3년(가정 41년 5월~44년 3월)에 걸쳐서 엄숭의 세력을 일소하였다. 서계는 또 백성의 질고를 이해하고 농민의 부담을 경감시키려 노력하였다. 가정 44년(1565)에 호광의 경왕(景王)이 봉지에서 죽자, 서계는 경왕부가 소유하고 있던 농토와 호수 수만 경을 백성에게 돌려주자고 주청하여 호광민들이 대단히 기뻐하였다.[61] 또 세종이 고향인 흥도(호북성 안육주)에 궁전을 건축하는 것 등 대토목공사를 극구 저지시켰다.

〈그림 29〉 서계 석각상. 세종 말년에서 목종 초까지 17년 동안 대학사로 재임하고 마지막 7년은 수보로 재직하였다. 인사를 공평하게 하고 조정능력도 뛰어나 명대 3대재상의 한 사람이었지만, 사적인 면에서는 흠결도 있었다.

서계는 수보이면서도 이전의 하언이나 엄숭과는 달리 정국을 독단적으로 이끌지는 않았다. 그는 모든 일에 생각이 깊고 후덕하였고, 세

---

60) 《明史》 권213, 〈徐階傳〉; 姜德成, 2002. 이하 서계에 관련된 내용으로 별주가 없는 것은 본 각주와 같음.
61) 《명사》 권120, 열전8, 제왕5, 〈景王朱載圳〉.

종의 시기질투와 각박한 결점을 바꾸려고 노력하였다. 그는 인사의 묘책과 조정능력이 뛰어난 수보로서 당시 관료사회의 적폐를 묵묵히 해소시켜 간 명재상이었다.[62]

당시에는 인재의 능력보다 자격을 중시하는 것이 관례였다. 그러나 서계는 자격을 논하지 않고 등용하였다. 가정 41년(1562) 5월, 서계가 수보가 되었을 때 내각에는 서계와 원위만 남았다. 44년(1565) 3월에 원위가 병으로 귀가하자, 4월에 엄눌(嚴訥)과 이춘방(李春芳)을 보충하였다. 11월에는 엄눌이 또 병으로 사직하여 서계와 이춘방만 남게 되었다. 가정 45년(1566) 3월, 다시 곽박(郭樸)과 고공을 대학사로 영입하였다. 그런데 두 사람 모두 서계에게 사사건건 반대하였다. 특히 고공은 강직하고 오만하여 같이하기가 어려운 인물이었으므로, 처음부터 두 사람 사이에 긴장관계가 감돌았고, 그로부터 융경 연간 내내 내각에 풍파가 계속되었다.

《명사》 본전에서는 "서계가 집권한 후로는 관료에 대한 수사관의 정탐이나 처벌이 많이 감소되어 관료들도 대개 명예롭게 퇴직할 수 있었다. 가정과 융경 연간의 정치를 개선한 점도 많았다. 그래서 논자들은 서계를 기꺼이 명상(名相)이라고 한다"고 평하고 있다. 그러나 서계는 송강의 대지주로, 소작인이 만여 명이었고 식솔은 수천 명에 달했으며, 토지는 무려 24만 무(139㎢)였다고도 하고 40만 무였다고도 한다. 가정교육도 엄격하지 못하여 아들들이 고리대를 행하면서 향리에서 횡포를 부렸다.

가정 45년(1566) 12월, 세종은 도사가 준 단약(丹藥)을 너무 많이 먹은 것이 탈이 되어 사망하였다. 황제가 붕어하면 가장 중요한 사안

---

62) 川勝守, 〈徐階と張居正〉, 1990; 姜德成, 2002.

이 황제의 유조(遺詔)이다. 유조는 대신들이 집필하는데, 초안을 집필할 때에는 황제는 이미 숨을 거둔 다음이기 때문에 유조의 내용은 실제로 황제와는 아무 관련이 없는 경우가 많았다. 그러나 유조의 초안을 맡은 대신들은 그것을 빙자하여 그때까지의 폐정을 일소해서 새로운 황제의 위망을 높이려 하는 경우가 많았다.

유조는 이렇게 앞으로의 정치 방향을 좌우하는 대단히 중요한 사항이었으므로, 수보인 서계는 당연히 이춘방·곽박·고공 등 다른 대학사나 6부의 상서와 상의하여야 하였다. 그런데 서계의 생각으로는 이춘방과 곽박은 평범한 인물에 지나지 않았고, 고공은 함께 일하기가 껄끄러운 사람이었다. 그래서 이들을 모두 배제하고, 오히려 아직 내각에 들어오지도 못한, 한림원시독학사에 불과한 장거정과 상의하여 유조를 작성하고 즉시 반포해 버렸다.

세종은 오랜 세월 정사를 멀리한 채 궁중에 틀어박혀 도교에 심취해 있었으므로, 임종 시에 관료들이 기대하는 반성은 있을 수 없었다. 그러나 서계는 유조를 빌어서 그동안의 폐정을 일소하려 하였다. 이 유조에는 그동안 세종의 잘못을 간언하다가 형을 받았던 신하들의 사면과 복직, 도교 수련에 관한 모든 행위의 중지와 모든 도사들의 축출, 토목공사와 같이 백성을 괴롭히는 사업의 정지 등의 내용이 포함되어 있어 관민 모두에게서 열렬한 환영을 받았다. 그러나 유조의 초안 작업에 배제되었던 곽박과 고공은 강력하게 반발하였고, 특히 서계와 고공 사이에는 치열한 암투가 시작되었다.

제5절 재상(宰相)의 반열

세종의 유조에 따라 세종이 붕어한 지 12일 후인 1566년 12월, 태자 유왕(裕王)이 30세로 즉위하였다. 그가 곧 명나라 제12대 황제인 목종(穆宗) 융경제(隆慶帝, 1566-1572)이다. 목종의 즉위조(卽位詔)는 세종의 유조의 뜻을 구체화한 정도였고, 가장 중요한 내용은 천하의 인심을 수습하는 것이었다. 그러나 목종은 천성이 우유부단하여 즉위하여 겨우 6년 남짓 재위하는 동안 정치에는

〈그림 30〉 명 제12대 목종 융경제상. 겨우 6년 (1567-1572) 동안 재위하면서 정치에는 관심이 없고 그저 향락만 즐겼다(《중국역대명인도감》).

거의 무관심한 채 주색잡기에 열심이었고, 조회 때는 벙어리 시늉을 하기 일쑤였다. 그 때문에 조정에는 당파의 경쟁만 치열했다. 목종이 즉위할 당시에 내각에는 대학사가 4명이었는데, 서계·이춘방과 고공·곽박이 각각 한편이 되어 서로 문하생인 어사를 사주하여 상대방을 탄

핵하고 대립하였다. 고공파의 주된 탄핵 내용은 서계가 초안한 유조가 세종을 과도하게 폄하하였다는 것이었다.

장거정은 목종이 즉위하던 가정 45년(1566)에 우춘방우유덕에서 한림원시독학사(종5품)로 승진하여 한림원을 관장하게 되었다.[63] 그리고 이를 계기로 그야말로 초고속으로 승진하였다. 다음 해 융경 원년(1567) 정월, 장거정은 정3품의 예부우시랑겸한림원학사로 특진하였다. 그리고 이어서 2월에는 이부좌시랑겸동각대학사로 승진하여, 회시를 볼 때의 방사(房師)였던 진이근(陳以勤)과 함께 대학사가 되어 군국기무에 참여하게 되었다.[64] 진사에 합격한 지 20년 만의 일이었고, 1년여 만에 5품에서 1품으로 도약한 것은 이전에 없었던 특진이었다. 그해 장거정은 43세였으므로, 62세에 입각한 엄숭·49세에 입각한 스승 서계·53세에 입각한 고공(다음 해 5월에 파직)보다도 훨씬 이른 시기에 입각한 것이다. 이로써 내각에는 서계·이춘방·곽박·고공·진이근·장거정 등 6명이 있었다. 그 가운데 이춘방은 장거정이 진사에 합격하던 가정 26년(1547)의 장원으로, 청사를 잘 지어 세종의 눈에 들어 일찍 입각하였다. 그는 '태평재상'이라고 불릴 만큼 온순하고 겸손한 호인이었는데, 세종이 죽은 후에는 강한 성격을 가진 대학사들 사이에서 견디기 어려움을 느끼고 사직하고 말았다. 곽박은 근신하는 성격이었지만 서계와 틈이 벌어져 귀향하고 말았다. 진이근은 재능을 감추고 누구와도 척을 지지 않는 사람이었는데 병으로 퇴직하였다. 그런데 서계·고공·장거정 세 사람은 그들과는 달리 능력과 야심이 있는 강자들이었다. 서계는 '모략이 깊으면서도 온순하고 외유내강'한 사람이었고, 고공은 '강직하고 오만한 사람'이었다.

---

63)《張居正集》第3册, 권34, 文集6,〈翰林院讀書說〉.
64)《張居正集》第1册, 奏疏, 권12,〈辭免恩命疏〉.

내각은 명조의 최고 정무기구인데 세종 가정(1522-1566) 중엽부터 재상부의 권위를 갖게 되었다. 명 태조 홍무제가 6부를 황제에게 직속시킨 이래, 황제는 권한이 강력한 만큼 그 책임 또한 막중하였다. 일반적인 정무 외에도, 전국에서 매일 평균 4백여 건이 올라오는 상소문[65]을 황제 혼자서는 도저히 처리할 수 없었다. 그 때문에 홍무 15년(1382)에 황제의 자문역으로 전각대학사를 설치하여 황제를 보좌케 하였다. 그러나 이때의 대학사는 순수한 비서직에 지

〈그림 31〉 양사기(1365-1444). 명초 대신으로 21년을 수보(首輔)로 지냈다. 청렴하고 유능한 것으로 천하의 칭송을 들었다. 사람을 잘 판별해 우겸(于謙)과 주침(周忱), 황종지(況鍾之) 등이 모두 그의 천거로 기용되었다(《중국역대명인도감》).

나지 않았다. 성조 영락제(1403-1424) 시대부터 그들을 국가의 중요 업무에 참여시키고 내각대학사라 부르기 시작하였다. 인종 홍희제 때 (1425)부터 대학사에게 6부의 차관인 시랑(侍郎, 3품)을 겸하게 하면서 내각의 권위가 육부와 대등한 위치에 올라서게 되었다. 선종 선덕 연간(1426-1435)에는 내각에게 6부의 장관인 상서(尙書)직을 겸하게

---

65) 《太祖實錄》 권 165, 洪武 17년 9월 己未조에 따르면, 8일 동안에 1,660건, 3,391 事의 상주가 있었으니, 하루 평균 208건 424事였던 셈이다. 황제는 보통 하루에 20-30건의 상주문을 처리해야 되었는데, 상주문은 문장이 길고 유가의 전통적인 관념이나 용어를 사용하고 있는 데다 전문적인 용어·인명·지명·고사성어가 섞여 있어서 황제가 문제의 요지를 정확하게 파악하는 것이 쉽지 않았다.

하고 특별히 양사기(楊士奇)에게는 상소문의 표의권을 주었다. 이로써 내각은 이전의 재상부의 권위를 갖게 되었지만, 아직은 내각의 권한이 크지 않았다.

그런데 세종 가정 중엽부터 중대한 변화가 일어났다. 세종이 정무에 소홀히 하는 틈을 타서 내각이 황제의 정무를 대행하게 되면서부터였다. 특히 엄숭은 가정 21년(1542)에 내각에 들어온 후로 청사를 잘 지어 황제의 총애를 받으며 정권을 농단하였고, 심지어 관료들은 "먼저 엄숭의 뜻을 들은 후에 황제에게 상소하였고, 관료들은 황제보다 엄숭을 더 두려워하였다"고 한다.[66] 황제가 정사를 게을리하는 사이에 엄숭이 내각의 지위와 수보의 권위를 크게 높여서, 내각은 재상이 아니면서도 실질적으로는 재상부가 되었고, 수보는 실제로 재상의 직능을 수행하게 되었다.

장거정은 겨우 43세에 내각대학사가 되어, 사망할 때까지 16년 동안 재상의 자리에 있었다. 입각할 당시 대학사는 동년(同年)인 이춘방만 제외하면, 서계·고공·곽박·진이근 모두가 그의 스승이거나 선배였다. 장거정은 입각 후에 《세종실록》 찬수의 총재관에 임명되었다. 또 4월에는 예부상서겸무영전대학사로 승진하면서, 동시에 소보겸태자태보(少保兼太子太保)의 직함을 받았다. 이렇게 초고속으로 승진하게 된 배경에 대해 〈문충공행실〉에서는 《영락대전》을 완성한 공로였다고 하지만, 서계의 배려와 도움 없이는 불가능한 일이었다.[67]

융경 원년에 서계와 고공의 권력 투쟁이 가열된 원인의 또 한 가지는 그해에 경찰(京察)이 있었기 때문이다. 경찰제는 헌종 성화 4년(1468)에 성립하였는데, 이부상서가 매 6년마다 한 번씩 도찰원·육과

---

66) 《明史》 卷209, 〈楊繼盛傳〉.
67) 《張居正集》 第2冊, 권14, 書牘1, 〈答中丞洪芳洲〉.

급사중과 함께 경관(京官) 5품 이하 관료의 근무 성적을 평가하는 제도였다. 경찰의 실권은 이부상서에게 있었고, 도찰원의 도어사 외에는 누구도 간섭할 수 없었다.

융경 원년(1567)의 경찰에서는 어사·급사중 등 언관이 모두 좌천되었지만, 이부상서 양박과 동향인 산서성 출신은 한 사람도 없었으므로 언관들의 공분을 샀다. 이과급사중 호응가(胡應嘉)가 먼저 포문을 열었다. 그런데 경찰의 관례에 따르면, 결과를 공개하기 전에 이의가 없었다면, 일단 발표한 후에는 재론할 수가 없게 되어 있었다. 그럼에도 불구하고 호응가가 탄핵 상소를 올렸으므로, 정사에 별로 관심이 없던 목종마저 격노하여 내각에서 처벌하도록 명령하였다. 전부터 호응가와 사이가 좋지 않았던 고공은 수보인 서계에게 호응가를 정장에 처하는 상주를 올리도록 청하였다. 그러나 서계는 정장까지 할 만큼 중한 죄는 아니라고 생각하여 별다른 조처를 내리지 않았기 때문에 고공은 분노를 느꼈다. 호응가는 뒤에 해직되기는 하였지만, 고공은 어사 제강(齊康)을 시켜 서계를 탄핵케 하였는데, 서계의 두 아들이 향리에서 온갖 불법을 저지른 일까지 언급하였다. 이에 서계도 어쩔 수 없이 사직을 청하였다. 그러자 병과급사중 구양일경(歐陽一敬) 등 한 떼의 언관이 제강을 탄핵하여 해직되고 말았다. 서계는 사태가 더 이상 확대되는 것을 원치 않았지만, 고공을 공격하는 언론은 더욱 악화되었다. 베이징 과도관의 탄핵에 이어 남경 과도관까지 합세하자 고공도 더 이상 버티지 못하고, 융경 원년 5월에 병을 이유로 대학사에서 하차하고 말았다.[68]

서계와 고공이 권력투쟁을 하는 사이에 끼어, 장거정은 은인자중

---

68) 주동룬(朱東潤) 지음/이화승 옮김, 2017, pp.89-95.

하며 엄격하게 중립을 지켰다. 그러면서도 언관에 대한 우려를 떨치지 못하였다.[69] 고공이 떠나자 곽박도 불안하여 사직을 청하였다. 목종이 말렸지만 어사 방상붕(龐尙鵬) 등이 공격을 계속하자 9월에 사직하고 말았다. 이제 내각에는 서계·이춘방·진이근·장거정 등 4명이 남게 되었다.

바로 이 시기인 융경 원년(1567) 9월, 알탄 칸이 6만 군으로 수비가 비교적 허술한 대동을 거쳐 산서 중부까지 침입하여 사람과 가축 수십만이 잡혀 갔다.[70] 또 같은 시기에 토만(土蠻)[71]이 베이징과 가까운 계진지방을 침공해 왔다. 이에 베이징은 또 한 번 전쟁의 공포에 빠져 계엄 상태에 들어갔다가 10월에야 겨우 해제되었다. 이에 서계는 장거정의 건의를 받아들여, 동남 연해에서 왜구를 격파한 공이 있는 담륜(譚綸)과 총병 척계광(戚繼光)을 추천하였다.[72] 담륜은 양광총독에서 병부좌시랑겸우첨도어사, 총독계요·보정순무(總督薊遼·保定軍務)로 임명되었고, 척계광은 경영신기영부장(京營神機營副將)으로 발탁되었다. 또 장거정은 융경 2년 5월에 척계광을 총리연병사로 추천하여, 계주·창평·보정 등 삼진 총병관 이하 병사 10여 만을 지휘할 수 있게 하였다. 이로부터 담륜과 척계광 두 사람은 장거정과 밀접한 관계를 맺으며 북변 방어를 담당하게 되었고, 그들이 있을 동안에는 수도 베이징의 안전도 보장되었다.

30세에 즉위한 목종은 정사에는 태만하면서 사치와 주색에만 빠졌고, 공부(工部)의 반대에도 불구하고 태감 이우(李佑)를 소주와 항

---

69) 《張居正集》 第2册, 권14, 書牘1, 〈答少司馬楊二山〉.
70) 《國榷》 권65, 융경 원년 10월 병술.
71) 몽골의 한 부족. 계·요의 동북부, 즉 오늘날 내몽고 동부와 요녕 서부지구에 거주하였다.
72) 劉志琴, 〈論張居正改革的成敗〉, 2006, pp.90−98.

주의 직조(織造, 정부의 비단창 감독관)로, 조분(趙玢)을 남경 직조로 파견하였다.[73] 그 때문에 어사와 급사중 등 간관들이 연이어 반대 상소를 올렸다. 그 가운데 이과급사중 석성(石星)의 상소가 가장 준엄하였다. 목종은 대노하여 태장 60대를 치고 파면시켰고, 다른 사람들도 견책을 받았다.

수보 서계도 여러 차례 주청하였지만, 오히려 목종의 신임만 잃게 되어, 융경 2년 7월에 사직하고 말았다. 서계는 모두 17년 동안 대학사로 재임하였고 그 가운데 7년 동안 수보로 재임하였다. 서계는 사직하기에 앞서 장거정에게 조정대사와 개인적인 문제를 부탁하였다. 그의 아들 셋이 향리에서의 횡포가 자자했기 때문이다.

서계가 물러나자 내각에는 이춘방·진이근과 장거정 등 3명만 남았고, 차보 이춘방이 수보가 되었다. 그런데 이춘방과 진이근은 그저 온후한 성격일 뿐 자질은 모자랐다. 이춘방은 수보가 되어보니 표의를 작성하는 일이 쉽지 않음을 깨닫고 휴가 상소를 올렸지만 받아들여지지 않았다. 또 진이근은 장거정의 회시 때의 방사이지만 오만하고 다른 사람을 경시하는 면이 있었다.

---

73) 명조는 궁중에서 소요되는 비단을 민간에게 위탁하여 짜게 하고, 환관을 파견하여 감독하면서 경비의 일부는 내고에서 지급하고 일부는 염세에서 지출하도록 되어 있었다. 형식상으로는 백성의 공임을 보전해 주는 것 같았지만, 현실적으로는 강제수탈에 가까운 것이었다. 이미 세종의 유조에서 없애도록 되어 있었으나 목종은 듣지 않았다. 또 궁전을 건립하고 장식하기 위해 도자기 가마로 유명한 강서성 경덕진(景德鎭)과 벽돌 가마로 알려진 대운하 연변의 임청(臨淸)에도 특별한 작업장을 운영했다. 명조의 공적인 직물 생산에 대해서는 Schäfer and Kuhn, 2002 참조.

제6절 장거정의 개혁 비전

장거정은 융경 2년(1568) 8월에 〈진육사소〉(陳六事疏)[74]를 올렸다. 〈진육사소〉는 총 4천 5백여 자로 된 상소문으로, 장거정의 '청운의 꿈'이 모두 함축된 6가지의 '개혁 강령'이었다. 그가 25세 때에 5개 항목의 〈론시정소〉를 올린 후 이제 44세가 되어 그동안의 상황 변화를 반영하여 현실적인 방안을 제시한, 업그레이드된 개혁 강령이었다. 이 상소는 그로부터 510년 전, 북송의 왕안석(1021-1086)이 신종 황제에게 올렸던 〈만언서〉(萬言書)[75]와 비견되는 '정치 선언'이었다.

고공도 세종이 사망하기 직전, 예부상서(가정 43년 6월~45년 4월) 시절에 〈제팔폐소〉(除八弊疏)[76]를 준비했었다. 내용은 당시 관료사회의 적폐 8가지에 대한 개혁방안이었으나 황제의 사망으로 상주할 기회를 놓치고, 뒤에 그의 문집인 《남궁주독》(南宮奏牘)에 수록되어 전한다. 핵심 내용은 '관료들의 습관적인 복지부동이 천하의 대환(大患)이며, 공직사회의 부정부패와 기강의 해이·국방력의 약화·계속되

---

74) 《張居正集》 第1冊, 권1, 奏疏1, 〈陳六事疏〉; 《穆宗實錄》 권23, 융경 2년 8월 29일 丙午조.
75) 왕안석이 1058년에 지방관의 임기를 끝내고 수도로 돌아와 황제에게 올린 상소문〔上仁宗皇帝萬言書〕이다. 모두 1만 자의 문장 안에 자기의 정치적 신념과 변법개혁(變法改革)의 강령을 피력하였다. 농업생산력을 높여서 백성에게 조세 부담을 주지 않으면서도 국가재정을 풍족케 하자는 것이었는데, 그 내용 가운데 명언은 "지금 시급한 것은 오직 인재(人才)"라는 것이었다.
76) 高拱, 《南宮奏牘》 권1, 〈挽頹習以崇聖治疏〉(=〈除八弊疏〉)(위경원, 1999, pp.324-331 참조).

는 재정 적자 등은 모두 여기서 비롯된 것'이라는 지적이었다. 모든 것이 '인재(人災)요 관재(官災)'라는 것이다. 당시 관료사회에 대한 인식은 장거정과 비슷하지만, 시국 전체를 조망하여 새로운 해결방법을 제시하는 면에서는, 장거정의 〈진육사소〉만은 못하였다. 그뿐 아니라 고공은 융경 4~6년의 수보시절에도 자기의 비전을 적극적으로 실현시키려는 노력은 하지 않았다.

〈진육사소〉는 세종 이래의 '가장 중요한 현안들을 모은 것'이었다. 전체를 요약하면 정치·사회·경제·민생·군사에 관한 개혁의 필요성과 의지를 피력한 것으로, 19년 전의 〈논시정소〉보다 광범하고 구체적인 것이었다. '청운의 꿈'은 이렇게 장거정이 정치적으로 성장하면서 함께 성장하였다. 그리고 이 내용은 그가 수보로 집권한 후에 적당한 순서에 따라 실행에 옮겼다.

(1) 〈진육사소〉의 첫 번째 항목은 성의론(省議論)이었다. '불필요한 공론을 줄이고, 관료사회의 근무 효율을 높이자'는 주장이다. 장거정은 이것이 가장 중요한 병폐라고 생각한 것이다. '말만을 앞세우면서 실천은 하지 않는 병폐'는 송나라 말기에만 있었던 것이 아니고, 명 중엽에도 그러하였다. 장거정의 주장은, 정치는 '말을 앞세우는 것'이 아니므로 황제가 '잘 듣고 현명하게 판단'하여 여론을 장악하라는 것이었다. 말하자면 지난해(융경 원년)에 서계파와 고공파 언관[77]들의 빗발치는 상호 탄핵을 보면서 걱정했던 내용을 담은 것이었다. 장거정은 이 항목에서 '계획하는 단계에서는 널리 의견을 들어야 하지만 마지막 결단은 혼자서 하는 것'(謀在於衆, 斷在於獨)이라는 명언으로

---

77) 언관은 간관이라고도 하는데, 중앙에 도어사와 지방에 13도 감찰어사를 두었다. 또 중앙의 육부에는 육과 급사중을 두었다. 조선시대에도 임금에게 간하는 일을 주 업무로 하는 사간원이 있었고 여기에 언관(=간관)이 있었다.

황제의 성찰을 일깨우려 하였다. 이 항목은 후일 고성법(考成法)의 골격이 되었다.

(2) 〈진육사소〉의 두 번째 항목은 진기강(振紀綱)이었다. '황제가 모든 정무를 파악하여 공직 기강을 바로잡고 인사를 공정하게 하라'는 것이었다. 황제의 중앙 집권 확립을 강조한 것이다. "근년에는 공직기강과 법도가 심각하게 해이해져서, 법은 미천한 사람에게만 적용되고 세호대가는 법을 어겨도 문책할 사람이 없습니다. 법은 고관이나 황실의 외척이라도 용서하지 않고 엄격하게 집행해야 합니다."[78] 라고 주장하였다. 장거정은 그로부터 훨씬 뒤인 만력 6년(1578)에도 "세종과 목종 시기에는 송원시대와 같이 공직기강과 법도가 해이해져서 단번에 고치고 싶었다"[79]고 하였다. 그때는 장거정이 '탈정'의 비난을 무릅쓰고 적극적으로 개혁을 단행하던 시기였으므로, 일부 관료의 비방과 공격에 대해서 정면 돌파하려는 결심을 표명한 문장이다.

공직기강을 바로잡고 법을 제대로 시행하는 것은 고금을 막론하고 정치의 기본이다. 명 태조 홍무제도 "원 나라는 공직기강이 해이해지고 법이 제대로 시행되지 않아서 망한 것"이라고 하였다.[80] 고공도

---

78) 《明史》 권213, 〈張居正傳〉에 따르면, 운남의 검국공 목조필(沐朝弼, 개국공신 목영의 후예)이 황제의 조칙까지 범하며 전횡하고 비위를 저지르자, 장거정은 조금도 망설이지 않고 체포하여 남경에 감금해 버렸다. 만력 초년 가장 권세 있었던 환관 풍보의 조카 풍방녕이 술주정을 부리고 평민을 구타하고 법을 범했다. 장거정은 비록 풍보의 지지가 필요한 사정이었지만 과감하게 그의 직을 빼앗고 장40을 치고 풍보에게 가정교육을 엄격히 해주도록 부탁하였다. 만력 3년에 신종의 생모 이태후의 부친 무청백 이위(李偉)가 과도하게 이권을 취하려 하자 장거정은 이것도 거절하였다(《張居正集》 第1冊, 권4, 奏疏4, 〈請裁抑外戚疏〉). 만력 7년에 신종이 황후의 부친 왕위(王偉)를 백작에 봉하고 세록 1,000석을 주려 하자, 장거정은 〈論外戚封爵疏〉(《張居正集》 第1冊, 권8, 奏疏8, p.170, 만력 7년 3월)를 올려 부정적인 내색을 보이기도 하였다. 장거정에게는 황제나 황후의 뜻까지도 정도에 맞게 처리하려 한 담력과 용기가 있었다.
79) 《張居正集》 第2冊, 권23, 書牘10, 〈答司空雷古和叙知己〉.

모든 것은 "사람에 달려 있다"고 하면서 〈제팔폐소〉를 준비했었다. 융경 연간에 장거정과 함께 대학사를 역임한 대학사 조정길(趙貞吉)도 "변경 방어를 충실히 하는 것이 국가의 급선무인데, 이를 위해서는 공직기강을 바로 잡는 것 뿐"[81]이라고 하여, 역시 '공직기강'의 중요성을 강조하였다.

관료의 부정부패는 명 중엽부터 점차 심화되어 갔다.[82] 당시 내외 관원들은 좌주문생 관계나 기타 온갖 관계를 통하여 뇌물을 주고받았다. 경관(京官)들에게는 외관(外官)들이 몇 년에 한번 황제를 알현하러 상경하는 시기가 뇌물을 거두는 기회였다. 경관과 외관은 이렇게 서로 이익을 주고받았다. 감찰관인 어사와 급사중도 뇌물에서는 예외가 아니었다. 청대의 고공섭(顧公燮)도 "명대에는 청렴을 자부하는 신사도 호사스런 집과 정원을 짓고 광대한 토지를 가졌는데, 그것은 문생(門生)들로부터 받은 것이었다"[83]고 비판하고 있다.

그러므로 장거정도 공직기강을 바로 잡는 것을 중시한 것이다. 《명사》 장거정전에도 "장거정은 황제의 권위를 세우고 공직기강을 바로 잡고 상벌을 엄격하게 지켜서, 비록 만리나 떨어진 곳이라도 아침에 명령을 내리면 오후에 봉행되었다"고 평하고 있다. 당시와 같은 군주 전제 체제 아래에서는, 개혁은 반드시 황제의 권위를 배경으로 황제의 이해와 신임과 지지가 있어야만 가능한 것이었다. 이전 왕조시대의 개혁가였던 관중·상앙·왕안석도 모두 그러하였다.

(3) 〈진육사소〉의 세 번째 항목은 중조령(重詔令)이었다. '황제의 명령이 일사불란하게 하부까지 전달되고 시행되는지를 수시로 점검하

---

80) 明 《太祖實錄》 권14, 갑진년(1364) 정월 무진조.
81) 趙貞吉, 《趙文肅公文集》 권8, 〈自陳疏〉(위경원, 1999, p.307 轉引).
82) 吳金成, 2007A, 제2편 제3장.
83) 顧公燮, 《消夏閑記摘抄》.

고, 상벌을 공정하게 하여 행정효율을 높이자는 것'으로, 역시 황제의 중앙 집권 확립을 주장한 것이었다. 이 항목은 그 후 〈고성법〉의 핵심 내용이 되었다.

(4) 네 번째 항목은 핵명실(覈名實)이었다. '관료의 등용과 해임, 승진과 좌천은 오직 실무능력에 따라 평가해야 합니다. 명성이나 여론, 출신 자격·친소(親疏)나 당파 관계, 사사로운 정 등에 좌우되지 않고 공평하게 하고 장기근무〔久任〕토록 해야 합니다'라는 것이었다. 이 또한 황제의 중앙 집권 확립을 목표로 한 것이다. 이 항목은 장거정의 일관된 인사원칙이었으며, 또한 후일의 고성법의 골격이 되었다.

(5) 다섯 번째 항목은 고방본(固邦本)이었다. '불필요한 공사와 사치를 줄이고 백성이 잘 살 수 있도록 조세제도를 개혁하자는 것'이다. 장거정의 정책 목표는 부국강병과 억강부약(抑强扶弱)으로, 이를 위해서는 먼저 백성의 생활이 안정되어야 하는 것이다. 그래서 장거정의 모든 정책의 방향은 '백성을 위하는 일'〔爲民〕에 맞춰져 있었다.

장거정은 '백성은 곤궁하고 국가재정은 파탄 난 상태'가 지난 수십 년 동안 계속되어온 상황을 목도하고, '백성이 곧 나라의 근본'〔民爲邦本]84)이란 입장에서 이 항목을 마련한 것이었다. 즉, "백성이 부유하고 안락하다면 외환도 근심거리가 못 된다"고 하면서, "급하지 않은 토목공사와 무익한 징세는 모두 정지"하도록 권하였던 것이다. 그리고 그 구체적인 방법은 이부로 하여금 관리를 신중하게 선발케 하고, 근무평가는 청렴하고 마음을 다해 목양하는 사람을 상고(上考)로 하여 승진시키며, 상관에게 잘하고 행정사무에 재간이 있어도 백성에게 잘한 것이 없으면 중고(中考)로 하고, 현저하게 토색하는 관리는 변

---

84) 《尙書》〈五子之歌〉의 원문에는 '民惟邦本'으로 되어 있다. '爲'는 '惟'와 통한다.

방으로 내쳐야 한다고 했다.

또 당시의 가장 큰 위화감을 일으키는 문제는 "밖에서는 세호 대가들이 토지를 겸병하고 부역이 공평치 못하며, 화분(花分)과 궤기(詭寄)[85]를 통하여 부역을 포탈하고, 안에서는 관리들이 장부를 조작하여 부정을 저지르는 것"이라고 하였다. 그 때문에 농민은 농토를 잃고 파산하여 처자를 팔거나 도망하고 할 수 없이 무장봉기에 가담하기도 하였다.[86] 장거정은 이 문제를 해결하기 위해서 집권한 후에 전문가를 파견하여 수리와 조운문제를 해결하고, 토지 측량과 일조편법을 전국적으로 실시한 것이었다.

〈그림 32〉 명 제3대 성조 영락제상. 개혁기구와 내각제도를 설립하고 남북 변방의 수비를 공고하게 만들었다. 여러 차례 정화(鄭和)를 서양으로 보내 대외교류를 강화시켰다. 이 밖에 대운하를 정돈했으며 수도를 베이징으로 옮겼다(《중국역대명인도감》).

(6) 마지막으로 여섯 번째 항목은 칙무비(飭武備)였다. '지금 국가의 가장 시급한 문제는 변경 방어이니, 인재를 발굴하여 평화 시기에 군비를 갖추고 군의 기강을 바로 잡도록 훈련을 철저히 하자는 것'이다. 융경 3년에 대학사로 임명되어 장거정과 같이 재임했던 조정길도

---

85) 화분은 지주가 자기의 전토를 이웃이나 전호 및 노복의 명의로 분산시켜 부역을 전가시키는 것이며, 궤기는 지주가 자기의 전토를 관리나 신사 등 우면특권이 있는 호에 기부하여 부역을 기피하는 것이다.

86) 목종 융경 재위 6년 동안에 농민봉기가 30여 회나 되었다. 유지금, 2006, p.122 참조.

이러한 주장을 한 바 있다.

북변 방어는 역대 중국 왕조의 과제였고, 명조도 예외는 아니었다. 명 중엽에도 가장 중요한 현안은 '국방' 문제였는데, 가정 말년에 남왜(南倭) 문제가 어느 정도 안정된 후로는 북로(北虜)가 가장 큰 문제였다. 명 개국 초에도 그러하였지만, 특히 영락 19년(1421)에 수도를 북부에 치우쳐 있는 베이징으로 옮긴 후로는 마치 한국의 서울이 휴전선에 근접해 있는 것 같이, 아직도 북변에 웅거하고 있는 몽골과 가깝기 때문에 전쟁의 위험이 상존하였다. 북변의 위협은 물론 몽골의 타타르부의 알탄 칸이었다. 명조는 북변에 축차적으로 9변진을 구축하였고, 성화 연간(1465–1487)부터 장성을 축조하여 소극적으로 몽골을 방어하려 하였다. 그러나 그동안 실제로 수도 베이징이 몇 번이나 위협을 당하기도 하였다.

장거정은 융경 3년에 친구에게 보낸 서신에서도 "지금 당장 군비 문제를 해결하지 않는다면 송나라가 망한 전철을 다시 밟게 된다"[87]고 하였고, 융경 4년에도 다른 우인에게 보낸 서신에서 "명조가 표면적으로는 강성한 듯 보이나 실은 국방력이 약하여 마치 송나라가 쇠약하던 때를 보는 듯하다"[88]고도 하였다. 북변의 사정이 점차 안정되어 가던 만력 3년에도 여전히 "변경이 걱정되어 (꿈에서) 하루에 9변진을 돌아보는 것이 한두 번이 아니다"[89]라고도 하였다.

장거정은 또 황제가 친히 군대를 열병하도록 청하였다. 이를 받아 병부에서 복주(復奏)하였고 목종도 "명년 8월에 거행"하도록 비답을 내렸다. 열병은 일찍이 선종과 영종 때에도 거행한 바 있다. 그런데

---

87) 《張居正集》第2冊, 권14, 書牘1, 〈答督學曾確菴〉.
88) 《張居正集》第2冊, 권15, 書牘2, 〈答藩伯施恒齋〉.
89) 《張居正集》第2冊, 권20, 奏疏7, 〈答吳環洲論邊臣任事〉.

〈그림 33〉 영락 19년(1421) 3월, 성조가 베이징 교외에서 외국 사신들이 보는 앞에서 10만 대군을 동원하여 열병식을 거행한 것을 묘사한 그림(남경박물원 소장).

융경 3년에 남경 형과급사중 낙문례(駱問禮)가 급한 일이 아니라고 반대하는 상주를 올렸다. 이에 장거정은 "수도에 주둔하는 군대의 군비를 정비하고 사기를 진작시키기 위해서는 반드시 필요하다"고 하면서 병부에 하문해 보라고 재차 상주하였다.[90] 이 상주에 대해서 병부에서 거듭 상주하였고, 융경 3년(1569) 9월에 황제의 친임 아래 12만 병력을 동원하여 성대하게 열병을 거행하였다. 이로써 군대의 사기가 크게 올랐다. 그 후 만력 9년에도 장거정의 건의로 열병을 거행하였다. 그러나 심각한 재정 적자 상태가 지속되어 오는 상황에서 거금을 들여 열병식을 할 필요가 있었느냐에 대해서는 찬반이 엇갈린다.

명대에는 성조 영락제 시기부터 진사 출신의 문관이 일선 무관을 통솔하게 하였다. 그러므로 변방의 장군은 부하에 대하여 직접적인 지휘권이 없어, 실전에서 장군의 적극성이 떨어질 수밖에 없었다. 그

---

90)《張居正集》第1冊, 권1, 奏疏1,〈再乞酌議大閱典例以明治體疏〉

런데 융경 원년(1567) 9월에 알탄이 대동 일대를 공격하고, 토만이 계주를 공격해 와서 베이징이 전시 상황에 빠졌다가 10월에야 해제된 일이 있었다. 이에 목종이 서계와 장거정의 추천에 따라, 담륜과 척계광에게 변비를 맡겼다. 이 두 사람은 본래는 문직이었으나 장거정이 그들의 능력을 알아보고 군직을 맡겨서 당시의 최대 현안이었던 변경 방어 문제를 해결할 수 있었다.

담륜은 장거정보다 3년 앞선 가정 23년 진사로, 전에 태주지부 등을 맡으면서 장기간 동남 연해에 있었으므로, 문관이면서도 왜구를 구축한 경험을 갖춘 보기 드문 인재였다. 계요총독에 임명되자, 그는 '지방관이

〈그림 34〉 척계광상. 그는 중국 동남 연해에서 왜구를 토벌한 항왜영웅이자, 장거정의 신임을 얻어 북변의 계주를 굳게 지킨 명대 제일의 장수 (《중국역대명인도감》)이다.

병사 훈련과 작전과 같은 군무를 간섭하지 못하도록' 해달라는 상소를 올렸다.[91] 150여 년 동안의 전통을 고치자는 것이었다. 그러자 순무 유응절(劉應節)·순안어사 유현(劉翾)·순관어사 손대(孫代) 등이 반대

91) 《明史》 권222, 〈譚綸傳〉, p.5836.

했지만, 수보인 서계의 지지를 받는 장거정의 적극적인 주장으로 목종도 담륜의 요구를 허락하였다. 이렇게 해서 담륜은 독립된 지휘권을 얻게 되었고, 지방 장군들의 사회적 지위도 향상시키는 계기가 되었다. 융경 6년(1572) 장거정이 집권하자, 담륜은 병부상서로 발탁되어 만력 5년(1577) 4월 사망할 때까지 장거정을 도왔다.

척계광은 동남 연해에서 왜구 방어에 혁혁한 공을 세운 장수였는데 그에게 삼진 총병을 지휘하는 대권을 주자, 수군은 육전에 약하다는 비판이 나왔다. 그러나 어떤 반대도 장거정의 뜻을 꺾을 수는 없었다. 척계광은 방어를 공고히 하기 위해 장성에 적대(敵臺=망대) 축조를 건의하였다. 이 방법은 비용이 많이 든다는 이유로 많은 반대가 있었지만, 장거정은 오히려 '최상의 방책'[92] 이라며 적극적인 지지를 보냈다. 장거정이 계요총독 담륜에게도 적극 권유한 결과, 2년여 만에 동부의 산해관에서 도진변(到鎭邊, 금일의 창평)에 이르기까지 2천리(1,120㎞)의 방어선 위에 적대 1,200좌(座)를 축조하고 그 아래에서 주둔군이 둔전을 경작해서 자급자족하며, 적의 동정이 있으면 봉화를 올려 서로 협조케 하였다. 또 원래의 장성에 두께와 높이를 더하고, 그 주변에 나무를 심어 안정을 도모하였다. 척계광이 처음 계요에 부임했을 때에는 북방의 군사들이 군령을 지키지 않았다. 그런데 하루는 비가 억수같이 쏟아지는 날 척계광이 이른 아침부터 오후까지 열병과 훈시를 하였다. 그런데 절강에서 데리고 간 병사들은 미동도 하지 않고 따랐다. 이로써 북방 출신의 군사들도 비로소 군령의 엄숙함을 알게 되었다. 절강 병사 3천 명은 그만큼 훈련이 잘된 모범 군대였던 것이다. 계요의 안정은 바로 이러한 엄격한 훈련에서 나왔

---

92) 《張居正集》第2册, 권14, 書牘1, 〈答總督譚二華論任事籌邊〉.

다. 척계광은 16년 동안 계주를 안정적으로 지켰지만, 장거정이 죽은 후에 반대파에 몰려 광동으로 좌천되었다. 지금도 산해관 박물관에 가면 척계광의 방어 개념에 대한 내용이 잘 전시되어 있다. 북변에서는 지금도 청명절에 척계광에게 제사를 올린다고 한다.

담륜과 척계광은 가끔은 다소 무리한 요구를 하였지만 장거정은 적극적으로 그들의 건의를 받아들였다. 그것이 어쩌다 다른 지역 장령들의 불만으로 표출되기도 하였으나 장거정은 개의치 않았다. 〈문충공행실〉에서는 "서쪽의 가욕관에서 동쪽의 산해관까지 만여 리가 북방민족의 침입으로부터 안정을 얻게 되었다"고 한다. 척계광이 계주를 지키는 동안에는 북변은 안정되고 수도 베이징의 안전이 보장되었다. 이 점은 척계광의 공적인 동시에 장거정의 공이었다. 그러기에 청대의 임로(林潞)는 "장거정은 수천 리 밖에서 장수와 수만 군병을 지휘하여 10년 동안 중국을 평안하게 하였다"[93]고 한 것이다.

장거정은 이렇게 '문직이 무직을 지휘'하는 전통에서 벗어나 전장의 실전 경험을 중시하였다. 그래서 "상벌이 엄격하지 않으면 누가 기꺼이 죽을 위험을 무릅쓰겠는가?"[94]라고 하면서 상벌을 엄격하게 적용하였다. 그 때문에 제(4)항 '핵명실'조에서 "국가에 공이 있다면 천금의 상과 고관대작을 주어도 아깝지 않지만, 국가에 공이 없다면 헤진 옷조차 아깝다"고 한 것이다. 명말의 명장으로 평가되는 이성량(李成梁)은 행오 출신이지만, 요동총병 좌도독이 되었고 여러 차례 전공을 세워, 만력 7년 5월에는 영원백에 책봉되었고 태부(太傅)에 올랐다.

---

93) (청) 林潞, 〈江陵救時之相論〉, 《淸經世文編》 권14; 《張居正集》 第4冊, 권47, 附錄1, 〈江陵救時之相論〉, pp.528-530.
94) 《張居正集》 第2冊, 권14, 書牘1, 〈與薊鎭巡撫〉.

요컨대 〈진육사소〉의 핵심은 공직기강을 바로 잡아 황제의 중앙집권을 확립하고, 부국강병을 이루는 방법을 개진한 것이었다. 현대적인 의미에서도 설득력이 있는 내용이었다. 장거정은 성탕(成湯)·진시황·명 태조 등의 결단력을 칭송하였고, 특히 태조 홍무제를 높이 평가하였다.[95] 목종은 〈진육사소〉에 대하여 "경의 상주를 잘 보았다. 모두 오늘날의 현안을 잘 지적하였고 애국충정으로 가득하다. 해당 관청에서는 잘 참작하여 준행하라."[96]는 비답을 내렸다. 또 6부와 도찰원에서도 거듭 상주하여 찬동을 표시하였다. 도어사 왕정(王廷)은 '진기강'과 '중조령' 두 문제를 8조로 나누어 재언하였고, 호부상서 마삼(馬森)은 '고방본'을 기초로 하여 '시급한 재정문제 10조를, 병부상서 곽기(霍冀)는 '칙무비'에 대한 문제를 '병사·장령·향병 단련·성보 방어·경영(京營)의 강화' 등으로 나누어 논하고, 아울러 황제가 친히 납시어 열병할 것을 주청하였다. 또 각성의 총독과 순무·순안어사들도 〈진육사소〉를 근거로 의견을 개진하였다. 그러나 그 모두가 공문(空文)에 불과할 뿐 제대로 이해하고 실천하려는 사람은 없었다.[97] 수보 이춘방조차도 별로 주의를 기울이지 않았다. 그러므로 장거정이 〈진육사소〉를 올린 시기는 정치적 여건이 아직 성숙하지 못했고, 결국 장거정 자신이 집권해야만 추진할 수 있는 것이었다. 그러나 의식이 있는 사람들은 〈진육사소〉를 보면서 장거정이 '쇠퇴해 가는 나라를 바로 세울 수 있는 재상감(救時宰相)'[98]이라고 생각하였다.

융경 2년(1568) 10월, 장거정의 고향인 형주의 요왕부를 폐하고 요왕 헌절(憲㸓)은 서민으로 강등되고 재산은 초왕부(楚王府)로 이관

---

95) 《張居正集》第3册, 권39, 文集11, 雜著14.
96) 《張居正集》第1册, 권1, 奏疏1, 〈陳六事疏〉, 〈附聖旨〉.
97) 주둥룬(朱東潤) 지음/이화승 옮김, 2017, p.97; 위경원, 1999, p.323.
98) 《張居正集》第4册, 권47, 附錄1, 周聖楷, 〈張居正傳〉, p.472.

되었다.[99] 이것은 아마도 장거정의 입김이 있었겠지만, 장거정과 동갑인 요왕 헌절도 토지를 겸병하며 도교에 심취하고 주색에 빠져서 향리에서 횡포를 자행하는 등 죄가 많았다. 그리고 후인들은 '장거정이 요왕부 재산을 가로챘다'고 하지만, 목종은 요왕부 재산과 사무를 광원왕(廣元王)에게 맡겼으므로, 그러한 지적은 아마도 고의로 퍼뜨린 모함인 듯하다.

융경 2년 12월 목종은 훈척(勳戚)의 장전을 제한하는 조칙을 내렸다. 명대에는 제왕·공주·외척·대신·환관·사원 등은 장전을 하사해 주도록 청할 수가 있었다. 이렇게 하사받는 장전은 명목은 '황무지'이지만 실제로는 비옥한 토지인 경우가 많았다. 이러한 특권적 장전은 황실 소유도 많았다. 훈척장전은 선덕 연간부터 금지시켰지만 지켜질 수가 없었다. 장거정의 본가도 훈척의 무고를 받은 적이 있는 데다, 백성들이 이 때문에 죽거나 이산하는 현상을 보았으므로, 집권 후에는 이를 적극적으로 억압하였다.

융경 3년(1569)에는 황제가 개인의 사치를 위해 호부에 30만 냥을 요구하였다. 이에 장거정은 4월 11일에 대학사 이춘방·진이근과 연명으로, '매년 국가 예산의 적자가 150만 냥인데, 더구나 변경 방어비는 날로 늘어나고 매년 수재와 한재가 발생하여 조세 수취도 여의치 않다'는 상소[100]를 올려, 10만 량으로 줄였다. 장거정의 지적대로, 16세기 중엽 명조의 국가예산은 매년 수입 250여만 냥, 지출은 400여만 냥, 적자가 150여만 냥씩 누적되었다.[101]

---

99) 주둥룬(朱東潤) 지음/이화승 옮김, 2017, pp.31·33·65·103-105.
100)《張居正集》第1册, 권1, 奏疏1, 〈請停取銀兩疏〉.
101) 全漢昇의 연구에 따르면, 융경 원년→2년→3년에 국가의 세입은 각각 2천→2,300→2,300만 냥이었고, 지출은 5,530→4,400→3,790만 냥이어서, 각각 3515→2100→1149만 냥이 적자였다. 樊樹志, 2005, p.280 참조.

융경 3년 8월, 예부상서 조정길이 문연각대학사로 입각하였다. 그는 가정 14년(1535)에 진사에 합격하였으므로, 이미 내각에 들어와 있던 이춘방과 장거정(가정 26년 진사)은 물론이고, 가정 20년 진사인 진이 근보다도 선배였다. 그는 강직하였고 박학하고 재간이 있는 데다 특히 양명학에 조예가 깊었다. 그러나 입각 당시에 이미 60이 넘었고 대학사 모두가 자기의 후배였으므로, 모든 행동거지가 오만하였다. 그 때문에 조신들도 그러하였고 장거정도 별로 좋아하지 않는 편이었다.[102]

융경 3년 12월에 이부상서 양박이 치사(致仕)하자, 장거정은 전부터 사이가 좋았던 사례태감 이방(李芳)과 상의하여 목종에게 고공을 추천하였다. 목종은 이미 원년 5월에 사임한 고공을 다시 입각시키면서 이부상서에 임명하였다. 가정 38년에 서계도 무영전 대학사로 이부상서를 겸한 적이 있었지만, 대학사가 이부상서를 겸하는 것은 참으로 보기 드문 일이었다. 목종은 태자 시절 자기의 스승이었던 고공을 파격적으로 우대한 것이다.

세종과 목종 시기에 서로 이어서 수보가 된 서계와 고공은 당시의 폐정을 개선해 보려는 의지는 있었지만, 서로 다투는 사이였으므로 효과는 반감되고 말았다. 서계는 과감하게 인재를 등용하고 백성의 부담을 개선시키려 함으로써 관민 모두에게 호평을 받았지만, 고공파의 공격을 받고 중도에서 사직하였다. 이어서 수보가 된 고공은 웅지(雄志)는 있었지만, 집권 후로는 곧바로 전임 수보 서계의 선정을 폐지하여 관료와 백성으로부터 모두 인심을 잃게 되었다.

명나라 시대의 임관과 승진제도는 삼도병용(三途竝用)제였다. 명초에는 '천거, 진사·거인·감생, 서리'를 삼도로 보았고, 중기부터는 '진

---

102) 《明史》 권193, 趙貞吉傳.

〈그림 35〉 고공상. 목종의 신임을 받아 수보가 되어 변경을 안정시키고 명대 3대 재상의 한 사람으로 평가되지만, 인사에 자파를 많이 기용하는 편협성이 있었다.

사, 거인·공생, 서리'를 삼 도로 보았다.[103) 그러나 명 중기부터 실제로는 오직 진 사만 우대되었다. 그래서 고공도 오직 근무 실적만으 로 임관과 고찰의 근거를 삼도록 주청[104)하였고 목종 도 허락하였다. 고공이 이 부상서로서 추천한 관원들 의 근무 성적은 대개는 긍 정적이었고 부정부패를 일 삼는 관리와 노쇠한 관원을 배제하는 인사는 잘했다는 평이었다.[105) 그럼에도 실 제로는 자기의 문생은 될수 록 등용하고 자신과 뜻이 다른 사람은 배척한 경우도 많았다.

장거정도 "선덕(宣德) 이후 오직 진사만 중시되어, 거인과 세공(歲 貢) 출신은 진사 출신과는 감히 서로 대등한 교제를 할 수 없었다"[106) 는 인식이었고, 고공과 같이 오직 근무 성적만으로 임관과 고찰의 근 거를 삼았다. 그러나 만력 11년에 이르러서도 여전히 "같은 관인데도

---

103) 顧炎武, 《日知錄輯釋》 권17, 〈通經爲吏〉; 《明史》 권69, 선거지1; 같은 책, 권71, 선거지3.
104) 高拱, 《高文襄公集》 권9, 〈議處科目人才以興治道疏〉(위경원, 1999, p.360 轉引); 《穆宗實錄》 권58, 융경 5년 6월 을묘조.
105) 위경원, 1999, p.346.
106) 《張居正集》 第3册, 권39, 文集11, 雜著18, p.668.

(진사·거인·감생의 출신 배경에 따라) 감히 좌석을 같이 하여 앉지 못하고 어깨를 나란히 하여 걷지 못한다"[107]는 지적이 나올 정도로 완전히 지켜지지는 않았다.

고공은 차보(次輔)이면서도 수보인 이춘방을 우습게 보고 모든 일을 자기 마음대로 처리하였다. 또 서계에게 한을 품고 채국희(蔡國熙)를 감찰관으로 파견하여, 향리에서 고리대를 하고 불법으로 토지를 겸병하는 등 온갖 불법을 저지르던 서계의 세 아들을 붙잡아 충군하고 재산을 몰수하였다.[108] 채국희는 고공의 심복으로 전에 서계와 마찰을 빚은 일이 있는 사람이었다. 고공은 또 자파 어사들을 사주하여 서계를 비방하게 하고 서계의 제자와 친구들도 관계에서 몰아냈다. 이제 조정에 남아 있던 언관은 고공 세력과 조정길 세력뿐이었다.

고공이 이부상서로 또다시 입각하여 인사와 행정 두 가지 권한을 독점하자 대학사 가운데 가장 위협을 느낀 사람은 조정길이었다. 조정길로서는 이춘방과 진이근은 성품이 온화하고 후배여서 자기 마음대로 할 수 있었다. 그러나 자신은 예부상서 직함으로 입각하였으므로, 이부상서를 겸하고 있는 고공보다는 내각에서 서열이 아래였다. 그런데 융경 4년 정월에 좌도어사 왕정(王廷)이 치사하자, 2월에 조정길이 이를 겸하게 되었다. 이제 한 사람은 이부상서로 관료의 임면권을 쥐고 다른 한 사람은 감찰권을 쥐게 되어, 실질적으로 경쟁이 가능해졌다. 그래서 고공이 입각한 융경 3년 12월부터 조정길이 치사한 4년 11월까지는 두 사람 사이에 암투가 치열하였다.

융경 4년(1570)에서 5년 11월에 이르는 일 년 남짓한 기간에 이춘방·진이근·조정길·은사담(殷士儋, 지난해 7월 입각) 등 대학사 4명

---

107)《明史》권226, 丘橓傳.
108) 黃仁宇,〈隆慶和萬曆時期, 1567-1620年〉, 1992, p.504.

이 자의반 타의반으로 사임하거나 치사하였다. 이춘방은 원래 고공이 서계를 모함하는 것을 저지하였는데, 서계가 물러난 후에 수보가 되었지만 고공이 언관을 사주하여 탄핵케 하였다. 그는 몇 번의 사직 상소 끝에 2년 11개월 만에 수보에서 물러났다. 진이근은 중립적이었으므로 여러 사람으로부터 존경을 받았지만, 조정길과 고공이 암투를 벌이자 병을 구실로 사임하였다. 고공은 서계의 문생과 친구들뿐 아니라 조정길 편의 관료도 축출하려 하였다. 그런데 고공의 세력이 조정길을 압도하였으므로, 조정길도 치사를 청하였다. 5년 11월에는 고공이 자기 파벌의 어사를 시켜 공격하는 것을 못 이겨, 은사담(전년 11월 입각)도 치사하였다. 이제 내각에는 고공의 적수는 없었다.

장거정은 그 무렵의 정치 정세를 대단히 우려하였다.[109] 목종처럼 황제가 정무를 등한시하면 곧 내각이 방향타를 잡고 공직기강을 바로 세워야 하는데, 이렇게 내각마저 분열하면 관료들의 직무가 태만해져서 통치기구가 붕괴될 수밖에 없었다. 명대 중기 이후에 벌어진 통치권 내부의 리더십의 결여·부정부패 등 정치적인 난맥상은 북송 말기에 왕안석이 변법을 추진하던 시기보다 훨씬 더 심각하였기 때문이다.[110]

더구나 명중기의 국가의 재정의 위기는 정치적인 위기보다 더욱 심하였다. 가장 큰 원인은 토지겸병 문제였다. 토지는 갈수록 세호대가에게 집중되고 국가의 조세 수입은 줄어들었다. 세종의 넷째 아들 주재수(朱載坴)는 호광의 비옥한 토지 수만 경을 점유하였고, 목종의 아들들의 장전과 점포도 각지에 널려 있었다. 심지어 대동과 선부 등

---

109)《張居正集》第3冊, 권37, 文集9, 〈京師重建貢院記〉; 같은 책 第2冊, 권23, 書牘10, 〈答司空雷古和敘知己〉.
110) 于愼行,《穀山筆塵》권3, 〈國體〉(劉志琴,《張居正評傳》, 2006, p.121 轉引).

북변 요새지 주변에도 수십 경의 비옥한 토지가 세호대가의 손에 넘어갔다. 정부의 조세 수입은 갈수록 줄어드는 데도 황실이 요구하는 예산은 갈수록 증가하였다.[111]

그 때문에 명말 청초의 주성해(周聖楷)는 "세종 말기에는 공직기강이 해이해져서 조령(詔令)은 거의 지켜지지 않았다. 또 나라의 재정이 어려워 세역을 독촉하는 관료가 빗발치듯 내려와서 백성을 괴롭혔다. 외적들은 자주 변경을 노략질하였고 수도의 경비도 허술한 지 오래되었다. 장거정이 〈육사(六事)〉를 상소한 것은 그 때문이었다."[112]고 지적하고 있다. 장거정이 "개인은 날로 부자가 되는데 국가는 날로 가난해진다. 국고는 비고 백성은 어려운 것이야말로 큰 걱정이다"[113]라고 한 것은 바로 이 점이었다.

제7절 융경화의(= 通貢 개시)

융경 4년(1570) 수보 고공은 국방의 중요성을 인식하고 전통적인 병제를 개혁하려 하였다. 먼저 중앙의 병부시랑(병부의 차관)을 일선의 총독으로 내보내서 실전을 익히게 하고, 일선의 총독을 병부상서(장관)로 불러들여 현장의 경험을 살려 군대를 통수하도록 하였다. 또한 변방 군직의 임면은 자격에 구애받지 않고 현지인과 전과(戰果)를 중시

---

111) 劉志琴, 1985, p.191.
112) 《張居正集》 第4冊, 권47, 附錄1, 周聖楷, 〈張居正傳〉, p.471.
113) 《張居正集》 第2冊, 권19, 書牘6, 〈答應天巡撫宋陽山論均糧足民〉.

하도록 하였다.

장거정은 북변의 방어를 철저히 하기 위해서 담륜과 이성량을 요동에, 척계광을 계주에, 그리고 왕숭고(王崇古)와 방봉시(方逢時)를 대동에 보냈다. 특히 선대총독 왕숭고에게는 20차례나 서신을 보내서 몽골과의 관계를 원만히 하도록 노력하였다. 장거정은 이렇게 현장의 목소리를 들으며 만약의 사태에 대비하였다.

왕숭고는 산서상인 가정 출신이었다.[114] 그는 가정 20년(1541) 진사였지만 주로 군직에 임명되었다. 융경 4년에는 고공과 장거정의 추천으로 북

〈그림 36〉 알탄 칸. 몽골 타타르족의 추장. 명나라의 북쪽 국경을 자주 침입하였는데, 명나라와 1570년에 화의하여 통상 허락을 받았다. 라마교를 몽골에 보급시키는 데 노력하였다.

변 방어의 요충지인 선대산서총독에 임명되었다. 그는 임명되자 군기를 엄격히 하고 타타르의 동정을 완전히 파악하여 착실한 방어 전략을 구사하였고, 투항해 오는 자는 대우도 잘해 주었다. 그 결과 융경 4년에만 투항자가 2천여 명이나 되었다.[115] 또 당시 대동순무였던 방봉시와도 사이가 좋았다. 방봉시도 가정 20년 진사로 동년이었고, 타

---

114) 장거정의 북변정책은 왕숭고·장사유(후에 대학사)·양박(楊博)·왕국광(王國光) 등 산서상인 가문 출신의 영향력도 있었다. 小野和子, 1986.
115) 《明史稿》 列傳 100, 〈王崇古傳〉; 위경원, 1999, p.373.

타르에 대한 전략은 방봉시와 같았다.116)

융경 5년(1571)에 그때까지 끈질기게 북변을 침략했던 타타르의 알탄 칸이 사신을 보내 신하가 되겠다는 의사를 전해 왔다. 이에 명나라는 3월에 그를 순의왕(順義王)에 책봉하고, 그의 가족도 모두 관직에 임명하고 금과 비단을 하사하였다. 또한 알탄이 거주하는 성을 귀화성(歸化城, 현재 내몽골 호화호특)이라 칭하고, 그곳 라마사에 홍자사(弘慈寺)라는 편액을 써 주었다. 또 대동 등 섬서 세 곳에 호시(互市＝馬市)117)를 개설하고 조공무역을 허락하였다.

〈그림 37〉 삼랑자. 파한나길의 부인이었으나, 외조부 알탄이 후처로 삼았다. 알탄, 신해 차력극 세 왕을 섬기면서 40년 동안 정치를 돌봤고, 병권과 공시(貢市)를 장악하는 한편 명나라와 우호 관계를 유지했다.

이때 개설된 마시를 통하여 중국과 몽골은 상당히 오랫동안 무역하며 평화가 유지되었다. 당시의 교역품은 몽골에서는 금·은 등 귀금속과 말·소·양 등 가축이 들어왔고, 중국에서는 포필·주단·미맥·철과·차엽 등이 나갔다.

이렇게 사태가 급변한 데에는 다음과 같은 배경이 있었다.118) 융경

---

116) 《明史稿》列傳 100, 〈方逢時傳〉; 위경원, 1999, p.374.
117) 국경지방의 지정된 장소에서 일정한 기간 동안 열리는 국제적인 교역이다.
118) 위경원, 1999, pp.364-393; 小野和子, 〈山西人と張居正−隆慶和議を中心に〉, 1986 ; 城地孝, 〈隆慶和議の政治過程−明代後期の內閣專權の背景−〉, 2004.

4년(1570)에 타타르 내부에 큰 분란이 일어났다. 삼랑자(三娘子)라는 여인 때문이었다. 삼랑자는 본래 알탄 칸의 외손자 파한나길(把漢那吉, 몽골어로는 다이칭에제이, 일설에는 양자라고도 함)의 부인이었는데 미색을 탐하던 외조부 알탄 칸이 외손자의 처를 빼앗아 후처로 삼았다. 당 나라 현종이 제18자의 부인이었던 양귀비를 탈취한 것과 비슷한 패륜을 저지른 것이다. 파한나길은 그러한 치욕과 분을 이기지 못하여 9월 19일에 아내와 아들 등 10명을 데리고 대동순무 방봉시에게 투항을 타진해 왔다. 변방의 장수들 대부분은 알탄의 침략을 꺼려서 반대하였으나, 선대총독 왕숭고와 방봉시는 기병 5백을 보내서 그를 맞이하고 후대하였다. 이 사건은 명나라로서는 어쩌면 그동안 '앓던 이' 같았던 타타르를 제압할 수 있는, 하늘이 내려준 호기였다.

처음에 왕숭고와 방봉시는 파한나길을 미끼로 하여 세종시기에 타타르에 투항한 한간(漢奸, 알탄에 투항했던 백련교도) 조전(趙全)과 구부(丘富)를 교환하려는 심산이었다. 알탄 칸은 용맹한 기병을 이끌고 있었지만 조직이 치밀하지 못하였고 정착지도 없이 떠도는 존재였다. 그런데 조전과 구부가 투항해 들어간 후로는 중국의 방법을 사용하여 주둔지에 성보(城堡)를 축조하고 부근의 한인을 끌어들여 농토를 개간하여 큰 도시로 발전시켜 명조의 북변을 침범하는 교두보로 삼았다. 그곳에는 40여 개의 촌락이 생기고, 모여든 한인이 수만 명이나 되었다. 당시 그러한 정주촌락을 바이싱(板升)이라 하였다. 알탄 칸이 수시로 남하하여 약탈을 일삼았던 것은 그 때문이었다.

조정에서도 고공과 장거정이 파한나길의 투항을 적극 찬성하였다. 당시 서쪽 지방을 공략하고 있던 알탄은 파한나길이 투항했다는 급보를 듣고 급히 회군하여 조전의 획책에 따라 3로로 남하하여 파한나길을 돌려보내라고 요구하였다. 융경 4년 9월부터 연말에 이르는 동안 중앙의 고공·장거정과 현지의 왕숭고·방봉시 사이에 분주하게 서신이 오갔다. 특히 장거정은 선대총독 왕숭고에게 20차례나 서신을 보내 구체적인 지시를 내렸다. 즉 한편으로는 견벽청야(堅壁淸野, 성벽을 굳게 지키는 한편, 주변 들판의 작물을 거두고 가옥을 철거하여 침입해 온 적군에게 양식이나 쉴 곳을 제공하지 않는 작전)하면서 국경을 굳게 지키도록 하고, 파한나길에게는 지휘사의 관직을 주며, 또 한편으로는 담판을 통해 파한나길과 조전 등을 교환하고 봉공개시(封貢開市, 타타르가 명조에 조공을 바치는 대가로 국경에 마시를 개설함)를 추진하여 한족과 몽골족 사이에 평화를 회복할 수 있도록 제의케 하였다. 알탄은 심사숙고 끝에 이를 받아들여서, 11월 21일에 파한나길 일행과 조전 등 8명의 포로교환이 이루어졌다. 이를 융경화의(隆慶和議)라 한다. 왕숭고는 12월 말에 조전 등 4명을 베이징으로 압송해 왔다. 목종은 오문에서 그들을 책사(磔死)하여 머리를 구변진에 돌려 경계로 삼도록 명령하였다. 이번 교섭의 성공으로 왕숭고는 병부상서로 승진하였고, 방봉시는 병부우시랑으로 승진하여 선대총독과 대동순무의 직을 계속 유지하게 하였다. 또 병부상서 곽건(郭乾)과 병부시랑 곡중허(谷中虛)와 왕린(王遴)도 상을 받았고, 이춘방·고공·장거정·은사담 등 대학사도 가봉(加俸)되었다.

명과 몽골 양측의 포로교환이 있은 뒤, 알탄 칸은 왕숭고에게 사신을 보내 감사의 예를 전하면서, 앞으로 영원히 국경을 범하지 않을 터이니 명조가 봉호(封號)를 내려줄 것과 통공개시(通貢開市)를 타진해 왔다. 알탄은 파한나길이 황제가 하사한 화려한 '대홍사포(大紅絲袍)'를 입고 명조 3품관의 의장행렬로 몽골에 돌아오는 것을 보고 감동을 받은 때문이었다. 이에 왕숭고는 "각 부의 추장이 함께 들어와 정식으로 청하라"고 요구하였다. 그러자 토만(土蠻)을 제외한 여러 부의 사신 18명이 들어왔다. 이에 왕숭고는 이 일을 조정에 상주하였다. 그런데 조정의 공론은 분분하였고, 특히 병부상서 곽건·병과도급사중 장보단(章甫端)·급사중 송응창(宋應昌) 등이 강하게 반대하여 결론을 내리지 못할 뻔하였다. 그러나 고공과 장거정이 적극 찬성하고 황제가 이를 받아들여서 통공개시 하도록 칙령을 내렸다.

특히 장거정은 이 일에 적극적이었다. 그는 왕숭고에게 보낸 서신119)에서, 통공은 '변경의 안녕·군비 절감·북방의 제 민족 제압' 등 다섯 가지 이익이 있음을 구체적으로 지적하였다. 이 서신을 받고 용기를 얻은 왕숭고는 8개항(條列封貢便宜八事)을 건의하였다. 목종은 왕숭고의 상소를 본 후에 병부에 보내 토론케 하였다. 그러나 병부에서 결론을 내리지 못하자 목종은 다시 전체 정신(廷臣) 회의에 회부하였다. 여기서도 이익이 된다는 의견이 하나라면 해가 된다는 의견이 아홉이었지만, 고공과 장거정의 적극적인 지지에 따라서 드디어 융경 5년(1571) 3월 알탄을 순의왕으로 봉하게 되었다. 4월에는 기타 추장들에게 도독동지·지휘사 등의 관직을 주었다. 5월에 알탄 칸 등이 대동 득승보 경계에 와서 봉호를 받았고, 6월에는 말 509필과 함께 남아 있던 조전의 여당 14명도 함께 보내왔다.

고공과 장거정은 변방 문제에 대해서는 이렇게 의견이 일치하였다. 장거정은 융경 원년(1567) 2월에 대학사에 임명되어 처음으로 국가 기무에 참여하였는데, 그때 마침 변경 방어에 대한 토론이 진행되고 있었다. 장거정은 서계가 추천한 담륜과 척계광을 계주 방어에 적극

---

119) 《張居正集》 제2冊, 권15, 書牘15, 〈答王鑑川計貢市利害〉(p.184, 융경 5년에 작성한 서신). 이 서신의 내용은 《國榷》, 융경 5년 2월 庚子조에 보이는, 총독 상서 왕숭고 (王崇古)의 상소 8개조인 ① 의봉호(議封號), ② 정공액(定貢額), ③ 의공기(議貢期), ④ 입호시(立互市), ⑤ 의무상(議撫賞), ⑥ 의귀항(議歸降), ⑦ 심경권(審經權), ⑧ 계교식(戒狡飾)과 유사한 것으로 보아, 사전에 서로 상의하였음을 알 수 있다.

추천하였다. 담륜과 척계광은 모두 서계의 문생이었지만, 당시 병부상서는 갓 임명된 터라 인사에 대해서는 아직 자신이 없었고, 대학사 이춘방과 진이근도 별다른 반대가 없어 쉽게 통과되었다. 더구나 서계에 반대하던 고공도 변방 문제에 대해서는 장거정을 적극 지지하였으므로, 융경 연간에 군비와 변경방어 문제에 대해서는 장거정이 실질적인 주관자로 인정받게 되었다. 융경 연간에 남왜 문제에 이어 북로 문제를 현명하게 해결한 것은 이렇게 장거정의 노력 덕분이었다.

마시(馬市)가 개설되고 조공무역이 시작되자, 중국의 동북쪽 해변으로부터 서쪽의 감주(甘州)에 이르기까지 장장 5천여 리의 장성 연변에는 명조가 망할 때까지 수십 년 동안 봉화의 경보가 없이 안정을 유지하게 되었다.[120] 알탄 칸은 그 무렵 외몽골·청해·티베트를 점령하고 라마교에 귀의한 후로는 명조의 북변을 침범하지 않았다.[121] 이렇게 한족과 몽골, 두 민족 사이에 평화가 유지되면서 두 민족의 잡거(雜居)가 시작되었다. 몽골인 가운데에는 유목생활을 버리고 마시 주변에 정착하여 농경에 종사하는 사람도 나타났다. 장성 이북 지역에는 점차 농토가 개간되고 그에 따라 수백 개의 촌락이 형성되었다. 그 결과 그로부터 10여 년이 지난 만력 5년(1577)에 이르러서도 "국방비가 매년 백만 냥이 절감되고 수많은 군민(軍民)의 인명도 보전되며 변경 밖까지 둔전이 개간되고 변경 수백 리에 걸쳐 성보를 수

---

120) 《명사》 권327, 〈韃靼傳〉; 〈文忠公行實〉; 《神宗實錄》 권79, 만력 6년 9월 甲戌조, p.1701.

121) 알탄 칸이 명조에 대하여 이렇게 유화정책을 편 배경을 보면, ① 알탄 자신이 징기스 칸의 직계가 아닌 약점을 상쇄하고, ② 알탄은 동측이기 때문에 동서의 대결에서 우위 확보를 위해서, ③ 라마교 보호 명목으로 티베트에 영향력을 유지하기 위해, ④ 티베트의 라마교 내부에도 당시 홍모(紅毛)·황모(黃毛) 양파로 나뉘어 투쟁 중이었으므로, 황모파가 알탄에게 와서 제의하였고, ⑤ 알탄은 황모파 지도자에게 처음으로 달라이 라마(제3대로 자칭)의 칭호를 주었다.

〈그림 38〉 융경화의로 시작한 북변 호시(互市) 풍경.

축하여 국방을 튼튼히 할 수 있게 되었다. 또한 변경에서 곡식 한 말에 은 2,3전 하던 것이 지금은 1전으로 내렸다."[122]고 한다. 또 장성 이남지역에도 '변경 방어가 군건해지고 농토가 개간되니 인구가 날로 증가하고 상인의 왕래도 빈번하여 변경의 백성들이 비로소 삶의 즐거움을 알게 되었다'[123]고 한다.

그렇게 되자 왕숭고는 "사방에서 상인을 불러들여 교역을 장려하니, 강남과 호광 등 남북의 광범한 상품이 교환되고, 국고 수입도 증가하였다. 그 결과 동쪽은 연수로부터 서쪽의 가욕관에 이르기까지 7진 수천 리에 이르는 지역에서 전쟁이 그치고 군민이 평안하게 살 수 있어 국방비도 십에 칠(七)이 절약될 수 있었다."[124]고 전하고 있다.

그동안 알탄의 침입으로 명나라가 받은 인적·물질적 손해는 헤아

---

122) 《神宗實錄》 권67, 萬曆5년 9월 庚午조, p.1467.
123) 《明史》 권222, 〈方逢時傳〉, p.5846.
124) 《明史》 권222, 〈王崇古傳〉, pp.5842-43. 단, 《明史稿》 傳100, 〈王崇古傳〉에는 "歲省費什三"으로 되어 있다.

릴 수 없이 많았고, 군사비도 엄청난 것이었다. 그러므로 이번의 '융경화의'로 북변의 안정을 찾은 것은 명나라로서는 참으로 획기적인 일이었다. 이것이 대부분 장거정의 결연한 의지로 이룩된 것이었다. 장거정이 융경 5년에 왕숭고에게 보낸 서신(〈答王鑑川計貢市利害〉)가운데 그의 속마음을 알 수 있는 대목은 "이 일은 이익이 다섯 가지가 있습니다. 국경 방어에 시간적 여유를 가지게 되고, 둔전을 수복할 수 있으며, 병사와 말을 쉬게 할 수 있고, 군비가 필요 없어 수십 백만의 세비를 절약할 수 있는 것이 두 번째 이익입니다."라고 한 부분이다. 그의 속셈은, 이번 강화와 봉공은 단지 일시적인 정전(停戰)일뿐, 그 기간을 이용해서 전비를 확실하게 갖추려는 것이었다. 장거정은 융경 5년 3월에 알탄 칸을 순의왕으로 봉하고 봉공개시가 성립된 직후에 왕숭고에게 앞으로 주의할 점을 적어 보낸 서신125)에서도, 그 기간에 변경의 성보를 수리하고, 둔전을 개간시키며, 병사를 훈련시키고 병기를 점검하고, 조전 등의 여당을 제거하여 후환을 없앰으로써, 타타르의 재침에 대비하도록 지시하고 있다.

또 이와는 별도로 몽골의 또 다른 부족인 토만·알탄의 조카 길능(吉能)·손자 황태길(黃台吉) 등의 동향을 면밀히 관찰하도록 구체적인 대책을 지시하였다. 그리고 척계광에게도 성보를 수축하고 병사를 훈련시키도록 지시하고 있다. 여기서도 장거정의 세심한 리더십과 변경 방어에 대한 심모원려(深謀遠慮)를 엿볼 수 있다.

명나라는 15세기 중엽부터 대몽골전쟁 수행을 위해 축차적으로 9변진을 구축하고 만리장성을 축조한 후 많은 군대를 배치하였으므로, 이들에게 제공할 식량과 군수물자 조달에 막대한 은이 필요하였다.

---

125) 《張居正集》第2冊, 권15, 書牘2, 〈與王鑑川計四事四要〉.

더구나 세량과 요역을 점차 은으로 납부하도록 하면서, 민간부문에서도 은의 수요가 폭발적으로 증가하였다. 이렇게 공적·사적으로 은의 수요가 폭발적으로 증가하였지만, 국내에서 생산되는 은이 많지 않았으므로 어떻게든 외국에서 은을 들여올 수밖에 없었다.

그러나 명나라는 당시 엄격한 해금(海禁)정책을 시행하고 있었다. 1550년대에는 '후기 왜구'가 정점에 달하였다. 16세기 중엽에는 몽골 세력과 왜구, 곧 북로남왜(北虜南倭)로 인한 위기가 동시에 발생하였으므로, 은의 수요는 그만큼 컸다.

이 문제를 해결하기 위해 융경 원년(1567)에는 해금을 중단시켜 민간인의 해외 무역과 해외 진출을 허락(일본만 제외)하였다. 융경 4년(1570)에는 명조와 몽골의 알탄 칸 사이에 화의를 성사시켰고[隆慶和議], 이듬해에는 '통공개시'를 허락하였다. 이로써 북로남왜 문제로 해마다 지출되던 300~500만 냥의 군비를 절약할 수 있었다. 또한 민간으로부터 징수하던 군마비를 저축할 수 있었는데 그 액수가 매년 400만 냥 정도나 되었고, 덤으로 군마도 증가하였다. 그 모든 비용은 결국 서민의 부담이었는데 이제 절약할 수 있게 되었고, 해외무역의 활성화로 외국의 은이 대거 유입되어 상품경제도 크게 발전하게 되었다. 이 모두가 장거정의 공적이라 할 수 있었다.

장거정은 당시에는 아직 수보는 아니었으나, 연이어 수보가 된 서계와 고공의 적극적인 지지를 얻을 수 있었고, 그 자신의 확실한 복안과 의지에 따라 개혁적인 조치를 끝까지 추진해 나갔다. 장거정은 이렇게 시세(時勢)의 변화에 따라 적절하게 대책을 달리 구사하는 '시변(時變)론자'였다.

융경 5년 3월 병부상서 곽건(郭乾)이 면직되자 고공은 이부상서 양박에게 병부상서직을 겸하도록 하였다. 5월에 수보 이춘방이 치사하자, 60세의 고공은 수보가 되고 스스로 이부상서를 겸임하여 인사와 행정을 한 손에 쥐게 되었다. 고공은 이제 진정한 독재 재상이 되었는데, 오전엔 내각에, 오후엔 이부에 가서 집무하면서도 적체된 문건이 거의 없었을 만큼 능력이 뛰어난 정치가였다.

목종은 황음(荒淫)에 빠져 정사를 멀리하였으므로, 천하의 대권은 수보로서 이부상서의 직까지 겸한 고공이 좌우하였다. 그는 목종의 태자 시절 스승이었기에 목종의 막중한 신임을 받은 것을 기회로 자기편이 아닌 자들이나 전에 서계가 추천한 인물을 철저하게 내쳐 버렸다. 중앙과 지방에는 자기의 동년·동문·문생·동향인 등을 채용하여 널리 지지층을 확보했다. 중앙과 지방의 각 아문과 과도관의 절반 관원은 고공의 문하라고 할 정도였다.[126] 다만 인재를 등용하거나 근무 평가를 할 때 출신 자격보다 능력을 우선시하는 점은 서계에 뒤지지 않았으므로, 그가 추천한 관료의 칭직(稱職, 근무태도가 좋은 관료)율은 상당히 높았던 듯하다.[127] 그런데 사례장인태감(司禮掌印太監) 등상(藤祥)이 사직하자, 마땅히 추천되어야 할 풍보 대신 동향인 진홍(陳洪)을 추천하였고, 그가 불칭직 판정으로 파직되자 아직 자격도 안 되는 상선감 맹충(孟沖)을 추천하여, 궁중에 끈끈한 후원자를 심어두었다. 등상·진홍·맹충은 목종의 신임을 받는 환관으로, 목종을 온갖 오락과 유흥으로 유인하던 자들이었다. 당시 풍보는 환관의 제2인자인 사례병필태감으로서 동창의 총독이라는 막강한 권력을 쥐고 있었으므로 그에게 환관의 제일인자 자리까지 주어서는 안 된다는 것이 고공의 생각이었다. 이 때문에 고공과 풍보는 불공대천의 원수가 되었고 이것이 곧 목종의 사후에 고공이 실각하는 원인이 되었다.

---

126) 《明史》 권213, 〈高拱傳〉; 田澍, 〈嘉靖革新視野下的張居正〉, 2012.
127) 《明史》 권222, 〈張學顏傳〉.

그러한 상황에서 융경 4년에서 5년 11월의 일 년 남짓한 사이에 대학사 4명이 퇴임하였다. 5년 12월, 내각에는 이제 고공과 장거정 두 사람만 남았다. 이 두 사람에 대해서 후대는 "목종과 신종 시기에는 최고 명상 두 사람이 있었다. 고공과 장거정이다."[128] 또는 "고공과 장거정 두 사람은 모두 불세출의 재간과 식견을 가진 인재"[129]라고 평하고 있다. 고공은 장거정보다 12년 연상이었지만, 전에도 그랬고, 재작년에 재입각한 후에도 장거정과는 서로 의기투합하며 개혁을 함께 추진하였다. 그러나 장거정이 서계와 가까울 뿐 아니라, 사례감 병필태감으로 동창까지 맡고 있는 풍보와 가까운 사이인 것을 알고 난 후부터는 점차 멀어질 수밖에 없었다. 그러므로 고공의 시선은 자연히 장거정에게 집중되었다. 그야말로 '산 하나에 두 마리의 호랑이는 용납되지 않는 것'이다. 장거정은 당연히 다음 차례는 자기라고 생각하였으므로, 은인자중하며 끝까지 살아남았다. 오늘날과 같이 정년 제도가 없던 전통 중국사회에서는 강한 자가 살아남는 것이 아니라 살아남는 자가 강한 사람이었다.

제8절 청상과부의 결단

융경 6년 윤2월 11일에 목종 융경제가 병이 위중하자,[130] 고공과

---

128) 高拱, 《高文襄公集》〈馬之駿序〉(유지금, 2006, p.138 轉引).
129) 《國榷》 권68, 융경 6년 6월 경오, 李騰芳曰, p.4192.
130) 《國榷》 권67, 융경 6년 윤2월 정묘, p.4178.

장거정을 건청궁으로 불러 자기가 죽은 후의 일을 부탁하였다. 평소 임기응변에 능했던 장거정은 황제의 신색으로 보아 여명(餘命)이 길지 못할 것임을 간파하고, 아마도 황제 사후의 처리 방안을 적어서 몰래 태감 풍보에게 주어 미리 준비하게 하였다.

융경 6년(1572) 3월, 상보경(尙寶卿) 유분용(劉奮庸)이 그동안 정사에 소홀하던 목종에게 "황제가 대권을 잡고 장주를 총람하고 충직한 신하를 등용하라"고 상소하였다. 또 호과급사중 조대야(曹大埜)가 고공의 대불충(大不忠) 10가지를 들어 탄핵 상소를 올렸다. 그러자 공과급사중 정문(程文)이 조대야를 탄핵하였다. 이로써 조정에서는 또다시 권력투쟁이 시작되었다. 그러나 고공 부하의 반격으로 유분용과 조대야는 좌천되었다. 고공은 4월에 장거정을 견제하기 위해 자기와 가깝고 '호호(好好) 선생'인 예부상서 고의(高儀)를 문연각대학사로 보충하였지만, 병약하여 제구실을 못하였다.[131]

5월 25일 목종이 궁중에서 조회 도중 쓰러지자, 마침 곁에 시립하고 있던 풍보가 부축하여 급히 건청궁으로 돌아갔다.[132] 그리고 오래지 않아 고공·장거정·고의 등 3명의 대학사를 부르는 어지가 도착하였다. 세 사람이 급히 건청궁에 도착해보니, 목종은 옥좌[御榻]에 기대어 앉았고, 황후와 이귀비는 옥좌 곁에 앉아 있고 황태자 주익균

---

131) 《明史》 권214, 劉奮庸傳, 附曹大埜; 《國権》 권67, 융경 6년 3월 戊申·己酉 (p.4181)·4월 정사·무진.

132) 《穆宗實錄》 권70, 융경 6년 5월 己酉·庚戌조; 《明史》 권213, 〈高拱傳〉; 《明史》 권305, 〈馮保傳〉; 《嘉靖以來首輔傳》 권6, 〈高拱傳〉·권7, 〈張居正傳〉; 《明史紀事本末》 권61, 〈江陵秉政〉; 《國権》 권67, 융경 6년 5월 己酉·권68, 융경 6년 5월 辛亥; 위경원, 1999, pp.427-439; 樊樹志, 《晚明史(上下)》, 2005, pp.215-233; 樊樹志, 《張居正與萬曆皇帝》, 2008-A, pp.45-61; 劉志琴, 2006, pp.139-150; 주동륜(朱東潤)지음/이화승 옮김, 2017, 제7장 참조. 목종이 사망하기 직전부터 신종이 즉위하고 장거정이 수보가 되기까지의 숨막히는 권력 이동 과정[壬申政變]에서 고공·장거정·풍보 3인과 신종의 생모 이귀비와 신종의 관계에 대해서는 많은 논란이 있다.

(朱翊鈞)은 옥좌 왼편에 시립하고 있었다. 그리고 또 한 사람, 고공이 가장 싫어하는 풍보가 서 있었다. 보신 3명은 옥좌 아래 무릎을 꿇고 앉았다. 목종은 자신이 가장 신임하는 고공을 가까이 불러 손을 잡은 채 곁에 앉은 황후와 황귀비를 보면서, 끊어졌다 이어졌다 하는 어조로 중요한 두 마디를 부탁하였다. "천하를 선생에게 부탁한다"는 말과 "모든 일은 풍보와 상의해서 처리하라"는 것이었다. 그런 후에 사례태감 풍보에게 유촉(遺囑)을 선독(宣讀)하도록 명령하였다.[133] 유촉은 두 가지였다. 하나는 태자에게 '세 보신(輔臣)과 사례태감의 보좌를 받으라'는 것이었고, 또 하나는 고명대신 3명과 환관 풍보에게 '동궁이 아직 어려서 경 등 세 보신에게 부탁하니, 사례태감과 협심하여 보좌하라'는 것이었다. 일반적으로 황제가 죽은 후에 나오는 유조(遺詔)는 한 가지이지만, 이때 목종의 유촉은 황제가 아직 살아있는 상태에서 직접 내리는 명령이었으므로 두 가지였던 듯하다.[134] 그리고 다음 날(26일) 목종이 건청궁에서 숨졌고, 바로 그 다음 날 풍보가 유조(遺詔)를 선포하였다.

이 유조에 대해서 고공을 비롯한 조정 대신들의 의론은 분분하였다. 무엇보다도 환관이 고명을 받을 수 있느냐는 것이었다. 특히 고공은 '이 유조는 장거정과 풍보가 멋대로 기초한 가짜 유조(矯詔)일뿐 황제의 뜻이 아니라'고 주장하였다. 그러나 사정을 잘 살펴보면, 유조는 고공의 말대로 장거정과 풍보가 기초한 것이겠지만 황제의 뜻이 담겨 있고, 아마도 이 유조를 준비하기 전에 진황후와 이귀비의 동의도 받았을 것이다. 장거정은 전에 세종이 죽고 목종이 즉위할 때 서계

---

133) 이로 보면, 병중의 목종은 이 시기에 이미 진황후와 황태자의 모친 이귀비의 주선으로, 맹충(孟沖) 대신 풍보를 사례장인태감으로 임명하였던 듯하다.
134) 《高文襄公文集》 권43, 〈病榻遺言〉, 〈顧命紀事〉; 《嘉靖以來首輔傳》 권6, 〈高拱傳〉.

를 따라 유조를 기초한 경험을 살려, 황제 사후에 일어날 일을 적어 풍보에게 주어 미리 준비하게 하였다. 《실록》에는 "황제는 옥좌에 기대어 앉아서, … 고명 선포를 명령하기를〔上倚坐御榻上, … 命宣顧命〕"이라고만 되어 있고, "모든 일은 풍보와 상의해서 처리하라"는 구절은 삭제되어 있다. 그런데 담천의 《국각》에는 "황제가 병이 위중하여 태감 풍보가 고명을 선포하기를〔上困甚, 太監馮保宣顧命〕"이라고 적혀 있다. 만력 6년에 장거정이 신종의 생모 이태후에게 올린 상소에서는 '임신년(융경 6년, 1572) 여름에 황상께서 병이 위중하여 신(臣)들을 옥좌 앞으로 부르시고, 사례태감 풍보가 유촉을 선독(宣讀)할 때 성모께서 "사직이 위험하니 선생께서 나라를 위해 충성을 다해주시오"라고 부탁하셨습니다'[135]고 하였다. 또 3보신과 함께 유촉을 받던 자리에 같이 있었던 이태후가 만력 6년 2월에 내렸던 자유(慈諭)에서도 '사례태감 풍보, 그대들은 친히 고명을 받았다'고 하였다.[136] 그러므로 풍보도 세 보신과 함께 고명을 받았다고 볼 수 있고, 그것은 분명 아직 의식이 뚜렷했던 목종 황제의 뜻이었다.

나라에는 하루라도 황제가 없으면 안 되었다. 그래서 고공은 목종이 눈감은 지 사흘째 되던 날부터 황태자의 즉위를 건의하였다. 그러나 태자는 전통적인 의례에 따라 세 번 사양한 후에야 즉위하였다. 목종이 임종한 지 14일이 지난 6월 10일, 황태자 주익균이 겨우 10세로 황제로 즉위하였다. 그가 곧 신종 만력제(재위 1572-1620)이다. 신종은 목종의 제5자로, 1568년 3월에 태자로 책봉된 지 4년 만이었다. 6월 10일부터 16일까지 7일 동안 명 조정 안에는 심각한 대치와 긴장 상태가 계속되었다. 내각 수보 고공과 사례태감 풍보의 대립이

---

135)《張居正集》第1册, 권6, 奏疏6,〈謝皇太后慈諭疏〉.
136)《神宗實錄》권72, 만력 6년 2월 癸未조.

었다.

내각과 환관은 황제 권력의 두 바퀴와 같았다. 내각은 모든 상소문〔章奏〕에 표의를 달아서 황제에게 올린다. 황제는 이것을 열람한 후에 사례감(司禮監)의 병필태감(秉筆太監)에게 비홍(批紅, 황제를 대신하여 답을 쓰는 것)하게 하고, 장인태감(掌印太監)에게 도장을 찍게 한 후에 문서방에 보내서 초록(抄錄)을 작성한 후에 해당 부서로 보내게 되어 있었다.[137] 그러므로 내각과 환관은 때로는 서로 의견이 다를 수도 있었고, 궁정의 안팎에서

〈그림 39〉 프랑스의 사진가 앙리 카르티에 브레송(1908~2004)이 1949년에 청조 말기까지 북경의 환관이었던 사람을 촬영한 사진. 마른 몸, 여성스러운 표정이 나이와 성을 잊은 듯하다.

137) 사례감의 장인태감은 모든 환관의 수장으로서 위와 같은 일을 맡았고, 병필태감은 제2인자로서 위와 같은 일과 함께 동창까지도 관장하게 되어 있었다. 그런데 사례감 안의 직권 범위는 실질적으로는 모호하였다. 만일 황제가 내각에서 올라온 수보의 표의에 대한 비주(批硃)를 등한히 할 경우에는 그 일은 저절로 병필태감의 손으로 넘어가게 되어, 병필태감이 내각을 휘두를 수도 있었다. 실질적으로 정덕 2년(1507)에서 5년까지는 환관 유근(劉瑾)이 사실상 황제나 다름없었다(《明史》 권74, 職官志3, 〈환관〉 참조). 명대 환관의 수는 영락 연간에 1만여 명, 명말에는 중앙에 7만여 명, 지방에 3만여 명, 도합 10만여 명이 있었던 것으로 추측된다. 1623년에 결원이 된 환관 3천 명을 모집할 때는 2만 명이 지원했다고 한다. 환관은 궁중 안의 웅장한 저택에서 살면서, 시종과 집사를 거느리고 마음에 맞는 궁녀와 부부처럼 동거하기도 하였다. 자녀는 없었으나 양자를 두어 봉양케 하였고, 권세를 이용하여 재물도 모았다. 王春瑜·杜婉言, 《明朝宦官》, 1989 참조.

서로 견제할 수도 있었다.

명 중기부터 정치적으로 가장 큰 문제는 환관이 정치에 깊숙이 간여하는 것이었다. 그래서 고공은 황제가 바뀌는 때를 이용하여 풍보를 제거하고, 환관의 권한을 내각으로 끌어오려 하였다. 당시 풍보는 환관의 제1인자인 동시에 동창(東廠)[138]을 지휘하고 있어 막강한 권력을 휘두르고 있었기 때문이다. 그래서 고공은 어린 신종이 즉위한 직후에 두 번이나 상소를 올려 사례감의 대권을 줄이고 내각에 돌리도록 주청하였고, 또 자신의 문생이나 언관들을 동원해서 풍보를 탄핵하였다. 고공의 배후에는 자기 파벌인 6과급사중과 13도 감찰어사들이 있었고, 풍보의 배후에는 진황후(후에 인성황태후)와 신종의 생모인 귀비 이씨(후에 자성황태후)가 있었다.

풍보[139]는 이미 세종 시절부터 사례감의 병필태감으로서 내각 수보가 올린 표의에 황제를 대신해서 비답을 집필하였다. 풍보는 이미 목종 즉위 때에 응당 장인태감(掌印太監)으로 승진되어야 하였으나, 고공이 동향인 진홍(陳洪)을 추천하였고, 그가 불칭직 판정으로 파직되자 또다시 풍보 대신 상선감 맹충(孟沖)을 추천하였다.[140] 그런데 목종이 죽고 신종이 즉위하기까지 짧은 기간 동안 풍보가 재빨리 득세하게 되었다. 풍보는 그 짧은 기간 동안 장인태감 맹충을 제치고 그 지위를 탈취하고 자기 세력을 이용하여 고공에게 대처할 방도까지 강

---

138) 중앙에서 심판해야 할 중대한 사안은 먼저 형부(刑部)에서 주심하고, 도찰원에서 자세히 논의(詳議平允)한 다음 대리시(大理寺)에 보내 '심복(審復)'하여, 일치된 의견을 황제에게 주청하여 최후 '심정(審定)'하게 되어 있었다. 그래서 형부(刑名)·도찰원(糾察)·대리사(駁正)를 삼법사(三法司)라고 하였다. 그런데 동창은 황제의 특무기관으로서, 형부를 통하지 않고 직접 정탐·체포·압송·구금·심판을 할 수 있는 막강한 권한을 가진 기관이었다.《明史》권94,〈刑法志 2〉.

139)《明史》권305,〈馮保傳〉.

140) 王世貞,《嘉靖以來首輔傳》, 권6,〈高拱傳〉.

구한 것이다. 신종 즉위 당일에 내각에 내린 황제의 유지에는 풍보를 장인태감으로 임명한다고 되어 있었다. 고공은 이것이 풍보의 가짜 조칙〔矯詔〕이라고 생각하고, 이 조칙을 가져온 태감에게 "중지(中旨)는 누구의 뜻인가? 황상의 연세가 저리도 어린데! 모두가 너희들의 음모이다. 조만간 네놈들을 조정에서 몰아내고 말겠다!"고 쏘아붙였다. 이일은 곧 풍보의 귀에 들어갔다. 고공은 풍보를 배제할 것을 강력히 요구하는 상소를 올리는 한편, 공과급사중 정문·십삼도감찰어사 유량필 등에게 일제히 풍보를 공격케 하였다. 예과급사중 육수덕(陸樹德)은 "선제(先帝)가 이제 막 붕어하셨는데 풍보를 장인태감으로 전보시키셨습니다. 이것이 만일 선제의 뜻이라면 며칠 전에 하달하지 않고 며칠을 보류하였다가 이제야 하시는 것입니까? 만일 폐하의 뜻이라면 애통하여 만기(萬機)를 친람하실 겨를이 없으실 터인데 어떻게 환관 자리를 바꾸실 수 있으십니까?"라고 상소하였다.

고공의 문생인 이부 도급사중 낙준(雒遵)은 신종이 옥좌에 앉을 때 풍보가 그 곁에 시립해 있는 것을 보고, "풍보는 일개 시종 노복에 지나지 않는데 감히 천자의 보좌 곁에 서 있으니, 문무백관이 절하는 상대는 천자입니까, 환관입니까? 그는 감히 폐하께서 연세가 어린 것을 핑계로 이렇게 무례를 저지르고 있습니다."[141]라고 탄핵하였다. 이러한 일련의 사태는 '앞으로 수보 고공이 전권을 휘두를 지도 모른다'는, 진황후와 이귀비의 의심을 오히려 더욱 키우는 계기가 되었다.

그 며칠 동안 풍보도 나름대로 손을 놓고 있지는 않았다. 풍보는 진황후와 이귀비 면전에서 자주 고공을 헐뜯었다. 그 중에는 목종이

---

141)《明史》권234, 〈雒于仁傳〉.

붕어한 당일에 내각에서 고공이 통곡하며 한 말 가운데, "겨우 열 살인 태자가 어떻게 천하를 다스릴꼬!"[十歲太子, 如何治天下]라고 한 말을 살짝 바꾸어, "이제 겨우 열 살 된 어린 아이가 어떻게 황제가 될 수 있단 말인가!"[十歲孩子, 如何作人主]라고 했다고 전했다. 이 말은 '태자는 너무 어려서 황제가 될 수 없다'는 의미가 되어 대역부도(大逆不道)가 되는 것이다. 또 "고공의 눈에는 천자는 아직 어린아이에 지나지 않고, 황후와 귀비는 가정집 아녀자에 불과하다"고도 무고하였다. 당연히 두 여인은 진노하였고 10세의 황제도 곁에서 듣고 얼굴색이 변하였다. 풍보는 또한 노래를 날조하여, 고공이 전에 태자를 폐하고 주왕(周王)을 영입하려 하였다고 무고함으로써 두 여인을 격노케 하였다. 이러한 과정을 거친 끝에 청상과부인 두 태후와 신종은 고공을 축출하기로 결정하였던 것이다.

6월 16일 날이 채 밝기도 전에 어린 신종이 내각·오부(五府)·육부(六部)의 대신들을 궁중의 회극문(會極門)에 소집하였다. 고공은 이날 풍보가 틀림없이 퇴출될 것으로 생각하고 의기양양하게 나갔다. 장거정은 이때 목종의 왕릉 공사 시찰 후 돌아와서 감기가 들어 휴가 중이었는데, 궁중에서 몇 번이나 나오라는 연락을 받고 조금 늦게 회극문에 도착하였다. 태감 왕진(王蓁)이 황후의 의지(懿旨)·황귀비의 영지(令旨)·황제의 성지(聖旨)가 담긴 유지(諭旨)를 들고 나와서 선포하기 전에, 수보인 고공이 아니라 차보인 장거정을 향하여 "장 선생이 성지(聖旨)를 받으시오[張老先生接旨]"라고 하였다. 맨 앞줄에 엎드려 이 말을 들은 고공은 얼굴이 새파랗게 질렸다. 더구나 유지의 내용은 "고공은 즉시 고향에 돌아가고 수도에 남지 말라"는 것이었다. 이미 삭탈관직되었을 뿐 아니라 즉시 수도를 떠나 원적지로 돌아가라는 명령이었다. 명대의 관례에 따르면, 이렇게 면직된 관리는 즉시 원적지

로 돌아가 지방관의 감시를 받아야 하고, 일생동안 원적지를 벗어날 수 없었다.[142]

명대의 역전제에 따르면, 고위 관리가 해직되어 고향으로 돌아갈 때는 각 역참에서 거마(車馬)와 인부를 공급받게 되어 있었다(給驛). 그러나 고공의 이번 면직은 이 모든 것을 금지하는 내용이었으므로, 모든 것을 자기 스스로 준비해야 되었다. 전해지는 말로는 고공은 다음 날 일찍이 베이징을 떠날 때 소가 끄는 수레로 나갔다고도 하고 나귀가 끄는 수레였다고도 한다. 그리고 군대가 뒤에서 길을 재촉하는, 참으로 처량한 신세였고, 노비들도 뿔뿔이 달아나 버렸다. 장거정이 신종에게 간청하여 고공이 역참을 이용할 수 있도록 허가를 받았지만, 고공은 강력히 거절하였다. 베이징을 20리 벗어나면서부터는 기아의 어려움도 있었지만, 이윽고 장거정의 배려를 더 이상 거절하지 못하고 역참을 이용하게 되었다.

내각 내의 암투는 이렇게 가정 중엽 이후 30여 년이나 계속되어 왔다. 그래도 다행스러운 것은, 목종과 신종의 교체 시점에서 내각의 권력이 유혈사태 없이 자연스럽게 장거정에게로 넘어왔다는 점이다. 이렇게 될 수 있었던 것은 무엇보다도 신종의 생모 이귀비와 풍보의 적극적인 역할 때문이었다. 이로부터 '궁중의 일은 풍보가 관장하고, 조정의 일은 내각으로 넘어와 장거정이 전단'하게 되었다.[143]

풍보가 이렇게 절대적인 권력을 휘두르던 고공을 축출할 수 있었던 배경에는, 장계취계(將計就計, 상대방의 계략을 미리 알아채고 그것을 역이용하는 계략)로, 고비마다 그에게 계략을 조언해 준 장거정

---

142) 《神宗實錄》 권2, 융경 6년 6월 庚午조; 高拱, 《病榻遺言》, 권3, 〈矛盾原由〉下; 《嘉靖以來首輔傳》 권6, 〈高拱傳〉.
143) 申時行, 《賜閑堂集》 권40, 雜記(樊樹志, 2005, p.232 轉引) ; 樊樹志, 2005, pp.215-233.

이 있었다.[144] 고공의 유저(遺著) 《병탑유언》(炳搨遺言)에도 '장거정이 풍보와 신종의 생모 자성태후와 공모해서 목종의 유조를 조작했다'[145]고 적혀 있다. 당시 조정 관료들 사이에서도 '장거정이 풍보와 짜고 고공을 몰아냈다'는 말이 공공연하게 나돌며, 도덕적인 면에서 비판하기도 하였다. 그러나 역사적으로 볼 때 정치인들 사이의 경쟁은 당연한 것이었다. 이것이 바로 권력의 비정한 속성이다. 권력은 원래 주인이 없는 것이다. 장거정을 비판하였던 고공 자신도 서계를 몰아낸 데 이어 대학사 4명을 차례로 몰아냈으며, 풍보 대신에 진홍과 맹충을 연이어 장인태감으로 추천하여 환관을 지지세력으로 삼지 않았던가? 그리고 목종의 유촉은 분명한 목종의 뜻이었다. 당시에 장거정이 만일 고공을 도왔다면, 결과는 아마도 '호랑이를 키우는 것'과 같아서, 그가 이미 13세의 어린 나이에 가졌던 포부대로 '부국강병의 비전'을 이루기는커녕 고공의 독수에 걸려 이미 내쳐진 대학사 4명과 같은 신세가 되었을지도 모른다.

진황후와 태자의 생모 이귀비, 30세 전후의 두 청상과부의 유일한 희망은 오직 '황태자가 무사히 황제위에 올라서 정권이 안정되는 것'이었다. 이를 위해서는 궁정 안에서는 자신들이 가장 믿고 의지하는 장인태감 풍보, 밖에서는 수보 고공과 차보 장거정 두 대학사의 도움이 절실하였다. 그런데 수보 고공이 풍보를 몰아내려고 탄핵하고 있는 것이었다. 고공은 서계가 물러난 후, 목종의 신임을 등에 업고 대학사 4명을 내치면서 전권을 독단하고 있었으므로 관료세계의 평판이 좋지 않았고, 태자를 멸시하였고 이미 환갑이었으므로, 두 청상과부로

---

144) 樊樹志, 2008-A, pp.52-61.
145) 高拱, 《病榻遺言》, 권1, 〈顧命紀事〉; 高拱, 《病榻遺言》, 《紀錄彙編》 권198, pp.3b-6b; 위경원, 1999, 제8장 5-7절; 樊樹志, 2005, pp.215-233; 樊樹志, 2008-A, pp.45-61. 그러나 《病榻遺言》에 대해서는 진위 여부가 팽팽한 실정이다.

서는 현실적으로 장거정에 견주어 탐탁지 않은 존재였다. 한편 장거정은 고공의 독단 아래에서 흡사 '도광양회'(韜光養晦, 자신의 재능을 드러내지 않고 때를 기다리며 실력을 기름)의 자세로 임했다. 고공과 풍보의 죽고 사는 투쟁 기간 동안 장거정은 겉으로는 표현을 자제하는 듯 보였다. 명철보신(明哲保身)만이 살길이었기 때문이다. 그러나 내면적으로는 풍보에게 장계취계(將計就計)로 결정적인 계략을 제공하여, 이귀비·황태자 주익균 모자와 풍보의 환심을 사고 있었다. 28세의 청상과부인 이귀비는 당연히 48세의 젊고 용모와 자질이 뛰어나며 자기들에게 대단히 우호적인 장거정을 선택할 수밖에 없었다. 장거정은 고공과의 경쟁에서 일단 시기가 성숙하자 고공을 제거하였지만, 그 과정을 보면, 자기가 직접 칼을 휘두른 것이 아니라 이귀비와 풍보의 손을 빌렸다. 이른바 차도살인(借刀殺人)이었다. 어찌 보면 고공의 실패는 그의 자업자득(自業自得)이었다. 한편 양궁(兩宮)의 청상과부와 신종으로 보면 장거정은 황제의 옥좌를 지켜준 공신이었다. 그러므로 장거정에게 어찰(御札)을 내릴 때, 장거정이라는 이름을 부르지 않고, '선생'·'원보(元輔)' 혹은 '원보(元輔) 장 선생'이라는 표현을 써서 특별한 존경심을 표하였다.

신종의 생모 이귀비(후에 자성황태후)는 평민 출신이었지만 단아하고 현숙하였으며 궁녀들이 '관음보살'이라고 할 만큼 불심이 깊었다. 평소에 사서(史書)를 많이 읽고 《여감》(女鑑)을 지어 후궁들을 교육할 만큼 지덕(智德)을 갖춘 여걸이었다. 아들 신종에 대한 교육도 대단히 엄격하였다. 매일 아침 어린 태자를 데리고 병약한 황후에게 인사를 드려 황후에게도 신임을 얻었다. 그러면서도 당시의 정세와 권력의 동향을 정확하게 파악하고 있었으므로, 일단 일이 생기면 결단력 있고 객관적으로 처리하였다. 궁중에서 맹충(孟沖)을 물리치고 풍보를 등용하고, 밖에서는 고공을 버리고 장거정을 발탁한 것은 모두 그의 판단과 결단이었다. 장거정의 개혁도 적극적으로 지지하였다. 현실적으로 보면, 그녀는 정치적 영향력도 막강하였으나 정치에는 간여하지 않고 일체를 장거정에게 위임하였고, 중대한 일이 생길 때마다 '장 선생에게 물어보라'고 하였다. 장거정의 인격과 정치적 지혜를 철저하

〈그림 40〉 신종의 생모 자성황태후상. 정세를 잘 파악하였을 뿐만 아니라 일체의 일을 장거정에게 위임하여 개혁을 성공시키게 했다.

게 믿은 것이었다. 남다르게 인재를 알아보는 견식과 혜안을 가진 여인이었다. 그러므로 이태후가 없었다면, 수보 장거정도 없고 장거정의 '개혁'도 없었을 것이다. 이태후는 13세에 왕위에 오른 진나라 시황제의 생모 조희(趙姬)와는 차원이 다른 여걸이었다.

소년 황제 신종이 즉위한 지 9일에 되던 융경 6년 6월 19일, 집에서 병조리를 하고 있던 장거정에게 아침 일찍 내감이 와서 즉시 입조하라는 신종의 성지를 전하였다. 신종은 장거정을 건청궁으로 불러 "모든 정사를 선생에게 맡기겠다〔凡事要先生盡心輔佐〕"고 부탁하면서, "선황제께서는 선생이 충신이라 하셨다〔皇考之言曰, 先生忠臣〕"고 하였

다. ‘명조의 대권을 위임한다’는 전폭적인 신임을 표현한 것이었다. 이에 장거정은 눈물을 글썽이며 감히 고개를 들어 쳐다보지도 못하면서 삼고두례(三叩頭禮)를 한 후에, “현재의 국가의 요무(要務)는 오직 조종의 구제(舊制)를 준수하고 함부로 바꾸지 않는 것”[146]이라 대답하였다.

48세의 장거정은 이제 고명대신으로서 ‘이부상서겸건극전대학사좌주국’의 직함으로 명대 제26대 수보가 되었다. 명대에 전각대학사 제도를 둔 지 190년(1382-1572) 만에 가장 강력한 권력을 지닌 수보가 되었고, 그가 재직하는 동안 내각의 권위도 정점에 달했다. 장거정은 입조한 지 26년, 진(晉)나라 개자추(介子推)의 고사를 빌어서 ‘진충보국(盡忠報國)’하겠다는 포부를 밝힌 지 15년 만에 드디어 명대 최고의 지위에 오른 것이다. 이로써 13세에 〈제죽(題竹)〉이라는 시까지 지으면서 다짐하였던 ‘청운의 꿈’을 이루고, 앞으로는 실천만 남은 셈이었다.

장거정은 19일에 신종을 알현하고 퇴청한 후에 자기의 시정 방침을 상주하였다.[147] 장거정이 10년 집권 기간 가운데 맨 처음 올리는 상주였다. 그 가운데에도 역시 “현재의 국가의 요무는 오직 조종의 구제를 준수하고 함부로 바꾸지 않는 것입니다. … 조종을 위해서 근신하고 함부로 바꾸지 않을 것이며, 나라를 위해서 인재를 사랑하여 함부로 사사로운 등용은 하지 않을 것입니다. 이것이 곧 신이 폐하에게 충성하는 길입니다.”라고 하였다.

그런데 ‘조종을 위해서 근신하고 함부로 바꾸지 않겠다’는 것은 사

---

146) 《神宗實錄》 권2, 융경 6년 6월 계유조, p.45; 《張居正集》 第1冊, 권2, 奏疏2, 〈謝召見疏〉.

147) 《張居正集》 第1冊, 권2, 奏疏2, 〈謝召見疏〉. 장거정은 그 후로 비교적 사심 없이 인재를 발굴하였다.

실은 이귀비나 신종의 의구심을 피하기 위한 명분일 뿐 얼마든지 바꿀 수 있는 것이었고, 실제로는 상황의 변화에 따라 바꾸어 나갔다. 그 후 장거정의 시정 방향을 보면, 태조와 역대 황제 시기에 제정한 제도의 정신을 살리면서도 실제로는 장거정 당시의 현실에 맞게 변용해서 집행해 갔다. 이러한 입장은 송대의 왕안석(1021-1086)과는 다른 점이었다. 왕안석은 '송나라가 거란족의 요나라에게 돈으로 평화를 구걸하는 치욕적인 상황'에서 이를 극복하고 자기의 이상을 실현하기 위해 끊임없이 개혁을 추진하였다. 그러나 장거정은 이전의 제도를 참조하면서 당시의 사회 문제를 정확하게 진단한 후에 점차적으로 개혁을 추진하였다.

신종 즉위 당시에 내각에는 고공·장거정·고의 등 3명이 있었다. 그 가운데 고공은 이미 16일에 파직되어 고향으로 내려갔다. 장거정의 동료인 차보 고의는 지난 4월 입각할 때부터 이미 신병이 있었고 고공이 퇴출되자 3일 동안이나 피를 토하다가 6월 23일에 병사하고 말았다. 내각에는 이제 장거정만 남게 되었으므로 새로운 대학사를 보충해야 하였다. 대학사에는 대개 예부상서·예부시랑·이부시랑 혹은 한림원학사 등이 승진하였다. 그래서 이부상서 양박의 추천에 따라, 신종 즉위 후에 예부상서 여조양(呂調陽)에게 문연각대학사를 겸하게 하였다.

수보가 된 바로 다음 달인 융경 6년(1562) 7월 초 장거정은 중앙 5개 부의 상서(장관)를 새로 임명하는 등 중요한 인사를 단행하였다.[148] 이부상서 자리는 고공이 겸임하다가 퇴임하였기 때문에, 이부상서의 직함으로 병부상서의 일을 관장하던 양박(楊博)에게 원래의

---

148) 《神宗實錄》 권3, 융경 6년 7월 경인조; 《明史》 권112, 〈七卿年表〉 2; 《明通鑑》 권65, 융경 6년 7월; 위경원, 1999, pp. 517-518.

일을 맡도록 추천하였다. 이렇게 해서 공석이 된 병부상서 자리는 양 박과 상의한 후에 이전 계요총독으로 현재는 우도어사겸병부좌시랑으로 있는 담륜을 추천하였다. 치사한 호부상서는 왕국광(王國光)을 임명하고, 예부상서는 여조양 대신에 인성이 중후하다고 알려진 육수성 (陸樹聲)을, 치사한 형부상서는 신망이 두텁다는 공론에 따라 왕지고 (王之誥)를 임명하였다. 왕지고는 장거정의 넷째 아들 간수가 그의 딸과 결혼하여 사돈 간이었다. 공부상서 주형(朱衡)은 사회의 인망이 두터워 유임되었다. 이들은 최상의 인물은 아니었지만 비교적 무난한 인사였다는 평이었고, 이후 장거정의 개혁 작업에 상당한 공헌을 하였다. 또 같은 달에 이·호·예·병·형부의 차관급인 시랑을 임명하거나 전보시켰다. 그 밖에도 어사와 급사중 등 소위 언관의 인사에는 실무 능력과 청렴도에 따라 대대적인 수술을 가하였다.

명대의 중앙 육부, 즉 이부·호부·예부·병부·형부·공부는 태조 홍 무제가 중서성을 폐지하고 황제에게 직속시키면서 중앙의 일급 관청 이 되었고, 그 임면은 황제가 직접 관장하였다. 그러나 내각이 생기 고 점차로 그 권한이 높아지면서 육부는 현실적으로는 내각의 통솔을 받게 되었다. 장거정이 수보가 된 후에는 이러한 관행이 정착되었다.

이와 병행하여 전국 관료에 대한 고찰(考察)을 실시하였다.[149] 장 거정은 세종·목종 시기에 만연했던 공직기강의 해이와 부정부패 관행 을 일소하기 위하여 모든 시정방침은 '공직기강을 바로 잡는 것〔整飭 紀綱)'에서부터 시작하였다. 그 방법이 고찰이라는 근무평가제도였 다.[150] 지방관은 3년에 한 번, 경관(京官)은 6년에 한 번 하는데 이

---

149) 《張居正集》第1冊, 권2, 奏疏2, 〈遵諭自陳不職疏〉·〈請戒諭群臣疏〉; 《國榷》 권68, 융경6년 7월 己亥조.
150) 조선시대에도 '고적제'라는 근무평가제도가 있었다. 중앙관청에 대해서는 정3품 이상의 당상관이나 육조(6개 중앙관청)가 하고, 지방관의 경우에는 관찰사(각 도에

부에서 주관하였다. 경관의 경우 4품 이상 고관은 자신이 근무 실적을 보고하게 되어 있었고(自陳), 5품 이하관은 이부와 도찰원에서 주관하며, 지방관은 무안관이 주관하였다. 평가는 칭직(稱職)·평상(平常)·불칭직(不稱職)의 3등으로 나누어 승진과 좌천을 정하였다. 이번의 경찰(京察)에 대한 반발은 대단히 강하였지만, 장거정은 소신대로 정면 돌파하였다.

장거정의 인사 원칙은 실무 능력과 청렴도였다. 이 점은 송대의 왕안석이 반대파를 모두 파면시키고, 등용한 인재는 대개가 자질이 모자란 인물이었던 것과는 다른 점이었다. 장거정은 보기 드물게 인재를 알아보고 그에 맞는 직책에 안배할 줄 아는 사람이었다. 그가 채용한 인재는 대개 칭직 평가를 받았다. 심덕부는 "일백 인을 거느릴 수 있는 사람은 백 명의 재능을 겸비한 사람"[151]이라고 그를 일컬었다.

고공은 자기와 뜻이 맞지 않으면 배척해 버리는 오만과 아집이 강하지만, 장거정은 고공이 추천한 인재도 될수록 포용하였다. 예컨대 고공이 중용한 장학안(張學顔) 같은 장수는 그대로 중용하였다. 장사유·왕숭고·방봉시·양박·장가윤 등 문무대신도 유임시켰다. 장거정은 수보가 되자마자 손을 댄 인사에서 이렇게 '나라를 위해서 인재를 사랑하여 함부로 사사로운 등용은 하지 않을 것'이라는 약속을 지켰다. 그러나 장거정 또한 인사에서 완전히 불편부당하지는 못하였다. 이번 경찰을 통하여 급사중·어사 등 80여 명이 전보되거나 축출되었는데, 이로써 고공의 심복 문생도 대개는 정리되었다. 여하튼 이번의 인사

파견한 지방행정 책임자)가 하는데, 중국과는 달리 매년 6월과 12월에 정기적으로 평가하였다.

151) 沈德符, 《萬曆野獲編》 권25, 評論, 〈評論前輩〉, p.631.

는 장거정의 정치적 지위 확립을 위해서는 반드시 필요한 과정이었다. 고공은 물러났지만 관료사회에 그가 심어 놓은 문생고리(門生故吏)가 수두룩하여 반대세력으로 작용할 수 있기 때문이었다.152)

신종은 겨우 열 살에 즉위하였다. 그렇지만 관료들은 '그의 위엄 있는 풍모에 깊은 인상을 받았다'는 것을 보면, 꽤 조숙했던 것 같다. 신종의 목소리는 단전으로부터 흘러나와 깊이가 있었고 발음도 또렷하고 우렁찼다. 임진왜란 당시 의병장으로 활약했던 조헌(趙憲, 1544-1592)도 신종 즉위 초 조선의 사신으로 자금성에 가서 신종의 모습을 보고 '훌륭한 군주의 자질이 보인다'고 칭찬했다. 또한 신종 스스로 "5세에 글을 읽을 수 있었다153)"고 할 정도로 총명하였다. 어린 신종에게는 존경하는 대상이 둘이 있었다. 한 사람은 장거정, 또 한 사람은 대반(大伴) 풍보. 그가 이러한 태도를 갖게 된 것은 생모 이태후의 가르침 때문이었다.

신종은 즉위 후 얼마 되지 않은 시점에 장거정을 궁정으로 불러서, 황태후와 생모 이귀비의 휘호(徽號)를 붙여달라고 청하였다. 명나라의 관례로는, 황후만 황태후로 가호(加號)할 수 있고, 그 나머지 비빈(妃嬪) 중에는 황제의 생모인 경우에만 태비(太妃)란 봉호를 붙일 수 있었다. 그런데 장거정은 고심 끝에 진황후를 인성황태후(仁聖皇太后), 신종의 생모인 황귀비 이씨를 자성황태후(慈聖皇太后)로 가호(加號)토록 하였다.154) 이귀비의 지위를 파격적으로 높여준 것이었다. 또 6년 3월에는 두 황태후의 존호를 더하여, 인성황태후는 인성정의황태후(仁聖貞毅皇太后), 자성황태후는 자성선문황태후(慈聖宣文皇太后)로

---

152) 위경원, 1999, pp.517-518, 546-551.
153) 《神宗實錄》 권219, 만력 18년 정월 갑진삭, p.4104.
154) 《張居正集》 第1册, 권2, 奏疏2, 〈看詳禮部議兩宮官尊號疏〉.

하였다. 장거정은 그 밖에도 여러 편의 시와 문장을 지어 이태후를 칭송하였다.[155] 장거정의 이러한 재치가 두 태후, 특히 이태후의 호감과 적극적인 후원을 얻는 계기가 되었다.

풍보는 장거정보다 5·6세 연상이었는데, 불심이 지극하여 '관음보살'로 통하던 이태후의 극진한 신임을 받으며 의기투합하였고, 어린 신종도 대반(大伴)이라 부르며 그를 따랐다. 다른 환관과는 달리 거문고를 잘 타고 독서를 좋아하는 등 문화적 소양을 갖추어 유생의 풍모를 보이는 사람이었다. 또 글씨를 잘 써서 황제가 '대사자(大寫字)'라고 불렀다고 한다. 그는 사례장인태감이었으므로, 내각과 문무백관이 올리는 모든 장주는 그의 손을 거쳐 황제와 태후에게 전달되고, 황제와 태후의 모든 명령은 그의 손을 거쳐 내각과 문무백관에게 전달되었다. 그러므로 장거정이 추진하는 모든 개혁은 풍보의 지지가 있거나 묵인 아래에서만 가능하였다. 그는 또 동창의 제독으로서 모든 관료를 정찰·감시하는 막강한 권력을 쥐고 있었으므로, 궁중 내외의 중요한 정보를 장거정에게 흘려서 도왔다. 반면에 풍보는 간사하고 욕심이 많아서 장거정이 공직기강을 바로 잡고 탐관오리를 구축할 때 당연히 걸림돌이 되는 인물이었다. 그러나 장거정도 정권을 공고히 하면서 목표로 하는 개혁을 달성하기 위해서는 당연히 풍보와 좋은 관계를 유지해야만 하였다. 그 때문에 장거정은 풍보의 욕심을 적당한 선에서 묵인해 주면서 될수록 그의 비위를 맞추려고 노력하였다. 가끔 값진 보화를 보내고 황금 3만 냥과 은 20만 냥도 보냈다고 한다. 만력 2년에 풍보가 뒷날 자기가 들어갈 묘를 미리 수축하자 극진한 축사를 써 주었고,[156] 풍보가 고향에 방패(坊牌)를 세우려 할

---

155) 《張居正集》第4册, 권43, 詩4, 七言律, 〈恭頌聖德詩 二首〉·〈皇上祝聖母〉; 같은 책, 第3册, 권30, 文集2, 〈神母授圖萬年永賴頌〉·〈聖母圖贊〉.

때에는 심지어 보정순무 손비양(孫丕揚)에게 대신 건축해 주도록 부탁하기도 하였다.[157] 목적을 달성하기 위해서 어쩔 수 없이 시도하는 고육책이었다. 그 때문에 장거정의 집권 시기에는 내각과 사례감 사이에 별로 충돌이 없었다.

156)《張居正集》第3冊, 권37, 文集9,〈司禮監秉筆太監馮公預作壽藏記〉.
157) 주둥룬(朱東潤) 지음/이화승 옮김, 2017, pp.147~149.

제4장
정면 돌파

장거정이 탈정을 강행한 또 하나의 이유는 이미 추진 중이거나 앞으로 추진하려는 개혁을 계속해서 추진하기 위함이었다. … 만일 수제하기 위해 현직에서 떠난다면 그동안 추진해온 개혁들은 중도 요절을 면치 못할 것이다.

장거정은 서민들에게 부담이 되었던 역참제 개혁도 실시하였다. 소율 역참 그림.

〈그림 41〉 경연 모습. 임금에게 유학의 경서를 강론하여
유교의 이상정치를 실현코자 했다(徐顯卿의 〈宦迹圖〉 부
분. 북경고궁박물원 소장).

제1절 황제 교육

장거정은 수보이면서도 어린 황제에 대한 교육도 담당하였다. 황제
에 대한 교육은 크게 경연(經筵)과 일강(日講), 두 가지였다. 장거정은
어린 황제가 등극한 지 두 달 정도 된, 융경 6년(1572) 8월부터 경연
을 열 것을 청하였다. 신종은 장거정의 제안대로 매월 3·6·9일에 정
사를 보고, 나머지 날에는 일강을 열기로 하였다.[1] 경연관과 일강관,
시독(侍讀)도 모두 장거정이 임명하였다.

경연[2]은 정기 강좌로 매월 2자가 든 날에 거행하였다. 만력 원년(1573)부터 시작하여, 봄에는 2월 12일~5월 2일, 가을에는 8월 12일~10월 2일까지 거행하였고, 한여름과 한겨울에는 쉬었다. 경연은 황제가 불참하면 자연히 쉬게 되지만, 신종은 장거정이 수보였던 초기 10년 동안은 휴가 때를 제외하고는 빠지지 않고 참석하였다. 경연에는 훈공(勳功)이 있는 신하·대학사·육부상서·좌우도어사·한림학사 등이 참여하였고, 한림원 춘방(春坊)이나 국자감 제주가 경전과 역사를 강의하였다. 일강

〈그림 42〉 명 제13대 신종 만력제상. 10살에 황제에 등극하여 처음 10년 동안 장거정의 도움으로 '만력중흥'을 이루었으나, 장거정 사후 정치를 등한시하면서 국운이 급격하게 쇠락하였다(《중국역대명인도감》).

은 문화전에서 거행하는데 강독관과 대학사만 참여하였다. 일강은 세심하게 학습시간을 규정해 놓고 시행하였다. 어린 황제의 매일 수업 내용은 경서·서법·역사의 3가지였다.

경서 강의가 끝나면 강의한 선생은 휴게실에서 잠시 쉬지만, 황제

---

1) 《張居正集》 第1册, 권2, 奏疏2, 〈乞崇聖學以隆聖治疏〉·〈請酌定朝講日期疏〉·〈擬日講儀注疏〉.

2) 조선시대에도 경연제도가 있었다. 세종은 즉위 후 20년 동안은 매일 경연에 참석하였다. 교재는 사서오경과 역사서 및 유학관련 서적이었다. 경연의 원래 취지는 군주에게 유교의 이상 정치를 구현시키는 것이었으나, 자연스럽게 중요한 국정을 논의하는 기회도 되었고, 자의적인 왕권을 규제하는 기능도 있었다.

〈그림 43〉 장거정이 어린 신종을 교육할 목적으로 편찬하여 올린 《제감도설》.

는 그 시간에 관료들이 올린 장주를 읽어야 되었다. 이들 상주문에는 내각 수보가 작성한 표의(票擬)도 있었으므로, 황제는 풍보나 다른 환관의 도움을 받아 붉은 글씨[朱筆]로 비답을 내리면 되었다. 이 일이 끝나면 서법(書法)을 써 보고, 그 공부가 끝나면 휴식한 후에는 역사를 공부하였다. 역사는 처음에는 《통감절요》(通鑑節要)를 교재로 썼고, 그 후에는 《정관정요》(貞觀政要)를 배웠다. 오전의 강의가 끝나면 오후 시간은 자유로 이용할 수 있었다. 그러나 신종은 그 시간에 오전에 공부한 내용을 복습하고 서법을 연습하고 경사를 암기하도록 되어 있었다. 신종은 힘들어도 장거정의 의사를 존중해 잘 따라주었다.[3]

장거정은 강의 교과서도 세밀하게 준비하였다. 융경 6년 12월에는 《제감도설》(帝鑑圖說)을 진정(進呈)하였다.[4] 이 책은 상하 두 책으로 되어 있는데, 상책은 요순 이래 역대 황제의 업적 가운데 본받을 만한 내용 81건을 정리하였고, 하책은 경계해야 될 일 36건을 추려서, 먼저 그림을 그리고 그 내용을 쉽게 풀이해 쓴 책이다. 장거정의 지시에 따라 심리(沈鯉)와 마자강(馬自强)이 편집하였는데, 어린 황제가

---

3) 《張居正集》 第2冊, 권17, 書牘4, 〈答兩廣殷石汀〉·〈與王鑑川虜王貢市〉·〈與河道萬巡撫論河漕兼及時政〉.
4) 《張居正集》 第1冊, 권3, 奏疏3, 〈進帝鑒圖說疏〉.

〈그림 44〉《제감도설》의 달기궁정(왼쪽)과 임용삼걸. 달기궁정은 상나라 마지막 주왕이 달기(妲己)를 총애하고 주색을 즐기다가 나라를 망친 고사를 그린 것이다. 임용삼걸은 항우는 영웅이었으나 자기 밖에 몰랐고, 한 고조 유방은 무뢰의 기질마저 있었으나 인재를 잘 가려 써서 성공했다는 그림.

재미있게 접할 수 있는 좋은 교재여서, 신종도 이 책을 공부할 때면 대단히 즐거워하였다.

장거정이 이렇게 세심한 교육을 실시할 수 있었던 것은 물론 생모인 이태후의 후원이 있었기 때문이다. 이태후는 신종이 결혼하기 전까지는 황제가 아직 어리다는 이유로 건청궁에서 같이 기거하였다. 신종에 대한 이태후의 교육은 대단히 엄격하였다. 강학을 마치고 궁중으로 돌아오면 이태후는 그날 배운 내용을 외어보라고 하였고, 만일 못 외우면 무릎을 꿇리기도 하고 심하면 몇 시간이나 계속하였다. 풍보도 장거정을 도왔다. 풍보는 신종이 황태자 시절에 놀이 동무〔玩伴〕였고 이제는 사례감의 영수가 되어 있어, 궁 안팎의 일을 남김없이 이태후에게 보고하였으므로 이태후는 신종의 동정을 소상히 알고 있었다.

만력 2년(1574) 정월에 이제 12세 된 신종이 이부상서 장한·도찰원 좌도어사 갈수례에게 청렴하고 유능한 관리를 만나 격려하고 싶다는 뜻을 전했다. 장거정은 왕이 경연과 일강을 열심히 하고, 2년 전(1572)에 《제감도설》의 진정한 효과가 나타나는 것으로 생각하고 기뻐하였다. 장거정은 즉시 이에 찬동하면서 "신들이 생각하기에 세상을 다스리는 도리는 민생을 안정시키는 것이 급선무이고 이를 위해서는 오직 공직 기강을 바로 잡아야 한다고 생각합니다. 전대의 황제들도 이를 알면서도 못한 것은 바로 그 때문입니다."5)라고 상주하였다. 같은 달 신종은 회극문에서 절강포정사 사붕거(謝鵬舉) 등 25명의 청렴한 관리를 만나서 촌지를 하사하며 격려하였다.

신종은 또 그해(2년) 4월에 관료의 장기근무법(久任法)을 지시하였다. 이 내용은 장거정이 이미 융경 2년에 올린 〈진육사소〉의 〈핵명실〉조에서 주장한 것을 실행에 옮긴 것이었다. 장거정은 관료의 전출이 잦으면 정무를 잘 익힐 수 없어 인사와 행정상에 큰 낭비라고 생각하여 "관료의 등용과 해임, 승진과 좌천은 오직 실무능력에 따라 평가해야지, 명성이나 여론, 출신 자격·친소나 당파 관계, 사사로운 정 같은 것에 좌우되지 않고 공평하게 하고 장기 근무하게 해야 한다"면서 모든 관료들을 될수록 9년 동안 근무시키고 고찰을 받게 하라고 건의한 바 있다. 한자리에 오래 근무하게 되면 정무는 저절로 파악할 수 있게 되고 경험도 풍부해진다. 지방의 경우에는 그 지방의 언어와 풍속과 민정도 잘 이해할 수 있게 된다. 명청시대에는 지방관 임명 때 회피법(回避法)을 적용하여 본인의 출신 성에는 관직을

---

5) 《張居正集》 第1冊, 권3, 奏疏3, 〈請定面獎廉能儀注疏〉.

임명하지 않았다. 중국은 땅은 넓고 방언도 많아서 회피법에 따라 다른 성 지역에 발령을 받아 부임하면 우선 언어가 통하지 않아 어려움이 많았다.

2년 9월에 형부에서 사형에 처할 중죄인의 명단을 올렸다. 중죄인에 대한 사형은 가을에 집행하는 것이 관행이었다[秋決]. 그런데 그 해에는 신종의 생모 자성태후가 황제가 아직 어리다는 이유로 형 집행을 만류하였다. 신종이 장거정에게 의향을 물었다. 장거정은 "논밭에서 자라는 피[莨莠]를 뽑지 않으면 곡식에 해가 되고 흉악범을 제거하지 않으면 양민을 해치게 됩니다"[6]라고 대답하면서 법을 엄격하게 집행할 것을 건의하였다.[7] 신종은 그 말이 옳다고 여기고 황태후에게 고하여 양해를 얻어 관행대로 사형을 집행토록 하였다.

장거정의 '피[莨莠] 논리'는 이미 그보다 60여 년 전의 왕수인(王守仁 또는 陽明, 1472-1528)이 한 말이다.[8] 16세기 초(명 중기)에 양명사상을 설파한 왕수인은 "사농공상의 사민(四民)은 하는 일은 다르지만 도(道)는 같다"고 하는 '사민평등'론을 제창하였고, 나아가서는 "길거리에 가득한 백성들 모두가 성인"이라고까지 선언한 사람이다. 그러한 왕수인도 수시로 봉기하여 노략질을 일삼는 도적의 수괴는 '본성이 흉악한, 말을 할 줄 아는 짐승'으로 보아, 양지(良知)를 가진 인간의 범주에서 제외시켰다. 그 때문에 양명은 "꽃이 자라는 데에 잡풀이 방해가 된다면 뽑아버려야 한다"고 하고, 또 "피[莨莠]를 뽑아

---

6) 《萬曆起居注》 만력 2년 9월 10일辛巳(위경원 703). 《神宗實錄》 권29, 만력 2년 9월 辛巳(10일)조·《명사기사본말》 권61, 강릉병정(江陵秉政)에도 비슷한 내용이 보인다.

7) 《張居正集》 第2册, 권17, 書牘4, 〈答兩廣殷石汀計劃廣寇〉; 위경원, 1999, pp.701-705; 邱仲麟, 1993, p.75.

8) 오금성, 《矛·盾의 共存-明淸時代 社會經濟史 硏究-》, 2007B, 제1편 제2장 참조.

버려야만 그것들이 우거져 양민을 해치는 것을 막을 수 있다"고 하였다. 심지어 "한 부모의 아들 10명 가운데 8명은 착하고 2명은 악해서 그들이 나머지 8명을 죽이려 한다면, 그 부모의 마음은 2명을 죽이고 8명의 안전을 도모할 것이다"라는 주장까지 하였다. 이것은 마치 순 임금이 사흉(四凶)을 제거하였던 것과 같은 논리였다. 화단의 꽃을 보호하기 위해서는 이를 방해하는 '잡초'는 뽑아 버려야 하는 것처럼, 사회질서를 무너뜨리는 '짐승의 마음을 가진 수괴' 같은 이들은 제거해 버려야 양

〈그림 45〉 왕수인상. 홍치 연간에 진사에 급제한 뒤 형부주사, 병부상서 등을 역임했다. 양명학(陽明學)을 제창하고 지행합일(知行合一)을 강조하여, 정주이학의 선지후행(先知後行)을 비판했다.

민들이 안전하게 살 수 있다는 생각이다. 양명이 강서·광동·복건 3성 접경 지역에서 계속해서 봉기해 온 농민과 소수민족들을 잔인하리만큼 철저하게 평정한 이유는 '피'와 '양민'을 구분하여, '짐승의 마음을 가진 수괴'는 제거하고 '강압에 못 이겨 봉기에 가담한 양민'들은 구제하려는 것이었다.

장거정의 시정 원칙은 전국시대의 상앙(商鞅, ?-B.C.338)과 같이

법 집행을 엄격하게 하는 것이었다. 그는 '군자가 나라를 위해서 일을 하려면 공직기강을 바로 세워야 한다. 설사 비싼 값을 치르더라도 덩굴[滋蔓]이 자라지 못하게 뽑아 버려야 한다.'9)고 하였고, 또 "도적은 반드시 잡아 죽여야 한다"10)고도 하였다. 이러한 원칙은 고성법의 기본 원리였다. 그 때문에 장거정 집권 시기에는 지방관들이 법을 지나치게 엄격하게 집행해서 오히려 문제였다.

장거정은 만력 2년 12월에 이부상서 장한·병부상서 담륜과 함께 신종에게 〈직관서병〉(職官書屛)11)을 진정하여 문화전에 진열하게 하였다. 어린 신종이 전국의 지리와 모든 관청의 직무를 잘 이해하고 관리의 선발을 일목요연하게 알 수 있게 하기 위함이었다. 원래 이러한 병풍을 이용한 것은 당태종 이세민이 처음이었다. 그는 전국의 주와 군의 자사와 수령의 성명·관적, 임명과 전출 일자를 일목요연하게 알기 위해서 제작을 명령하였다. 명나라 제3대 성조 영락제도 활용하였다. 장거정이 신종에게 올린 병풍에는 전국의 지부 이상 문무관의 성명과 관적·출신자격을 적은 것이었다. 병풍은 모두 15폭으로, 가운데 3폭에는 전국의 지도를 그리고, 왼편 6폭에는 문관직명, 오른편 6폭에는 무관직명을 적어 넣은, 일종의 '직관표'였다. 각각 스티커를 붙여 놓아 필요하면 바꿀 수 있게 하였다. 10일마다 이부와 병부에서 승진하거나 전출하는 관료와 장교 명단을 내각으로 보내오게 하여 장거정이 사람을 시켜서 스티커를 교환하게 하였다.

만력 원년(1573) 정월 19일 새벽에는 환관 복장을 하고 건청문을 배회하는 괴한을 붙잡는 일이 있었다.12) 관료도 아닌 사람이 감히 궁

---

9) 《張居正集》第3冊, 권39, 文集11, 〈雜著 11〉.
10) 《張居正集》第2冊, 권21, 書牘8, 〈答總憲吳公〉.
11) 《張居正集》第1冊, 권4, 奏疏3, 〈進疏職官書屛疏〉.
12) 《萬曆起居注》권1, 만력 원년 정월 19일; 高拱, 《病榻遺言》권4, 〈毒害深謀〉: 談

전에 들어온 것은 위험한 사건이었다. 더구나 몸에 칼과 검을 하나씩 품고 있었으니, 분명 황제를 암살하려는 자객일 수도 있었다. 심문해 보니 강남의 상주부 무진현 사람으로 본명은 장용(章龍), 별명은 왕대신(王大臣)이고 척계광이 보냈다고 하였다. 척계광은 당시 계요총병으로 장거정의 오른팔이었다. 장거정에게는 그의 입에서 절대로 척계광의 이름이 나와서는 안 되었다. 풍보는 이 사건을 빌미로 그동안 고공에게 품었던 원한을 풀고 싶었고, 장거정도 동의하였다. 장거정은 이 사실을 황제에게 보고하면서, 경비가 삼엄한 궁중에 들어오자면 반드시 내부자의 협조가 있을 것이고 또 사주한 자도 있을 것이라고 하였다. 황제도 동의하고 이 사건을 풍보가 제독으로 있는 동창에서 심문하도록 하였다. 잘못하면 고공이 위험하게 되었다.

풍보는 왕대신에게 '만일 네가 고 각노(閣老)가 시킨 것이라고 토설하면 평생 부귀영화를 누리게 해 주겠다'고 설득하였다. 이 소식을 들은 고공은 자살을 생각하기도 하였고, 일부 노복들은 달아나 버렸다. 그러나 여론은 고공 편이었다. 장거정은 이부상서 양박과 좌도어사 갈수례(葛守禮)와 상의하였다. 그러자 그들은 신중론을 건의하였다.[13] 제3장에서 서술한 바와 같이, 세종조 이래 내각에 암투가 심하여, 수보 엄숭은 하언을 죽였고, 수보 서계는 엄숭의 아들 세번을 죽였고 엄숭도 80세가 넘어서 죽임을 강요당했다. 수보 고공은 서계의 아들을 유배보내고 자산을 몰수하였고, 서계도 위험에 처해졌다. 그런데 '이번의 왕대신 사건도 만일 그대(장거정)가 고공을 없애면 그대

遷,《國榷》권68, 만력 원년 정월 庚子.

13) 이부상서 양박은 장거정보다 18년이나 앞선, 가정 8년(1529)에 진사에 합격하였고, 장거정이 한림원 편수 시절인 가정 34년에 이미 병부상서에 임명되었다. 그 후로 그는 서계·고공·장거정 누구의 편에도 서지 않는 불편부당한 처신을 하다가, 만력 원년 9월에 사직하였다.

의 위망은 땅에 떨어질 것'이라고 하였다. 언관들도 이 사건은 동창이 아니라 형부에서 주관해야 한다고 주장하였다. 장거정은 풍보 편에 설 수도 없고 관료들의 건의를 저버리기도 어려워서 여러 가지 정치 사정을 고려하여 왕대신을 형부로 넘겨 참수하는 것으로 마무리 지었다.[14)

제2절 먼저 공직기강부터 바로 잡아야

명나라는 이미 장거정이 집권하기 수십 년 전부터 공직 기강이 무너져서 부정부패가 만연하고 뇌물 주고받기가 관례가 되었으며, 국가재정은 수십 년째 적자가 계속되고 북변과 남변의 방어도 대단히 불안한 망국의 국면에 접어들었다.

장거정에게 수보를 넘겨준 고공은 '관료들의 습관적인 복지부동이 천하의 대환(大患)이라고 하면서, 모든 것이 인재(人災)요 관재(官災)라고 하였다. 대학사 조정길도 "변경 방어를 충실히 하기 위해서는 공직기강을 바로 잡는 것뿐이다"[15)라고 하였다. 두 사람은 정치적으로는 경쟁하는 사이였지만, 그때까지 쌓여온 모든 '적폐'의 원인이 '인재(人災)요 관재(官災)'라는 인식은 같았다.

그러나 이러한 공통 인식에도 불구하고, 그러한 적폐를 척결하는

---

14) 번수지, 2005, pp.233-241; 번수지, 2008-A, pp.65-76; 주동룬(朱東潤) 지음/이화승 옮김, 2017, pp.164-167 참조.
15) 趙貞吉, 《趙文肅公文集》 권8, 〈自陳疏〉(위경원, p.307 轉引).

것은 아무나 할 수 있는 일이 아니었다. 그럴 만한 자리에 있어야 하고 그러한 여건이 마련되어야 하며, 그것을 감당할 만한 능력과 자질을 갖추고 적극적인 의지가 있어야만 가능한 것이었다.

장거정도 그때까지의 관료사회의 병폐는 모두 '공직기강의 해이'〔紀綱不振〕, 즉 '인재요 관재'라고 판단하였다.[16] 그래서 이미 융경 5년에 "마차가 앞으로 나가지 못하는 것은 말이 힘을 쓰지 않기 때문인데, 말을 채찍질하지 않고 마차를 탓하면 되겠는가? 법이 실행되지 않는 것은 관료가 복지부동하기 때문인데, 관료를 탓하지 않고 법만 탓하면 되겠는가?"[17]라고 한 것이다. 모든 원인은 '법과 제도가 잘못되어서가 아니라 관료들이 복지부동하면서 법령을 제대로 실행하지 않기 때문'이라고 생각한 것이다.[18] 그래서 장거정의 모든 개혁의 출발점은 정칙기강(整飭紀綱), 즉 '해이된 공직 기강을 바로 잡는 것'에서부터 시작하였고, 그 방법이 곧 고성법(考成法)이었다.

장거정은 당시 도적의 봉기와 반란이 계속되던 남방의 광동·광서 지방에 대하여 '두 곳의 근심은 도적이 들끓는 데 있는 것이 아니고 관리가 청렴하지 못하고 근무기강이 해이한 데 있다'[19]고 하였고, 또 '통치의 도리는 백성의 안정보다 더한 것은 없다. 안민(安民)은 목민관에게 달려 있다.'[20]라고도 하였다.

---

16) 蔣長芳, 1980; 茅海建·宋堅之, 1981; 小野和子, 1983; 曹永祿, 1988, 제2장; 차혜원, 2010 등 참조.

17) 장거정, 〈辛未會試程策〉(二), 《張居正集》 第3册, 권31, 문집3, pp.147-150. 이 정책(程策)은 융경 5년(1571, 신미년)에 장거정이 회시의 주고관(主考官)으로서 시범적으로 보여준 정문(程文, 주고관이 지은 시범 문장)이다. 회시(會試)의 제삼장(第三場)에서 책문(策問)을 시험하는데, 경의정사(經義政事)에서 문제를 낸다.

18) 그 때문에 개혁이 한참 진행되던 만력 8년에도 《張居正集》 제2책, 書牘, 권25, 〈答福建巡撫耿楚侗言治理安民〉에서 관료의 부패와 근무 기강의 해이를 질타하고 있다.

19) 《張居正集》 第2册, 권18, 書牘5, 〈與殷石汀論吏治〉

20) 《張居正集》 第1册, 권5, 주소5, 〈請擇有司蠲逋賦以安民生疏〉

만력 원년(1573) 11월 초4일 장거정은 '고성법을 청하는 상소'[21]를 올렸다. 모든 적폐'의 원인이 '인재요 관재'이므로 이를 바로잡기 위한 첫 걸음으로 '고성법'을 시행하려는 것이었다. 참으로 옳은 방향이었다. 신종은 바로 그날 전국의 모든 관청에 '문서의 상단에 집행해야 할 기한을 명시한 공문'[定限文簿]을 만들어 공무의 집행이 지연되지 않도록 하라는 조령을 내렸다. 고성법은 장거정이 융경 2년 8월에 올린 〈진육사소〉의 제1·2·3조, 즉 〈성의론〉·〈진기강〉·〈중조령〉의 내용을 종합적으로 실천하려는 것이었다.

장거정은 〈고성법〉 상소문에서 "국가의 일은 입법이 어려운 것이 아니라 그 법을 실행하는 것이 어렵고, 폐하의 명령이 반드시 시행되는 것이 어렵습니다. 근년에는 상소도 많고 각 관청에서 재청(再請)하는 일도 많지만 시행되는 예는 많지 않습니다."라 하고 있다. 법이 문제가 아니라 실천이 문제이고, 그 실천은 담당 관료에게 달려 있다는 〈신미회시정책〉(辛未會試程策)의 인식을 재확인한 것이다. 그때까지 관행이 되어 있던 '관청 사이에 종이만 오가는 공문정치'에서 벗어나, '법은 반드시 집행되어야 하고, 명령은 반드시 시행되어야 한다'는 것이 고성법의 이념이었다.

고성법의 내용을 보면, 각 관청에서 황제의 조령이나 집행해야 될 사안이 생기면 그 문서를 반드시 3부씩 작성하되, 거리의 원근과 사안의 완급(緩急)을 따져서 그것을 집행해야 할 기일을 정하여 그 문서의 상단에 적어 놓게 하였다. 이 내용의 원형은 〈진육사소〉의 '중

---

21) 《張居正集》第1冊, 권3, 奏疏3, 〈請稽查章奏隨事考成以修實政疏〉; 《神宗實錄》권19, 만력 원년 11월 庚辰(4日, p.530); 《萬曆起居注》권1, 만력 원년 11월 庚辰(4日). 주둥룬(朱東潤) 지음/이화승 옮김, 2017, p.167에서 고성법 시행 시점을 '만력 원년 6월'이라 한 것은 《대명실록》을 보지 않고, 《國榷》권68, 만력 원년 6월 병자조의 내용만 보고 내린 오류이다.

조령' 항목에서 정칙기강(整飭紀綱)으로 이미 제시된 것이었다. 이렇게 만든 문서 3부 가운데 한 부는 육부나 도찰원에 비치하여 저본(底本)으로 삼고, 또 한 부는 중앙의 6과로 보내며, 나머지 한 부는 내각으로 보내서 수보인 장거정이 직접 점검할 수 있게 하였다. 육부와 도찰원은 문서의 기록에 근거해서 매달 말과 연말에 소속 관원의 집행 결과를 확인하여 실행하지 못한 부분은 처벌한다는 것이다. 말하자면 월고(月考)와 세고(歲考)를 하겠다는 것이다. 육과(六科)도 문서의 기록에 근거해서 육부에게 반년마다 실행 여부를 요구하여, 위반하면 황제에게 상주해서 징계하도록 하였다. 내각 수보도 문서의 기록에 근거해서 육과의 조사 내용을 확인하는 것이다. 내각은 육과급사중22)을 감독하며, 육과는 육부를 감독하고, 6부는 지방의 포정사와 안찰사 및 순무와 순안어사를 감독하며,23) 또 포정사와 안찰사는 부주현관을 감독하는 것이 고성법 체계의 뼈대였다.

이러한 체계에서 가장 교묘한 부분이 곧 육과를 이용해서 육부를 감찰케 하고, 내각에서 감찰관까지도 통제하게 한 점이다. 이렇게 되면 하급관인 육과가 상급관청인 육부를 통제하게 되고,24) 내각 수보

---

22) 명대에 모든 행정은 중앙의 최고 행정기관인 육부(이·호·예·병·형·공부)에서 담당하고 장차관으로 상서와 좌우시랑을 두었다. 육부에는 각각 급사중(도급사중·좌우급사중·급사중)을 두어 육부에 대한 감독과 건의를 할 수 있게 하였다. 급사중은 도급사중도 겨우 7품에 지나지 않는 하급 감찰기관이지만 황제의 직속 기관이었으므로, 2품 관청인 육부를 감독하거나 탄핵할 수 있어 실질적으로는 육과급사중이 육부를 통제할 수 있었다. 명 태조 홍무제는 승상제를 폐지하고 육부를 독립시켜 황제에게 직속시켜 지위를 높였지만, 육부의 권한이 무제한 비대해지는 것을 막기 위해서 육과급사중을 두어 육부를 감찰하게 하였다. 또 지방에는 도찰원 산하의 13 도감찰어사를 두어 지방관을 감찰하게 하였다. 급사중과 감찰어사는 별개의 기관이지만 지위와 직능은 비슷한 감찰기관이어서, 통칭하여 과도관(科道官)이라 하였다.
23) 순무와 순안어사는 원래는 지방관 감찰의 주체였으나, 고성법 아래에서는 오히려 감찰의 대상으로 전락하고 말았다.
24) 품급이 낮은 관원이 품급이 높은 관원을 감독하고 심지어 탄핵도 할 수 있는 것

는 육과를 통해서 육부를 포함한 모든 관료를 통제할 수 있게 되었다. 더구나 전부터 실시해 오던 정기 고찰(考察)에 더하여, 새로이 고성법을 통하여 사안별로 수시로 '근무평정(勤務評定)'을 할 수 있게 된 것이다.

또한 내각은 본래 황제의 비서였으므로 관료들을 감독할 권한이 없었지만, 고성법을 통해서는 육부까지도 통제할 수 있어 무능력한 용관(冗官)도 밝혀낼 수 있게 되었다. 결국 내각이 모든 관료에 대한 고찰권을 갖게 됨으로써, 고성법은 내각 수보의 권한을 극대화하는 대단히 혁신적인 제도였고, 내각 수보는 명실상부한 수상이 될 수 있었다. 더구나 내각 수보는 '표의권'을 가졌으므로 수보의 권한은 막강하였다. 그러므로 고성법은 장거정이 수보로 취임하면서 '조종의 구제를 준수하고 함부로 바꾸지 않겠다'고 한 약속을 어기는 것이었지만, 이 법을 지렛대로 이용하여 그가 목표로 한 개혁을 추진할 수 있었다는 의미에서 보면 '양법(良法)'이라 할 수도 있다.

고성법은 공직기강을 바로 잡을 수 있는, 강력한 '넛지효과' 내지 '메기효과'를 낼 수 있었으므로,[25] 그 성과는 장거정의 목표대로 먼저 '인사를 통한 관료 조직의 쇄신'으로 나타났다. 장거정이 고성법을 시행하면서 보여준 인사의 원칙은 '오직 능력 있는 인재만을 등용하는 것'이었다.[26] 그 구체적인 방법은 〈진육사소〉의 '핵명실'조에서 주장한 대로, 관료의 등용과 해임, 승진과 좌천은 오직 실무 능력에 따라 평가해야지, 명성이나 여론, 출신 자격·친소(親疏)나 당파 관계, 사사로운 정 같은 것에 좌우되지 않고 공평하게 하고 장기 근무하게 해

이 명대 제도의 특징이었다.
25) 넛지효과와 메기효과의 의미는 이 책 제1장 주 18·19 참조.
26) 《張居正集》第3冊, 권39, 文集11, 雜著18, p.668 ; 《張居正集》第3冊, 권36, 文集8, 〈西陵何氏族譜序〉.

야 한다는 것이었다. 이 원칙은 "고과가 엄격하지 못하면 공직기강이 해이해진다"[27]고 하고, "나라의 일을 잘 처리할 수 있고 군주에게 충성하는 자는 기꺼이 등용하겠다"[28] 또는 "국가에 공을 세웠다면 천금의 상을 주거나 제후로 봉해도 아까울 것 없지만, 국가에 공이 없다면 아부하고 뇌물을 쓴다 해도 등용해서는 안 된다"고 하였듯이, 바로 이번의 고성법의 골격이자, 일관된 인사원칙이 되었다. 장거정은 출신을 가리지 않고 공평하게 새로운 인재를 채용하여 개혁을 추진시켰고 업적이 탁월한 관원은 믿고 적극적으로 밀어 주었으며, 그러한 관원들도 장거정의 그러한 믿음에 충실히 보답하였다. 장거정이 추진한 개혁이 놀랄 만큼 효과를 본 것은 그 때문이었다.

이로써 당시 관료사회에서는 "고성법이 실시되면서 수십 년 내려오던 공직기강의 해이와 복지부동하는 폐습이 점차 개선되었다"[29]고 인식하였다. 《명사》에서도 "비록 만 리 밖이라 하여도, 아침에 명령을 내리면 저녁에 봉행되었다"고 하고, "이로부터 공직기강이 바로 잡히게 되었다"고 평하고 있다.[30]

장거정은 또 고성법을 통하여 상당수의 용관(冗官)의 옷도 벗겨서, 타성에 젖어 있던 관료조직을 쇄신하려 하였다. 그 과정에서 몇몇 관리들이 장거정에게 '속도 조절'을 건의했지만, 장거정은 오히려 그런 관리들을 파직하거나 옥에 가두었다. 만력 말년에 간행된 《옥당총어》(玉堂叢語)에 따르면, 홍무와 영락 연간에 고핵(考覈)으로 불칭직(不稱職) 평가를 받아 파면된 관료는 수십 명에 지나지 않았지만, 만력 연간에는 2천 명에 육박하였다. 명초보다 무려 40배나 증가한 것이

27)《張居正集》第2冊, 권14, 書牘1, 〈答中丞谷近滄〉, 융경 3년.
28)《張居正集》第2冊, 권18, 書牘5, 〈答閩卿李漸菴論用人才〉.
29) 위경원, 1999, p.523.
30)《明史》권 213, 〈張居正傳〉.

고, 불법 관원이 거의 10배나 증가한 것이었다. 또 《국각》에 따르면, 개혁이 정점에 이르던 만력 9년(1581)에 중앙관원 419명을 축출하였고, 지방에서 902명을 축출하였다. 이것은 관료사회의 풍기를 혁신한 것이기도 하지만, 고성법을 너무 엄하게 적용한 결과라고도 할 수 있다. 또한 《국조전휘》(國朝典彙)에 따르면,[31] '무관은 명초에 2만 8천여 명이던 것이 성화 5년(1469)에는 8만 2천으로 증가하였고,[32] 융경 연간(1567-1572)에 이르면 몇 배가 늘었는지 헤아리기도 어려웠다. 금의위(錦衣衛)관은 명초에는 205명이던 것이 융경 연간에는 1,700여 명으로 증가하여 봉급 주기도 어려울 지경이었다. 또 이 연간에 문관은 20,400, 무관 10만이나 되어, 용관 문제가 심각하다'는 지적이 나왔다. 제3장에서 서술한 바와 같이, 종실 인구도 홍무제는 아들이 26명이었으나 200여 년이 지난 융경 연간에는 세기도 어렵게 증가하였다. 또 후의 일이지만, 근무기강이 해이된 중앙관 264명과 중앙과 지방의 좌이(佐貳)관까지 해임시켰고, 토지 측량을 게을리하였다는 이유로 송강(松江)·지주(池州)·안경(安慶) 지부를 해임시켰다. 장거정은 이렇게 고성법과 정기 고찰을 이용하여 수많은 용관을 좌천·감봉·파면시켰다. 〈장문충공행실〉에서는 장거정이 20-30퍼센트의 용관을 퇴출시켰다고 한다.[33]

고성법 실시의 효과는 또한 조세 징수에서도 나타났다. 장거정 자신도 고성법을 실시한 지 얼마 안 되는 만력 3년에 "고성법을 수년 동안 시행했더니 백성으로부터 세금은 더 거두지 않으면서 국가의 조세 수입은 만족하게 되었다〔可不加賦而上用足〕"[34]고 하면서 '증세 없는

31) 徐學聚, 《國朝典彙》 권35, 按語(위경원, 1999, p.503 轉載).
32) 《明史》 권 214, 〈劉體乾傳〉.
33) 《張居正集》 第4冊, 권47, 부록1, 〈張文忠公行實〉; 陳生璽, 2012, pp.50-54.
34) 《張居正集》 第2冊, 권20, 書牘7, 〈答山東巡撫李漸菴言吏治河漕〉; 같은 책, 권26, 書

재정 안정'에 만족해 하였고, 만력 9년에도 "근년에 국고가 충실한 것은 모두 고성법을 실시한 때문이다"[35]라고 자평하고 있다. 고성법의 중요한 목표의 하나는 국가 재정의 근간이 되는 세량의 확보였는데 그러한 목표도 달성되었다. 전국적으로 토지를 측량하고 그 결과를 바탕으로 새로운 조세제도인 일조편법을 실시할 수 있었던 것도 고성법을 시행했기에 가능한 것이었다.

고성법은 장거정이 추진한 모든 개혁의 출발점이었고, 그가 발명한 유일한 제도였다. 고성법은 표면적으로는 《대명회전》[36]의 내용을 살린 것이었다. 다만 시대와 여건이 변하여 시대에 맞지 않은 이전의 것을 당시의 여건에 부합되는 내용으로 바꾼 것이었다. 요컨대 '시변론(時變論)'[37]을 적용한 것이다.

고성법은 이렇게 ① 인사와 행정을 효율적으로 혁신시키고, ② 국가 재정을 안정적으로 확보할 수 있는 성과를 거두었다. 그러나 법 집행 과정에서 관리들이 너무나 법에 얽매어 수단과 방법을 가리지 않고 중앙의 지시에 따르려 하였으므로, 그 때문에 야기되는 폐단도 적지 않았다. 장거정도 지방관원들이 세금을 징수하는 과정에서 '정부에서 정한 수치를 채우기에만 급급하여 세호대가들이 포탈하는 것은 감히 채근하지 못하고, 그 부분을 빈민에게 전가시켰기 때문에 백성들의 원성이 높아지고 있다'[38]고 개탄한 바 있다. 사실 고성법은 그동안 적당히 근무하는 타성에 젖어 있던 관료들에게는 숨쉬기도 어려

牘13,〈答山東巡撫何來山言均田糧覈吏治〉.

35)《張居正集》第1冊, 권10, 奏疏10,〈文華殿論奏〉, p.452;《神宗實錄》권111, 만력 9년 4월 辛亥조, pp.2127-2128.

36) 명대 최초의 《大明會典》(명대 각종 전장제도를 모아 본격적으로 저술·편집한 책)은 홍치 10년에 엮고, 15년에 완성하였으며, 정덕 4년에 간행하였다.

37) 閔斗基,〈중국의 전통적 政治像-봉건군현논의를 중심으로-〉, 1973, p.173.

38)《張居正集》第1冊, 권5, 奏疏5,〈請擇有司蠲進賦以安生民疏〉, p.214.

울 정도의 스트레스요 올무였을 것이다. 그러므로 고성법 시행으로 엄청난 스트레스를 받게 된 관원들의 반감(反感)은 갈수록 커져갔고, 그 때문에 장거정이 눈감은 후에는 폐기를 주장하는 여론이 들끓었다. 만력 13년에 수보 신시행이 그러한 여론을 수렴하여 정식으로 폐기시켰다.[39] 고성법은 《대명회전》에 등재된 엄연한 국법이었다. 그러나 집행자가 실행하지 않으면 아무리 좋은 법이라도 종잇장에 불과한 것이었다. 그러나 숭정 연간(1628-1644)에 국가의 총체적 위기 상황이 닥치자, 고성법이 다시 부활되었고 청대에도 계승되었다.

제3절 재정 절약

이제 막 수보가 된 장거정 앞에 놓인 과제는 난마(亂麻)와 같았다. 궁중에는 환관이 너무 많았고, 관리들은 대개가 무능한 데다 복지부동하면서도 부정부패[40]가 만연하였다. 사회에서는 세호대가의 토지겸병으로 빈부의 격차가 갈수록 심화되고, 국가재정은 수십 년째 적자가 계속되어 관료와 군대의 봉록도 줄 수 없는 상태였다. 조세제도는 문란하여 세금이 제대로 걷히지 않았다. 도시에서는 관료와 권문세가들이 향락에 빠져 있고, 농촌에서는 굶주린 백성들의 봉기가 수시로

---

39) 《명사》 권218, 〈申時行傳〉.
40) 이 시기에 명나라에 조천사(朝天使)로 갔던 조헌(趙憲)은 베이징을 왕복하는 동안 연도의 진무(鎭撫)·도사(都司)·통사(通事) 등 관료는 물론, 베이징의 예부 관료들의 갈취(喝取)를 고발하고 있다(趙憲, 《重峰集》 권10, 만력 2년 6월 24일-3년 8월 5일).

발생하였다. 그 가운데 가장 큰 문제는 수십 년 동안 계속된 재정 적자였다. 예를 들면, 융경 2년(1568)과 3년의 경우 수입 250여만 냥에 지출은 4백여만 냥으로 심각한 상태였다.[41] 그 원인은 갈수록 증가하는 궁중 비용·종번의 증가와 세록미 증대, 국방비 증가 등 크게 3가지였다. 장거정은 대학사로 입각한 후부터 재정 절약 문제에 주목하였고, 융경 6년(1572)에 수보가 된 뒤부터는 철저하게 절약을 실천하려 하였다. 그 핵심은 '충분한 재원을 마련하고 지출은 줄이는 것'〔開源節流〕, 혹은 '백성으로부터 세금은 더 거두지 않으면서 국가의 조세 수입은 만족'〔不加賦而上用足〕시키는 방법, 즉 '증세 없는 재정 안정'이었다.[42]

장거정은 먼저 궁정의 비용을 절감하는 것으로부터 시작하였다. 그때까지의 관례로는, 이전 황제의 《실록》을 편찬할 때는 성대하게 연회를 베풀었는데 그 예산이 수백 냥이나 들었다. 그래서 이번에는 《목종실록》을 편찬하면서도 그러한 연회를 생략하여 그 돈을 절약하였다.[43] 이를 시작으로, 만력 원년(1573) 정월 원단의 등화(燈火) 행사도 황제의 재가를 얻어 생략하였다. 또 전에는 매년 원소절(元宵節, 정월 보름, 상원절)에는 자금성 안의 모든 건물에 등불을 밝혔는데, 만력 원년에는 생략하여 광록시(光綠寺)에 지급되던 경비 700여 냥이 절약되었다.[44] 실로 100년 만의 일이었다.

이보다 훨씬 후의 일이지만, 만력 5년(1577) 5월, 어린 신종이 모후에 대한 효도의 표현으로 자경궁(인성황태후 거처)과 자녕궁(모후

---

41) 《張居正集》第1册, 권1, 奏疏1, 〈請停取銀兩疏〉; 《明史》 권 223, 〈王德完傳〉; 樊樹志, 2005, p.280.
42) 《明史紀事本末》 권61, 〈江陵柄政〉; 陳生璽, 2012, p.54~58.
43) 《張居正集》第1册, 권2, 奏疏2, 〈辭免筵宴疏〉.
44) 《神宗實錄》 권8, 융경 6년 12월 갑술조.

자성황태후 거처)의 개축을 명하였다. 이것은 두 황태후의 희망이었으므로 감히 거스를 수 없는 사안이었다. 그러나 장거정은 작심하고, '두 궁전은 지은 지 3년밖에 안되어 장려함이 그대로이고, 또 이 일이 나라에 화급을 다투는 일도 아니라고 생각하여' 반대하였다.[45] 황제 전제 치하에서는 감히 생각도 못할 일이었다. 그 당시는 장거정이 집권하여 5년 가까이 되었으므로 국가의 재정은

〈그림 46〉 헌종 원소절(元宵節) 행락도 부분(국가 박물관 소장)

어느 정도 안정을 찾아가던 시기였다. 그러나 장거정은 "나라에 이익이 된다면 죽음을 무릅쓰고 추진한다〔苟利社稷, 死生以之〕"는 각오로 직간한 것이다. 당시 황제가 아직 어려서 이태후의 입김이 강하였으나, 다행히 이태후와 황제가 순순히 장거정의 충언을 받아들였다. 만력 9년에도 신종이 무영전(武英殿)을 수리하려 하자, '그동안 사용하지도 않았고 수리한다고 해도 많이 사용하지도 않을 곳을 수리하는 것은 낭비'라면서 막았다.[46] 장거정은 또 신종이 궁녀들에게 주고 싶어 하는 비단과 보물 선물비도 절약토록 하였다.

명대의 궁전인 자금성은 면적이 72만 ㎡(길이 960m, 폭 750m),

45)《張居正集》第1册, 권5, 奏疏5,〈請停止內工疏〉.
46)《張居正集》第1册, 권9,〈請停止工程疏〉.

건축 면적만도 15만 m²에 이르고, 약 800채의 건물과 8,880개의 방 모두가 대단히 호화롭게 장식되어 있었다. 환관은 24개 기구가 있어 24감이라 불렸는데, 만력 초년에 이르면 환관의 총수가 아마도 2만을 넘었을 것이다. 학계에서는 명말에는 약 7만 명, 외부 파견자까지 합하면 10여만 정도나 되었을 것으로 추측한다. 궁녀의 수는 아마도 3천은 되었을 것이다. 그러므로 명대 궁중의 지출은 이전 왕조시대와 달리 대단히 방대하였을 뿐 아니라, 환관이 중간에서 착복하는 사례도 많았다. 그 때문에 장거정은 풍보와 협조하여 환관을 감축시켰다.

장거정은 변경 수비군 1/5을 감축시켜서 변경 방어 비용도 절약하였다. 조공 관계로 들어오는 외국 사신에게 하사하는 물품도 엄격하게 절약하도록 하였다. 융경 4·5년에 타타르의 알탄 칸과 화의를 맺은 후로는 그들에게 하사하는 물품 비용도 최소한으로 줄여 100여만 냥이 절감되었다. 동북변의 소수민족들이 물품을 요구할 때에도 들어줄 만한 것만 허락하였다.[47]

장거정은 만력 7년에는 직조(織造) 문제(제3장 각주 73 참조)에서도 신종의 뜻을 꺾고 직조량을 줄여서 예산을 절감하였다(제5장 제4절 참조). 광록시에서 구입하는 물품비가 세종 말년에는 매년 17만 냥이나 되었는데, 장거정 집권 후에는 13-14만 냥으로 줄었다. 장거정의 이러한 절약 정책으로, 이미 만력 2년(1574)에 "지금 태창에 저장된 곡식이 1,300여만 석이니 5-6년은 견딜 수 있을 것"[48]이라 할 만큼 재정 상태가 상당히 호전되고 있었다. 그러나 신종이 결혼한 만력 6년부터는 신종의 사치와 낭비벽 때문에 궁중의 비용은 갈수록 늘어났고, 장거정도 못 이기는 척하고 들어줄 수밖에 없었다.

47) 《張居正集》第2册, 권17, 書牘4, 〈與王鑑川言虜王貢市〉.
48) 《張居正集》第2册, 권19, 書牘6, 〈答河漕王敬所〉.

〈그림 47〉 만리장성 사마대. 장성은 북경 동북쪽에 가장 험준한 지역 5.4km 구간
에 건축된 것으로, 알탄 칸의 북경 포위가 있은 후에 막대한 인력과 경비를 들
였다.

제4절 심각한 변방 문제

　명조의 북부 변경은 동서로 길게 뻗어 있고 만리장성 너머에는 타
타르족, 동북부 요동 너머에는 여진족이 버티고 있었다. 그 가운데
타타르의 알탄 칸은 융경 4−5년(1570−1571)에 성사된 '융경화의'를
통하여 평화를 유지하고 있었다. 그러나 알탄의 영향력이 그 넓은 지
역에 두루 미칠 수는 없었다.[49] 명조는 이제 북변 방어의 중심을 동
북부의 계주와 요동 일대로 이동시켜야 하였다. 만력 원년(1573)에는
동북지방에서 토만(土蠻)이 철령과 진서 등을 침입하였으나 이성량[50]

---

49) 《張居正集》第2册, 권24, 書牘11, 〈答宣大巡撫〉(만력 7년) ; 위경원, 1999, pp.654−661.
50) 조선족. 자는 여계(汝契), 철령(鐵嶺) 지휘첨사(指揮僉事), 만력 초년에는 요동총

이 격퇴하였다. 장거정은 북변을 안정시키기 위해서 선대총독 왕숭고를 불러들여 병부상서로 임명하고, 병부시랑 방봉시를 총독 선대·산서 군무로 임명하였다. 두 사람은 전에 알탄 칸과 마시를 개설하는 데도 적극적이었던 이들이었다.

동북부의 계요(薊遼) 일대의 방어는 지형적으로 명조에 대단히 불리하였다. 삼위(三衛)지역은 복잡한 속이(屬夷) 문제마저 얽혀 있었다.[51] 토만은 형식적으로는 명나라에 복속하고 있었지만, 뒤로는 부근 부족장들과 내통하면서 명나라에 시장 개설을 요구하면서도 지속적으로 명나라의 변경을 침략하였다.

그 때문에 장거정은 속이 문제를 시급히 해결해야 할 대상의 하나로 생각하였다.[52] 그러나 융경 6년(1572) 후반기까지는 국정을 잡은 지 얼마 되지 않았으므로, 변방문제는 변경의 장수들에게 적절하게 장기적인 계책을 세우라고 주문만 해 놓은 상태였다.[53] 그래서 타타르와는 계속하여 우호관계를 유지하도록 하고, 삼위지역에 대해서는 양박이 계요총독 시절에 주장한 장성 고수 방책에 따라, 한편으로는 계주 일대의 장성을 고수하면서 타타르의 침입에 대비하고,[54] 또 한편으로는 수시로 반격하도록 하였다. 즉, 요동·선부·계주 3대 방어구

병 좌도독이었으며, 누차 전공을 세워, 만력 7년 5월에는 영원백(寧遠伯)에 책봉되었고 태부(太傅)에 올랐다.

51) 속이는 이른바 대녕삼위(大寧三衛: 희봉구(喜峰口)·선화(宣化) 너머의 타안위(朶顏衛)·금주(錦州)·의주(義州)·광녕(廣寧) 너머의 태녕위(泰寧衛)·심양(瀋陽)·철령(鐵嶺)·개원(開原) 너머의 복여위(福余衛)〕 지역에 사는 타타르와 여러 족속을 가리킨다. 이들은 명의상으로는 모두 명나라에 복속되어 있었으나, 이들 지역의 부족장들은 실제는 타타르의 토만 한과 내통하고 있어, 계요 일대의 우환거리였다. 궁극적으로는 토만을 완전히 복속시켜야 했지만, 이를 위해서는 먼저 속이를 제압할 필요가 있었다. 주둥룬(朱東潤) 지음/이화승 옮김, 2017, pp.181-182 참조.

52) 《張居正集》 第2冊, 권18, 書牘5, 〈與王敬所論大政〉.

53) 《張居正集》 第2冊, 권17, 書牘4, 〈答劉總督〉.

54) 《張居正集》 第2冊, 권19, 書牘6, 〈答薊遼督撫吳環洲言虜情〉, 만력 2년.

를 연결하여, 계주를 굳건히 지키면서 요동과 선부 쌍방에서 토만과 삼위를 협공하는 계획을 수립하였다.[55]

만력 2년(1574) 10월, 건주부의 여진족 수령 왕고(王杲, 1525~1575)가 대거 침입해 왔다. 이에 요동순무 장학안과 요동총병 이성량이 여진족 1,100여 명을 참수하는 대첩을 올렸다. 왕고는 달아났으나 후에 잡혀 와서 처형되었다. 이 '요동대첩'의 공으로 이성량은 좌도독으로 승진되었고, 계요 독무와 내각의 대신들에게도 작위를 내리는 포상이 있었다.[56] 이때 이성량의 대첩은 동북변 속이 문제 해결에 대단히 고무적인 것이었다. 참수된 여진족 중에는 건주위 도지휘사 왕고·훗날 청 태조 누르하치의 조부 각창안(覺昌安)과 부친 탑극세(塔克世)도 있었다. 이 사건은 그 후 44년이 지난 1618년에 누르하치가 만주의 무순을 공격하는 정당성을 주장하면서 내걸었던, 소위 칠대한(七大恨)의 첫 번째 항[57]의 빌미가 되었다.

만력 3년(1575) 초 요동순무 장학안이 요동의 타타르 귀족 토만과 청파도(青把都)가 20여 만의 기병으로 요동을 침범하려는 움직임이 있다면서 지원을 요청해 왔고, 병부상서도 상주하였다. 장거정은 크게 놀란 13세의 황제에게 여름철은 적들이 준동하는 시절이 아니라며 안심시켰다. 그러나 언관들은 즉시 계엄을 선포하고 만반의 준비를 해야 한다고 주장하였다. 장거정은 계진의 척계광과 선부순무 오총(吳總)에게 실상을 보고하도록 지시하였다. 이들의 보고는 장거정의 예상대로였다.[58]

---

55) 《張居正集》第2册, 권19, 書牘6, 〈答方金湖計服三衛屬夷〉.
56) 潘林 編注, 《張居正奏疏集》(上), 〈議遼東功次疏〉, 만력 2년 11월 12일;《張居正集》第1册, 권3, 奏疏3, 〈遼東大捷辭恩疏〉, 만력 2년 11월 13일·〈謝御劄獎勵疏〉, 만력 2년 11월 14일.
57) '자기 조부와 부친은 명나라의 영토를 침범한 일이 없는데도 명조가 참수하였다'

〈그림 48〉 산해관 노룡두. 만리장성 동쪽 끝이 바다에 들어간 부분.

만력 4년과 5년(1577)에는 동북 변방은 비교적 평온하였다. 장거정은 선대총독 방봉시에게 타타르의 알탄 칸을 잘 대하라고 지시하였다.[59] 그리고 전체 타타르족에 대해서는 위협과 회유를 적절히 구사하여 분리정책으로 그들의 역량이 쇠퇴되도록 하였다.[60] 장거정은 변방의 총독과 순무에게 '만일 알탄 칸이 다른 부족과 충돌하면 암암리에 그에게 편의를 제공하라'는 지시도 하였다.[61]

명대의 북방문제는 선대(宣府·大同)와 계요(薊鎭과 요동)[62]를 가장 중시하였다. 선대의 총독과 순무는 대개 선대 출신이 맡아왔고, 계요도 계요 출신이 맡아왔다. 그 때문에 이 두 지역 출신들은 은연중에 서로 경쟁하였다. 장거정은 이러한 지방색을 조정하기 위해 두 지역의 장관을 서로 교차하여 임명하는 원칙을 세웠다. 만력 5년(1577) 4월에 마침 계요 출신 병부상서 담륜이 사망하였다. 이에 선대 출신으로 선대총독인 왕숭고(王崇古)를 병부상서에 임명하고, 동시에 계요순

58)《張居正集》第1册, 권4, 奏疏4, 〈論邊事疏〉, 만력 3년 5월 25일.
59)《張居正集》第2册, 권21, 書牘8, 〈與總督方金湖以奕諭處置邊事〉; 같은 책, 같은 권 書牘8, 〈答山西崔巡撫計納叛招抗之策〉.
60)《張居正集》第2册, 권21, 書牘8, 〈答薊遼總督方金湖〉;《張居正集》第2册, 권21, 書牘8, 〈答方金湖〉.
61)《張居正集》第2册, 권22, 書牘9, 〈答甘肅巡撫侯掖川計套虜〉.
62) 주둥룬(朱東潤) 지음/이화승 옮김, 2017, pp.208-212. 계요(薊遼)는 산동 북부·하북 동북부·요녕 남부 지구를 말한다.

천순무 왕일악(王一鶚)을 선부순무로, 이미 퇴직했던 선대 출신 진도기(陳道基)를 순천순무로 맞교환시키고, 선대 출신 병부시랑 양몽룡(梁夢龍)을 계요총독에 임명하였으며, 만력 9년(1581)에도 선대총독 오태를 계요총독에 임명함으로써, 계요와 선대가 하나의 계통임을 보여주어 지방색을 줄이려 노력하였다.63) 이러한 교차정책은 이전에 고공도 시행하였다. 한편 토만에 대해서는 계속해서 방어와 수시 출격을 병행하도록 지시하였다.64) 그래서 요동문제는 순무 장학안과 총병 이성량 등에게 큰 기대를 걸고, 둘이서 긴밀하게 협조하기를 기대하고 있었다.65)

장거정은 융경 2년(1568)에 담륜과 척계광을 계요로 보내고 전폭적으로 지원하였으므로, 이들은 북방의 중요한 보루가 되었다. 이들 가운데 산동 출신인 척계광에 대한 관료들의 반대는 대단하였다. 만력 4년에는 변경을 순시하던 고광선(郜光先)이 계진에 대해서 '수년 동안 아무 전공도 없는 점과 절강 병사를 북부로 데려온 것'에 대하여 의구심을 나타냈다. 이에 대해서 장거정은 "계진의 형세는 다른 진(鎭)과는 다르기 때문에 전공도 당연히 달리 평가해야 합니다. 이 지역은 단순한 변경의 진지가 아니고 능침(陵寢)과 가깝기 때문에, 다른 진은 싸우며 지켜야 하지만 이 지역은 지키는 것 위주로 해야 하고, 다른 진은 적을 죽이는 것을 공으로 삼지만 이 지역은 적이 침입하지 못하게 하는 것을 공으로 생각해야 합니다. 또 남쪽 병사를 북부로 데려온 것은 부득이한 것이었습니다."66)라고 계요의 지역적 특수성을 설득하였다.

---

63) 《張居正集》第2冊, 권22, 書牘9, 〈答宣大王巡撫言薊邊要務〉, p.665.
64) 《張居正集》第2冊, 권22, 書牘9, 〈與張心齋計不許車虜款貢〉.
65) 《張居正集》第2冊, 권21, 書牘8, 〈答總督張心齋計戰守邊將〉.
66) 《張居正集》第2冊, 권21, 書牘8, 〈答閱邊郜文川言戰守功閱〉.

장거정은 늘 국방을 중시하였으므로 장수들을 잘 대해 주었고, 특히 능력 있는 장수는 친구처럼 대했으므로 그들 역시 장거정에 대하여 감격하였다. 《장거정집》에는 장거정이 변방의 장수들과 주고받은 서신이 대단히 많은데, 대개는 그들을 격려하고 믿고 후원하는 내용이다. 장거정은 7년 5월에 상소를 올려 요동총병 이성량(1526-1615)을 영원백에 책봉시키고 세록 800석을 주도록 하였다. 이성량이 충성과 용기가 걸출하고 그동안 전공을 많이 세웠으며, 요동참장을 자임한 이래 3,650여 급을 취했으므로 전공을 치하하는 의미에서 봉작을 주어도 좋다고 생각한 것이다.

만력 7년 10월 타타르의 토만이 4만 기마병으로 요동을 공격해 왔다.[67] 장거정은 타타르에 대해서는 융경 5년부터 '그들 내부의 분열을 획책해서 변방의 안정을 기한다'는 계획에 따라 알탄 칸을 순의왕에 책봉(융경 5년)한 바 있다. 그런데 토만은 여러 차례 변방을 침공하면서 무력으로 통상을 요구하고 있었다. 신종은 또 한 번 놀랐지만, 장거정은 이미 변방 장령들에게 지시하여 사전에 방어책을 강구해 놓았음을 설명하여 안심시켰다.[68] 장거정의 사전 지시에 따라, 요동총병 이성량은 견벽청야(堅壁淸野) 전법을 구사하였고, 각 장수들은 정해진 방어진을 방어하거나 맞서 싸웠다. 그 때문에 토만은 별 소득 없이 퇴각하였다. 그런데 곧 이어 토만이 태녕부 추장과 연합하여 금주와 의주 등을 침범하여 왔다. 이에 이성량이 홍토성에서 470여 명을 참수하자 토만은 멀리 달아나고 말았다. 이성량은 8년 3월에도 왕올당(王兀堂)의 기병을 패퇴시키고 750급을 참수하였다.

장거정의 북변 방어 계획은 이렇게 주도면밀하였다. 장거정은 참을

---

67) 주둥룬(朱東潤) 지음/이화승 옮김, 2017, pp.267-268.
68) 《張居正集》第1冊, 권11, 奏疏11, 〈送起居館論邊情記事〉.

성 있게 기미정책(羈縻政策)[69]을 적절하게 구사하면서 동북변 삼위 지역의 안정을 도모하였다. 만력 초 10년 동안은 이렇게 장거정의 전폭적인 신임을 얻은 척계광이 동북변을 굳게 지키고 있어 토만은 감히 남침을 하지 못했고 북방은 안정되었다.

〈그림 49〉 왜구만이 아니라 몽골부족, 토만 등의 침입도 격퇴시킨 명후기의 명장 척계광상.

척계광은 문무와 지략을 겸비하고 능공선수(能攻善守)하는, 명대에 가장 유능한 장수였다. 융경 2년 (1568)에 담륜의 추천으로 계요총독(薊遼總督)에 임명된 후 좌도독 (左都督)에 이르기까지 장장 16년 동안 동북변경을 굳건히 지켜냈다.

그는 체격도 건장하고 대단히 과감하고 용맹하였다. 동작도 민첩하여 수시로 각 요새를 순시하였고 스스로 망루에 올라 적진을 관찰하였다. 웅변솜씨가 뛰어나서 훈화도 잘하였고, 군사 조련도 잘하였는데 특히 전차와 기병·보병을 적절하게 배합하는 남다른 전법으로 16년 동안 수도를 안전하게 지켜냈다. 척계광은 일류의 경영자·조직가·건축 기사·군사교범 작자라 할 수 있다. 바쁜 군무도 틈틈이 《기효신

---

69) 당나라 시대부터 중국의 역대 왕조가 사용한 주변민족 견제 정책이다. 무력을 사용하지 않고, 그 지역의 왕이나 추장에게 중국의 관직을 주고 하사품을 주면서 자주권을 인정하는 대신 중국의 종주권을 인정하게 하는 정책이다. 오늘날의 중국 소수민족정책도 그렇다.

서》(紀效新書)·《연병실기》(練兵實紀)·《무비신서》(武備新書)·《이융요략》(莅戎要略)과 같은 병서를 저술하였고 《지지당집》(止止堂集)이라는 시문집도 남겼다.[70] 명말의 신사들, 특히 문단의 영수(領袖)였던 왕세정과도 교유가 깊었다. 장거정의 혜안이 영웅을 알아본 것이었다. 《기효신서》 등의 병서는 중국뿐 아니라 조선과 일본에도 큰 영향을 끼쳤다. 임진왜란 후에 《기효신서》는 무과의 필독서가 되었고, 속오법(束伍法)과 삼수기법(三手技法)에 따라 5군영과 속오군을 편성하였다. 척계광은 백(伯)의 작위를 제외하고 무관이 받을 수 있는 최고의 영예의 자리에 올랐다. 그러나 장거정이 사망하자, '장거정의 당여(黨與)'로 몰려 누차 탄핵된 끝에 북경 수비의 병권이 몰수된 채 광동총병으로 전임되었고, 1년 후에는 다시 탄핵당하고 해임되었으며, 결국 가난과 병환에 시달리다 사망하였다. 그런데 척계광이 쫓겨나자 변방군은 다시 부패하게 되었다.

한편 북변 다음으로 문제가 되는 곳은 광동·광서·사천·운남·귀주 등 남방과 서남 변방이었다. 그 지역은 한족 외에도 소수민족이 결채자보(結寨自保, 울타리를 두르고 주민이 합심하여 방어하는 것)하고 있었는데, 지방관의 횡포에 못 이겨 추장이나 수령들이 무리를 모아 봉기하기 일쑤였다. 또한 남직례나 절강 등 부요한 지역에서는 병변(兵變)이나 민변이 자주 일어났다.

그 가운데에서도 남부 해안의 광동지방은 장거정이 북변 다음으로 관심을 가진 지역이었다. 광동은 베이징에서 멀리 떨어져 있어 중앙의 정령이 잘 미치지 못하고 일찍부터 외국과의 접촉이 많았던 지역이었다. 그러나 경제적으로는 풍요한 지역이었으므로 탐관오리가 많

---

70) 《지지당집》의 시 〈韜鈐深處〉에는 "나는 제후에 봉해지기를 원치 않는다. 다만 바다를 평온케 하기를 바랄 뿐!"이란 구절도 있다.

아서 백성의 원성이 높고 치안이 어려운 곳이었다. 이미 16세기 초에도 광동 북부 산악지대를 중심으로 한 4성(광동·호남·강서·복건) 접경 지역에서 대규모의 민중봉기가 있었으므로, 중앙에서는 1516년 양명학자 왕수인을 남감(南贛)순무로 임명하여 이들을 토벌하도록 하였다. 왕수인은 이곳의 봉기세력을 평정한 후에 적당한 지역에 새로운 현을 설치하고, 농촌지역까지 보갑법을 확대 실시하고 향약과 사학(社學)을 시행하여 향촌 질서를 재편해서 일시적으로 안정을 되찾게 되었다.[71]

그러나 장거정이 관료로서 한참 성장해 가던 가정 중엽에 이르러서는 북부의 화평현과 강서 남부의 용남현 일대에서 이문표(李文彪) 등이 왕을 자칭하면서 강서와 호광 접경 지역을 점거하고 노략질하고 있었다. 그런데도 명나라는 동남 연해의 왜구 때문에 미처 손을 쓰지 못한 채 방치하다가, 가정 44년(1565)에야 겨우 평정할 수 있었다. 목종 융경 연간에는 남부 해안과 해남도(海南島)에서 농민이 봉기하여 사회가 불안하였다. 관료들은 심지어 "광동은 명나라 영토가 아니다"[72]라고까지 말할 정도였고, 장거정도 "관중이나 제갈량이라도 제대로 통치하기 어려운 지역"[73]이라고 할 정도였다. 만력 초년에도 증일본·남일청·뇌원작 등이 왜구와 연합하여 남해안 여러 지역을 노략질하였다. 특히 남일청·뇌원작 등은 혜주와 조주 일대에서 험한 산채에 웅거하면서 수만 명을 모아 8백여 리를 지배하고 있었으므로, 정부에서는 14만 대군을 동원하여 수년에 걸쳐 겨우 토벌하였다.

융경 5년(1571) 8월 장거정은 고공과 상의하여 은정무(殷正茂)를

71) 吳金成, 2007B, 제1편 제2장, 〈양명학의 요람, 강서사회〉.
72) 《張居正集》第2冊, 권24, 書牘11, 〈答兩廣劉凝齋言賊情軍情民情〉.
73) 《張居正集》第2冊, 권17, 書牘4, 〈答兩廣殷石汀計劃廣寇〉.

양광총독으로 임명하고, 광동의 봉기를 진압하도록 명령하였다.[74] 장거정은 본인이 수보로 집권한 후에도 은정무에게 '광동의 폐단은 어제오늘의 일이 아니오. 근래에 의견이 분분하지만, 조정에서는 변방의 일은 공에게 맡기니, 공의 생각대로 하시오. 바라는 것은 오직 지방의 안녕 뿐이오.'[75]라고 하여, 그를 믿고 전권을 위임하면서 독려하였다. 또한 '남부의 도적떼는 아무리 베어도 다시 자라나는 잡초와 같아서, 예부터 장군들이 일거에 제거하지 못한 이유는 그 때문입니다. 그러니 도적은 보이는 대로 죽여야 합니다. 비용 걱정은 말고 장기적인 안녕만을 생각하시오.'[76]라고 명령하였다. 또 만력 원년(1573)에 전 좌도어사 반은(潘恩)에게 보낸 서신[77]에서 자기는 광동의 일은 1-2년이면 평정될 것으로 기대한다고 은정무에게 전폭적인 믿음을 보이고 있다.

은정무[78]는 가정 26년에 장거정과 동년 진사였고, 그 후 여러 번 승진하여 병부상서겸우부도어사까지 역임하였다. 그는 용맹한 장수였지만 언행이 거칠고 부정을 많이 저질러서, 그의 임용을 반대하는 사람이 많았다. 전임 양광총독이 광서 경원(慶元)의 봉기 진압에 실패하자, 장거정이 총독 교체를 건의하면서 은정무를 추천하였다. 오직 용병 능력이 뛰어난 은정무만이 사태를 해결할 수 있다고 확신하였기 때문이었다. 수보 고공은 처음에는 장거정을 경계하여 얼굴빛이 변하였다. 그러나 사태의 심각성을 깨닫고 자기의 문생인 이연(李延) 대신 은정무를 양광총독으로 임명하였다. 장거정은 공직기강을 바로 잡고

---

74) 《張居正集》 第2册, 권17, 書牘4, 〈答兩廣殷石汀計劃廣寇〉.
75) 《張居正集》 第2册, 권17, 書牘4, 〈答兩廣殷總督〉.
76) 《張居正集》 第2册, 권18, 書牘5, 〈與殷石汀經略廣賊〉.
77) 《張居正集》 第2册, 권18, 書牘5, 〈答潘總憲笠翁〉.
78) 《명사》 권222, 〈殷正茂傳〉.

탐관오리와 용관의 숙청을 내걸었지만, 해서(海瑞)와 같은 '청렴한 관료'는 멀리하면서도, 오히려 은정무와 같은 순리(循吏, 법을 잘 지키며 열심히 일하는 관리)'를 우대하였고, 때로는 정치적인 타협과 양보도 하고, 탐관도 추천하였다. 목표를 달성하기 위한 고육책이었다.

과연 장거정의 기대에 맞게 은정무는 만력 원년 2월에 도적 1만 2천여 명을 참수하면서 남일청·뇌원작 세력을 진압하였고, 그로부터 광동지방은 점차 안정을 되찾게 되었다. 봉기를 진압한 후에 장거정이 은정무에게 보낸 서신에서는 "공이 대공을 세우니 광동은 안녕을 찾게 되었고, 조정의 관료들도 비로소 공의 웅략과 제가 사람 보는 눈이 있음을 믿게 되었습니다."[79]라고 기뻐하고 있다. 장거정은 과연 '사람을 보는 눈'을 가진 사람이었다.

또 광서성에도 수많은 소수민족이 잡거하면서 수시로 봉기하였다. 융경 5년에 광서순무 은정무는 10만여 군대를 동원하여 고전(古田)의 동족(僮族) 수령 위은표를 포함하여 8천여 급을 참수하고 동채(僮寨)를 폐쇄해 버렸다. 그런데 은정무가 양광총독으로 이동하고, 곽응빙(郭應聘)이 새로 광서순무로 부임하자, 부강지역[80]의 요족(瑤族)이 봉기하여 계강(桂江)의 교통이 두절되고, 대낮에도 현성의 문을 열지 못할 정도로 심각하였다. 장거정은 곽응빙에게 일체의 권한을 맡기면서 철저하게 평정하도록 부탁하였다.[81] 만력 원년에도 요족이 봉기하자 곽응빙이 2만 군병을 이끌고 진공했으나 큰 전과는 없었다.

---

79) 《張居正集》第2冊, 권18, 書牘5, 〈答兩廣總督殷石汀〉.
80) 계림(桂林)에서 창오(蒼梧)에 이르는 계강(桂江) 양안 지역, 특히 양삭(陽朔)에서 소평(昭平)에 이르는 3백여 리는 요족(瑤族)의 본거지. 만력 원년 4월에는 이 지역에서 요족이 대규모로 봉기하였다.
81) 《張居正集》第2冊, 권17, 書牘4, 〈答兩廣郭華溪計剿廣寇〉;《張居正集》第2冊, 書牘5, 〈答巡撫郭華溪〉;《張居正集》第2冊, 권18, 書牘5, 〈答郭華溪〉;《張居正集》第2冊, 권18, 書牘5, 〈答廣西撫院郭華溪〉.

사천성도 문제였다. 만력 원년에 사천의 도장만(都掌蠻, 현 사천 의빈에서 합강 일대의 소수민족, 사천 남부 3성 접경 지대의 소수민 족)이 봉기하였다. 이들은 서주부 6개 현에 거주하였는데, 추장들이 깊은 산에 숨었다가 수시로 나와 노략질하는 것이 우환거리였다. 장 거정은 사천순무 증성오(曾省吾)에게 일체의 권한을 부여하였고, 증성 오는 총병 유현에게 병력 14만을 주어 평정케 하여 9월에야 마무리 하였다. 죽이거나 포로로 잡은 수가 4,600여 명, 사로잡은 추장이 36 명, 개척한 땅이 4백여 리나 되었다. 유현은 전에 복건에서 유대유·척계광과 함께 왜구 소탕에 큰 공을 세웠으나, 평소에 뇌물을 주고받 고 군법을 어긴 일이 있어 처벌을 받고 근신하는 중이었다.[82] 장거정 은 전에 은정무도 그러하였고, 이번에 유현도 그렇듯이, 약간의 문제 가 있는 인재도 필요하다면 임무를 맡겼다.

만력 3년(1575), 동남 연해에서는 왜구가 소규모로 이동하며 계속 하여 출몰하였다. 왜구는 이미 가정 중엽에 담륜·유대유·척계광·유현 등의 노력으로 큰 불은 껐으나, 소규모의 왜구는 계속하여 출몰하였 다. 장거정도 이러한 왜구 문제를 인식하고는 있었지만, 당시의 가장 중요한 현안은 북변 타타르 문제라고 생각하였다. 그래서 장강 입구 로부터 동남 연해지방 여러 성의 순무들에게 긴장을 늦추지 말고 지 속적으로 경계하라는 부탁만 해 놓은 상태였다.[83]

만력 5년에는 남방의 소수민족을 대대적으로 토벌하였다. 소수민 족인 요족(瑤族)이 거주하는 광동 서부의 나방(羅旁)지방은 동서로 수백 리나 되는 산악지역이어서, 명 중기 이래 반란이 계속되어 명나

---

82)《張居正集》第2册, 권18, 書牘5,〈與蜀撫曾確菴計剿都蠻之始〉;《張居正集》第2册, 권18, 書牘5,〈與蜀撫曾確菴計剿都蠻〉;〈文忠公行實〉.
83)《張居正集》第2册, 권20, 書牘7,〈答浙撫謝松屏言防倭〉, p.531.

라의 심각한 우환의 하나였다.[84] 만력 5년 5월 양광총독 능운익(은정무의 후임)이 광서총병 이석(李錫)·광동총병 장원훈(張元勛)의 부대를 동원해서 15만 군으로 이들을 토벌하였다. 이때 산채 파괴 560여 개, 참살 1만 6천여 명, 포로 2만 3천여 명의 전과를 올렸다. 능운익은 나방 지역에 새로운 주현을 설치하도록 건의하였고, 장거정도 동의하였다. 이렇게 해서 생긴 것이 나정주(羅定州, 현 羅定縣)이다. 나정주는 후에 동부의 동안현(현 운부현), 서부의 서녕현(현 욱남현)으로 나뉘었다.[85] 이보다 60여 년 전, 양명학을 창도한 왕수인도 강서·광동·복건의 3성 교계지역의 소수민족 봉기를 평정한 후 그 지역에 3개 현을 설치하였다. 중국의 소수민족 거주 지역에는 이렇게 서서히 한인이 이주하기 시작하였고, 소수민족[86]은 점차 밀려서 산악지역으

---

84)《張居正集》第2冊, 권21, 書牘8, 〈答兩廣凌洋山計剿羅盤寇〉.

85)《張居正集》第2冊, 권22, 書牘9, 〈答兩廣凌洋山〉·〈答兩廣凌洋山計羅旁善後〉; 주둥룬(朱東潤) 지음/이화승 옮김, 2017, pp.216-217.

86) 오늘날 중국은 다수 민족 한족과 55개 소수민족이 합해진 56개의 민족으로 이루어진 다민족 국가이다. 한족이 전체 인구(2011년 7월 기준 13억 4,324만 명)의 약 91.5퍼센트를 구성하고 있고 나머지 55개 소수민족이 약 8.5퍼센트를 차지한다. 소수민족은 인구로는 10퍼센트가 채 안되지만 그들이 사는 면적은 중국 전체 영토의 60퍼센트에 달한다. 중국 정부는 이들 소수민족을 5개 구와 30개 주, 120개 현으로 나누어 자치를 허용하고 있다.

　55개 소수민족은 장족(壯族), 만주족, 회족(回族), 묘족(苗族), 위구르족, 몽골족, 조선족 등이 있다. 이 가운데 1,000만 명 이상의 인구를 가진 민족은 중국 남부에 사는 장족, 중국 서북부의 회족, 중국 동북부의 만주족 등이다. 소수민족 지역은 두 가지 면에서 중요한 의미를 갖는다. 첫째, 그들이 사는 대부분의 지역은 천연가스와 석탄 등 천연자원과 삼림, 수력자원 등이 풍부한 지역이어서, 중국정부는 산업화와 현대화라는 미명 아래에 이들 지역을 계속 개발해 가고 한족을 이주시키고 있다. 둘째, 이들 지역이 대개 러시아·파키스탄·아프가니스탄·인도·베트남·북한 등 14개 국가들과 접경하고 있어 전략적으로도 아주 중요한 의미를 가지고 있다.

　중국의 소수민족 정책은 고대로부터 이이제이 정책(以夷制夷, 이민족끼리 서로 견제시키는 분열 정책)을 사용하다가, 원대부터는 토사제도(土司制度, 추장에게 중국식 관직을 주고 자치하도록 하는 간접 통치제도)를 사용하였고, 청대 세종 옹정 연간(1723-1735)부터는 유관제도(流官制度, 소수민족 지역의 관리를 중앙에서 파

로 들어갈 수밖에 없었다.

장거정의 국정 운영 방침은 안내양외(安內攘外)였다. 안으로는 세금을 공평하게 부과하면서 국가의 지출을 절약하여 경제적 기초를 안정시켰다. 북변 방어를 위해 군비를 확충하고 타타르를 분열시키려 노력하였고, 남부 소수민족의 봉기는 군대를 총동원하여 완전히 진압하는 것이었다. 이렇게 남북 변방을 공고히 할 수 있었던 것은 장거정이 인재를 신중히 선발하여 배치하고 끝까지 그들을 믿고 밀어주었기 때문이다. 말하자면 장거정은 선수를 잘 뽑아 적재적소에 배치하고 용병술에 능한, 유능한 감독이었다.

제5절 교육 개혁

장거정은 만력 3년(1575)에 두 가지 중요한 개혁을 추진하였다. 그 가운데 하나는 갈수록 퇴폐해가는 사풍(士風)을 바로잡는 것이었다. 장거정은 5월에 교육 개혁을 목표로 하여 서문과 본문 18개조로 된 〈진흥인재소〉[87)를 올렸다. 이 상소는 명청시대에 나타난 '교육 개

견하는 중앙 집권 정치, 이를 개토귀류라 함)를 시행하였다. 이러한 변화가 나타난 원인은, 중국 왕조의 국력이 점차 강화되면서 소수민족을 중앙의 통제 아래에 두려는 정책의 변화 때문이었다. 오늘날 중국의 헌법에는 '중국 내 모든 소수민족은 평등하며 정치·경제·문화적인 생활에서 한족과 동등한 대우와 권리를 향유할 수 있다'고 규정하고 자치를 허용하고 있다. 그러나 내면적으로는 언어와 문자를 통일한 것 같이, '하나의 중국'을 목표로 꾸준히 세심하게 동화정책을 시행해 가고 있다.

87)《張居正集》第1册, 권4, 奏疏4, 〈請申舊章飭學政以振興人才疏〉, pp.172-177;《神宗實錄》권38, 만력 3년 5월 3일 庚子조; 申時行 等,《大明會典》권78, 학교, 유학, 風

혁안' 가운데 가장 종합적인 것이라 할 수 있는데, 원문이 《대명회전》에 실려 그대로 '국법'이 되었다. 이 상소는 15세기 중엽부터 나타난 교육계의 병폐를 종합적으로 개선하려는 것이었다.

장거정은 서문에서 "황제의 조칙은 거역하면서도 세속의 비방은 떨치지 못하고, 국법은 어기면서도 개인의 청탁은 물리치지 못하는 폐습은 관료층 전체에 관계되는 것이지 단지 학교에만 국한되는 것은 아니다"라고 하고, 또 "사인(士人)의 풍기가 날로 퇴폐해져서 학업은 등한시하면서 모든 것을 뇌물이나 청탁으로 해결하려 하고, 과거시험장에서는 컨닝이라도 해서 합격해 보려 한다"고 비판하고 있다. 관료 사회의 병폐는 먼저 교육 부문부터 바로잡아야 한다는 것으로, 백번 옳은 인식이었다.

명나라는 이미 건국 초부터 학교 교육을 대단히 중시하였다. 수도 베이징에는 국립대학 격인 국자감(＝國子監＝太學)[88]을 두었고, 지방에는 모든 주현에 중등학교 격인 유학(儒學)을 세웠다. 태조 홍무제는 전국에 유학을 세우도록 명령하면서 "나라를 다스리는 것은 교화가 우선이고 교화는 학교가 근본"이라고 하였다. 《명사》(明史)에는 "학교가 없는 곳이 없고 교육을 받지 않은 사람이 없어 산촌 궁벽한 곳에서도 글 읽는 소리가 들렸다"고 할 정도로 성황을 이루었다고 평하고 있다. 그런데 이렇게 표면적으로는 교육을 중시한다면서도 실제로는 허술한 점이 많았다. 당시의 '현(縣)'은 한국으로 치면 '군'보다도 넓은 지역인데 유학을 겨우 한 곳만 설치하였다. 또 처음부터 교육의 중요한 두 축 가운데 하나인 교사의 대우가 좋지 않았다. 오늘

憲官提督조; 吳金成, 1971.

88) 국자감은 원나라 시대까지는 교육기관이 아니라 지방학교 감독기관이었고, 명대부터 국립대학과 같은 최고 교육기관으로 변하였는데, 베이징과 남경, 두 곳에 두었다.

날 서울대학 총장이라 할 수 있는 국자감의 제주가 겨우 종4품(금나라 시대에는 정4품, 원대에는 종3품)에 지나지 않았다. 더구나 지방 유학의 교사 지위는 9품관에도 들지 못하는 유외관(流外官)으로 매우 낮았으며 과거 응시도 금하였고 대우도 좋지 않았다. 조정에서도 과거에 몇 번씩 실패하여 과거시험을 포기한, 나이든 감생이나 거인들을 교사에 임명하였다.[89] 그 때문에 '청운의 뜻'을 품은 인재들은 오히려 교사가 되기를 꺼렸으므로, 15세기 전반의 선덕 연간(1426-1435)부터 이미 전국적으로 교관에 결원이 많았다.

유학의 학생인 생원은 세 종류가 있었다. 전액 장학금을 지급하는 늠선(廩膳)생원, 장학금을 받지 못하는 증광(增廣)생원, 그들 외에 수시로 모집하는 부학(附學)생원이었다. 그 가운데 늠선생과 증광생은 동수로 부학 40명, 주학 30명, 현학 20명이었다. 그런데 이들 생원은 3년에 한 번, 그것도 결원이 생겨야 모집하였다[有闕方補]. 그 때문에 해마다 새로 태어나는 인재를 감당할 수 없어서, 정통 12년(1447)부터는 학교에서 3년에 2회 실력고사를 실시하여 그 지방의 문운(文運)의 발전 정도에 따라 부정수(8-20명)를 모집하도록 하고 이들을 부학생이라고 하였다.

제2장에서 서술한 바와 같이, 생원에 대한 대우는 대단히 좋았다. 생원은 성적에 따라 국자감에 진학할 수도 있고, 과거시험의 제1관문인 향시에 응시할 수도 있었다. 그들은 단지 지방학교의 학생 신분인데도 불구하고 요역 우면 등 9품관에 준하는 특권을 보장받았다. 무엇보다도 중요한 것은 그들은 일단 생원이 되면 그 자격이 평생 유지되었던 점이다.

---

89) 《憲宗實錄》 권14, 成化 元年 2월 己卯조; 張萱, 《西園聞見錄》 권45, 학교, 余珊.

생원의 수는 부학생 제도가 시작된 15세기 중엽부터 급격하게 증가하기 시작하였고, 특히 경제 여건이 좋은 지역에서는 그 수가 격증하였다. 전국적으로 보면, 명초에는 3만-6만(전 인구의 0.1퍼센트 미만) 정도였으나, 15세기 중기부터 급증하기 시작하여 16세기 전반기에 이르면 명초의 5-10배나 되는 36만여 명으로 증가하였고, 17세기의 명말에는 55만여 명으로 격증(전 인구의 0.33퍼센트 이상)하였다. 멀리 19세기 전반에는 113만 9천, 19세기 후반에 149만 6천 명으로 증가하였다. 만력 중기에 남경국자감 제주였던 곽정역(郭正域)은 "오늘날 전국의 유학은 큰 곳은 1-2천 명, 작은 곳도 7-8백 명이고, 2-3백 명인 곳은 궁벽한 현이다"[90]라고까지 말하고 있다.

이렇게 생원의 수가 격증하면서 그들의 질적인 하락과 향촌에서의 사회활동이 문제되기 시작하였다. 명나라는 이미 명초부터 생원들이 '국가의 일'에 대해 발언하는 것을 금지시켰다. 학생 신분인 생원들이 국정에 간여하는 것을 막으려는 것이었다. 명초에는 이러한 통제가 어느 정도 지켜졌으나, 중기부터는 공직기강이 문란해지고 학생의 수는 격증하는 데 따라 생원의 사회활동은 매우 다양하고 광범해져서 관학은 교육기관으로서의 구실을 점차 상실해 갔다. 오히려 오늘날 한국과 같이 사립학교인 사설 서원의 강학 풍조가 점차 만연하였고 급기야는 서원이 관학을 대신하여 교육의 중심이 되어 갔다. 서원에서는 학문뿐 아니라 조정에 대한 비판도 서슴없이 토론하였다.

명나라에서도 15세기 중엽에 이미 "오늘날 생원들은 우면 특권만 누리려 하므로 우면을 주지 말자"[91]는 주장도 나왔다. 그 때문에 지방의 학생 풍기를 단속하기 위해 정통 원년(1436)에 각 성(省)에 1

---

90) 郭正域, 《合併黃離草》 권1, 奏疏, 〈遵祖制復監規疏〉.
91) 《憲宗實錄》 권54, 성화 4년 5월 庚申朔조.

명씩 제학관(提學官)[92]을 설치하였다. 제학관은 매년 1회 자기가 맡은 성의 부주현학을 방문하여 학정 전반을 감독하고 학내 시험을 관장하며 사풍을 진작시키는 관료였다. 그러나 해마다 그 넓은 성(예컨대 호광성은 37만㎢였고, 작은 성이라도 10만㎢나 되었다.) 전체를 순행하며 맡은 임무를 수행하는 것은 사실상 불가능한 일이었다.

명말 청초의 경세사상가로서 그 자신도 생원 신분이었던 고염무(1613-1682)는 명말 생원의 폐해를 다음 4가지로 지적하였다.[93] ① 생원은 수시로 관청에 출입하고 세력가에게 의지하여 지방에서 횡포를 부리고 서리와 야합하거나 스스로 서리가 되어 부정을 저지른다. 그러다가 관청에서 요구를 거절하거나 조금이라도 제재를 가하려 하면 떼 지어 일어나서, '사인을 죽이려 한다, 유생을 매장하려 한다'는 구호를 외치며 항의한다. ② 천하에 백성을 괴롭히는 자는 향신·생원·서리이다. 이들은 법률로 우면특권을 받았으므로 그들이 면제받는 부분은 모두 힘없는 백성에게 전가(轉嫁)되었고, 그들의 수가 증가할수록 백성의 부담은 더욱 늘어날 수밖에 없다. 그러므로 생원이 백성을 괴롭히는 것은 관리나 서리보다도 더 심하다. ③ 생원들은 일단 한곳의 유학 시험(=동시)에 합격하면 사우(師友)로 인식하고 서로가 동류의식(同類意識)을 가지고 편지로 왕래하고 관계망에 따라 관청에 청탁하기 때문에, 작게는 백성에게 해를 끼칠 뿐 아니라 나아가서는 당파를 만들어 중앙 정계와 황제에게까지 영향을 미친다. ④ 생원은 정통학문인 경전과 사서(史書)는 게을리 하면서 쓸모없는 과거시험 참고서(時文)만 읽기 때문에 인재가 파괴되어, 학생은 학생 같지 않고 관료는 관료 같지 않게 되었다고 한다.

---

92) 吳金成, 〈明代 提學官制의 一研究〉, 1973.
93) 顧炎武, 《顧亭林文集》 권1, 〈生員論〉 上中下三篇.

장거정은 고염무보다 한 세기 정도 앞선 사람이지만 이미 고염무가 지적한 병폐를 감지하고 있었다. 장거정도 관학 쇠퇴의 원인에 대하여 ① 생원수의 격증, ② 지방에 거주하는 감생의 증가와 질적 저하, ③ 제학관의 무능과 불성실, ④ 교관의 무능과 불성실, ⑤ 지방관의 무능과 유학 감독의 불성실 때문이라고 생각하여 〈진흥인재소〉를 올린 것이다.

다음의 〈표 1〉은 장거정 당시의 생원의 사회활동을 명초·중기와 비교해서 알기 쉽게 정리해 본 것이다.[94] 이 표에서 알 수 있는 것은, 장거정이 생원 활동으로서 심각한 문제라고 지적하거나 금지시킨 문제는 대개가 '명 중기'부터 시작되었다는 점이다.

생원은 향촌사회의 지식인으로서 "천하가 근심하기에 앞서 근심하고 천하가 기뻐한 후에 기뻐한다"[95]는, 송대 이래의 '사대부의 사명의식'을 가지고, 명초 이후 향촌질서를 유지시키는 데에 중요한 역할을 한 계층이었다.[96] 그러나 명 중기부터 생원의 수가 격증하여 갔다. 명초에는 4만 정도였던 사인(士人)이 15세기 전반 9만여→ 16세기 전반에 36만여→ 17세기 전반에 55만여[97] 명으로 증가하여 간 것이다. 이렇게 생원의 수가 격증함에 따라 그들의 유일한 희망이었던 계

---

94) 〈진흥인재소〉18개조를 종합해 보면, ① 서원신설 금지 1개조, ② 생원 활동에 대한 금지 4개조, ③ 제학관의 감독 임무 강조 10개조, ④ 지방관의 학교 감독 임무 강조 2개조, ⑤ 교관의 임무 강조 1개조 등으로 분류할 수 있다. 이 내용을 바탕으로 생원의 사회활동과 관련된 심각한 문제점들을 추출해보면, 〈표 1〉과 같다. 이 표는 필자가 발견한 내용을 종합, 정리한 것이므로 이론도 있을 수 있고 내용의 증감도 가능하다.
95) 范仲淹,《范文正公集》권7, 記,〈岳陽樓記〉.
96) 오금성,《中國近世社會經濟史硏究》, 1986, pp.55-62.
97) 신사의 총수는 이 수치에 현임관 2만 5천 정도를 더해야 했다. 이들 수치에 작위를 받고 증직된(封贈) 이들과 가족을 고려하면 거의 700여만의 특권 신분이 존재하는 셈이었고, 이들의 존재는 서민들의 세금 부담을 그만큼 가중시키는 것이었다.

학규·규제 내용		홍무 연간 (14C 후반)	명 중엽 (15C 중~16C중)	명 말 (16C 말~17C 전반)
학업	학교에 출석하여 수업들을 것(會食肄業·坐齋讀書)	O	O	O
	어리석거나 문리를 알지 못하는 자 퇴학(愚鈍者革退·不諳文理)	O	O	O
사풍(土風)·공공질서	스승과 어른께 오만하거나 때리고 욕함(傲慢師長·毆罵師長)	O	O	O
	대리시험·호적위조해 입학 혹은 향시응시(代試·冒籍入學·應鄉試)		O	O
	우면을 준수하고 규정 이상 세역 면제(優免遵守·濫免)		O	O
	도둑질과 사기(奸盜詐偽)		O	O
	타인의 재물이나 토지를 갈취해 소유(他人財物·田土包占·受贓)		O	O
	패륜과 질서문란 행위·패거리·도박·창녀촌 출입·상중에 처첩을 들임(敗倫傷化·恣意非爲·學霸·賭博·宿娼·居喪娶妻妾)		O	O
	향리에서 예절 없이 함부로 행동함(武斷鄉曲·肆行無禮)		O	O
	뇌물을 주고 받으며 세력자에게 붙고 부정한 청탁을 함(賂賄·關節·囑託公事)		O	O
	유학을 왜곡시키고 가요를 날조하고 이단사설을 표절하고 유언비어를 날조함(私著曲筆·捏造歌謠·剽竊異端邪說·捏造流言)		O	O
	조세를 대신 납부하고 사리를 취함(包攬錢糧)			O
	성명을 바꾸거나 두 이름을 사용하여 부정 행함(變姓名·兩名使用)			O
정치 참여	상주하거나 함부로 소송함(上奏·濫訴)	O	O	O
	소송을 부추김(敎唆詞訟·興滅詞訟)		O	O
	관청을 위협하고 관장을 비난하고 마음대로 관청 출입(挾制官府·罵詈官長·議論官員賢否·官衙出入)		O	O
	파당을 결성하여 공담을 일삼고 해를 끼치고 서원 창설(結黨·別卹書院·群聚徒黨·聚黨空談·聚黨害人·糾衆扛幫)		O	O
	설사과전(說事過錢)*		O	O
	반환관 투쟁(反宦官鬪爭)			O
	조세 반대 투쟁(抗稅鬪爭)			O
	반란(叛亂)			O

* 說事過錢 : 《금병매》의 서문경(西門慶)도 그렇게 했듯이, 다른 사람을 대신하여 관리에게 뇌물을 주고 선처를 부탁하는 행위.

층 상승의 기회가 줄어들자, 생원들은 자신들이 국가로부터 받은 특권을 무기로 그들끼리 공통의 이익을 위하여 집단행동을 하는 경우가 많았고, 그러한 행동은 국가와 사회의 질서를 해치기까지 이르렀다.

따라서 장거정은 〈진흥인재소〉를 통하여 향촌에서 백성들 위에 군림하는 생원의 사회 활동을 통제하려 한 것이다. 장거정이 모든 개혁에 앞서서 〈고성법〉으로 공직기강을 확립하려 하였는데, 그러한 출발점은 바로 생원의 사회 활동을 바로잡는 것이라고 보았던 것이다.

〈진흥인재소〉 가운데 가장 기본이 되는 항목은 '유학의 생원 수를 제한하려 한 제8조, 사태생원령(沙汰生員令)'과 '생원의 우면특권을 재확인한 제11조'였다. 먼저 생원의 수를 제한해서 일정한 수로 유지시켜야만 향촌에서 백성들 위에 군림하는 그들의 횡포도 줄이고, 그들이 우면특권에 따라 면제받는 세금도 줄여서 농민에게 전가되는 부담도 크게 증가하지 않게 되는 것이었다. 당시에 '사태생원령'만은 엄격하게 시행된 듯하다. 《명사》에서도 "장거정이 집권하던 시기에는 제학관(提學官)이 규정을 너무 엄격하게 지킨 때문에 생원의 입학이 한 주현에 겨우 한 명인 경우도 있었다"[98]고 한다. 이 정도라면 고성법이 얼마나 엄격하고 두려운 것이었나를 알 만하다. 그런데 장거정이 훗날 자신의 정치적인 생명을 고려했다면 이렇게 생원의 수를 줄이려 하지는 않았을지도 모른다. 지방의 여론을 주도하고 있던 생원의 수를 줄이는 것은 대단히 민감한 사안이었기 때문이다. 장거정이 죽고 몇십 년이 지난 시기, 명조의 마지막 황제인 의종(毅宗) 때의 대학사 온체인(溫體仁)이 같은 주장을 하다가 형과도급사중 부조우(傅朝佑)에게 탄핵을 당했다.[99] 이를 통해서도 장거정은 자신의 개인적인 명예

---

98) 《明史》 권69, 〈選擧志〉1.
99) 《明史》 권258, 〈傅朝佑傳〉.

나 이익에 구애받지 않고, 오직 국가와 사회를 위해서 개혁을 추진했음을 알 수 있다.

또한 11조에서는 "생원을 배출한 집에는 홍무 때의 사례에 따라 본인 외에 2인분의 요역을 우면해 준다"고 하였다. 이 내용은 표면적으로는 태조 때의 우면 규정을 재확인해 주는 것으로 보인다. 그런데 명 중기부터 세역의 부담이 증가하면서, 신사나 세호대가는 향촌에서 자신들의 영향력을 무기로 규정된 우면 액수보다 훨씬 많은 세역을 면제 받는 일이 많았다. 이러한 행위를 남면(濫免)이라 하였다. 그런데 지방관이나 서리는 그들의 남면 행위를 감히 금지시키지 못하고, 그 부분을 농민에게 전가시켰다. 그러므로 생원의 수가 격증하고 남면의 액수가 많아질수록 농민에게 전가되는 세역 부담도 격증할 수밖에 없었다. 지주나 상인들 가운데에는 자기의 토지를 관료나 생원의 명의로 바꾸어 등록[詭寄]해서 세역을 면제받는 경우가 늘어갔다. 그러므로 사실상 제11조는 생원에게 기왕에 허락한 우면액만을 허가하고, 규정 이상 면제받는 남면 행위를 금지시키려는 것이었다.

제6절 역참제 정돈

장거정이 만력 3년(1575)에 추진한 또 한 가지 개혁은 6월부터 시작한 역참제(驛站制=驛傳制) 정비였다.[100] 역참제는 그동안 말도

---

100) 《大明會典》 권145-149, 兵部28-32, 驛傳1-4; 《神宗實錄》 권39, 만력 3년 6월 갑오조, pp.906-908; 蘇同炳, 1969; 楊正泰, 2006; 余三樂, 988; 유지금, 2006,

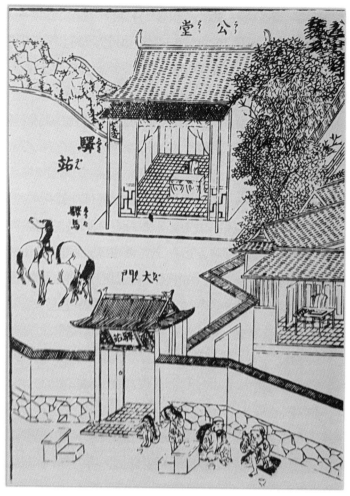

〈그림 50〉《청속기문》에 나타난 국립 숙박시설 역참의 모습.

많고 탈도 많았다. 역참제는 명 중엽 이래 모든 관원들이 규정을 어기고 무제한으로 이용하였기 때문에 "역참을 법대로 이용하는 관료는 20-30퍼센트, 법을 어기며 이용하는 자는 80-90퍼센트"라는 지적도

pp.176-184.

있었고, "백성을 괴롭히는 것으로 역참보다 더한 것은 없다"[101]고 할 만큼 명대에 가장 큰 비리의 온상 가운데 하나였으며, 백성의 원성이 가장 높은 문제였다.[102] 그리고 장거정이 정비한 후에는 오히려 관리들로부터 가장 큰 원망을 받은 사안이었다.

역참은 수도 베이징에서 전국의 각 관청에 이르는 교통의 편의를 위해 전국의 교통 간선에 둔 국립 숙박시설이었다. 중국과 같이 넓은 땅에서는 안정된 교통망은 필수적인 것이었다. 수도 베이징에는 회동관(會同館)을 두고 각 교통로에는 수마역(水馬驛)을 설치하고, 숙소·말이나 당나귀·수레(水路에는 紅船)·식량 등을 준비시켜 공무로 여행하는 관료들에게 편의를 제공하였다. 역마다 역승·역리·역부(驛夫=역졸)를 두었다. 육로에는 마부, 수로에는 수부(뱃사공)를 두고, 필요한 것은 모두 부근에 사는 농민에게서 요역으로 차출하였다.

역참제의 기원은 멀리 은(殷)나라 때까지 올라간다. 그 후 전국시대와 진한시대를 거치는 동안에 꾸준히 발전해 오다가 당나라 때에 이르면 전국에 수마역이 1,639소(육역 1,297소, 수역 260소, 수륙겸역 86소)나 되었다. 송대를 거쳐 원대에는 동서 대륙을 잇는 사막의 교통로 또는 중국 본토의 각 지방으로 가는 교통로의 일정한 거리(25-30마일)마다 '참'을 설치하고, 참호(站戶, 혹은 站赤=jamchi)라 불리는 관리인을 두어 공무로 여행하는 사람들에게 편의를 제공하였다. 몽골의 우구데이(태종, 1229-1241) 칸(汗) 때에 대대적으로 정비되었고, 원대(1272-1368)에 이르면 전국 1,500여 곳에 역참이 설치되었다. 명말의 장거정 집권 시기에는 역참이 1,036곳[103]이었다.

---

101) 嘉靖《韶州府志》권4, 驛傳.
102) 長萱,《西園聞見錄》권72(위경원, 1999, p.718 轉引); 胡纘宗,《願學編》(下), (楊正泰, 2006, p.4 轉引).
103)《大明會典》권145-146, 兵部, 驛傳,〈天下見設水馬驛〉.

명대의 역참제는 몽골과 원대의 제도[104]를 계승한 것이었다. 명 태조 홍무제는 각 역참에서 필요한 역마(驛馬)·홍선(紅船)·역부(驛夫) 의 역은 역 부근에 사는 지주에게 부담시키고, 그 대신 그들에게 우 면 특권(세량과 잡역 면제)을 주었다.[105] 그리고 역참의 이용을 대단 히 엄격하게 제한하였다. 국가의 중요한 대사가 있을 때에만 중앙에 서 발급하는 감합(通行證)이나, 병부에서 발급하는 화패(火牌)를 증거 로 하여 각 역참에서 숙식을 제공받게 하였다. 마부와 뱃사공은 모든 것을 스스로 준비해야 되었고 3년에 한 번씩 교대로 근무하였다. 각 역에서는 오가는 관료들에게 자비로 음식을 제공케 하였다.

감합은 베이징에서는 병부에서 발급하였고, 각 성에서는 순무와 순안이 발급하였다. 그런데 발급에 일정한 규정은 있었지만 임의로 발급되는 경우가 많았고, 때로는 선물로 주고받기도 하였다. 더구나 감합은 유효 기간이 없어서 평생 사용할 수 있었다. 관리들은 공사를 불문하고 역참을 이용하고, 심지어 그들의 친구가 이용하는 경우도 있어서 국가의 재정을 낭비하고 백성을 착취하는 원흉이 되었다. 어 떤 관원은 짐이 80여 개나 되고 데리고 온 가속도 20-30인이나 되는 경우도 있었다. 심지어 어떤 관원은 뇌물을 받고 상인의 화물까지도 자기 짐인양 맡겼다.[106]

관리들은 역참에 도착하면 당연하다는 듯이 양식·연료·술·인부·말 등을 요구하였다. 숙박과 식량과 말을 요구하는 것은 말할 것도 없고 술과 여인을 요구하기도 하였다. 역참에 도착한 관리들은 공공연한 강도나 다름없었다. 이러한 관료들의 여비는 사실은 지방 관청의 경

---

104) 김호동,《마르코 폴로의 동방견문록》, 2000, pp. 276-281.
105)《太祖實錄》권76, 홍무 5년 10월 정유조;《大明會典》권145,〈水馬驛 上〉; 龍文彩,《明會要》권75,〈驛傳〉.
106) 肖端蒙,〈議處驛站六事疏〉,《明經世文編》권285.

〈그림 51〉 역참의 일례: 고맹성역

비에 해당되는 것이었지만, 모두가 역참 부근의 농민이 부담하였다. 현대 학자의 계산에 따르면, 말 한 필에 소요되는 비용은 일 년에 40-50냥 정도나 되어서, 세량의 2-3배나 되었다. 그 때문에 농민의 부담은 갈수록 무거워지기만 하였다. 더구나 가정 27년(1548)부터는 우면 특권마저 취소되고 순수한 의무로 변질되었으므로, 교통로 주변의 백성은 완전히 국가의 노비로 전락하고 말았다.

역참 주변에 사는 백성은 그러한 요구를 마련하다가 파산하여 자녀와 아내를 팔기도 하고 견디다 못해 도망해 버려 역참이 폐쇄되기도 하였으며, 심지어 "역부는 열에 아홉이 달아나고 말은 아홉이 없고 역은 아홉이 폐쇄되었다"[107]고 할 정도였다. 그런데도 누구 한 사람 이러한 폐해를 지적하거나 특권을 포기하려 하지 않았다.

역로가 지나는 길은 평탄하고 지름길이었고 역참은 대개 일정한

---

107) 萬曆《保定府志》권26,〈驛傳〉.

거리에 두었으므로, 백성들이나 상인들은 이를 이용하여 여행 일정을 계산하고 방향을 정하였다. 그래서 대부분 역참의 배치와 상업로가 중첩되었다. 그러므로 역참은 국가에서 설립한 것이지만 관민 모두에게 중요한 기구였다. 마침 명 중엽부터 상공업이 발전하고 장거리 운송이 활발해지면서, 상인들은 상품의 안전을 도모하고 운송비를 절약하기 위해 역승이나 공무로 여행하는 관료를 매수하여, 화물을 관청의 물품으로 가장해서 관세를 회피하려 하였다. 그 때문에 역참에 과부하가 걸려 정작 역참을 이용해야 할 관원들이 쓰지 못하게 되고, 역 주변 백성들의 도망이 이어졌던 것이다.

명 중기부터 이렇게 역참제의 폐단이 심해지면서 역부의 모든 부담을 은(銀)으로 계산해서 대납하자는 주장이 나왔고, 강남의 일부 지방에서 은으로 대납을 허가하기 시작하였다. 세종 초년부터는 광동과 복건의 일부 지방에서 역참 관계의 역을 은으로 대납케 하고 그 은으로 역부를 고용하도록 하였는데 이를 관당(官當)이라 하고, 이전에 백성이 직접 부담하던 것을 민당(民當)이라 하였다. 이렇게 민당에서 관당으로 변화되면서 은납하는 방법을 당시에 참은(站銀＝역전은)'이라 하였는데, 요역 사차(四差, 이갑은·균요은·민장은·역전은) 가운데 다른 요역의 변화 방향(제5장 참조)과 같았다. 당시 농민들은 이러한 변화를 대단히 환영하였다.[108]

그런데도 장거정이 역참제를 적극적으로 정비하려 한 이유는 무엇인가? '역참의 역'이 문제가 된 것은 이를 이용하는 관료들이 무제한으로 이용한 때문이었고, 이를 개선하기 위해서 은납을 시행하였다. 그러나 은납한다고 해도 지역마다 은납의 부과 방법이 달랐다.[109] 어

---

108) 가정《韶州府志》권4,〈驛傳〉; 만력《順德縣志》권3,〈賦役〉(위경원, 1999, pp.731-742)
109) 蘇同炳,《明代驛遞制度》, 1969, 제4편, 역법.

떤 지역에서는 원래 실역을 부담하던 토지에만 은으로 환산하여 참은을 부과하는데, 어떤 지역에서는 현 전체 농민에게 부과하였다. 그 때문에 참은의 부담액이 지역에 따라 무려 67배의 차이가 나기도 하였다. 또한 이용하는 여행자는 늘어나고 요구는 급증하는데, 관에서는 그에 필요한 참은을 절반도 지급하지 않아서(十不給五), 그 모자라는 부분을 또다시 향민에게 부담시킨 때문에 부담하는 호에서는 처자를 팔거나 생명을 끊는 사례마저 있었던 것이다.[110]

장거정의 역참제 정비의 요점은 모두 6가지였다. 즉 ① 감합은 공무나 군무에만 사용하게 하고, ② 가마를 메는 인부와 말의 수를 규정 이상 초과하면 안 되며, ③ 감합을 가졌다 해도 마부·화촉·땔감은 해당 역참의 능력대로 공급할 뿐 함부로 백성을 징발해서는 안 되고, ④ 감합은 공무가 끝나면 반드시 반납토록 하며, ⑤ 내외 관원으로 초상을 치르러 가거나 승진 전보 등의 경우에는 감합을 발급해서는 안 된다. ⑥ 다만 재경 관원의 경우에는 감합이 없더라도 자나가는 곳의 지방관이 형편 닿는 대로 숙박과 호송의 편의를 제공하라.[111] 요약하면 공무라 해도 이용을 엄격하게 제한하는 것이었고, 이 모든 규정을 위반하면 탄핵한다는 것이었다. 이상의 규정은 문제가 되는 부분을 완전히 명초의 상태로 되돌리지는 못했지만, 실역을 은납화(銀納化)하고 이용을 대폭 제한한 것은 큰 의미가 있었다. 장거정에게는 '고성법'이라는 무기가 있었기에 강력하게 추진할 수 있었다.

장거정은 자신이 먼저 역참제 정비의 모범을 보이며 강력한 추진 의지를 보였다.[112] 만력 4년에 셋째 아들 무수가 과거시험을 보기 위

---

110) 呂景琳·若亞, 〈略論明代驛傳之役〉, 1997.
111) 《大明會典》 권148, 〈應付通例〉.
112) 위경원, 1999, pp.727-729; 주둥룬(朱東潤) 지음/이화승 옮김, 2011, p.177.

해 고향 강릉에 갈 때에도, 아들에게 스스로 마차와 인부를 고용토록 하였다. 부친의 생신 때에도 노복에게 직접 나귀를 타고 고향에 가게 하였다. 만력 8년(1580) 동생 거겸이 중병으로 고향으로 갈 때, 보정 순무 장로(張鹵)가 감합을 발급해 주자 꾸짖으며 즉시 반납케 하였다.[113] 감숙순무 후동래(侯東萊)의 아들이 규정을 어기고 역참을 이용하다가 언관의 탄핵을 받게 되었다. 감숙지방은 서북변의 중요한 거점이고 후동래는 타타르를 방어하는 중요한 인물이었으므로 장거정으로서는 난처하였다. 그러나 순무 한 사람보다는 공직기강을 바로 세우는 것이 중요하다고 생각하였다. 그래서 먼저 그 아들이 받을 수 있는 관음(官蔭)을 박탈하였다.

심지어 만력 5년에 산동순무 이세달(李世達)에게 보낸 서신[114]에서는, 역참제와 일조편법(당시 일부 지역에서 시행되고 있었음)을 적극 추진하려는 의지로, "법은 백성이 편해야 한다", "가문이 망하는 것도 불구하고 공무를 수행하겠다", "힘이 다하면 죽음이 있을 뿐이다"와 같은 표현으로 백절불굴의 정신을 피력하고 있다. 만력 8년에 "나라를 잘 다스리는 요체는 백성의 안정(安民)에 있다"고 한 말은 장거정의 진심이었다.[115]

역참제 개혁에서 가장 걸림돌이 되는 것은 환관과 연성공(衍聖公, 공자의 적손이 대대로 세습하였던 작위)이었다. 환관은 황제의 분신이니 함부로 간섭할 수 없어, 그들의 영수인 풍보가 처리하도록 부탁할 수밖에 없었다. 또 당시의 연성공은 공자의 64대손 공상현(孔尚賢)이었다. 그는 성현의 후예로서 모든 면에서 모범을 보여야 하였으

---

113)《張居正集》第2册, 권25, 書牘12,〈答保定巡撫張誅東〉, p.918.
114)《張居正集》第2册, 권22, 書牘9,〈答總憲李漸菴言驛遞條編任怨〉, p.648.
115)《張居正集》第2册, 권25, 書牘12,〈答福建巡撫耿楚侗言治理安民〉.

나 오히려 그 반대였다. 공상현은 입조하는 길에서는 토색하고, 백성을 멋대로 노역시키면서 장거정이 정한 역참제 규정을 어겼다. 만력 9년에는 그의 서모 곽씨가 상현의 죄상을 고발해왔다. 이를 기회로 장거정은 산동순무 하기명(何起鳴)과 상의한 후에 연성공의 입조(入朝)를 매년 한 번에서 3년에 한 번으로 조정하였다.[116] 장거정의 끈질긴 역참제 개혁 규정에 저촉되어 제재를 받은 내외관이 수십 명이나 되었다.[117]

장거정의 역참제 정비로 국가의 재정 부담이 상당히 줄어들게 되었다. 《대명회전》에 따르면 만력 5년(1577)에는 역전은〔站銀〕의 원액이 3,130,172냥이던 것을 2,187,832냥만 거두게 하여 952,304냥, 즉 30.4퍼센트를 감축케 하였다.[118] 이러한 역전은 개선 효과는 뒤에 일조편법을 전국에 시행하면서 더욱 더 늘어났을 것이다. 원래 요역 사차(四差)는 각각 별도로 징수했으므로 역전은의 비율이 4차 전체의 3분의 1을 웃돌 만큼 부담이 과중하였다.[119] 그런데 일조편법을 실시하면서부터는 사차 모두를 합병하여 일조로 징수하였기 때문에 역전 부담이 훨씬 완화될 수 있었으므로 백성들은 대단히 환영하였다.[120] 최근 연구에 따르면 역참제 정리 후에 부담이 전보다 대개 3분의 1이 감소되었다고 한다.[121] 역참제의 개혁은 역참 주변의 백성에게는 이렇게 큰 혜택을 주었으나, 종래 역참을 자유자재로 이용하던 관료

116) 《張居正集》第2册, 권25, 書牘12, 〈答藩伯徐中臺〉; 《張居正集》第2册, 권25, 書牘 12, 〈答山東巡撫何來山〉.
117) 위경원, 1999, 728-729.
118) 《大明會典》 권148, 〈驛遞事例〉.
119) 呂景琳·若亞, 1997, p.153.
120) 光緒 《漳州府志》 권14(呂景琳·若亞, 1997, p.155 轉引); 呂坤, 〈書太岳先生文集後〉, 《張居正集》第4册, 권47, p.502; 龐尙鵬, 〈題爲均徭役以杜偏累以紓民困事〉, 《明經世文編》 권357.
121) 陳生璽, 2012, pp.73-78.

들은 장거정에게 철천지한(徹天之恨)을 품게 되었다.

그런데 장거정이 이렇게 적극적으로 추진한 역참제 정비도 그가 눈감은 후에는 '도로 아미타불'이 되고 말았다. 《신종실록》에서는 "수년 동안 역참의 부담이 완화되는가 싶더니 10년 이후에는 또다시 무거워져서 세종과 목종 시대로 되돌아가고 말았다"[122]고 한다. 역참제 문제가 재발하자, 산동성 문상현지(汶上縣志) 찬자는 "나라와 민족을 생각하는 사람은 응당 장거정의 역참제 정비를 생각해야 한다"[123]고 하였다.

명나라가 망하기 직전 숭정시기에도 역참제를 재정비해 보려는 노력이 있었으나 결국은 성공하지 못하였다. 그 때문에 갈수록 농민의 부담이 증가하면서 노역을 부담하는 역졸들이 도망하였고, 심지어 명말에는 역졸들이 도적이나 반란군에 가담하면서 역참이 황폐되었다. 역참은 명조의 멸망과 함께 사라지고, 청대의 재정비를 기다릴 수밖에 없었다.

제7절 장거정에 대한 탄핵

장거정이 고성법으로 공직기강을 바로 세우며, 퇴폐해 가는 학생의 풍기를 바로잡고, 역참제를 정비하며, 일부의 용관과 탐관오리를 정리하는 등 신사와 세호대가의 기득권을 침해하자, 만력 3년부터 그

---

122)《神宗實錄》권156, 만력 12년 12월 신유조, p.2886.
123)《天下郡國利病書》第15册, 山東上, 汶上縣志, 驛傳, p.170a.

에 대한 반발이 나타나기 시작하였다.

만력 3년(1575) 2월에 남경호과급사중 여무학(余懋學)이 장거정의 개혁에 대하여 풍자적으로 비판한 상소[陳五議以裹化理疏][124]를 올렸다. 장거정은 여무학을 파면시키도록 명령하였다. 12월에는 어사 부응정(傅應禎)이 "황제의 권위를 높이고 언로를 넓히라"는 상소를 올렸는데,[125] 장거정은 이것이 암암리에 자기의 실정을 풍자한 것이라 생각하여 호되게 꾸짖었고, 오래지 않아서 충군(充軍)시켰다. 이에 대해 두세 명의 언관이 감옥을 방문하여 위로한 것이 장거정의 심기를 상하게 하여 이들도 함께 좌천되었다.

같은 12월에 요동순무 장학안(張學顔)과 요동총병 이성량이 토만 부족의 연합군을 대패시키는 대첩을 올렸다. 이때 요동순안어사 유대(劉臺)가 요동순무 장학안보다 먼저 베이징에 보고를 올린 일이 있었다.[126] 이것은 명대의 규정으로 보면 월권 행위였으므로 장거정은 유대를 심하게 꾸짖었다. 명대의 지방관은 문관으로는 좌포정사와 우포정사, 무관으로 도지휘사, 변방의 요새를 지키는 총병관이 있었다. 그리고 후에 순안·순무·총독이 생겼는데, 이들은 엄밀히 말하면 감찰관이지 지방관은 아니었다. 또 이들의 관품도 반드시 높은 것도 아니었지만, 지방관들은 형식상으로는 이들의 감독을 받아야 했다. 더구나 정통 4년(1439)의 규정에 따르면, 순안어사는 군무에는 간여할 수 없었다. 그러므로 이때의 보고는 응당 요동순무 장학안의 소관이지, 유대와는 관계가 없었다. 장거정은 바로 이렇게 순무와 순안 사이에 오해하기 쉬운 직권을 바로 잡으려 한 것이었다. 그런데 유대의 생각은

---

124) 《神宗實錄》 권35, 만력 3년 2월 경진조, p.2886.
125) 《明史》 권229, 〈傅應禎傳〉.
126) 주둥룬(朱東潤) 지음/이화승 옮김, 2017, pp.198-201.

달랐다. 자신도 어사이고, 장학안도 '우부도어사 순무요동지방'으로 역시 어사라고 생각하였다. 그러므로 감찰관은 모두가 중앙관인데, 순무는 왜 군대를 움직일 수 있고, 순안은 보고조차 먼저 할 수 없는지 납득할 수 없었던 것이다.

장거정의 본심은 그가 만력 9년에 소송순안 증사초(曾士楚)에게 쓴 서신[127]에 잘 표현되어 있다. 장거정은 변방의 총독이나 순무는 어사의 견제를 받아서는 안 된다고 생각하여 엄하게 질책한 것인데, 유대는 이 일로 장거정에게 악의를 품게 되었다.

이듬해(만력 4년, 1576) 정월, 요동순안어사 유대가 '① 조종의 법을 멸시하면서 재상 자리에 앉아 있고, ② 개인의 사사로운 정에 따라 멋대로 관리를 임명하면서 고성법으로 관료를 억압하며, ③ 언관을 탄압하고, ④ 부정하게 재산을 모은다'고 비판하면서, 장거정의 재상권을 박탈하라는 탄핵 상소를 올렸다.[128] 즉 ①은 태조 홍무제가 재상을 폐지한 것을 위반했다는 것이고, ②는 장사유와 장한을 대학사와 이부상서에 임명한 것을 비판한 것이며, ④는 요왕 등 종번을 모함하고 부정하게 재산을 모았다는 것이었다.

유대는 융경 5년(1571)에 장거정이 회시의 총재관으로서 뽑았던 진사였으므로 장거정의 문생이었다. 그러므로 유대의 이번 탄핵은 장거정이 "명대 2백 년 이래 자기를 합격시킨 스승을 탄핵한 일은 없었다"고 할 만큼 큰 충격이었다.[129] 그래서 장거정은 신종에게 자신이

---

127) 《張居正集》第2冊, 권26, 書牘13, 〈答蘇松巡按曾公士楚言撫按職掌不同〉.

128) 《明史》 권229, 劉臺傳.

129) 장거정은 융경 5년(1571) 2월 회시에서 주고관(主考官)을 맡았다. 명대의 관행으로 보면, 주고관과 합격한 진사 사이에는 좌주문생(座主門生) 관계가 성립되는 것이 상례였다. 그런데 이때 유대를 포함하여 진사로 발탁된 몇 명은 후에 오히려 장거정 탄핵에 앞장섰다. 그러므로 장거정이 고공과는 달리 당파를 만들지 않은 것은 특이한 일이었다. 장거정은 이미 가정 32년에 동고관(同考官)을 맡은 바 있다.

물러날 뜻을 밝히는 상소를 올리며 통곡하였다. 신종은 당연히 만류하였다. 그 후로도 장거정은 3번이나 사직 상소를 올렸다. 그러나 신종은 '소인배들의 왈가왈부에 개의치 말라'고 만류하고, 환관 손륭(孫隆)을 보내 위로하였다. 장거정도 사실은 권력을 쉽게 포기할 수는 없었다.[130]

신종은 유대를 파면하고 정장 100대를 쳐 변방으로 방출시키도록 하였다. 그러나 장거정은 유대에 대한 원한과 분노를 억누르고, 정장만은 면한 채 파면시키도록 건의하였고, 아울러 그의 아버지와 아우도 연좌제로 다스리게 하였다.[131] 그런데 그 후에 상보사경 왕초(王樵)가 또 다시 간관들의 언로를 보장해야 한다고 주장하였다. 이에 노한 장거정은 그를 남경 홍려시경으로 좌천시켜 버렸다. 장거정은 이러한 일련의 사건을 겪으면서, 새롭게 경각심을 갖고 개혁에 대한 결심을 굳히게 되었다.[132]

그런데 유대가 장거정을 탄핵한 내용에는 과장된 부분도 있었지만 사실에 부합하는 면도 있었다.[133] 예컨대 '장거정의 축재'에 대한 지적도 그만한 근거가 있었다. 명대에 뇌물 주고받기와 부정부패는 관료 사회 전체에 만연되어 있었다. 엄숭이 수보로 집권하던 세종 중말기가 그 정점이었고, 그러한 관행은 그 후에도 당연히 계속되었다. 관료의 부정부패는 관료 당사자뿐 아니라 그 가족과 노복 등이 연루되어 있었으므로, 벗어나기가 대단히 어려웠다. 뇌물 주고받기가 가장 성했던

그때 발탁된 진사로 방상붕(龐尙鵬) · 양몽룡(梁夢龍) · 진서(陳瑞) · 증성오(曾省吾) 등은 장거정과 가까웠고 모두 상당한 업적을 남겼다.

130) 《張居正集》 第1冊, 권4, 奏疏4, 〈被言乞休疏〉 · 〈謝恩疏〉.

131) 《萬曆邸抄》, 만력 9년 2월.

132) 《張居正集》 第2冊, 권21, 書牘8, 〈答奉常陸五臺論治體用剛〉, p.581.

133) 주둥룬(朱東潤) 지음/이화승 옮김, 2017, pp.201-205; 유지금, 2006, pp.296-298.

곳은 광동지방이었다. 장거정은 광동사회가 오랫동안 혼란하고 치안이 불안한 원인은 관료의 부정부패 때문이라고 지적한 바 있다.134)

　장거정의 경우 역시 그 자신보다도 부친을 비롯한 가족과 동족들이 문제였다. 장거정은 한림원 시절부터 자기 자신에게는 철저한 편이었다.135) 그러나 부친 장문명(張文明)의 욕심과 방탕은 심각한 수준이어서, 장거정도 그러한 고충을 토로한 바 있다.136) 뇌물은 장거정에게 직접 주는 것보다, 고향 집에 보내는 것이 훨씬 효과적이었다. 융경 6년(1572)에 호광순무 왕도곤과 운양순무 능운익이 장거정의 고향에 공덕을 기리는 패방(牌坊) 건설을 제안하였다. 명대에 대학사 정도의 고관이라면 패방을 건설하는 것은 보편적인 일이었다. 장거정은 패방 건축 자체는 거절했지만, '패방 건축 비용을 금전으로 계산하여 고향집에 주겠다'는 그들의 기발한 제안에 대해서는 적극적인 거절은 하지 않았을 뿐 아니라, 오히려 그렇게 해 주면 그 돈으로 부친이 점거하고 있는 요왕부 값으로 정부에 납부하겠다는 뜻을 내비쳤다.137) 결국 그 돈은 요왕부를 구입하고 대규모로 수리하는 데 사용하였다. 그러므로 패방을 건설하지는 않았지만 호광 백성들에게 민폐를 끼치기는 마찬가지였다. 더구나 이 공사는 호광순무 왕도곤이 계획하고 추진하였지만 금의위 군사도 동원되었고, 만력 원년에 후임

---

134) 《張居正集》第2册, 권23, 書牘10, 〈答兩廣劉凝齋條經略海寇四事〉.
135) 《張居正集》第2册, 권18, 書牘5, 〈答司馬王繼津〉;《張居正集》第2册, 권18, 書牘5, 〈答工夫郎中劉公伯燮言用人毁譽〉;《張居正集》第2册, 권24, 書牘11, 〈答兩廣劉凝齋論嚴取與〉.
136) 《張居正集》第2册, 권18, 書牘5, 〈與楚撫趙汝泉言嚴家範禁請託〉;《張居正集》第2册, 권19, 書牘6, 〈答總憲廖春泉〉.
137) 《張居正集》第2册, 권17, 書牘4, 〈答荊州道府辭兩院建坊〉·같은 책 권18, 書牘5, 〈與楚中撫臺辭建第助工〉;《明史紀事本末》권61, 〈江陵柄政〉참조. 원래 요왕부(遼王府)인데 융경 2년 12월에 요왕(遼王) 헌절(憲㸅)이 폐서인된 후, 장거정가에서 부제(府第)로 점거하고 있었다.

순무 조현(趙賢)이 완성하였다.

이 집의 공사는 장거정 스스로도 놀랄 만한 큰 공사였다.[138] 신종
은 그 집 안의 당명 순충당(純忠堂), 루명 봉일루(捧日樓)라는 친필 편
액을 써 주었고, 또 사직지신(社稷之臣)·고굉지좌(股肱之佐)라는 어필
대자(大字) 두 폭과 "정기만세(正氣萬世)"와 "휴광백년(休光百年)"이라
고 쓴 친필 대련(對聯), 내탕금 1천 냥을 하사하였다.[139] 장거정은 정
치적으로는 절검과 검약을 요구하였으나, 자신의 사생활 면에서는 이
렇게 대단히 사치하였다. 장거정의 고향에는 그를 위해 세워진 패방
7-8좌(座)가 있었고, 공덕을 칭송한 대련은 대청에 높이 걸어 놓고
즐겨 보았으며, 황금으로 된 대련은 책상 위에 놓고 즐겼다.[140]

그런데 이 일은 장거정의 '뇌물의 문'이 열리는 계기가 되었다.[141]
만력 2년에는 형주지부가 형주부 남부를 지나는 장강가에 새로 생긴
사주(沙洲＝淤洲)[142]를 장거정에 주겠다고 제안하였다. 새로 생긴 사
주는 매우 기름진 땅으로 응당 국유재산이지만 개인이 먼저 차지하고
사유지로 보고할 수도 있었다. 이에 대해 장거정은 완곡하게 거절하
였지만 부친이 받았다. 만력 3년에는 운양순무 유병인(劉秉仁)의 예물

---

138) 《張居正集》第2冊, 권18, 書牘5, 〈與楚撫趙汝泉言嚴家範禁請託〉.
139) 《張居正集》第1冊, 권3, 奏疏3, 〈謝堂樓額名并賜金疏〉; 《神宗實錄》 권14, 만력 원
    년 6월 갑자, p.442; 《嘉靖以來首輔傳》〈張居正傳〉; 沈德符, 《萬曆野獲編》 권9, 內
    閣, 〈宰相對聯〉.
140) 유지금, 2006, p.298.
141) 《張居正集》第2冊, 권19, 書牘6, 〈與荊南道府二公〉; 같은 책, 권20, 書牘7, 〈答劉
    虹川總憲〉·〈答傅諫議〉("此實物何處得來, 恐非縣令所宜有也"); 같은 책, 권23, 書牘
    10, 〈答棘卿劉小魯言止創山勝事〉.
142) 사주(＝淤洲)는 홍수 후에 강의 양변이나 호수 주변에 흑탕물이 침전되어 바다
    이 높아져서 생긴 땅이다. 명대부터 호광인들은 이렇게 생긴 땅의 주변에 완제(垸
    堤)라는 제방을 쌓아 농지로 사용하였다. 명 중기부터 "호광숙천하족(湖廣熟天下
    足)"이란 속담이 생길 정도로 호광지방이 개발된 배경에는 이러한 농토가 대거 증
    가하였기 때문이었다. 오금성, 2007A, 제1편, 부록1 참조.

을 완곡하게 거절하였고, 지현 부응정(傅應禎)이 보낸 보물도 되돌려 보냈다. 만력 6년에는 대리시경 유일유(劉一儒)가 호북 당양현 왕천사(王泉寺) 부근의 경치 좋은 곳을 매입해서 정원과 정자를 건립하겠다는 제안도 거절하였다. 만력 7년에는 그동안 전공이 출중한 요동총병 이성량(1526-1615)을 영원백(寧遠伯)에 책봉하고 세록 800석을 주도록 추천하였다. 이때 이성량은 감사의 표시로 황금 1,000냥과 은 일만 냥을 장거정에게 보냈지만 장거정은 정중하게 거절하였다. 문화대혁명 후에 장거정의 목관을 개관해 보니, 근 380여 년 지났는데도 뼈가 약간 남아 있고 옷은 모두 없어졌다. 도굴되지는 않았는데 관내에 옥대(玉帶) 1개와 연대(硯台) 1개 뿐, 부장품은 보잘 것 없었다.

장거정은 후에 전국적인 토지 측량〔丈量〕을 명령하면서(제5장 참조), 아들 사수(당시 한림원 편수)에게 고향 본가의 세량 숫자를 조사해 보게 했다. 그 결과, 총 640여 석분의 우면을 받고 있음을 알게 되었다. 장거정이 받을 수 있는 우면액은 90석 정도였고, 나머지 550석은 99명이 궤기(詭寄, 위탁해 온 것)한 것이었다.[143] 장거정은 일찍이 "우면을 잘 감독하면 궤기는 자연히 감소될 것이고, 궤기가 감소되면 세금도 자연히 공평하게 될 것"[144]이라 하였지만, 본인도 모르는 사이에 자기 고향집에서도 많은 토지를 위탁받아 규정 이상의 우면을 받고 있었던 것이다. 이러한 일이 일어나는 것에 대해 그 자신도 '주는 대로 다 받았으면 굉장한 부자가 되었을 것'이라고 놀라고 있다.[145] 그렇지만 이러한 '뇌물의 문'은 그가 권좌에 있는 동안 아마도 닫히지 않았을 것이고, 재산은 계속 증가하였을 것이다. 복왕 상

---

143) 《萬曆邸鈔》, 萬曆九年四月, 〈湖廣巡撫陳省題〉.
144) 《張居正集》第2冊, 권21, 書牘8, 〈答應天巡撫宋陽山〉.
145) 《張居正集》第2冊, 권24, 書牘11, 〈答兩廣劉凝齋論嚴取與〉; 《張居正集》第2冊, 권26, 書牘13, 〈答鄖陽巡撫楊本菴〉.

〈그림 52〉 명대 구영의 청명상하도 가운데 운하도 부분(요녕성박물관 소장).

순(常洵)이 장거정의 재산을 몰수하라고 상주한 것[146]도 그 때문이었고, 장거정이 눈을 감은 후에 고향 집에서 나온 막대한 재물을 보아도 알 수 있다. 그러므로 장거정의 재산 축적을 지적한 유대의 상소는 근거가 있는 것이었다.

제8절 치수(治水)와 조운(漕運) 정비[147]

장거정은 이미 융경 2년에 처음으로 대학사가 되면서부터 황하와 회수(淮水)의 수리와 대운하를 통한 조운(漕運)에 관심을 가지기 시

---

146) 《明史》 권120, 〈福王 常洵傳〉.
147) 조영헌, 《대운하와 중국상인》, 2011; 위경원, 1990·2017; 姚漢源, 《京杭運河史》, 1998.

작하였다.[148) 성조 영락제 19년(1421)에 베이징의 자금성(紫禁城)을 완성하고 그때까지의 수도 남경에서 9백㎞ 이상 떨어진 베이징으로 천도하였다.[149) 그 후로 명나라의 정치 중심은 베이징이었지만 경제 중심은 오히려 멀리 1천 ㎞나 떨어진 강남지방이었다. 그 때문에 매년 4백여만 석의 조량(漕糧)은 대운하(1,794㎞)를 통해서 북으로 운반해야 되었다[漕運]. 명대에 대운하를 통해 유통된 물자는 조량·외국 사신의 조공품·토의(土宜)[150)·개인 화물등 크게 네 종류였다.[151) 15세기 중엽부터는 약 12,000척의 조운선에 121,500여 명의 운군(運軍)이 400만 석의 조량 운반에 동원되었다.[152) 그러므로 만일 운하가 막히면 북방은 공황상태에 빠지고, 국가의 존망도 위태롭게 되었다. 원나라(1272-1368)가 중국을 지배한 지 겨우 100년도 못 되어 망한 원인 가운데 하나도 홍건군이 운하를 점령한 때문이었다. 그러므로 운하는 명나라의 생명선이었고, 조운은 국가의 재정뿐 아니라 국방과도 밀접한 관계가 있었다.

그런데 운하는 기후 변화에 따라 예측이 불가능하기 때문에 언제나 안전한 수로는 아니었다. 또한 400만 석의 조량 운송을 위해 그 3~4배에 달하는 1,500만 석 이상의 운송비용이 소모되었으므로, 대운하의 물류가 '효율적'이라고 보기는 어려웠다. 그 때문에 가끔 대안으로 해운(海運) 방법이 제기되기도 하였지만, 16세기에는 현대와 같은 조선술과 항해술이 없었기 때문에 훨씬 위험한 길이었다. 언제 보아도

---

148)《張居正集》第2册, 권14, 書牘1,〈答河道巡撫翁見海〉, 융경 2년 p.27.
149) 아라미야 마나부(新宮學) 지음/전순동·임대희 옮김,《북경 천도 연구》, 2016, 제3~4장 참조.
150) 조운선에 공식적으로 싣도록 허락받은 개인 화물. 명조는 운군(運軍)의 어려운 경제사정을 고려하여 허락하였다.
151) 조영헌, 2011, pp.68-71 참조.
152) 席書 編,《漕船志》, 권3〈船紀〉, 2b-3a.

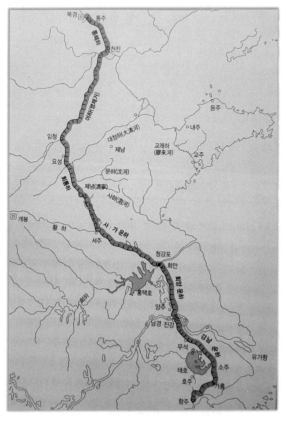

마음이 아픈 《심청전》의 내용도 당시 바닷길이 대단히 위험하였던 점을 말해 주는 것이다.

내륙을 통과하는 운하가 때로는 위험했던 것은 중간에 황하와 회수를 가로지르는 위험도 있었고, 또한 수많은 지류를 관통해야 했기 때문이다. 황하와 회수는 그 자체만으로도 수시로 범람하는 수로였는데, 명대에는 황하와 회수의

〈그림 53〉 대운하와 조운로(조영헌, 2011, p.64)

수로가 하나로 합쳐져 있던 시기였고, 거기에 운하까지 관통하면서 물길이 더욱 복잡하게 되었던 것이다. 《회안부지》(淮安府志)[153]에는 "회수(淮水)를 다스리는 것은 황하를 다스리기 위함이요, 황하와 회수를 다스리는 것은 대운하를 다스리기 위함"이라 하고 있고, 명청시대의 관료들은 "황하는 운하의 적(敵)"이라고 할 정도였다.

황하는 중류의 황토 고원지대를 지나는 과정에서 막대한 토사를 머

---

153) 乾隆《淮安府志》권6, 河防, p.16a.

금고 내려오다가, 물의 속도가 느려지는 중하류에 이르러서 토사가 쌓여 강바닥이 높아지면서, 강이 범람하면 물줄기가 변화되곤 하였다. 황하에서는 역사상 1,500여 회의 홍수가 났고, 물줄기도 20여 차례나 바뀌었다. 그 가운데 크게 변화된 것만 하여도 6차례(B.C.602, A.D.12·1048·1194·1493·1855)였다. 황하는 원래 산동반도 북부를 지나 발해만으로 유입되었는데, 그 가운데 1·2·3차는 산동반도 북부에서 물줄기가 변화되었다.

그런데 12세기 말에 있었던 제4차 개도(開道) 시기부터 대규모의 범람을 이기지 못한 물줄기가 산동반도 남쪽으로 방향을 틀면서 회수의 물줄기를 덮쳐, 두 강이 하나로 합쳐져[淮·河合會] 서해로 유입되기 시작하였다. 이렇게 되자 이전에 회수의 수량만 가지고도 가끔 범람하던 수로에 새로이 황하의 수류가 합쳐져 물의 양이 훨씬 많아지게 되었다. 황하의 물이 적을 때는 황하와 회수의 물이 함께 흘러도 그리 큰 문제는 없었다. 그러나 홍수로 황하의 물이 불어나면 회수의 물은 황하의 물에 밀려 길을 잃고, 거꾸로 운하로 밀려들어서 회안(淮安)과 양주 일대에 큰 재앙을 야기하곤 하였다. 황하의 물길은 제4차 개도 후에도 가끔 변화가 계속되었고, 15세기 말에 유대하(劉大夏, 1436-1516)가 황능 강제(江堤)를 축조한 제5차 개도로 일시적으로 안정되었지만, 그 후로 19세기 중엽까지 수시로 범람하였다. 황하가 현재와 같이 산동반도 북부를 지나 발해만으로 유입되게 된 것은 19세기 중엽에 있었던 제6차 개도 때부터이다. 중국의 제방기술은 이미 송나라시대부터 상당히 발달해 있었다. 그러므로 명대에 제방기술은 그리 큰 문제는 없었다. 그러나 현실적으로는 정치·경제적 이해관계가 얽혀서, 황하와 운하의 치수는 그저 제방을 쌓아 물이 넘치지 못하게 하는 수준의 소극적인 방책에 그칠 수밖에 없었다.

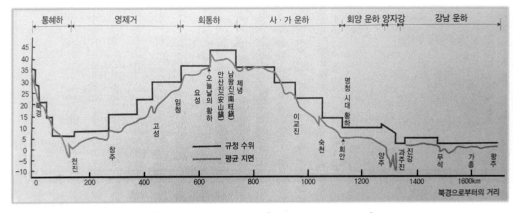

〈표 2〉 대운하 단면도(조영헌, 2011, p.123)

융경 4년(1570) 9월에는 비주(邳州)에서 둑이 터져, 휴녕(睢寧)에
서 숙천(宿遷)까지 180여 리(약 100km)가 침수되어, 강남에서 운하를
통해 오던 조량선이 막히고 말았다. 그러자 융경 5년에 조운총독 왕
종목(王宗沐)이 "조량 운반에 운하와 해운을 겸용하자"고 상주하였다.
그리고 융경 6년 3월에 미곡 12만석을 회수에서 바다로 나가 천진까
지 운반하는 해운을 시도하였는데, 그 가운데 3,200석(2.7퍼센트)을
잃었다. 그러자 남경급사중 장환(張煥)은 "미곡은 보충할 수 있지만
사람의 목숨은 어떻게 보충할 것인가?"라고 탄핵하였다.[154] 그러나
장거정은 그가 인재임을 알아보고, "처음 시도한 일이어서 약간 손해
는 있었지만 국가 대사에는 큰 문제가 안 된다"[155]면서 그를 변호하
고 보호해 주었다.

융경 6년과 만력 원년에서 2년까지 연속 3년 동안 남방에서 운반
해 오기로 되어 있던 조량 매년 4백만 석이 순조롭게 도착하였다. 이
에 장거정은 "지금 태창에 비축된 곡식은 1,300여만 석으로 5-6년은

154) 주둥룬(朱東潤) 지음/이화승 옮김, 2017, pp.120-123.
155)《張居正集》第2册, 권17, 書牘4,〈答巡漕張懷洲〉, p.334, 융경 6년.

〈그림 54〉《천공개물》에 실린 조방도. 대운하를 통하여 강남의 곡물을 북경으로 운반하는 조운선의 모습이다.

버틸 수 있다"[156]고 하면서, 조운총독 왕종목을 칭찬하고 격려하는 서신을 보냈다. 그런데 이렇게 국가 재정이 바야흐로 안정되는가 싶던 만력 2년(1575) 하반기에 황하가 대거 범람하여 회수까지 덮치는 큰 홍수가 발생하였다. 더구나 바로 다음 3년에도 황하가 범람하여 황하와 회수의 제방이 붕괴되고 황하의 물이 회수를 거쳐 장강에까지 이르렀고, 그 때문에 회수와 양주, 고우(高郵) 일대에 엄청난 공황이 발생하였다. 장거정은 일단 남경공부상서 유응절(劉應節)과 시랑 서식(徐栻)을 산동으로 보내서 순무 이세달과 함께 교래하(胶萊河, 산동반도를 남에서 북으로 가로지르는 강)를 열도록 하였다. 첫째는 황하의 범람을 완화시키기 위함이요, 둘째는 조운을 어느 정도 안정시키기

---

156) 《張居正集》 第2册, 권19, 書牘6, 〈答河漕王敬所〉.

위함이었다. 그러나 큰 성과는 얻지 못하였다. 장거정은 운하를 이용해본 경험도 없었고 수로를 다스려 본 경험은 더더구나 없었다. 더구나 멀리 내각의 높은 곳에 앉아 있으니 현지의 사정을 정확하게 판단할 수도 없었다. 그러나 사태가 아무리 엄중해도 관료들은 자기주장만 늘어놓으면서 장거정의 결단만 기다리고 있었다.

명대에 수로를 관리하는 관료는 하도총독과 조운총독이 있었다. 하도총독은 서주 이상의 황하를 관리하였고, 조운총독은 그 아래의 황하와 대운하의 조운을 관리하였다. 그런데 조량이 통과해야 하는 하도(河道)에 문제가 생길 경우에는 조운선이 북상할 수 없었으므로, 운하의 수리문제에 조운총독도 관여할 수밖에 없었다. 그래서 후에는 회안(淮安)을 경계로 하여, 조운총독은 회안으로부터 바다로 들어가는 하도를 관장하도록 하고, 회안 이상의 하도는 전과 같이 하도총독이 관장토록 하였다. 그런데 회안에서 차성(茶城)까지는 황하를 이용한 조운인데, 하도총독은 이 부분 가운데 황하까지만 관리하게 되어 있으므로, 하남 위쪽의 황하를 관리하는 관료가 없었다. 그 때문에 이해관계가 엇갈려 하·조 두 기구 사이에 마찰이 끊이지를 않았다.

그러던 중에 만력 4년(1576) 7월에는 황하가 바다로 들어가는 입구인 초만(草灣)의 물길 정리가 완성되어 수리 문제에서 상당한 성과를 거두었다. 그해 2월에 조운총독 오계방(吳桂芳)이 "바다로 들어가는 물줄기를 여러 개로 나누면 한 줄기로 분류하는 홍수의 피해를 조금이나마 줄일 수 있다"고 주청하였다. 장거정은 오계방의 의견에 찬동하였고, 오계방은 용기를 얻어 황하가 바다로 들어가는 지점인 초만의 공사를 착수하였다.[157] 그러자 이 공사는 조운에 영향을 주고 하류

---

157) 《張居正集》 第2冊, 권21, 書牘8, 〈答河道吳自湖〉；《張居正集》 第2冊, 권21, 書牘8, 〈答河道吳公桂芳〉.

의 백성이 피해를 볼 수 있다는 반론이 일어났지만, 상류 백성의 어려움을 구하기 위해 일시적인 곤란은 감수해야 된다는 생각에서 재차 오계방을 격려하였다. 그 결과 그해 7월에 초만 공사가 완공되자, 신종은 8월에 상으로 은을 하사하였고, 장거정도 오계방에게 만족과 신임을 표했다.158)

만력 4년에서 5년에 걸쳐 하도총독 부희지(傅希摯)와 조운총독 오계방이 계속 마찰을 빚었다. 그런데 만력 5년(1577) 8월에 황하의 둑이 최진(崔眞)에서 터져서 그 물이 회수를 덮쳐 고우와 보응(寶應) 등 호수가 범람하였고 회안과 양주 일대에 큰 홍수가 일어났다. 그러자 관계자들 사이에서 이에 대한 해결 방법이 두 가지로 갈렸다. 조운총독 오계방은 회수의 물을 황하로 유입시키자〔挽淮入河〕는 주장이었고, 하도총리 부희지159)는 이에 반대하였다. 그런데 급사중 탕빙윤(湯聘尹) 등은 회수의 물길을 장강으로 돌려 황하와 회수를 분리〔從淮入江〕시켜야만 회안과 양주 두 지방이 안전해질 것이라 주장하였지만, 장거정은 결단을 내리지 못하고 있었다. 5년 9월에 부희지는 섬서순무로 전보시키고 산동순무 이세달에게 하도총독을 맡겼다. 이윽고 장거정은 문제가 담당자의 현실 인식인 것을 깨달았다. 그래서 바로 10월에 다시 이세달을 전보시키고, 오계방에게 총독조운겸제독군무순무봉양등처병부좌시랑에 봉하여 황하와 조운을 같이 맡도록 하였다. 이로써 황하의 수로와 조운을 별도로 담당하던 두 조직이 합병되어, 비로소 갈등이 해소되었다.

---

158)《張居正集》第2册, 권21, 書牘8,〈答河道吳自湖言蠲積連疏海口〉.
159)《張居正集》第2册, 권22, 書牘9,〈答河漕傅后川〉.

제9절 장거정의 수신제가

장거정은 만력 4년 10월에 정1품으로 9년 고만(考滿)[160]의 임기가 만료되었다. 이에 신종은 그에게 좌주국(左柱國, 정1품 관료의 최고 훈계)의 칭호와 함께 태부(太傅)로 승진시키고 백작의 봉록과 함께 아들 하나를 상보사승직으로 음서(蔭敍)[161]한다는 성지를 내렸다. 이것은 관례에 따른 자연스러운 승진이었지만, 그러나 장거정은 태부와 백작 봉록은 극력 사양하였다. 신종은 "선생은 선제(先帝)의 유촉을 받고 어린 짐을 도와 오셨습니다. 지금 세상이 평화롭고 사이(四夷)가 복속된 것은 모두가 선생의 보좌 덕분입니다. 선생은 온 몸을 다 바친 충정으로 큰 공훈을 세웠는데[精忠大勳], 짐은 그것을 말로는 다 표현할 수 없고 관직으로도 다 채워드리지 못하니, 오직 조종열성(祖宗列聖)들께서 선생의 자손들을 기억하시고 도와주셔서 세세토록 복락을 누리기를 바랄 뿐입니다."라고 하였다.[162] 신종과 장거정의 군신 관계가 참으로 끈끈했음을 알 수 있다. 그러나 장거정이 계속하여 고사하자 신종도 할 수 없이 태부와 백작봉록은 거두어 들였다.

---

160) 명대 관리고과제도의 한 가지. 관리는 3년 임기가 찼을 때 시험을 보는데 이를 초고(初考)라 하고, 6년에 재고(再考), 9년을 통고(通考)라 한다. 방법은 이부(吏部)에서 근무평가를 해서 칭직(稱職)·평상(平常)·불칭직(不稱職)의 3등으로 나누어 승진과 강등을 결정한다. 고급관리가 임기가 찼을 때[考滿] 황제가 특별장상(特別獎賞)을 내리는 것을 가은(加恩)이라 한다.
161) 공신이나 현직 고관에게 과거를 통하지 않고 관리로 채용하던 것.
162) 《張居正集》第1册, 권5, 奏疏5, 〈考滿辭免恩命疏〉; 같은 권, 奏疏5, 〈考滿謝手勅加恩疏〉; 同권, 奏疏5, 〈再辭恩命疏〉: 같은 권, 奏疏5, 〈三辭恩命疏〉.

만력 2년(1574)에 《목종실록》이 완성되자 신종은 장거정에게 아들 하나를 중서사인으로 음서토록 하였으나 두 번이나 상소를 올려 사양한 적이 있었다. 또 만력 5년(1577)에 장거정이 총재관으로 《세종실록》이 완성되자, 신종은 내각에 공이 있는 사람의 명단을 작성토록 했는데, 이번에도 자기 자신은 제외시켰다. 신종은 다시 작성할 것을 명했지만 역시 극력 사양하였다.163) 장거정은 이러한 사양으로 자신의 충정을 알리는 동시에, '명리(名利)만을 쫓는 관료사회의 악습에 경종을 울리려 한 것'이었다.164)

만력 5년(1577) 3월의 전시(殿試)에서 둘째 아들 사수가 제1갑 제2등인 방안(榜眼)으로 합격하였다. 사수는 원래 진사합격자 301명 가운데 제2갑 제1등이었지만 신종이 바꾸어 주었다.165) 신종이 후에 장거정에게 "짐은 선생의 공적을 다 보상해줄 수 없어, 이렇게 선생의 자손을 돌본 것이오"〔朕無以報先生功, 當看先生子孫〕166)라고 하였던 것을 보면, 신종이 전년에 하였던 약속을 지킨 셈이었다. 전시는 형식상 황제가 출제하고 주관하여 발표하는 시험으로, 채점은 열권관(閱卷官)이 하지만 최후의 결정은 황제가 하였기 때문이었다. 사수는 4년 순천부 거인에 합격한 후 곧바로 전시까지 통과한 것이었다.

장거정은 여섯 아들 가운데 위의 세 아들인 경수·사수·무수에 대한 기대가 특히 커서, 재능이 있는 후배들과 교유하도록 노력하였다. 만력 5년에 장원한 심무학(沈懋學)도 그 가운데 한 사람이었다. 유명

---

163) 《張居正集》第1冊, 권5, 奏疏5, 〈纂修書成辭恩命疏〉. 《世宗實錄》과 《穆宗實錄》 찬수도 주지하였다. 융경 6년, 신종 즉위 후 《목종실록》을 찬수할 때, 아직 탈고를 못한 《세종실록》(융경 원년 6월 초1일 시작)도 함께 주지하여 완성하였다(張居正集》第1冊, 권2, 奏疏2, 〈纂修事宜疏〉, p.89).
164) 《張居正集》第2冊, 권20, 書牘7, 〈答督撫吳環洲言敬事後食之義〉.
165) 《張居正集》第2冊, 권22, 書牘9, 〈答司寇王西石〉.
166) 《嘉靖以來首輔傳》 권7, 〈張居正傳〉.

한 《모란정》(牡丹亭)의 작자 탕현조(湯顯祖)는 이를 거절하였으므로, 장거정이 죽은 후 만력 11년에야 진사가 되었다.

명대에는 대신의 아들에게 음서직을 주는 예가 많았다. 문음(文蔭)의 경우 아들 하나를 국자감에 입학시키는 경우부터 중서사인·상보사승·상보사경을 주는 등 다양하였고, 무음(武蔭)의 경우에는 금의위 백호·천호로부터 지휘동지·지휘첨사 등을 주었다. 그러나 음서를 받은 사람은 상서나 대학사는 될 수 없었다. 그래서 장거정은 아들들에게 음서보다도 과거에 응시하도록 독려하였다. 장자 경수는 만력 원년 8월 순천부 향시에 합격하였으나, 다음 해 2월 회시에서 낙방하였고, 5년 2월의 회시에는 둘째 사수와 함께 응시하였으나 역시 낙방하였다. 전해 오는 이야기로는 장거정은 그 때문에 대노하여, 만력 2년에는 과거 합격자 중에서 서길사를 뽑지 않았다고 한다.

만력 5년은 신종이 15세가 된 해이기도 하다. 황태후는 금의위지휘사 왕위(王偉)의 딸을 황후감으로 정하였고 흠천감(欽天監, 천문을 관찰해서 역법을 만드는 기관)에서는 12월이 길한 시기라고 하였다. 이 일도 장거정에게 맡겨졌다. 장거정의 생각으로는 신랑 15세, 신부 14세이면 너무 어렸고, 그렇다고 명년 12월은 너무 늦다고 생각하였다. 그러나 흠천감에서는 다음 해에는 길한 시기를 찾지 못했다. 장거정은 "이전의 영종·무종·세종 황제도 모두 16세에 성혼하였으니, 황상도 내년에 하는 것이 좋겠습니다. 흠천감에서는 길일(吉日)이 없다고 하지만, 모두가 민간의 습관일 뿐입니다. 모든 일은 사리에 맞고 시세에 부합하면 된다고 생각합니다. 더구나 황제는 천하의 주인으로서 그 일거수일투족이 모두 하늘의 뜻이니 굳이 사소한 습관에 구애받을 필요가 없습니다. 그러니 명년 2·3월에 거행하는 것이 어떻겠습니까?"[167]라는 의견을 내어 다음 해(6년) 3월에 거행하는 것으로

낙착되었다. 이 상소에서 장거정은 '음양설'을 음양소술(陰陽小術)이라 하여 믿지 않는다고 하였다. 전통 시대에 장거정은 미신에서 벗어난 이성적인 사람이었다.

5년 9월에 자성태후가 황제의 성혼일이 가까워오니 매년 가을에 집행하던 중죄인 사형 집행을 금년에는 잠시 유예할 것을 명령하였다. 장거정은 즉시 상소를 올려 지난 2년 9월의 '피〔稹莠〕' 논리를 펴서, '법을 엄격하게 집행해야만 민생도 안정되고 나라도 안전을 보장할 수 있다'는 논지로, 강행을 주장하였다.[168] 장거정의 집정 원리는 "도적은 반드시 잡아 죽여야 다른 사람들이 감히 그런 생각을 갖지 못 한다"[169] 혹은 "법은 반드시 시행되어야 한다"[170]는 것이었다. 이에 태후와 신종이 양해하여, 예정대로 집행하게 되었다. 이때 급사중 엄용화(嚴用和) 등도 그 불가함을 상소하였다. 사실은 신종 즉위 이래 이태후의 명령으로 이미 3차나 형을 정지한 일이 있고, 만력 2년 9월에 겨우 한 차례 사형을 집행한 적이 있으므로, 장거정은 태후의 개입이 너무 많다고 생각하였다.

제10절 명분과 실리 사이

만력 5년은 장거정의 개혁 방향이 정치적 측면을 다진 후에 경제

167) 《張居正集》第1册, 권5, 奏疏5, 〈奏請聖母裁定大婚吉期疏〉.
168) 《張居正集》第1册, 권5, 奏疏5, 〈論決重囚疏〉.
169) 《張居正集》第2册, 권21, 書牘8, 〈答總憲吳公〉.
170) 《張居正集》第2册, 권22, 書牘9, 〈答憲長周友山言弭盜非全在不欲〉.

적 측면으로 전환하려던, 매우 중요한 시기였다. 이제 막 토지 측량을 계획하였고, 이미 광동·절강·남직례·강서·복건·호광 등 지역에서 조세 개혁이 추진되고 있던 때였다.

그런데 9월 25일, 고향 강릉의 부친 장문명이 '이미 그달 13일에 세상을 떠났다'는 소식이 전해졌다. 교통이 불편하던 시절이었으므로 호북 강릉에서 1000㎞나 떨어진 베이징까지 10여 일이 걸린 것이다.

장거정은 가정 37년(1558) 이후 19년 동안 부친과 헤어져 있었다. 그 사이에 장문명은 강릉에서 요왕부를 손에 넣고 순충당·봉일루를 신축하며 기름진 사주(沙洲)도 얻었고 관료들이 보내는 뇌물도 받았다. 장남인 거정이 베이징으로 오라고 하였지만 대저택과 처첩의 곁을 끝내 떠나지 못했다. 만력 5년(1577) 여름, 이미 74세였던 장문명의 병이 깊어갔다. 장거정은 휴가를 얻어 가 볼 심산이었으나 신종의 결혼일이 다음 해 봄으로 잡혀서, 식이 끝나면 다녀오려는 생각이었으나,[171] 그 사이에 부친상을 당한 것이다.

부보(訃報)를 받은 바로 그날(25일) 밤 늦게 내각의 차보(次輔)인 여조양과 장사유가 연명으로 신종에게 장거정의 부친상을 보고하는 상소를 올렸는데, 전에도 있었던 김유자(金幼孜)·양부(楊溥)·이현(李賢) 등의 탈정기복(奪情起復) 사실을 들어, '장거정에게 탈정(奪情)을 권유해 달라'는 내용이 들어 있었다.[172] 이 상주를 받은 어린 신종은 즉시 "원보(元輔) 장 선생은 친히 선제의 고명을 받고 어린 짐을 보좌하여 사직을 안정시켰소. 더구나 전에도 그런 사례가 있었다니 경 등이 짐에게 당연한 권면을 하였소."라고 긍정적인 비답을 내렸다. 신

---

171)《張居正集》第2册, 권22, 書牘9, 〈答司寇王西石〉.

172) 상을 당한 관료는 고향에 내려가 3년상을 치러야 한다. 이를 정우수제(丁憂守制)라 한다. 그런데 황제가 이를 허락하지 않고 현직에 남아서 계속 근무하게 하는 것을 탈정기복(奪情起復)이라 한다.《明史》, 〈金幼孜傳〉·권148, 〈楊溥傳〉·권176, 〈李賢傳〉.

종은 이어서 이튿날(26일)이 밝기도 전에 사례태감 이우(李佑)를 시켜 장거정에게 수찰을 보내 위로하면서, "선생은 선제의 부탁을 받고 어린 나를 보필하여 사직이 안정되고 천하는 태평하니, 그렇게 큰 충성은 고래로 드문 일이요. … 부디 짐을 생각하여 슬픈 마음을 억누르고 '큰 효도'를 실천하시면, 짐도 다행이고 천하도 다행이오."라고 하였다. '정우수제'를 하는 것보다 사직의 안정을 도모하는 것이 '대효'라는 것이다. 탈정 의지를 분명히 밝힌 것이다. 이에 대해 장거정도 즉시 상소를 올려 감사의 뜻을 표했다. 신종은 이것만 가지고는 마음이 놓이지 않아서, 이부(吏部)에도 '짐은 원보를 절실하게 의지하고 있는데 어찌 하루라도 짐을 떠나 있을 수가 있겠는가? 선친에 대한 효도로 칠칠일(七七日)을 마치면 전과 같이 내각에 나와 정무를 보라는 짐의 뜻'을 알리도록, 탈정의 의지와 함께 유지를 내렸다.[173]

신종은 27일에는 은 500냥·비단 10필·마포 50필·신초(新鈔, 새로 찍은 지폐) 1만 관·백미 20석·향유 200근·향 20근·초 100개·마포 50필 등을 보내며 조의를 표했고, 양궁의 태후도 그리하였다. 이에 대해 장거정도 즉시 상소를 올려 감사의 뜻을 표했다.[174]

당시 장거정은 두 가지 가운데 하나를 택해야 하였다. 하나는 전통 예법에 따라 응당 27개월 동안 수제(守制=守孝)하는 것이었다. 명대 정우제도(丁憂制度)에 따르면 관료는 조부모나 부모의 상을 당하면, 소식을 들은 날로부터 27개월 동안 고향에 내려가 수제(이를 정우라 함, 예제로는 3년이지만 9개월을 1년으로 계산함)한 후에 이전

173) 《張居正集》第1册, 권6, 奏疏6, 〈聞憂謝降諭宣慰疏〉(今宜以朕爲念, 勉抑哀情, 以成大孝. 朕幸甚, 天下幸甚); 《神宗實錄》권67, 만력 5년 9월 己卯(26일); 《張居正集》第4册, 권47, 附錄1, 〈張文忠公行實〉; 樊樹志, 2008-A, pp.124-127.
174) 《張居正集》第1册, 권6, 奏疏6, 〈謝遣官賜賻疏〉·〈謝兩宮太后賜賻疏〉; 《神宗實錄》권67, 만력 5년 9월 庚辰조(27일).

의 관직으로 복직하게 되어 있었다(丁憂起復).175) 그런데 장거정으로서는 베이징을 떠난다는 것은 대단히 위험한 일이었다. 장거정의 현재의 지위는 23세에 진사가 된 후 31년 동안 악전고투 끝에 잡은 권력이다. 그런데 27개월의 '수제' 후에 '기복'하는 것은 단지 법제일뿐, 현실적으로는 불가능한 것이었다. 이전의 대학사들은 대부분 일단 베이징을 떠난 후에는 다시는 현직으로 돌아오지 못했다. 또 하나는 여러 경로를 통하여 피력한 신종의 간곡한 '탈정' 권유를 받아들여 '탈정기복'하는 것이었다. 그러나 그렇게 되면 틀림없이 나타날 '여론의 역풍'이 두려웠다.

장거정은 여론을 의식해서 관례대로 일단 '수제 상소'176)를 올렸다. 부고를 받은 날로부터 무려 8일이나 지난 10월 3일이었다. 내용의 핵심은 "저는 우리나라의 상복제도에 따라서 27개월을 수제하고 나면 56세가 됩니다. 그때에도 아직은 정신과 육체가 강건할 터이니, 만일 황상께서 신을 다시 받아주신다면 27개월만 선친에게 보답하고, 그 나머지 삶은 영원히 황상에게 보답"하겠다는 것이었다. 그런데 이 상소에서 주목되는 내용은 한편으로는 '수제(守制)'를 청하면서도, 또 한편으로는 '비상(非常)'을 특히 강조한 것이었다. "비상한 은혜를 받은 사람은 응당 비상한 보답을 해야 한다(受非常之恩者, 宜有非常之報)"고 하면서 황상의 '탈정'의지가 견고하다면, 여론의 비난에 구애받지 않고(何暇顧旁人之非議) 황상의 탈정 유지(諭旨)에 순종하겠다는 의지를 내비친 것이다. 장거정은 평소에도 "비상한 사람만이 비상한 일을 할 수 있는 것이다. 어찌 비판에 구애받을 것인가!(有非常之人, 然後非常之事, 何惜訾議)"라는 말을 자주 하였다. 바로 지금과 같이 대권을

---

175) 《大明會典》 권11, 吏部, 〈丁憂〉(p2b).
176) 《張居正集》 第1册, 권6, 奏疏6, 〈乞恩守制疏〉, p.266.

손에 쥐고 바야흐로 개혁을 본격적으로 추진하려고 하는 때에 어떻게 '27개월 동안의 수제' 때문에 중단하겠는가. 《신종실록》의 편자도 10월 3일에 장거정이 '수제상소'를 올렸다는 내용을 전하면서, 상소의 내용은 바로 위의 문장만을 소개하고, 이어서 "이를 보면 탈정하려는 생각을 모두 노출시킨 것"이라 하고 있다.[177] 단 한 마디로 정곡을 찌른 평론이었다.

이 상소를 받은 신종은 이부를 통해서 "짐은 잠시도 경을 멀리할 수 없는데 어떻게 3년을 기다린단 말인가? 더구나 경의 몸은 사직(社稷)과 직결되어 있는데, 어찌 전쟁과 비교할 수 있겠는가? 슬픈 마음을 누르고 짐의 부탁이 무거움을 생각하여 고사하지 말라."[178]는 유지를 내렸다. '반간청, 반명령'적인 어조로 탈정을 명령한 것이다.

거듭 탈정을 명하는 유지를 받자, 장거정은 10월 5일에 두 번째 상소를 올렸다. 그러나 장거정의 내심은 진정으로 '정우수제'를 원해서가 아니라, 한편으로는 신종의 속마음을 떠보기 위함이었고, 또 한편으로는 반대 여론에 대한 면피용이었을 것이다. 신종도 "49재도 어려운데 어찌 27개월의 수제를 허락할 수 있겠는가? 이제 다시는 그 문제로 상주하지 말라."는 유지를 내렸다. 10월 8일에 세 번째 상소를 올리자 신종은 대학사 여조양과 장사유에게 "장거정이 수제상소를 백번 올려도 허가하지 않겠다"고 하였고, "짐은 천하를 위해 경을 만류하는 것"이라는 성지를 내렸다.[179] 또 사례태감 하진(何進)에게 보낸 어필(御筆)에는 신종과 이태후의 간곡한 만류와 함께 사례태감 1명과 아들이 함께 고향 강릉에 내려가 상사를 치르고 모친을 모셔오

---

177) 《神宗實錄》 권68, 만력 5년 10월 병술(3일)조, p.1474.
178) 《張居正集》 第1冊, 권6, 奏疏6, 〈乞恩守制疏〉. 신종의 유지는 潘林 編注, 《張居正奏疏集》 下, 〈乞恩守制疏〉 참조.
179) 《張居正集》 第1冊, 권6, 奏疏6, 〈再乞守制疏〉·〈三乞守制疏〉.

라는 유지가 있었다.

그런데 그 가운데는 두 가지로 장거정의 마음을 흔드는 내용이 포함되어 있었다. 그 하나는 '경이 일단 수도를 떠나면 지난 수년 동안 가꾸어 온 옥토(沃土)가 허사가 될 터인데 정말 그렇게 포기할 수 있겠느냐'는 것이었고, 또 하나는 '아직 어린 신종 자신뿐 아니라 억조 창생을 위해 권유한다'는 말이었다.[180] 젊어서부터 가져온 '청운의 꿈을 실현시키려는 소망과 자존심' 두 가지를 다 언급한, 장거정의 폐부를 찌르는 설득 기제를 모두 사용한 것이었다. 이로써 장거정으로서도 탈정 쪽으로 마음을 굳힐 수밖에 없게 되었다. 이러한 모든 상소문과 주비문은 거리가 1킬로 정도에 불과한 건청궁과 문연각 사이를 직접 오간 것이 아니고, 모두 공포되어 대소 관료들이 그 원문을 읽고 진상을 알도록 하였다.

장거정은 드디어 탈정하기로 결심하면서 '충과 효를 동시에 이룰 수 있는 기발한 방법'을 내놓았다. 탈정기간 동안(49일)에 지켜야 할 5가지 조건을 상주하여 황제의 허락을 받았다. 첫째, 봉록을 받지 않는다(辭俸守制),[181] 둘째, 국가의 모든 제사나 길례(吉禮)에 참여하지 않는다, 셋째, 궁중의 강독이나 내각의 일을 볼 때는 관복 대신 상복으로 청의각대(靑衣角帶)[182]를 착용한다, 넷째, 장주(章奏)에는 '수제 중'이라고 표시한다, 다섯째, '내년에 휴가를 내어 부친의 상을 치르고 돌아올 때 모친을 베이징에 모셔오겠다'는 것 등이었다.[183] 그러

---

180) 《張居正集》第1册, 권6, 奏疏6, 〈謝降諭慰留疏〉.
181) 이에 대해 신종은 광록시(光祿寺)에 명하여 매일 식사를 제공하고, 각 아문에서는 매달 쌀 10석·향유(香油) 200근·찻잎 30근·소금 100근·초 100개·나무 20단·탄 10포를 보내도록 명했는데, 실은 그의 봉록보다도 훨씬 많은 것이었다. 《張居正集》第1册, 권6, 奏疏6, 〈謝內府供給疏〉; 《張居正集》第2册, 권22, 書牘9, 〈答薊鎭巡撫陳我度言辭俸守制〉.
182) 홍포옥대(紅袍玉帶)는 길복(吉服)을 뜻하므로 푸른 옷(靑衣)를 착용한다는 것.

나 평소에 누누이 '성현의 도리와 조종의 법도 준수'를 강조해왔던 그의 언행으로 보면 대단히 모순되고 어설픈 것이었다. 신종은 이 상주에 대해서 내년 봄 휴가만 빼고 모두 허락하였다.

장거정의 탈정이 결정되자, 관료사회의 여론은 찬성과 반대로 양분되었다. 중앙 관료 가운데 장거정의 탈정을 먼저 주장한 사람은 장거정과 동년 진사로 호부시랑인 이유자(李幼孜)였다. "황상이 아직 어려서 만기를 친람할 수 없어 상공 없이는 하루도 버틸 수 없는데 어떻게 멀리 떠나려 하는가?"라는 것이었다. 장거정의 복잡한 심정을 기가 막히게 간파한 것이다. 베이징과 남경의 간관(10명의 감찰어사와 52명의 급사중)들도 장거정의 탈정을 청하는 상소를 올렸다. 또 중앙 각 관청의 관원들도 줄줄이 탈정을 주청하였다. 장거정 역시 '감히 먼저 청하지는 못해도 진실로 원하는 바[不敢請, 固所願]'였을 것이다.

그러나 이부상서 장한(張瀚)과 좌시랑 하유백(何維栢)은 "정우수제는 천지의 큰 뜻"이라며 '강상명교(綱常名敎)의 실천'을 강조하였다. 장한은 장거정의 적극적인 추천으로 이부상서가 된 사람이었다. 그런데도 황제의 탈정 성지가 여러 차례 내려오고, 여러 관료들이 장거정의 귀향을 만류할 때에도 가담하지 않았다. 급사중 왕도성(王道成)과 어사 사사계(謝思啓)가 그러한 장한과 하유백을 탄핵하였다. 그 때문에 장거정이 탈정하기로 결심하기 2일 전인 10월 11일에 장한은 반강제로 사직하였고, 하유백은 3개월 감봉당하고 곧 이어서 남경예부상서로 전임되었다.

10월 13일, 장거정의 탈정이 확정되자 반대 여론은 더욱 빗발쳤다.

183) 《張居正集》 第1册, 권6, 奏疏6, 〈乞暫遵諭旨辭俸守制預允歸葬疏〉; 《神宗實錄》 권 68, 만력 5년 10월 병신(13일)조.

가장 강렬한 반대는 장거정의 문하생인 한림원편수 오중행(吳中行)과 한림원검토 조용현(趙用賢)의 상소와 형부원외랑 애목(艾穆)·형부주사 심사효(沈思孝)의 연명 상소였다.[184]

10월 18일 오중행이 먼저 상소를 올렸다.[185] 전체 내용은 장거정이 응당 '수제'해야 한다는 것이었지만, 탈정의 초점은 정우(丁憂)에 있는 것이 아니고 '망친탐위(亡親貪位)하려는 정치적인 목적'이라는 점을 강조하였다. 다음 날 19일에는 조용현이 올렸고, 20일에는 애목과 심사효가 연명으로 장거정을 파직시키라는 상소를 올렸다. 이들의 상소가 올라오자 장거정은 불같이 노하였고, 사례감 장인태감 풍보와 상의하여 이들에게 정장(廷杖)[186]을 실시하기로 하였다. 정장의 집행일이 가까워 오자 한림원장원학사 왕석작(王錫爵)을 위시하여 시강·수찬 등 10여 명의 동료가 장거정을 방문하여 용서를 부탁하려 하였지만 만나주지도 않았다.

예부상서 마자강(馬自强)이 장거정을 찾아와 극구 변호하였고, 조지고(趙志皐)·우신행(于愼行)·장위(張位) 등 7-8명의 한림원 관료들도 오중행 등에 대한 선처를 호소하는 상소를 올렸지만, 정장의 집행은 피할 수 없었다. 그해 과거시험에 장원으로 합격한 심무학(沈懋學)은 같이 합격한 장거정의 아들 사수에게 편지를 보내 부친을 설득해주도록 부탁도 하고, 장거정과 가까운 이유자(李幼孜)에게 부탁하기도 하였지만 들을 리 없었다.

10월 22일 오중행과 조용현은 궁중의 오문(午門, 고궁의 정문)에서 각각 정장(廷杖) 60대를 맞고 파면되고 영구히 등용하지 못하게

---

184)《明史》권229,〈吳中行傳〉·〈趙用賢傳〉·〈艾穆傳〉·〈沈思孝傳〉.
185)《萬曆疏鈔》권5, 吳中行,〈因變陳言明大義以植綱常疏〉(樊樹志, 2005, p.270 轉引).
186) 정장은 황제의 명령으로 궁중에서 관료에게 곤장(笞刑)을 치는 형벌을 말한다.

하는 판결이 내려졌다. 애목과 심사효는 각각 80대를 맞고 변방에 유배되었다. 오중행과 조용현의 벌이 조금 가벼웠던 것은 그들의 상소가 '장거정을 수제케 하고 끝나면 환조토록 하라'는 내용이었지만, 애목과 심사효는 '파직시키라'는 것이어서, 장거정의 분노의 정도에 차이가 있었기 때문이다. 이 모두가 황제의 명령[187]이었지만, 실은 장거정의 의중이었음은 세상이 다 추측하는 일이었다.

진노한 신종은 23일에 '장거정에 대한 탄핵은 짐이 아직 나이가 어린 것을 기화로 황제를 능멸하고 국정을 흔들려는 것'으로 간주하겠다고 하면서, 앞으로 상소를 올리면 '절대로 용서치 않고 모두 처벌할 것'이라는 유지를 내렸다.[188] 그런데 24일에는 새로운 강개지사(慷慨之士)가 나타났다. 그해(만력 5년) 새롭게 진사에 합격하여 형부에 배속되었던 관정진사(觀政進士)[189] 추원표가 결연히 장거정을 비판하는 상소를 올렸다. 추원표는 22일에 4명이 정장 맞는 것을 보고서도, '금체'(禽彘＝猪狗禽獸, 짐승)라는 극단적인 표현까지 써가며 장거정을 매도하였다. 그도 상소를 올린 지 3일 만에 정장 80대를 맞고 변방인 귀주 도균위로 유배되었다.[190] 그러나 추원표가 결연히 탈정반대 상소를 올리자 사회 여론은 그를 칭찬하였다. 26일에 장거정도 그 정도로 마무리 지으려는 심산에서 황제에게 관용을 배풀도록 상주를 올려서[191] 겨우 평정을 되찾게 되었다.

한편 탈정 반대자 5명(反奪情五君子)이 정장을 맞고 유배되자, 이

---

187) 《神宗實錄》 권68, 만력 5년 10월 을사조.
188) 《神宗實錄》 권68, 만력 5년 10월 23일 丙午조. pp.1484-85.
189) 새로 합격한 진사는 현직에 임명되기 전에 실무능력을 연마하는 기간이 있었는데 그러한 진사를 관정진사라 하였다.
190) 《神宗實錄》 권68, 만력 5년 10월 丁未조；《明史》 권213, 〈張居正傳〉；같은 책, 권243, 〈鄒元標傳〉；沈德符, 《萬曆野獲編》 권18, 〈廷杖〉；文秉, 《定陵注略》 권1, 〈江陵奪情〉.
191) 《張居正集》 第1冊, 권6, 奏疏6, 〈乞恢聖度宥愚蒙以全國體疏〉.

미 일조편법(一條鞭法)을 시행하기도 하고 장거정의 신임을 받고 있던 복건순무 방상붕이 서신을 보내 그들의 용서를 구했고, 남경조강 어사 장악(張岳)도 장거정의 정우수제를 청하였다. 장거정의 발탁으로 중용되어 줄곧 장거정과 밀접한 관계를 유지하였던, 계진총병 척계광, 장거정이 외우(畏友)로 생각하였던 대리시경 육광조(陸光祖)도 서신을 보내 장거정의 정우수제를 권하였다. 장거정이 이렇게 강압적인 방법으로 반탈정 여론을 잠재우려 하였지만, 신사층의 여론은 그리 쉽게 잠잠해지지 않았다. 남직례(南直隸) 영국부(寧國府) 생원 오사기(吳仕期)는 탈정을 비판하는 상소를 올리려다가 발각되어 옥에서 태형을 맞아 죽었다. 그 후에도 여기저기서 비판의 여론이 일어났고, 적지 않은 신사들이 반탈정오군자들에게 동정을 표하였다.[192]

장거정은 49재 동안 이처럼 경황도 없고 정무도 떠나 있는 상황이었지만, 정치에 대해서는 조금도 방심하지 않았다. 그동안에도 내각의 공문은 모두 장거정에게 보고되었고 그의 지시를 받아 시행되었다. 때로는 차보 여조양과 장사유가 직접 장부(張府)에 가서 지시를 받았다. 심지어 사례장인태감 풍보조차도 사람을 보내서 문의하였다. 이부상서 장한을 내치자마자, 아직 정무에서 떠나 있는 상태임에도 불구하고 그의 후임으로 왕국광(王國光)을 추천하였다.

여하튼 신종은 장거정의 49일 만기일인 11월 5일에 홍려시(鴻臚寺) 소경 진학승(陳學曾)에게 전지를 내려, 내일부터 장거정이 내각에 나와 정무를 보도록 하였다. 장문명의 사망으로 야기된 이상과 같은 정치적 소용돌이는 장거정이 신종의 명령대로 11월 6일에 내각에 출근하면서 끝이 났다.

---

192) 《明史》, 권 227, 〈孫維城傳〉; 위경원, 1999, pp.806-807.

장거정이 선친의 서거 소식을 들은 9월 25일부터 내각에 다시 출근한 11월 6일까지 한 달 10여 일 동안의 모든 과정은 이러하였다. 그런데 그 과정에서 납득할 수 없는 내용이 많다. 이제 15세밖에 안 된 어린 신종이 '탈정'과 같이 중요한 사안을 어떻게 그렇게 신속하게 처리할 수 있었을까? 그 진실은 아무도 모르지만, 다음과 같은 기록에서 그 일말(一抹)을 추측할 수는 있다.

ⓐ 대환관 풍보는 어린 황제를 모시고 대권을 조종하였고, 장거정은 평소에 그에게 잘 보이려고 애썼다. 고공이 떠난 후로 풍보는 장거정에게 대단한 호감을 가졌고, 흡사 장구와 장구채처럼 모든 일을 그와 보조를 맞추었다. 장거정은 선친의 서거소식을 듣자마자, 자기의 권력과 개혁의 진행을 중단할 수 없음을 깨닫고, 먼저 풍보와 모의하여 황제가 '탈정'을 명령하게 여언을 만들도록 입을 맞춘 후에야 내각의 동료에게 부고를 알렸다. 차보 두 사람이 장거정의 부친상을 보고하는 상소에도 어렴풋이 그러한 흔적이 보인다. 그들의 상주가 올라간 시간은 이경(二更)이었고 날이 채 밝기도 전에, '탈정'을 명령하는 황제의 특별 유지(遺旨)가 내려졌다.[193]
ⓑ 장거정이 탈정하게 된 것은 황제와 태후의 만류 때문이다.[194]

당시 장거정에게 적극적으로 탈정을 명령한 성지가 온전히 어린 황제의 의지에서 나왔다고 보는 사람은 많지 않았다. 어린 신종은 장거정의 사전 언질을 받은 차보 두 사람이 한밤중에 찾아와, 이전의 사례를 들어 장거정의 탈정을 건의하는 부고를 상주하자, 아마도 혼비백산하여 생모 이태후에게 달려갔을 것이다. 이태후는 즉시 진태후와 풍보를 불러 상의하였을 것이다.

193) 文秉, 《定陵注略》 권1, 〈江陵奪情〉.
194) 《張居正集》 第4册, 권47, 附錄1, 陳治紀, 〈書張文忠公文集後〉.

풍보는 장거정과 사전에 모의한 대로 두 태후와 황제에게 적극적으로 탈정을 건의하였을 것이다. 특히 15세 난 신종을 아직 어린아이로 보고 있던 생모 이태후는 황제에게 더욱 강력하게 권하였을 것이다. '만일 장 선생의 충실한 보좌가 없으면 우리 모자가 어떻게 평안할 수 있겠느냐! 만일 장 선생이 정우로 3년이나 베이징을 떠나 있으면 그동안 우리 모자는 누구를 의지할 수 있단 말이냐? 그동안 국가에 변고라도 생긴다면 너 혼자서 어떻게 처리할 수 있겠느냐? 그 3년 동안 만일 난신적자(亂臣賊子)가 난동이라도 부린다면 너 혼자서 어떻게 충신과 간신을 분별할 수 있겠느냐? 그동안 나라가 기울기라도 한다면 네가 어떻게 열조(烈祖)를 대면할 수 있겠느냐?'라고 했을지도 모른다. 이제 겨우 15세 된 어린 황제가 장거정 평생의 '소망과 자존심' 두 가지를 다 언급할 정도로 영악하지는 못했을 것이기 때문이다. 아마도 이러한 과정을 거친 후에 날이 밝기도 전에 탈정을 명령하는 유지를 내렸는데, 유지의 문장은 풍보의 도움을 받았을 것이다. 참으로 한 막의 재미있는 연극을 연출한 셈이었다.

그런데 현실적으로 보아도 두 태후와 어린 황제는 장거정의 탈정을 명령할 수밖에 없었다. 첫째는 국가의 대사를 모두 장거정에게 의지하고 있던 상황에서 장거정이 갑자기 정우를 위해 고향에 내려가는 것이 크게 불안하였을 것이다. 명나라는 장거정이 집권한 융경 6년(1572) 6월부터 당시까지 5년 3개월 동안 여러 면에서 안정을 누리고 있었다. 정치적인 안정은 물론이고, 나라의 태창(太倉)에는 10여 년분의 곡식과 은 400여만 냥이 저장되어 있었다. 북변의 알탄 칸은 굴복하여 화친을 맺은 상태였고 동북변의 토만의 위협도 그리 크게 문제될 것은 없었다. 이 모두가 장거정의 공이었다. 그런데 만일 장거정이 정우를 위해 귀향하고 나면, 현실적으로 장거정만한 재목이

못되는 두 대학사에게 대권을 맡기기는 불안하였을 것이다. 두 황태후와 어린 신종으로서는 오직 믿을 수 있는 사람은 장거정밖에 없었다. 둘째는 그때까지 잘 진행되어 오던 개혁이 '중도요절'하는 것을 원치 않았을 것이다. 마지막으로 차보인 두 대학사가 이전의 사례를 들어 탈정 권유를 상주한 것에 힘을 얻었을 것이다.

장거정은 탈정 사건을 겪은 후로 사람이 좀 달라진 듯하다. 《명사》 본전에서는 "탈정 후에는 더욱더 자기 마음대로 하였고, 관료를 등용하고 해임하는 것도 사사로운 정에 치우치는 일이 많았으며, 좌우에서 뇌물을 바치는 사람도 많았다. 세상에서는 이 때문에 그를 더욱 미워하게 되었다."[195]고 하고 있다.

그런데 탈정은 장거정 이전에도 역사적으로 용인되던 문제였고, 사실은 그리 큰 문제가 아니었다. 차보 여조양과 장사수가 상소에서 언급한 바와 같이, 대학사의 탈정 사례는 전에도 여러 번 있었다. 양영(楊榮)은 영락 6년(1408) 6월에 일단 정우를 받았다가 10월에 기복하였고, 김유자(金幼孜)는 선덕 원년(1426) 정월에 모친상으로 정우를 받았다가 즉시 기복하였으며, 4년(1429) 8월에는 양부(楊溥)가 모친상으로 정우를 받았다가 즉시 기복하였다. 경태 4년(1453) 5월에는 왕문(王文)이 정우하였다가 9월에 기복하였다. 성화 2년(1466) 3월에는 수보 이현(李賢)이 부친상으로 정우를 받았다가 두 달 만인 5월에 기복하였는데, 당시 헌종 성화제는 21세였고 정치는 안정되어 있던 평화시대였다. 그런데도 이전에는 누구도 반대를 하지 않았다.

그런데 이때 장거정에게만 유독 반대 여론이 많았던 것은 무엇 때문일까? 당시 탈정 반대파의 논점은 당연히 '전통적인 윤리강상'이었

---

195) 《明史》 권213, 〈張居正傳〉.

다. 그러나 내면에는 장거정이 황제의 후광을 업고 그동안 추진한 고성법·역참제 정비·생원의 수를 줄이고 요역 우면을 제한하는 사인 통제 등의 개혁에 대한 불만이 컸다. 그러므로 그동안 온갖 이권을 독점하고 있던 기득권 세력이 장거정의 부친상을 계기로 그를 파직시켜 개혁을 원점으로 돌려서, 기득권을 지키기 위한 것이었다.

장거정이 탈정을 강행한 이유도 그 때문이었다. 무엇보다도 이미 손에 쥔 권력을 잃지 않기 위해서였다. 탈정은 명대의 정우제도나 전통적인 예제로 보면 '분명한 패륜'이었다. 또 "논밭에 나는 피〔莠荽〕를 뽑지 않으면 곡식에 해가 되고 흉악범을 제거하지 않으면 양민을 해치게 된다", 혹은 "비싼 값을 치르더라도 덩굴〔滋蔓〕이 자라지 못하게 뽑아버려야 한다"고 할 정도로 법 집행을 중시하던 장거정으로 보면 분명히 모순되는 일이었다. 장거정으로서는 명분을 잃는 대신 실리(實利)를 취한 것이었다.

장거정이 탈정을 강행한 또 하나의 이유는 이미 추진 중이거나 앞으로 추진하려는 개혁을 계속해서 추진하기 위함이었다. 자신이 9년 전에 올린 〈진육사소〉에서 구상한 개혁사업은 이제 겨우 시작 단계에 불과하였다. 겨우 공직기강을 바로잡아 개혁을 추진할 수 있는 기반만 마련한 정도였고, 중요한 일은 거의 시작도 못한 상태였다. 이제 바야흐로 '청운의 꿈'의 방향을 잡고 실천에 옮기기 시작하였으므로, 앞으로 할 일이 산더미 같이 남아 있었다. 그러므로 만일 수제하기 위해 현직에서 떠난다면 그동안 추진해 온 개혁들은 중도 요절을 면치 못할 것이다. 토지 측량·일조편법을 통한 세제 개혁·치수와 운하 정리·남북지역 국방의 안정 등 가장 중요한 개혁을 완성시켜 자신이 목표로 한 '부국강병'을 이룩한 것은 모두 탈정을 한 후의 일이었다. 이렇게 그가 이룩한 개혁은 그 후의 중국역사 발전 과정에서 대단히 중요한 의미를 가지는 것이었다.

더구나 《명사》나 기타 문헌에 보이는 인물평처럼, 그 당시에는 장거정만한 인물도 없었다. 장거정이 추진하는 개혁을 이해하는 사람도 없었고, 설사 이해한다 하여도 그것을 추진할 만한 능력과 강한 의지, 그러한 여건과 강한 의지를 가진 인물은 없었다. 오직 장거정만이 그러한 개혁을 성사시킬 수 있었다. 청대의 고량분(顧梁汾)도 '명대에 참으로 어렵고 중대한 일이 생길 때 아무도 감히 나서지 못했지만, 오직 장거정만이 용감하게 감당하였다'[196]고 평하였다. 그가 눈을 감은 후에 나타난 현상을 보거나, 역사적인 관점 혹은 사회발전적인 관점에서 보면, 장거정이 '탈정'을 강행하면서 개혁을 계속 추진한 것은 정확한 판단이었다. 이성계가 위화도에서 회군한 것이 적어도 당시의 국제정세로만 보면 옳았던 것처럼.

장거정의 모든 개혁은 탈정 없이는 불가능하였다. 장거정이 그대로 정우수제를 위해 고향에 내려갔더라면, 그 당시 반대 세력들의 위세를 고려할 때, 다시는 상경하지 못했을 것이다. 장거정의 경력은 그것으로 끝났을 것이고 그저 평범한 수보의 한 사람으로 기록되었을 것이다. 그랬다면 신종의 말처럼, 그가 추진한 고성법·역참제 정비·사인 통제 등은 중도 폐지되었을 것이고, 탈정 후에 추진된 수리 공사·재정 안정·장량·일조편법을 통한 상공업의 발전과 부국강병의 결실은 당연히 생각할 수도 없었다. 그러므로 탈정은 도덕적인 문제 여하를 떠나서 그 자신을 위해서는 물론이고, 중국 사회를 위해서도 반드시 필요한 선택이었다. '패륜아' 혹은 '독재자', 어떻게 불리든 장거정은 중국의 역사상 최후의 개혁가였다.

---

196) 《張居正集》第4冊, 권47, 附錄1, 曹國棨(淸), 〈顧梁汾纂張太岳書札奏疏小引〉 中 '顧梁汾曰'.

그러나 탈정은 역시 전통적인 예제(禮制)와 윤리강상(綱常, 사람이 지켜야 할 도리)을 위반한 것으로, 분명 비난받아 마땅하였다. 윤리·사상적인 명분은 항상 정치 논리를 압도해 왔다. 그 때문에 반탈정 정서는 세호대가의 반개혁 정서보다도 더욱 강렬하였다. 심지어 장거정 개혁의 동참자까지도 반대하지 않았던가? 더구나 탈정은 그가 평소에 '준법'을 강조한 것에도 배치되는 것이었다. 그러므로 탈정을 반대하던 젊은 관료들에게 부득이한 점을 설파하고, 적어도 정장(廷杖)만은 하지 않았어야 하였다. 그리고 혜성이 떨어진 것을 빌미로 경찰(京察)을 시행하여 탈정을 반대한 관료들을 제거한 것도 장거정의 편협성을 드러낸 처사였다.[197]

15-16세기에 명나라는 세계 최대의 나라였지만 북방의 소수민족에게 황제가 포로로 잡혀가고(토목보의 변), 수도 베이징이 수일 동안이나 포위(경술지변)되거나 몇 번씩 계엄령을 발포하고, 북에서 남에서 시도 때도 없이 소수민족에게 노략질 당하고 있었다. 그런데도 탈정을 비판한 세력은 장거정을 짐승이라고 매도하면서 도덕·윤리 타령만 할 뿐, 장거정이 그동안 추진한 개혁이나 앞으로 추진할 개혁에 대한 계획도 대안도 없었고, 그러한 의지와 능력도 없었다. 당시 반대파는 장거정의 일련의 개혁을 '패도(覇道)만 강행할 뿐, 왕도(王道)를 행하지 않는다,' '부강(富强)만 강조할 뿐 인의(仁義)는 경시하고 있다'고 비판하였다. 그러나 장거정은 만력 7년에도 '내가 추진하려는 것은 오직 부국강병밖에 없다'[198]고 말하고 있다. 춘추시대의 오자서

---

197) 장거정이 부친의 사망 소식을 들은 9월 25일 밤에 서남쪽 하늘에서 동북쪽으로, 마치 흰 뱀과 같이 창백한 색채를 띤 혜성이 떨어졌다. 옛날부터 일식이 있거나 혜성이 떨어지면 변고가 일어난다는 속설도 있었다. 이 보고를 들은 신종은 수성(修省)을 명령했다.

198)《張居正集》第2冊, 권24, 書牘11, 〈答福建巡撫耿楚侗談王覇之辯〉.

(伍子胥, B.C.559-B.C.484)가 "해는 저물어 가는데 아직도 가야 할 길은 멀기만 하구나〔日暮途遠〕"라고 했던 탄식을, 장거정은 다른 의미에서 하고 싶었을 것이다.

장거정과 동년 진사로 함께 서길사로 재직하였고 이후 저명한 문인이요 역사가로 알려진 왕세정(王世貞)은 한때 그를 비판했지만, "문관들이 조종의 법을 제대로 이해하지도 못하면서 장거정이 추진한 개혁에 불편을 느낀 나머지 연이어서 원망하고 비방하였다"고 옹호하였다.199) 청대의 문인 원매(袁枚)는 "한대의 조

〈그림 55〉 왕세정상. 젊을 때부터 문명이 높아 가정 칠재자(嘉靖七才子)의 한 사람으로 손꼽히고, 학식은 그 중에서도 제1 인자였던 중국 명나라의 문학자. 명대 후기 고문사(古文辭)파의 지도자가 되었고, 격조를 소중히 여기는 의고주의(擬古主義)를 주장했다(《중국역대명인도감》).

희(趙熹)·경공(耿恭), 당대의 저수량(褚遂良)·장구령(張九齡) 등 여러 사람의 명신들도 탈정하였지만 그들을 탄핵했다는 내용은 역사에서 볼 수 없다"200)고 하였다. 명대에 들어와서도 탈정한 사람이 여럿이지만 비난 받은 사람은 없었다. 그러므로 장거정의 탈정에 대한 비난은 이미 만력 3년 말부터 나오기 시작한 반장거정 정서에 편승해서 폭발한 '정치적인 문제'였다. 탈정에 대한 탄핵은 실은 '탈권(奪權) 투

---

199) 王世貞,《嘉靖以來首輔傳》권7,〈張居正傳〉.
200) 袁枚,〈答洪稚存書〉,《張居正集》第4册, 권47, 附錄1, p.531-532.

쟁'이었을 뿐이다.

정치는 윤리나 도덕이 아니다. 국가의 이익을 위해서는 '수단의 도덕적 선악'을 따져서는 안 될 때도 있다. 역사는 바꿀 수 있는 것도 아니고 바꾸어서도 안 된다. 있었던 그대로 열거한 상태에서 평가해야 하는 것이다. 지도자에게는 도덕성 이상으로 지혜와 통찰력과 추진력이 필요하다.

이 세상에는 완벽한 지도자는 없다. 인간 누구도 완벽한 'Role Model'이 될 수는 없다. 마찬가지로 관료는 누구도 '도덕적인 표본'이 될 수는 없다. 그 사람도 인간이고 죄인이기 때문이다. 그러기에 역사학에서는 '도덕적 판단'보다 결과적으로 '국리민복' 여하를 '객관적으로 평가'하는 것이 더 중요하다.

제5장
유지경성(有志竟成)

일조편법은 당말 시행된 양세법(兩稅法) 체계가 청대 중기의 지정은제(地丁銀制)로 이어지는 교량 역할을 한, 획기적인 개혁이었다. 참으로 원견탁식(遠見卓識)이었고, '확실한 뜻이 있으면 결국은 이루어지는 것〔有志竟成〕'이었다.

가정 연간의 은정. 장거정은 화폐은본위제를
본격적으로 시행하여 경제를 활성화시켰다.

제1절 수리공사의 완성

신종의 대혼식을 준비 중이던 만력 6년(1578) 정월에는 명나라로 보아 두 가지의 기쁜 소식이 있었다. 첫 번째 희소식은 대운하의 수리공사가 완공되어 조운(漕運)이 정상화된 것이었다. 지난해 10월에 황하와 조운 감독을 겸직하게 된 오계방(吳桂芳)의 노력으로 고우호의 제방이 12월에 완공하였다.[1] 오계방은 이 공로로 6년 정월에 공부상서겸도찰원우부도어사 총리하조·제독군무로 승진되었다. 장거정은 오계방에게 모두 11번이나 서신을 보내서 상의하고 격려하였고, '예하 관리의 선발과 예산은 필요한 대로 요청'하도록 파격적인 편의를 허가하였다.[2] 오계방은 회안지부 소원철(邵元哲)과 협조하여 대운하의 제방을 다시 쌓아 회안에서 양주 사이의 운하를 안정시켰다. 그러나 오계방은 애석하게도 이 공사를 완성하고 병사하였다.

명나라가 수도를 남경에서 900㎞ 이상 떨어진 베이징으로 천도(영락 19년)한 후로는 조운은 국가의 재정뿐 아니라 국방과도 밀접한 관계가 있었다. 그런데 조량(漕糧)을 베이징으로 운반할 때마다 홍수 피해를 입는 때가 많았다. 그래서 장거정은 앞으로는 각지의 곡물 산지에서 겨울에 운반을 시작해서 다음 해 봄에 베이징의 태창에 도착하도록 시기를 바꾸어 홍수피해를 피하게 하였다.

---

1) 《張居正集》第2册, 권22, 書牘9, 〈答河道吳自湖計河漕〉.
2) 《張居正集》第2册, 권23, 書牘10, 〈答河道司空吳自湖言任人事〉;《神宗實錄》권71, 만력 6년 정월 辛未조, p.1528;《明史》권223, 〈吳桂芳傳〉;《明史》권84, 河渠志.

6년 정월에 오계방이 죽자, 장거정은 2월에 수리 경험이 풍부한 반계순(潘季馴, 1521-1595)[3]을 우도어사겸공부좌시랑 총리하조(=하조총독)로 임명하여 황하·회수와 운하의 치수를 맡겼다. 반계순은 가정 29년(1550)에 진사에 합격한 후, 처음 강서성의 구강부 추관으로 시작해서 어사가 되었다가 이윽고 광동순무로 발탁되었는데 가는 곳마다 명성을 얻었다. 반계순은 이미 가정 44년과 융경 4년, 두 번이나 황하와 운하의 공사를 감독한 경험이 있고, 이번이 세 번째였다.

반계순은 명대 제일가는

〈그림 56〉 반계순상. 네 차례에 걸쳐 황하와 운하의 수리사업을 진행하여 수리를 안정시킨 수리 전문가. 《하방일람(河防一覽)》을 저술하고, 황하의 범람을 방지하기 위해 속수충사법(束水冲沙法)을 창안하여 지금까지도 인정받고 있다.

수리전문가였다. 황하에 대한 반계순의 치수 방법은 소위 '속수충사법(束水冲沙法)'이었다. 황하가 자주 범람하는 것은 토사를 많이 함유하

---

3) 《明史》 권223, 〈潘季馴〉; 《張居正集》 第2冊, 권23, 書牘10, 〈答河道巡撫潘印川計淮黃開塞策〉·〈答潘印川〉; 潘季馴, 《河防一覽》 권1(유지금, 2006, 237); 谷光隆, 1991, pp.366-367. 그가 남긴 《하방일람》은 자신의 수리학설을 총결집한 책으로 중국 수리학의 고전으로 꼽는다.

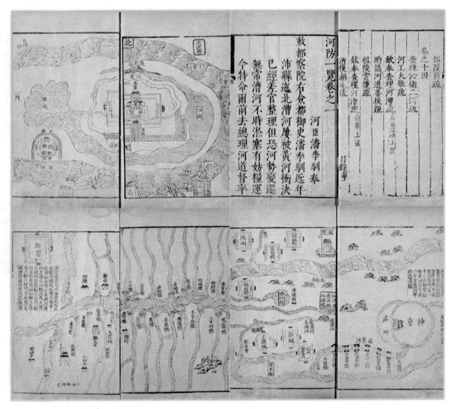

〈그림 57〉《하방일람도》. 황하·회수·대운하의 치수 방책과 이념을 적은 책이다.

고 있는 강물의 흐름이 느려서 강바닥에 토사가 쌓이면서 물흐름을 막기 때문이었다. 반계순은 그 해결 방법으로 '중요한 구역에 강력한 제방을 쌓아 강폭을 좁히고 인근의 불어난 강물을 끌어들여 유속을 증가시켜서, 그 물이 토사를 밀어내도록 해야 한다'고 주장했다. 이렇게 하면 강바닥의 토사를 준설하지 않아도, 빨리 흐르는 강물 스스로 준설하게 된다는 것이다. 즉, 제방을 쌓아 물을 한 곳으로 모으고[築堤束水], 그 물로 모래를 씻어내는 방법[以水攻沙]이었다. 이 방법은 청대와 현대에도 긍정적인 평가를 받고 있다.

장거정은 치수의 전문가가 아니었으므로, 일단 자기가 추천한 반계순의 의견을 믿고, 오계방에게 했던 것처럼 모든 일을 소신껏 추진하도록[便宜行事] 적극적인 지지를 보내며 격려하였다. 반대의견도 많았지만 앞장서서 잠재웠다. 다만 원나라 말기에 황하 치수공사를 위해 동원되었던 인부들이 농민 봉기에 가담한 것과 같은 사건이 재발하지 않도록 주의를 당부하였다.[4]

만력 7년(1579) 10월, 반계순과 조운시랑 강일린(江─麟)이 황하와 회수익 공사가 완료되었다는 보고를 해 왔나. 3백여 리(168km)에 제방을 쌓고 터진 둑 130여 처를 보수해서 황하를 원래의 하도로 안정시킨 것이다. 총 공사비는 56만여 냥이 소요되었다. 이 보고를 받은 장거정은 급사중 윤근(尹瑾)을 보내 재확인토록 하였고 역시 완공되었다는 보고를 해 왔다. 장거정도 "그대의 공은 우(禹) 임금에 뒤지지 않는다"고 반계순에게 경의를 표하며 기뻐하였다.[5] 장거정은 8년 봄에 반계순을 공부상서겸좌부도어사로 승진시키면서 태자태보를 더하고 아들 하나를 음서토록 하며 여전히 하조업무를 주관하도록 하였다.

반계순은 공사 기간 동안 몸을 돌보지 않고 심혈을 기울여 공사를 진행시켰다. 북으로는 하남성으로부터 남으로는 남직례에 이르기까지 수천 리를 왕복하면서, 때로는 역부(役夫)들과 잠자리를 같이하면서 공사를 독려하였다. 이렇게 장기간 공사 현장에 있었으므로 그에게는 휴식이 필요하였다. 그래서 9월에 장거정은 반계순과 현임 남경병부상서 능운익(이전 양광총독)의 직을 맞바꾸어 주었다. 장거정은 이렇게 두 사람을 교체시키기 전에 그들에게 서신을 보내 현실을 잘 설명하였다.[6] 장거정은 이렇게 인재들의 배치에도 세심한 배려를 기울

---

4)《張居正集》第2冊, 권23, 書牘10,〈答潘印川〉.
5)《張居正集》第2冊, 권24, 書牘11,〈答河道潘印川論河道就功〉.

였다.

반계순의 공사 완공으로 그 후 10여 년 동안은 황하와 회수의 물길이 어느 정도 안정되어, 주변지역의 농업생산력이 크게 호전되었다. 또 부수적으로는 운하 연변에 발달한 임청·회안(淮安)·양주 등 대도시도 수재의 걱정으로부터 벗어나게 되어, 인구가 증가하여 상공업의 중심지로 발전하였다. 나아가서는 동서와 남북으로 통하는 교통과 물류도 원활하게 이루어지게 되었다. 이 모든 성과는 반계순의 공적인 동시에 장거정의 공적이었다. 〈문충공행실〉에서는 이를 가리켜, '수십 년 버려졌던 땅이 논밭과 뽕나무밭으로 변하였고, 운하를 통하여 수많은 선박이 세량을 싣고 와서 대사농에 넣었다'고 되어 있다.

반계순이 이렇게 놀라운 성과를 이룩할 수 있었던 것은 그를 믿고 끝까지 지지해 준 장거정의 뒷받침이 있었기 때문이었다. 반계순도 당연히 장거정에게 진실로 자기를 알아주는 백락(伯樂)으로 감격하며 그러한 믿음에 끝까지 보답하였다. 장거정이 죽은 후 만력 12년에 장거정의 가산이 몰수되고 가족이 큰 화를 입을 때, 반계순은 신종의 분노를 감수하면서까지 장거정에게 은혜를 베풀 것을 상소하다가 결국 파면 처분을 받았다.[7]

황하의 범람은 중국 역대 왕조들에게 대단히 큰 부담이었고, 명대에도 그러하였다. 황하가 일단 범람하면 하룻밤 사이에 수백 리의 제방이 순식간에 파괴되고 그 일대의 가옥과 농경지는 폐허로 변하여 수백만의 이재민이 발생하였다. 치수공사에는 정답이 있을 수 없었으므로 논자에 따라 방법론이 다르고 지역마다 이해가 엇갈려서, 논쟁

---

6)《張居正集》第2冊, 권25, 書牘12, 〈答河道潘印川〉;《張居正集》第2冊, 권25, 書牘12, 〈答南兵兼河道凌洋山〉.
7)《신종실록》권151, 만력 12년 7월 기축조.

에 휩쓸려 복구공사가 늦어지고 실패하는 경우도 많았다. 공사가 시작되기도 전에 감독관이 탄핵당하고 반대편의 감독관이 임명되기도 하였다. 수재 복구가 지연될수록 수백만의 인명과 재산은 그대로 위험에 방치될 수밖에 없었다. 보수공사가 이렇게 어렵고 힘든 일이었으므로, 감독관은 중앙 조정뿐 아니라 지방관들로부터도 신임을 받는 유능한 인재라야 하였다.

반계순은 그러한 능력과 자질을 갖춘 인물이었다. 장거정이 가고 난 후, 만력 15년(1587)에 황하의 제방이 또 한 번 크게 붕괴되었다. 당시의 수보였던 신시행은 유능한 감독관으로 반계순이 생각났다. 그러나 그는 지난 12년(1584) 7월, 장거정의 재산 몰수 때 온정을 요구하는 상주를 올렸다는 이유로 형부상서직에서 해임되어 서민이 된 뒤였다. 그러나 이번의 황하 범람은 워낙 큰 사건이었으므로, 신종이 먼저 노련한 전문가를 언급하였고, 신시행도 반계순의 복권을 주청하여 황제의 재가를 얻었다. 만력 16년(1588) 반계순은 네 번째로 하도의 책임을 맡게 되었다. 그러나 신시행이 수보직에서 물러나자 다시 반대파의 탄핵을 받고, 27년 동안이나 애정을 쏟았던 수리 담당직에서 물러났다.[8]

그러나 황하는 그 후에도 크고 작은 범람이 계속되다가 19세기 중반에 제6차 개도로 비로소 해결되었다. 1938년 당시 중국 국민당 정부의 부주석이던 장제스(蔣介石)는 일본군의 남진을 막으려고 황하 하류의 제방을 폭파하였다. 당시 주민에게는 이 사실을 알리지 않았기 때문에 강물이 갑작스럽게 8천㎢를 덮쳐서 89만여 명이 죽고 1,250만 명이 집을 잃었다. 장제스는 이를 기념하여 하남성 정주에

8) 레이황 지음/김한식 외 옮김, 《1587, 만력 15년》, 2004, pp.193-196.

'나라를 구하고 물길을 다스리다'〔濟國安瀾〕고 새긴 비석을 세웠지만, 중국인들은 '나라를 구한다고 물에 잠기게 했다'〔濟國淹瀾〕고 비꼬고 있다.

그해(1578) 정월에 날아든 두 번째의 희소식은 동북변의 벽산(劈山)대첩이었다. 신종의 대혼식을 준비 중이던 1월에 요동순무 장학안의 첩보가 도착하였다. 토만과 태녕부 추장 속파해(速把亥) 등이 일만여 기(騎)로 요동·심양·개원을 침범했지만, 장학안과 요동총병 이성량의 협조 아래, 이성량이 2백여 리를 나아가 벽산에서 적을 참수하거나 포로로 잡은 수가 430여 급이고, 부장 아축태(阿丑台) 등 5명을 살해했다는 소식이었다.9) 신종의 생모 이태후는 대혼을 앞둔 시점의 대첩을 크게 기뻐하여 장거정과 대신들에게 상을 내렸다. 장학안은 융정총독으로 들어오고 주영(周詠)이 대신 요동순무가 되었다.

신종의 대혼일은 3월에서 2월로 당겨졌다. 이태후는 장거정에게 홍포옥대(紅袍玉帶)를 하사하여 이를 착용하고 신종의 혼례를 집전케 하였다. 2월에 신종이 왕위(王偉)의 딸과 성혼하니, 그가 곧 효단(孝端)황후이다. 그동안 신종과 함께 건청궁에 기거하며 어린 황제를 돌보던 이태후는 신종의 대혼일이 다가오자 자녕궁으로 옮겼다. 성년이 된 황제에게 자유를 주는 의미였다. 그 대신 장거정에게 황제에 대한 감호(監護)의 역을 부탁하였다.10) 장거정은 이제 수보의 직책과 함께 조석으로 황제를 보살피는 두 가지 역할을 겸하게 된 셈이었다. 이제 갓 16세인 신종(황후는 15세)은 혼례를 치른 뒤에야 태후의 감독에서 벗어나고는 점차 깊이 숨어 있던 나태·사치·향락 등의 본성을 드러내기 시작하였고, 장거정과의 관계도 점차 변화되어 갔다. 대혼이

---

9)《張居正集》第1冊, 권7, 奏疏7, 〈遼東大捷辭免加恩疏〉, 만력 6년 2월 10일.
10)《張居正集》第1冊, 권6, 奏疏6, 〈謝皇太后慈諭疏〉, p.302.

끝나자 신종은 대학사 이하 관원들에게 후한 상을 내렸다. 그러나 장 거정은 여전히 사양하였다.

제2절 장거정의 고향 나들이

신종의 대혼이 끝나자 3월에 장거정은 고향으로 돌아가 부친의 장 례를 마치게 해달라고 두 번에 걸쳐 간곡하게 상주하였다. 신종은 장 거정이 정무를 오래 비워서는 안 된다면서 3월 13일 베이징을 떠났 다가 5월 중순까지 돌아오는 조건으로 허락하였고, 문관인 상보사(尙 寶司) 소경(少卿) 정흠(鄭欽)과 무관인 금의위(錦衣衛) 지휘(指揮) 사 계서(史繼書) 각 한 사람씩을 호송관으로 파견키로 하였다.[11]

장거정이 3월 13일 고향으로 출발할 때 신종은 모든 장례비용과 노비(路費)[12]를 하사하였고, 또한 사례태감 장굉(張宏)을 교외에까지 나가 전별토록 하며 문무백관도 그렇게 하도록 명령하였다. 그리고 '제뢰충량'(帝賚忠良)이라 새긴 은도장을 하사하였는데, 이전의 양사기 (楊士奇)·장부경(張孚敬)의 예에 따라 비밀 상소를 허락하는 것이었 다. 신종은 또 차보 여조양 등에게 중요한 문제나 문건은 전결(專決) 하지 말고 베이징에서 1,000㎞나 떨어진 강릉까지 파발마를 보내서

---

11)《張居正集》第1册, 권7, 奏疏7,〈再乞歸葬疏〉·〈謝准假歸葬疏〉.

12)《張居正集》第1册, 권7, 奏疏7,〈謝賜勅諭幷銀記疏〉, p.330. 황제는 은 500냥·비단 6표리(表裏), 인성태후와 자성태후도 각각 300냥과 500냥, 비단 6표리와 4표리를 하사했다.

〈그림 58〉 장거정이 부친 장례를 마치러 고향으로 내려갈 때 신종이 준 은도장에 새겨진 '황제가 충신에게 하사한다[帝賚忠良]'는 글씨. 장거정 고 거에 보인다.

장거정이 처결하도록 명령하였다.

장거정의 행렬은 장엄하고 호사스러웠다.[13] 32명의 가마꾼[轎夫]이 메도록 특별히 제작된 큰 가마[轎子]는 앞에는 응접실, 뒤에는 침실이 배치되었고 그 양변에는 회랑이 갖추어져 있었다. 좌우에서 서동(書童)이 향을 피우며 부채질을 하였다. 행렬은 계진총병 척계광이 멀리 서 보낸 조총수들의 호위를 받았고, 그가 지나가는 연도의 순무와 순안어사·부·주·현관들이 앞다투어 나와서 영접하였다. 그가 몇 번이나 궁정의 절약을 요구하던 것과는 거리가 먼 호사였다.

3월 19일 한단(邯鄲)을 지나 하남성 경계에 들어서자 개봉에 분봉 된 주왕이 사람을 보내 영접하면서 예물과 제물을 보냈는데 장거정은 수박만 받고는 나머지는 모두 돌려보냈다. 관례대로라면 관료가 친왕

---

13) 王世貞, 《嘉靖以來首輔傳》 권7, 〈張居正傳〉.

에게 군신의 예를 갖추어야 하였으니, 당시의 장거정의 위상을 실감할 수 있다. 황하를 건너 하남성 신정현에 이르러서는 중병을 앓는 중에도 마중 나와 준 이전의 수보 고공과 만났다.

4월 4일에 강릉에 도착하였고, 부친 장문명은 16일에 태휘산에 묻혔다. 장문명은 거인을 7번이나 낙방한 일개 생원이었지만, 장례식에는 당대 최고의 대신들이 참여하였다.

장거정이 베이징을 떠나 있는 동안은 조정은 거의 정지 상태가 되었다. 신종의 명령에 따라 중요한 사항은 1천 ㎞나 떨어진 강릉으로 보내어 장거정의 결정을 받도록 하고, 그리 중요하지 않은 것은 그가 돌아오면 처리하도록 하였기 때문이다. 그 때문에 베이징과 강릉 사이의 역참과 대로에는 수많은 말들이 공문을 싣고 오갔다. 차보 여조양은 이러한 상황에 불만을 품고 칭병하고 내각에 출근하지 않아서, 보통의 사항은 장사유가 처리하였다.

만력 6년 3월, 장거정이 강릉으로 내려가던 때에 요동의 장정보(長定堡)에서 크게 승리했다는 대첩(大捷) 보고가 도착하였다.[14] 타타르 군사 7백~8백여 명이 소와 양을 끌고 투항하겠다고 하면서 요동의 변경으로 들어온 것을, 부총병 도성곡(陶成譽)이 속임수라며 그들 470여 명을 참수하였다는 것이다. 신종은 너무도 기쁜 나머지 묘당에 고한 뒤, 병부 관리를 강릉으로 보내 장거정에게 소식을 전하고 녹봉을 올리도록 하였고, 관련된 관리들에게도 승진과 음서를 내렸다. 그런데 장거정으로서는 타타르 군사가 별다른 저항을 하지 않았다는 것과 명조의 군사가 부상병 하나도 없었다는 것이 너무도 이상해서, 계요총독과 요동순무에게 철저한 조사를 명하는 한편, 병부상서 방봉시

---

14) 주둥룬(朱東潤) 지음/이화승 옮김, 2017, pp.243-245.

에게도 진상을 보고하도록 하였다.15)

후에 요동순안어사의 보고에 따르면, 타타르 군사 7백～8백여 명이 토만에게 죄를 짓고 소와 양을 이끌고 요동 변경으로 들어와 투항하려 했으나, 의심 많은 부총병이 무고하게 살육하였다는 것이다. 그러나 대학사 여조양의 어리석음 때문에 신종이 이미 각종 상을 내린 후여서 어찌 할 도리가 없었다. 그러던 중 급사중 광무(光懋)가 무고한 군사들을 살육한 부총병을 처벌하고, 각 관료들에게 내려진 은상은 모두 회수해야 한다고 상주하였다. 이 주장은 당연한 것이었고, 장거정도 같은 생각이었다. 장거정은 요동 순안어사 안구역(安九域)에게 철저한 조사를 부탁하였는데, 결과는 광무의 말대로였다.16) 결국 내각과 병부·총독·순무·총병 등에게 내려졌던 모든 상은 취소되었다.17) 장거정은 자기의 동료나 자기가 추천한 대학사 여조양이나 문하생까지도 개의치 않고, 공직 기강을 바로 세우기 위해 공정하게 처리한 것이었다. '장정보 대첩'은 한 막의 '희극'이었다. 당시에는 장거정을 빼고 나면 그만한 식견을 가진 인물이 없었던 때문이다.

부친의 장례를 마친 장거정은 73세의 노모를 환관 위조(魏朝)에게 부탁하고, 5월 21일 강릉을 출발하여 서둘러 베이징으로 향했다.18) 그가 지나는 길의 지방관들이나 순무와 순안들은 자신들 경계를 넘어와서 인사하였고, 심지어 양양(襄陽)과 남양(南陽)을 지날 때는 그곳의 친왕들이 나와 영접해 주었다. 6월 15일 장거정의 가마는 베이징 외곽의 진공사에 도착하였는데, 신종은 이미 사례태감 하진(何進)을 시켜 그곳에 연회를 준비해 놓고 기다리고 있었다. 장거정은 다음 날 문화전에

---

15)《張居正集》第2冊, 권23, 書牘10,〈答本兵方金湖言邊功宜詳覈〉.
16)《張居正集》第2冊, 권23, 書牘10,〈答遼東安巡按〉.
17)《張居正集》第2冊, 권24, 書牘11,〈答總憲吳近溪〉.
18) 주둥룬(朱東潤) 지음/이화승 옮김, 2017, pp.245-246.

서 황제를 알현
하였다. 황제는
비단 등 위로품
과 풍성한 음식을
하사하였다.

장거정은 자
신이 부친의 초
상을 치루기 위
해 조당을 비우
는 동안, 여조양
과 장사유 두
대학사만으로는

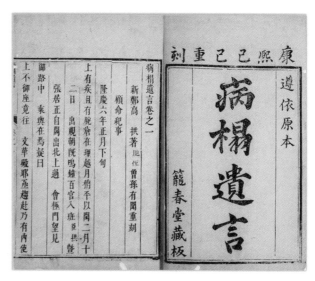

〈그림 59〉 고공의 문집 《병탑유언》

일 처리가 어려울 것으로 생각하였다. 그래서 3월에 평소 인망이 높
았던 예부상서 마자강(馬自强)과 자기가 아끼던 이부우시랑 신시행
두 사람을 대학사로 추천하였다. 마장강은 가정 23년 진사로 장거정
과는 늘 의견 대립이 있었지만 인물됨을 보고 추천하였다. 신시행은
장거정이 한림원장원학사 시기의 문생으로 가정 41년(1562) 장원 급
제하였고, 성품이 온화한 데다 문장으로 장거정의 눈에 들어, 이부좌
시랑 겸 동각대학사로 입각하였다. 신종은 장사유가 입각할 때와 마
찬가지로 이들에게도 "원보 장 선생을 보좌하여 내각에서 근무하리"
고 하였다.

그러므로 내각은 여전히 장거정이 장악하고 있었다. 6년 7월에는
여조양이 중병으로 귀향하였다. 또 10월에는 입각한 지 몇 달 안 된
마자강이 병으로 사망하여, 내각에는 장거정·장사유·신시행 3인만 남
았고 그대로 만력 10년 장거정이 사망할 때까지 지속되었다. 장거정

은 여전히 수보로서 전권을 행사하였고 차보 두 사람은 적어도 겉으로는 충실하게 장거정을 도왔다. 6년에는 6부상서 가운데에도 호부·예부·형부 등 상서가 교체되는 신진대사가 있었지만 장거정의 지도력에는 별 문제가 없었다.

10월에 고공이 죽었다는 소식이 전해졌다. 장거정은 곧 상서를 올려, 고공의 원관(原官)을 복원해 줄 것과 장례비를 국가에서 지급해 줄 것을 청하였다. 대신이 죽은 후에 국가에서 생전의 공적을 인정해 제공하는 장례비는 전장(全葬)과 반장(半葬)이 있었는데, 그 명분상의 차이는 대단히 컸다. 고공에 대한 두 황태후와 신종, 풍보의 앙금이 아직 완전히 풀리지 않은 상태였으므로, 신종은 고공의 원관은 복원해 주되 반장을 명령하였다. 다만 황제의 주비(朱批)에는 "원직을 복원하고 제장(祭葬)을 허락한다"로 남겼다. 장거정은 고공의 동생 고매암(高梅庵)의 청에 따라 고공전(高拱傳)과 묘지명을 지어 주었다. 그러나 고공은 죽으면서 《병탑유언》(炳榻遺言)이란 문집을 남겼는데 그 내용 가운데에는 장거정의 죄상을 고발하여 장거정의 명성에 누를 끼치는 내용도 있었다(제3장).

만력 6년 12월에 타타르 3만 연합군이 요동의 동창보를 공격해 왔다. 이에 요동총병 이성량은 각 장수들에게는 맡은 지역을 굳게 지키도록 명한 후, 자신이 직접 200여 리를 추격하여 부장 9명을 참수하고 880여 수급을 취하며 전마 1,200여 필을 노획하였고, 나머지 타타르 병사는 퇴각하였다.[19] 장거정은 다음 해 5월에 이성량에게 작위를 수여하도록 추천하여 영원백에 책봉되었다. 이성량은 감사의 표시로 황금 1천 냥과 은 1만 냥을 장거정에게 보냈지만 정중하게 거절하였

---

19) 주둥룬(朱東潤) 지음/이화승 옮김, 2017, pp.265-266.

다. 일개 지방 사령관이 그만한 거금을 보내는 것도 명대에 만연했던 부정부패의 일면이었다.

제3절 언론 통제(서원 폐쇄령=강학 금지)

7년(1579) 정월, 장거정은 전국의 서원에서 성행하고 있는 강학 (講學)을 금지시키고, 응천부(=남경)를 비롯한 전국의 서원 64곳을 폐쇄시켰다.[20] 만력 3년에 생원의 수를 삭감하고 관학 외에 별도의 서원 설립을 금지한 것과 궤를 같이 하는 것이었다.[21] 이 조치는 현실성 없는 공리공담만을 늘어놓으면서 모리(牟利)나 추구하는 신사의 강학과 언론을 탄압하고, 정치비판을 금지하려는 것이 일차적인 목적이었지만, 도교·불교·양명학 좌파 등 주자학에서 벗어난 사상을 배제하려는 목적도 있었다.

명대 서원의 강학 풍조는 15세기 중엽부터 크게 성행하기 시작하였다. 서원은 송나라(960-1126) 때부터 번성하기 시작하여 원대까지 지속되었다. 명초에는 관학(부주현 유학)의 기능이 어느 정도 유지되면서 서원은 그리 발전하지 못하였다. 그러나 15세기 중엽부터 인구의 증가와 함께 인재도 증가하면서 교육에 대한 욕구는 더욱 커졌지만, 유학의 교육 기능은 현저히 약화되어 갔다. 또 16세기에 들면서

---

20) 《神宗實錄》 권83, 萬曆 7년 正月 戊辰條; 《明會要》 권26, 〈學校 下〉.
21) 《張居正集》 제2책, 권24, 書牘11, 〈答福建巡撫耿楚侗談王霸之辯〉; Meskill, John, 1982.

마침 왕수인이 양명학을 설파하기 위해서 가는 곳마다 적극적으로 서원을 건립하고 제자를 모아 강학을 실시하였다. 그러자 그의 영향을 받은 제자나, 혹은 그 제자들의 영향을 받은 지방관과 신사들이 협조하여 이전에 있었던 곳에 서원을 중건하거나 새로이 서원을 창건하는 사례가 많았다.

서원에서는 왕수인의 사당을 세우고 제사를 지내는 곳도 많았다. 그런데 명조에서는 명초부터 유학의 생원들에게 정치적인 발언을 금지시켰는데, 서원에서의 강학 내용은 유교적인 학문뿐 아니라 정치와 사회에 대한 토론도 행해졌고, 자연스럽게 관료에 대한 비판도 나왔다. 당시의 서원 강학의 실상을 《명실록》에서는 '서원에 모이는 자는 신사에서 최하층 서민에 이르기까지 다양합니다. 그곳에서는 조정이나 변방의 일을 논하고, 지방관을 위협하는 등 안 하는 일이 없습니다. 그곳에서 나오는 말은 관료의 비행(非行)이나 관청의 비밀 등 안 나오는 말이 없습니다."[22]라고 전하고 있다. 서원에 모이는 사람은 위로는 관료와 신사, 아래로는 나무꾼에 이르기까지 다양하였다. 그들의 강학 내용은 처음에는 성현의 경전과 양명학을 토론하였지만, 점차 중앙과 지방 관료들의 정치 문제와 죄상을 고발하는 내용도 많아졌다. 그러므로 서원의 강학은 명조가 요구하는 '사상통일 정책'에 크게 위배되는 것이었다.

장거정은 양명학의 종지를 이해는 하면서도 찬동하지는 않았는데, 일찍이 한림원 시절인 가정 32-33년에 당시 병부상서였던 양명학자 섭표(聶豹)에게 보낸 서신에서도 나타난다.[23] 그의 이러한 생각이 이번에 서원을 폐쇄하고 강학을 금지하는 원인이 되었던 듯하다. 장거정

---

22) 《熹宗實錄》 권62, 天啓 5年 8月 壬午條.
23) 《張居正集》 제2책, 권28, 書牘15, 〈啓聶司馬雙江〉, p.1266.

	하북	산서	강소	절강	안휘	복건	강서	산동	하남	호북	호남	광동	광서	사천	귀주	운남	섬서	기타	합계
正德	3	8	5	4	4	23	26	6	6	5	6	8	2	6	1	5	3	1	122
嘉靖	25	16	23	50	41	38	82	25	28	17	35	68	28	18	10	23	8	14	549
隆慶	3		5	4	3	7	12	3	3	1	1	4	1	2	5	12			66
萬曆	16	11	14	35	16	10	65	10	36	12	15	38	12	5	7	14	6	6	328
都合	47	35	47	93	64	78	185	44	73	35	57	118	43	31	23	54	17	21	1,065
明代全體	70	61	66	199	99	107	287	69	112	69	103	156	65	63	27	68	28	29	1,678

은 이미 만력 3년에 올린 〈진흥인재소〉 제1조에서 '도당을 만들어 공담으로 소일하는 것'을 비판하면서 서원 창설을 금지한 바 있다. 만력 6년에 정여벽(鄭汝璧)에게 쓴 서신에서도 '오늘날 학문을 논하는 사람들이 오히려 이익만 탐하니, 어찌 도를 말한다 할 수 있겠는가'[24]라고 부정적인 생각을 피력한 바 있다. 또 6년에 안찰사 주사경(周思敬)에게 보낸 서신들에서도[25] '서원 강학은 공리공담일 뿐'이라고 비판하면서, 일부의 반대는 괘념하지 않겠다고 하였다. 서원은 무뢰배를 모아 공담을 일삼고, 결당과 청탁이나 하는 장소쯤으로 인식하고 있었으므로, 관학과는 별도로 서원을 창설하지 못하게 한 것이다.[26]

서원은 〈표 2〉[27]에서 보는 바와 같이, 가정 연간(1522-1566)에 그 수가 격증하였다. 그런데 이미 가정 16년과 17년에도 이부상서 허찬(許讚) 등의 상주에 따라 서원을 폐쇄시키고 서원 창설을 엄금하는

---

24) 《張居正集》第2冊, 권23, 書牘10, 〈答鄭藩伯〉.

25) 《張居正集》第2冊, 권23, 書牘10, 〈答憲長周友山明講學〉. 주사경에게는 7년에도 두 번(《張居正集》第2冊, 권24, 書牘11, 〈答憲長周友山講學〉, p.849; 《張居正集》第2冊, 권24, 書牘11, 〈答憲伯周友山論學〉, p.870)이나 서신을 보내면서 '무실(務實)'을 강조하였다.

26) 《張居正集》第2冊, 권22, 書牘9, 〈答南司成屠平石論爲學〉.

27) 李國鈞, 1994, pp.1037-1084. 그런데 같은 책 pp.555-556에 저자 자신이 계산하여 제시한 수치는 본 〈표〉보다 약간 적다.

명령이 내려졌지만 전혀 지켜지지 않았다.[28] 그러므로 만력 3년의 〈진흥인재소〉 제1조의 서원 폐쇄 명령은 사실은 명대에 들어서 세 번째 명령인 셈이다.

만력 7년에는 마침 상주(常州)지부 시관민(施觀民)이 민간의 재물을 모아 사사로이 서원을 건립하자, 장거정은 그를 면직시키고 그 건물은 지방 관청에 귀속시켰다. 이를 계기로 전국에 사사로이 건립한 서원을 폐쇄하도록 명령하였으니,[29] 이것은 명대에 들어서 네 번째 폐쇄 명령이었다. 장거정은 만력 8년에도 두 차례 서원 폐쇄를 재강조하였고(5번째와 6번째 명령),[30] 9년까지 64처의 서원을 '관청으로 개명하거나 원 주인에게 돌려주거나 완전히 폐쇄'하도록 명령하고, 단지 자양(紫陽)·숭정(崇正)·금산(金山)·석문(石門)·천천(天泉) 등 5개 서원만 남겨두게 하였다.[31]

그런데 〈표 2〉에서 보는 바와 같이, 융경 연간까지 존재하던 서원은 6백여 곳이었으므로, 장거정이 폐쇄 명령을 내린 64곳과는 비교도 안될 만큼 많았다. 그러므로 가정 연간의 2회에 걸친 폐쇄 명령에 이어, 장거정이 엄격한 고성법을 배경으로 4회씩이나 명령을 내렸음에도 불구하고, 대개의 서원은 관청 등으로 이름만 바꾼 채 서원의 기능은 그대로 유지되었다.[32] 이로 보면, 장거정이 금지한 것은 새롭게 서원을 신설하는 행위를 금지한 것일 뿐, 기존의 서원 전체를 폐쇄시키지는 못하고 말았다. 더구나 그렇게 엄격했던 고성법이 적용되고

---

28) 王圻,《續文獻通考》권61, 학교, 書院조;《欽定續文獻通考》권50, 학교, 郡國鄕黨之 學條.
29)《神宗實錄》권83, 만력 7년 정월 戊辰조, p.1752.
30)《神宗實錄》권102, 만력 8년 7월 戊寅조, p.2011;《神宗實錄》권103, 만력 8년 8 월 庚戌조, pp.2021-2022.
31)《神宗實錄》권117, 만력 9년 10월 戊申조, p.2205.
32) 오금성, 2007B, pp.211, 219.

있었고, 〈진흥인재소〉는 법전인 《대명회전》에 국법으로 실려 있었음에도 불구하고, 서원 폐쇄만은 큰 성과를 거두지 못하였다. 지방사회에서 신사(紳士)의 영향력은 그렇게 컸던 것이다.

제4절 장거정과 신종의 관계 변화

장거정은 세호대가의 횡포가 국가 재정을 어렵게 하고 백성의 궁핍을 초래하는 대환으로 생각하였다. 그 중에서도 주(朱)씨 성을 가진 종실의 문제는 매우 심각하였으므로, 만력 7년에는 작심하고 해결해 보려 하였다.[33] 명대의 종번(宗藩) 문제는 두 가지였다. 한 가지는 종번 인구의 격증이었고, 또 한 가지는 경제적인 문제였다.

먼저 종번 인구의 격증은 바로 종록(宗祿)과 직결되는 것이었다. 태조 홍무제는 아들 23명을 왕으로 책봉하였다. 그런데 가정 8년(1529)에는 친왕 30·군왕 203·종실이 8,203명으로 증가하였고, 가정 44년에는 3만여 명, 장거정이 집권하던 신종 초년에는 4만여 명이나 되었다. 그러므로 종실에게 지급되는 세록 때문에 국가 재정은 갈수록 어려워질 수밖에 없었다.[34]

더구나 종번이 점유한 토지는 모두 기름진 땅인데도,[35] 응당 물어

---

33) 《張居正集》第1册, 권8, 奏疏8, 〈請裁定宗藩事例疏〉; 《神宗實錄》권84, 만력 7년 2월 乙酉條(pp.1762-1765). 《神宗實錄》권83, 만력 7년 정월 갑인조(pp.1745-1748)에서도 장거정과 신종이 종번 문제로 긴 대화를 나누었다.

34) 王世貞, 《弇山堂別集》권67, 〈親王祿賜考〉(유지금, 2006, p.168 轉引); 鄭曉, 《今言》권2; 陳生璽, 2012, pp.54-55.

야 할 세량은 납부하지 않았다. 지방 관청에서는 감히 그들에게 세량을 부과하지 못하여 국가의 세입은 갈수록 감소하는데 종번에서는 갈수록 녹미를 늘려 달라고 요구하였다. 제3장에서 언급한 바와 같이 무종 정덕제 때에는 두 왕이 반란을 일으킨 일도 있었다.

종실의 봉록을 줄이려는 노력은 이미 세종 후기에도 있었다.[36] 가정 41년(1562)에는 감찰어사 임윤(林潤)이 경종을 울렸다. 그에 따라 가정 44년에 〈종번조례〉(宗藩條例)를 편찬해 종실의 수를 줄여서 재정 지출을 줄이려 하였지만, 반발이 심하여 유야무야되고 말았다.[37] 신종도 이를 근거로 〈종번요례서〉(宗藩要例書)를 편찬케 하여 제왕들에게 반포하였고, 장거정도 개혁할 의지는 있었지만, 현실적으로 그럴 능력이 없었다.[38]

종번문제를 차치한다면, 장거정이 3년상 기간을 지나 공식적으로 업무를 시작한 7년 12월 25일까지 내정과 외정은 어느 정도 안정되어 있었다. 다만 장거정의 불안은 오히려 어린 신종에게서 자라나고 있었다. 신종이 열 살에 처음 황제가 되었을 때 수염을 길게 늘어뜨린 고상한 대신 장거정은 그저 존경스러운 스승이요 보호자로서 친근감도 있었고 약간 무섭기도 하였다. 더운 여름날 장거정이 땀을 흘리며 강의할 때면 신종은 환관을 시켜 부채질을 해 주도록 하였고, 추운 겨울날 문화전 벽돌 위에 꿇어앉은 스승에게 담요를 깔아 주도록 배려하는 등 따뜻한 애정을 보이기도 하였다. 한번은 장거정이 정무를 보다가 갑자기 한열(寒熱)이 나자, 신종은 재빨리 자기의 초탕(椒湯)을 주

---

35) 종번은 대량의 사유지〔莊田〕·호숫가의 고수부지〔湖泊〕·점포〔店肆〕·광산 등을 점유하고, 거대한 재부를 옹유하면서 농·공·상업의 발전을 저해하였다.

36) 田澍, 2002, p.6

37) 《明史》권82, 食貨志6, 俸餉.

38) 南炳文·吳彦玲 輯校, 《輯校萬曆起居注》第1册, p.256(田澍, 2012, 轉引).

며 마시라고 하였다.

그런데 장거정이 신종의 덕행이나 인품에 대해서 실망하기 시작한 것은 '대혼' 직전인 6년 1월 말에 이태후에게 올린 밀주(密奏)에 잘 나타나 있다. 심지어 태후와 황제 침소의 안배에까지 관심을 보이고 있었기 때문이다. 신종은 '탐재'하기로 유명한 군주였다. 신종이 아직 대혼을 치르기 전, 이태후도 아직 건청궁에 거주하던 시기에 한 어린 태감의 유혹으로 궁 밖으로 나가 진기한 물건을 구해서 자기 사고에 모아둔 적도 있었다. 혼인한 뒤부터는 숨어 있던 나태·탐재·향락 추구 등의 성품이 나타나면서 장거정과의 긴장관계가 고조되어 갔다. 신종은 대혼을 치르고 나흘 뒤인 6년 2월 23일에 내각에 "내고에 돈이 모자라니 호부·광록시와 상의하여 각 10만 냥씩을 보내라"는 명령을 내렸다.[39]

장거정이 부친의 장례로 강릉에 내려가 있던 6년 4월에 신종은 다시 궁중의 비용을 매년 20만 냥씩 늘리도록 호부에 명령하였다. 궁중의 비용은 그때까지는 매년 100만 냥이 지급되었는데, 대혼 후에는 후궁들이 늘어나면서 금은보화를 살 돈이 더욱 많이 필요하게 되자, 장거정이 없는 기회를 이용하여 호부에 그렇게 명령한 것이었다. 대학사 여조양 등이 그러지 말도록 상소를 올렸지만 듣지 않았고, 장거정이 강릉에서 돌아올 때까지만 기다려 달라고 하였지만 역시 듣지 않았다. 여조양 등은 하는 수 없이 호부에 부탁하여 요구대로 바칠 수밖에 없었다. 만일 장거정이 조정에 있었다면 신종은 감히 그러한 대담한 요구를 할 수 없었을 것이고, 설사 그러한 요구가 있었다면 그대로 묵인하지는 않았을 것이다.

---

39) 위경원, 1999, pp.833-834.

7년 2월에 신종이 발진이 생겼다가 3월 초에 나은 후에 두 사람이 만났을 때 신종이 '요사이 밥을 잘 먹는다'고 하자, 장거정이 '기쁜 일이기는 하나 원기가 아직 덜 회복되셨으니 음식 조절을 좀 하시고, 방사도 절제'[40]하도록 진언하였다. 보통은 친구들에게도 조심스럽게 해야 할 말을 신하로서 황제에게 아뢰었고, 신종은 "선생의 충성스러운 사랑은 짐이 잘 알고 있다"고 하였다.

신종과 장거정의 이러한 관계는 적어도 7년 초까지는 유지되었던 듯하다. 그러나 7년 중기부터 점차 변화 조짐이 나타나기 시작하였다. 신종은 조숙하였고, 곧 아버지가 될 참이었다. 이미 17세가 되어 자아도 생기고 자기 의견과 의지도 점차 성장해 갔다. 자연히 장거정과 의견이 다른 경우도 나타났다.

신종은 8년 2월에 황제의 친경전에 나가 몸소 모내기를 하는 의식〔親耕耤田〕을 거행하였다. 이것은 황제가 성년이 되어 친정(親政)하겠다는 뜻이었다. 3월에는 두 황태후를 모시고 천수산 제사에 다녀왔다. 이에 장거정은 이제 신종이 18세가 되었으니 직접 정치를 돌볼 만큼 성년이 되었다고 생각하고, 또 황제권의 잠재적 위협을 감지하여, 돌아오자마자 "고위직이나 대권은 한 사람이 오래 붙들고 있어서는 안 됩니다"〔高位不可以久竊, 大權不可以久居〕라는 말과 함께 신종의 친정과 휴가 상소를 올렸다. 휴직을 청하는 것은 즉 사직을 의미하는 것이었다. 이유는 첫째, 신종이 이미 친정할 수 있는 능력을 갖춘 것, 둘째, 자신은 이미 노쇠하여 중책을 감당할 수 없다는 두 가지였다.[41] 장거정의 갑작스런 휴직 상소에 모든 관료들이 놀랐고, 더욱 놀란 신종은 "선제의 간절한 부탁과 종묘사직의 중대함을 생각하라"며 만류하였다.

---

40) 《張居正集》第1冊, 권8, 奏疏8, 〈召見紀事〉.
41) 《張居正集》第1冊, 권9, 奏疏9, 〈歸政乞休疏〉.

장거정은 결코 오래 비우는 것이 아니고, 잠시 쉬었다가 돌아오겠다며 재차 사직을 청하였다.[42] 그러나 신종은 역시 물러서지 않았다. 신종은 홍려시관을 통해 "국가의 대사가 많아 원보의 보정이 절실하고, 이전의 원로대신 가운데에는 더 많은 나이에도 정사를 맡았던 사람이 적지 않은데, 경은 50을 갓 넘긴 상태로 아직은 젊은데 어찌 노쇠하였다고 할 수 있느냐"고 만류하였고, 생모인 이태후마저 사람을 보내 만류하였다. 더 이상 고집을 부릴 수 없다고 생각한 장거정은 천수산에서 돌아와 감기에 걸린 것과 셋째 동생 거이(居易)가 사망한 점을 들어 잠시 휴가를 청해 며칠을 쉰 후에 등청하였다.[43]

장거정은 같은 해에 여러 곳에 보낸 서신에서 자기의 속내를 잘 드러내 보이고 있다. 먼저 스승 서계에게 보낸 서신에서는 "정상의 자리에 오르면 올지도 모를 화를 대비해야 한다"면서 자구책을 부탁하고 있다.[44] 융경 3∼5년의 수보였던 이춘방에게 보낸 서신에서도 "제가 그동안 여러 번 휴가를 청하였지만 윤허를 받지 못하고 황상의 신임은 두터워만 가니, 죽을 자리가 어딘지 정말 모르겠습니다. 집권한 지가 오래 되니 선종(善終)하지 못할까 걱정입니다."[45]라고 하였다. 또 둘째 아들 간수의 장인인 왕지고(王之誥)에게 보낸 서신에서는 "근자에 휴가를 청하였으나 윤허를 얻지 못하였고, 신임은 더욱 무거워지니 쇠약한 몸으로 어떻게 하면 좋겠습니까?"라고 하여, 역시 선종하지 못할 것을 걱정하고 있다.[46] 이들과는 친밀한 사이였으므로

---

42) 《張居正集》第1冊, 권9, 奏疏9, 〈再乞休致疏〉.
43) 張居正, 《張太岳集》권44, 〈再乞休致疏〉副, 〈奉〉(p.16a, 《張居正集》에는 〈再乞休致疏〉副, 〈奉〉이 없음) ; 《張居正集》第1冊, 권9, 奏疏9, 〈謝聖諭疏〉.
44) 《張居正集》第2冊, 권27, 書牘14, 〈答上師徐存齋并附與諸公書二十八〉.
45) 《張居正集》第2冊, 권25, 書牘12, 〈答石麓李相公〉.
46) 《張居正集》第2冊, 권25, 書牘12, 〈寄司寇王西石〉.

자기의 내심을 토로한 것이다. 그러나 대동순무 가응원(賈應元)에게 보낸 서신[47]과 운남대리 이원석(李元陽)에게 보낸 서신[48]에서는 황상과 조정에서 재삼 만류하여 부득불 귀향 의지를 굽힐 수밖에 없음을 피력하고 있다. 당시 장거정은 이렇게 심리적으로 복잡한 모순과 두려움에 짓눌리고 있었다.

실제로 장거정 이전의 수보, 예컨대 하언·엄숭·서계·고공 등은 마지막에는 아들 또는 본인이 피살되거나, 다행히 살아남더라도 상당한 위험을 겪었다. 장거정에게도 이러한 위구심은 늘 따라다녔다. 만력 5년에 부친상을 당했을 때는 '탈정'에 대해 쏟아지는 비난을 감수하면서까지 자리를 지켰던 것도 그 때문이었다. 만력 5년부터 8년까지 장거정의 정치적 지위는 비교적 공고했지만, 위험도 상존하고 있었다. 그 위험은 실은 황제인 신종으로부터 비롯되었다. 이제 신종이 이미 18세가 되었고 자기 뜻대로 하려는 기색이 역력하였다. 또한 스스로 생각하기에 내정·외교·변방·하공 등 여러 분야에 어느 정도 성과를 올리고 있다고 느꼈다.

이번에 장거정의 휴가 상소에 가장 반대한 사람은 아마도 신종의 생모인 이태후일 것이다. 그녀는 신종이 아직도 친정하기에는 완전히 성숙치 못했다고 생각하고 있었다. 그녀는 기회 있을 때마다 '수보 장 선생의 말을 들으라'고 하였고, 이번에는 신종과 장거정이 대면한 자리에서 "황상이 30세가 되면 다시 상의해 보자"고 까지 하였다. 장거정에 대한 태후의 이러한 신임이 오히려 18세나 된 신종의 심기를 건드렸을 것이고, 장거정도 대단히 곤혹스러웠을 것이다.

신종은 결혼한 후부터는 이태후의 감독에서 벗어났다. 더구나 18

---

47) 《張居正集》 第2冊, 권25, 書牘12, 〈答賈春宇〉.
48) 《張居正集》 第2冊, 권25, 書牘12, 〈寄有道李中溪言求歸未遂〉.

세의 신종은 총명하였지만, 조정 대사를 모두 장거정에게 맡겨 놓았으므로 별로 할 일이 없어 참으로 무료한 나날을 보내고 있었다. 그러한 신종에게 숨어 있던 나태·호사·향락 등의 성품이 나타나기 시작했다. 황제가 거처하는 건청궁의 관리를 담당하는 패자(牌子) 태감 손해(孫海)와 객용(客用)은 신종과 나이가 비슷하여 같이 놀면서 신종의 이러한 모습을 간파하고 신종에게 오락을 즐기도록 유혹하였다. 그들은 신종을 자주 황성의 별서(別墅)인 서원으로 인도하였다. 서원에는 호수·석교·보탑 등이 있어 풍경이 빼어났고, 라마사 옆에는 천여 마리나 되는 백학이 노니는 곳이어서, 성현의 경전만 배우고 태후의 엄격한 교육만 받으며 자라온 신종으로서는 선경과 같이 황홀하기만 하였다. 8년 11월, 신종은 평복으로 갈아입고, 허리에 보도를 차고 말을 타고 그들과 함께 서원에 가서 하룻밤을 질펀하게 즐겼다. 그날 밤 신종은 술에 취하고 흥에 겨워 궁녀 두 사람에게 노래를 시켰는데 못 한다고 하자 크게 노하였다. 원래 성지를 거역하면 참수에 해당하였으므로, 참수의 표시로 궁녀들의 긴 머리카락을 자르고, 취한 채로 건청궁으로 돌아왔다.

이튿날 환관 풍보의 보고로 이 사실을 알게 된 이태후는 크게 노하여 아들 교육을 잘못시켰음을 자책하면서, '덕을 상실한 신종을 폐하고 대신 아우인 로왕을 세우겠다'고까지 하였다. 신종은 무릎을 꿇고 오랜 시간 잘못을 빌었고, 장거정 역시 황제의 이번 일은 순간적인 실수이니 반성의 기회를 주자고 간청하였다. 이에 태후는 신종을 대신해서 장거정에게 〈죄기조〉(罪己詔)[49]를 써서 반포하도록 명령하였다.

---

49) 황제가 자기가 한 일에 대한 반성의 의미로 내리는 조칙이다. 당 태종도 가끔 죄기조를 발했다고 한다.

신종은 처음에는 손해와 객용을 남경의 효릉(孝陵)에서 밭갈이하도록 명하였으나, 장거정과 풍보는 이들의 처분이 너무 가볍다고 생각하여, 다시 상소해서 환관으로 편성된 군대에 편입시키게 하였다. 풍보는 또 이를 계기로 다른 환관들도 처벌하여 질서를 바로잡았다.[50]

18세의 신종은 장거정이 초안한 〈죄기조〉를 베껴 쓰면서 문장이 너무 가혹하다고 느꼈고, 이것은 장거정이 고의로 그런 표현을 사용한 것으로 생각하여 대단히 화가 났지만, 모후(母后)가 무서워서 묵묵히 참을 수밖에 없었다. 그러나 이 사건을 계기로 이태후·장거정·풍보가 한통속이 되어 자기를 통제하는 것을 확인하게 되고, 장거정에 대한 반감은 갈수록 고조되어 갔다. 다만 아직은 모후가 있어서 분을 폭발하지는 못하고, 여전히 '원보 장 선생'이라고 존중해 줄 뿐이었다.

신종은 성혼한 후로는 갈수록 궁중의 비용을 증가시키려 하였다. 신종은 장거정에게 국가 대사의 거의 전권을 위임한 상태였지만, 궁중의 일은 수시로 고집을 피우기 시작하였고 장거정도 꺾기가 어려웠다. 궁중의 비용은 호부로부터 매년 백만 냥이 지급되었는데, 만력 6년에는 장거정이 고향에 간 틈을 타서 120만 냥으로 증가되었다. 심지어 산동성 호타하(滹沱河) 제방을 수축할 예산까지 빼앗아 사치에 써버렸다. 수백만 백성의 안위는 안중에도 없었다. 7년 3월에는 광록시에 또 다시 10만 냥을 요구하였다. 이에 장거정은 즉시 "재부는 한계가 있는데 비용을 무제한으로 지출한다면 국고도 비고 백성도 어려워집니다. 최근에는 사방에 수재와 한재가 들어 더욱 어렵습니다. 부

---

50) 《萬曆起居注》 만력 8년 11월 12·24일(위경원, 1999, pp.836-837); 《張居正集》 第1册, 권9, 奏疏9, 〈請處治邪佞內臣疏〉·〈請淸太近習疏〉; 《明史紀事本末》 권61, 〈江陵柄政〉; 《明史》 권305, 〈馮保傳〉.

디 앞으로는 모든 비용을 절약해주시기 바랍니다. 만일 다시 요구하신다면 결코 조칙을 받들지 않겠습니다〔決不敢奉詔〕[51]"라고, 초강경 어조로 상소하였다. 전통시대에 신하가 황제에게 대놓고 "결코 조칙을 받들지 않겠습니다"라고 한다면 이것은 항명으로 대불경죄(大不敬罪)에 해당되어, 목숨을 부지하기가 어려울 정도였으니 결코 있을 수 없는 일이었다. 신종은 대단히 불쾌하였겠지만 어쩔 수 없었다. 단, 이로 말미암아 두 사람 사이에 골은 더욱 깊어갈 수밖에 없었다. 또 다른 상소에서는 만력 5년의 세입은 435만 9,400여 냥에 세출은 349만 4,200여 냥이었으나, 6년에는 세입은 겨우 355만 9,800여 냥에 세출은 388만 8,400여 냥이라고 하면서, 당시 국가 재정의 위기가 엄중함을 설파하고 국가재정의 호전과 인민 부담의 경감을 주장하였다.[52]

이렇게 궁중 비용의 증액이 어렵게 되자, 신종은 7년 4월에 호부에서 동전을 직접 주조하도록 명령하였다. 명대의 화폐제도는 대단히 복잡하였다. 대체로 본위화폐 격인 은, 보조화폐 격인 동전, 그리고 지폐인 초(鈔)가 있었다. 태조 때부터 지폐가 남발되면서 가치가 떨어진 때문에, 지폐와 동전은 교환할 수조차 없게 되었다. 은과 동전은 기본화폐와 보조화폐의 관계가 어느 정도 유지되기는 하였으나 중기부터 점차로 고정 환율이 파괴되어 갔다. 국가뿐 아니라 민간의 사주(私鑄)가 증가하면서 갈수록 동전이 폭증하였으므로, 은과 동전의 비율이 파괴되어 기본화폐와 보조화폐의 관계마저 상실하게 되었다. 태조 때에는 동전 1천 문을 은 1냥과 교환하였으나, 세종 때에는 동전 6천~7천 문으로 겨우 은 1냥과 바꿀 수 있을 만큼 동전의 가치가 떨어지고 말았다. 그런데도 어린 신종은 쉽게 주조할 수 있는 점

---

51) 《神宗實錄》 권85, 만력 7년 3월 丙午朔, p.1777.
52) 《張居正集》 第1冊, 권8, 奏疏8, 〈看詳戶部進呈揭帖疏〉.

만 생각하여 순진하게 동전 주조를 명하였지만, 동전을 남발하면 시장의 혼란을 초래하여 경제를 파국으로 빠뜨리는 것을 몰랐던 것이다. 결국 4월 19일에 장거정이 다시 상소를 올려 만류하자 비로소 정지시켰다.53)

7년 7월, 예과좌급사중 고구사(顧九思)와 공과도급사중 왕도성(王道成)이 소주·송강·남경의 직조(織造) 태감을 소환해 주도록 상소하였다. 마침 7년에는 강남지방에 큰 수재가 났으므로 백성의 원성은 더욱 높아졌다. 두 사람의 상소를 본 신종은 '궁중에서 쓸 것이 많다'면서 응하지 않았다. 그러자 장거정·장사유·신시행 등 세 대학사가 함께 입궁하여, '최근 소주와 송강 지역에 수재가 심해 백성이 살기가 힘들고, 심지어 무리지어 약탈하는 자들도 있다'면서, 수재가 가장 심한 소주와 송강의 태감 손륭(孫隆)의 소환을 거듭 건의하였다. 그러나 신종은 물러서지 않았다. 이에 장거정은 작심하고, '강남의 직조가 아직 40-50퍼센트도 완성되지 못했고, 더구나 세금도 아직 다 거두지 못한 상태여서 그 지역 이재민들이 독촉을 감당하기 어려우니, 재해가 극심한 소송(蘇松)지역의 손륭은 소환하고, 재해가 덜한 남경의 직조 허곤은 그대로 두도록' 건의하여 겨우 신종의 재가를 얻었다. 장거정은 내고에서도 5천 냥을 보내도록 하였다.54)

그런데 곧 이어 승운고(承運庫)55) 태감 공성(孔成)이 '여진족에게 하사할 비단이 모자라다'면서 남경·소주·송강 등 지역의 비단 생산을 늘려서 모두 7만 3천 필을 생산케 하도록 건의하였고, 이를 계기로 직조 문제가 다시 대두되었다. 그러자 공과도급사중 왕도성이 비단

---

53) 《張居正集》第1冊, 권8, 奏疏8, 〈請停止輸錢內庫供賞疏〉.
54) 《張居正集》第1冊, 권9, 奏疏9, 〈請罷織造內臣對〉.
55) 승운고(承運庫)는 명대에 호부(戶部)와 내부(內府) 소속의 둘이 있었다.

직조를 줄이도록 주장하고 나섰다. 장거정도 이전의 사례와 해당 지역의 수재를 이유로 수량을 줄여 줄 것을 건의하였다.56) 신종도 이에 따라 감액을 명했지만, 원액보다는 증가된 것이었다.

만력 6년 성혼한 후부터 장거정이 눈감을 때까지 두 사람의 관계는 표면적으로는 잘 되어가는 듯하였지만, 내면적으로는 이렇게 위기가 점증해가고 있었다. 우신행은 '장거정의 잘못은 황제권을 과도하게 농단한 데 있다'57)고 지적한다. 장거정은 자기에 대한 비방이 나올 때마다 "명주(明主)가 위에 계셔서 공죄(功罪)와 상벌을 순리대로 행하는데, 설사 비방이 좀 있다한들 어찌 두려워하겠는가?"58)라고 하였다. 그러나 하량준의 말처럼 "신하로서 과도한 권한을 휘두르다가 화를 당하지 않은 사람은 없었다."59)

장거정과 신종의 군신관계의 모순은 사실은 '최고 권위의 귀속과 최고 권력의 장악'을 둘러싼 문제였다. 나이가 들어가면서 신종은 장거정을 들먹이면서 늘 엄격하게 훈육하는 모후 이태후의 교육과 기득권층의 반장거정 추세에 자극받아 점차 전제(절대) 권력의 속성을 깨달아 가고 있었다. 어쩌면 이제 어엿한 황제로서 더 이상 장거정의 감독과 교육을 받고 싶지 않았고, 오히려 '반감'만 쌓여 갔던 것이다.

---

56) 《張居正集》第1冊, 권9, 奏疏9, 〈請酌减增造段疋疏〉.
57) 于愼行, 《穀山筆塵》 권4, 〈相鑒〉.
58) 《張居正集》第2冊, 권23, 書牘10, 〈答河漕按院林雲源言爲事任怨〉.
59) 何良俊, 《四友齋叢說》 권31, 〈崇訓〉.

제5절 장거정과 과거제

만력 8년 3월 장거정의 장남 경수(敬修)와 3남 무수(懋修), 그리고 장사유의 아들 태징(泰徵)이 나란히 진사에 합격하였다. 더구나 무수는 장원으로 합격하였다. 무수는 황제에게 3등으로 추천되었으나 신종이 장원으로 고쳤다. 이번 전시의 주고관은 대학사 신시행과 시랑 여유정(余有丁)이었다. 이로써 장거정의 장남·차남(5년에 합격)·삼남이 진사에 합격했고, 4남 간수(簡修)는 음서로 남진무사첨서관사를 제수받았다.

장거정은 아들 여섯 가운데 3남 무수를 가장 높이 평가하였다. 그런데 무수는 만력 4년 향시에 낙방한 후 자포자기하며 실의에 빠져 있었다. 장거정은 만력 5년에 그에게 서신[60]을 보냈다.

너는 어려서부터 총명하여, 나는 너를 천리마라고 생각하였고, 너를 보는 사람마다 그대의 아들 가운데 이 아이가 가장 뛰어나다고 칭찬하였다. 예로부터 어려서 영민하다가 자라서 몽매하게 되는 사람은 없었다. 나는 향시에 합격한 후 내가 무척 똑똑하다고 자만했었다. 과거 급제는 일도 아니라고 생각하여 본업을 게을리 한 채 고전에 탐닉하였다. 3년이 지났으나 새로운 것은 얻지 못하고 옛것은 모두 잃어버렸다. 지금 생각하면 부끄럽기 짝이 없는 오점이었다. 갑신년(1544)에 낙방한 후에야 내 자신을 돌이켜 반성하며 열심히 노력해서 겨우 시험에 붙었다.

---

60) 《張居正集》第2冊, 권28, 書牘15, 〈示季子懋修〉, pp.1251-1252.

아버지는 편지로 아들에게 합격할 때까지 열심히 노력할 것을 충고하고 있다. 자기가 과거시험에 실패한 이유를 설명하면서, 어려서 남달리 영민했던 무수가 향시에 한 번 실패하고 방황하는 것을 민망하게 여겨 재기할 것을 간절히 격려하는 부성애를 보여준 것이다. 과거제도가 생긴 이래 과장에는 부정이 많았

〈그림 60〉 장원급제패(강남공원박물관 소장)

고 그에 대한 비판의 여론도 많았다. 부정의 사례로는 고시관이 뇌물을 받고 부정행위 하는 것, 응시자들의 대리 시험, 쪽지를 숨겨 들어가서 고시장에서의 컨닝, 등록단계에서 등록관의 시권(試卷) 바꿔치기 등이었다. 송대에는 획기적인 과거제 개혁을 단행하여 부정의 소지를 많이 없앴다. 가장 중요한 것은 호명법(糊名法=彌封法)과 등록법(謄錄法)이었다. 호명법은 시험지 상단에 적은 수험생의 이름·관적(貫籍)·가문 등의 기록을 가려서 채점 때에 객관적인 평가를 도모한 것이고, 등록법은 답안지를 다른 종이에 옮겨 적은 후에 그것으로 채점하여 정실이 개입되는 것을 방지한 법이었다.61) 그러나 위에서 본 것 같

이, '위에서 정책을 만들면 아래에서는 대책을 강구하였다'[上有政策, 下有對策].

명대에도 부정은 많았다. 명초부터 대학사 자제들은 특별한 대우를 받았기에 과거 합격자가 많지 않았지만, 공직기강이 무너지기 시작한 중기부터 과장의 폐단도 두드러지게 나타났다. 경태 7년(1456)에는 대학사 진순(陳循)과 왕문(王文) 두 사람의 아들이 모두 향시에서 낙방하였다. 두 사람은 격노하여 주고관(主考官) 유엄(柳儼)을 비방한 일이 있었다.[62] 정덕 3년(1508)에 대학사 초방(焦芳)의 아들 황(黃)이 전시에서 제2갑 제1로 합격하였으나, 초방은 이에 불만을 품고 주고관과 열권관을 모두 한림으로 강등시켜 버렸다. 정덕 6년에는 수보 양정화의 아들 신(愼)이 장원으로 합격하였다. 양신은 재덕이 출중하였으므로 풍파가 일지는 않았다. 장거정이 낙방하였던 가정 23년(1544)에는 내각수보 적란(翟鑾)의 두 아들 여검(汝儉)과 여효(汝孝)가 참가하였는데, 세종은 전시의 결과가 공정하지 못하다고 생각하여 시험관 전원을 파면시키고, 적란과 두 아들을 모두 삭탈관직 시켜버렸다.[63]

장거정도 여섯 아들(敬修·嗣修·懋修·簡修·允修·精修)에게 거업을 권하였다. 그는 만력 2년(1574) 갑술과에서 장자 경수가 회시에 낙방하자 대단히 불쾌하게 여겨, 그해에 서길사를 뽑지 않았다. 만력 5년에는 둘째 사수가 제1갑 제2명의 방안으로 합격하자 여론은 놀라면서도 이상하게 생각하였다. 그리고 8년 경진과에서 장남 경수와 3남 무수가 나란히 합격하였고 무수는 장원을 하였다. 이렇게 한 가정에서

---

61) 오금성, 〈중국의 과거제-그 이념과 정치·사회적 영향-〉, 2010.
62) 《明史》 권70, 選擧志.
63) 위경원, 1999, p.825.

연속하여 진사를 배출하자 세상의 여론이 비등하였다.

그러지 않아도 고성법과 역참제·탈정·생원 감축·언론 탄압 등으로 비판을 받던 장거정에 대한 평판이 더욱 악화되었다. 더구나 이번 일이 선례가 되어 대학사 여조양의 아들, 장사유의 두 아들, 신시행의 아들이 연이어 합격하였다. 그러자 어사 위윤정(魏允貞)은 '장거정의 아들 셋이 연이어 등과한 후로 폐단이 사라지지 않고 있습니다. 앞으로는 대학사의 자제는 그가 사직한 후에 응시하도록 해야 그런 폐단을 막을 수 있습니다.'[64]라는 상소도 올렸다. 장사유와 신시행은 이 소식을 듣고 격노하여 한편으로는 변명하고 한편으로는 사직 상소를 올렸다. 이에 신종은 위윤정을 허주(許州)의 판관으로 좌천시켰다. 그런데 또 호부원외랑 이삼재(李三才)가 위윤정을 옹호하는 상소를 올렸다. 그러자 신종은 그도 동창부 추관으로 좌천시켰다. 그 후에도 언관들이 그들을 구명하는 상소를 올렸다. 그러나 이 사태를 계기로 현임 대학사의 자제가 합격되는 일은 없어지게 되었다.[65]

8년 3월, 남경병부주사 조세경(趙世卿)이 '생원 정원의 증원'·'역전 이용의 융통성'·'고찰의 완화'·'조세 독촉의 완화'·'언로 개방' 등 〈광시오요소〉(匡時五要疏)를 상주하였다. 이 상주는 장거정을 겨냥한 것이었으므로 장거정은 당연히 마음이 편할 리가 없었다. 이 때문에 이부상서 왕국광은 장거정의 마음을 헤아려, 조세경을 초왕부 우장사로 전임시켜 버렸다. 명대에 왕부의 관직은 승진이 어려웠으므로 일단 왕부로 발령이 나면 금고형을 받는 것과 같았다.

---

64) 《明史》 권232, 〈魏允貞傳〉.
65) 《國榷》 권72, 만력 11년 삼월 壬辰; 《명사》 권232, 〈魏允貞傳〉.

제6절 전국적인 토지 측량[66]

장거정이 집권하여 이루고자 한 궁극적인 목표는 '부국강병'이었다. '부국'의 핵심은 국가재정과 민생 이 두 가지의 안정이었는데, 그 구체적인 방법은 그가 융경 2년(1568)에 상소한 〈진육사소〉의 제5항 '고방본(固邦本)'에서 제시하였다. 고방본은 '나라의 근본인 백성이 안정되어야 나라가 평안하다'는 입장에서 백성으로부터 세금은 더 거두지 않으면서 국가의 조세 수입은 만족[不加賦而上用足]시키는 방법, 즉 '증세 없는 재정 안정'을 뜻하였다.[67] 장거정이 만력 원년(1573)부터 고성법을 실시하여 공직기강을 바로 세우려 한 궁극적인 목표도 여기에 있었다.

국가의 재정 기반은 원활한 조세 징수에 있으므로, 세원을 확실하게 파악해서 공평하게 부과하고 징수해야만 가능하다. 그러기 위해서는 토지 대장에 누락된 부분을 밝혀내서 개인이 소유한 농토의 넓이대로 세금을 징수해야 한다. 이를 위해서는 인구를 정확하게 파악하고 토지를 정확하게 측량[丈量]할 필요가 있었다. 이렇게 토지를 측량하여 조세를 공평하게 부과하는 것[丈田淸賦]은 이미 맹자(대략 BC. 372~BC. 289)가 살았던 선진(先秦)시대부터 정치와 경제의 원리였다. 장거정이 구상한 '고방본'의 핵심은 장량과 일조편법(一條鞭法)의

---

66) 西村元照, 1971; 川勝守, 1980; 金鍾博, 1986 등 참조.
67) 《張居正集》 제2책, 권20, 書牘7, 〈答山東巡撫李漸菴言吏治河漕〉; 같은 책. 권26, 書牘13, 〈答山東巡撫何來山言均田糧覈吏治〉.

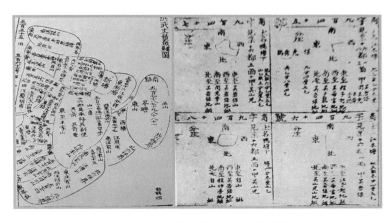

〈그림 61〉 홍무 연간의 《어린도책》

두 바뀌었는데, 먼저 장량으로 얻은 결과를 토대로 일조편법을 시행해야 하였다.

그런데 장거정이 수보로 집권하여 이미 7-8년이 지나서, "내가 집권한 이래 바로 이 두 가지를 이루려 노력해 왔습니다. 그런데 이미 7-8년이 지난 지금도 백성의 근심과 탄식소리가 그치지 않고 있으니 어찌 부강을 이루었다 할 수 있겠소!"[68]라고 하였듯이, 고방본의 성취는 아직도 요원한 상태였다. 국가의 재정 적자는 어느 정도 벗어났지만, 빈부의 격차는 오히려 갈수록 악화되어 갔다. 각호의 인구와 재산이 등재되어 있어 세금 부과의 기초가 되는 《부역황책》(賦役黃冊)의 실상은 "대개가 구본(舊本)을 복사한 것에 불과하여 실제 맞는 숫자는 하나도 없다"[69], "황책은 종이 위에 날조한 것이고 호구(戶口)도 허수에 불과"[70]한 상태였다. 지방지에서도 "교활한 자들이 부

68) 《張居正集》 第2册, 권24, 書牘11, 〈答福建巡撫耿楚侗談王覇之辯〉.
69) 黃建中, 〈爲册務旁撓可慮法紀申飭當嚴事題本〉·歐陽調律, 〈爲申嚴黃册事題本〉, 趙官 等, 《后湖志》 권10(위경원, 1999, p.606 轉引).
70) 唐龍, 〈均田役疏〉, 《昭代經濟言》 권3.

리는 간계는 재산을 잘게 쪼개서 가난한 사람의 명의로 하거나, 우면권(優免權)을 가진 신사의 명의로 위탁하거나, 가공인물을 내세우는 방법이 있다. 그 때문에 실제로 토지가 없는 사람인데도 황책에는 있는 것으로 기록되어 있고, 토지를 가진 사람인데도 황책상에는 토지가 없는 것으로 되어 있다. 황책에 기록된 것은 정확한 숫자가 아니다. 이름은 황책이지만 실제는 가짜 책이다."[71]라고 하고 있다. 명 중기부터 토지는 증가하고 농업과 산업이 발전하는 데도 백성의 생활이 어렵다는 것은 종번과 세호대가의 토지 겸병과 그로 인한 세량의 불공평 때문이었다. 토지겸병의 원인으로 황장(皇莊)의 증가도 큰 문제였다. 황장은 15세기 초에는 세 곳에 불과하였으나, 홍치 2년(1489)에는 5곳에 12,800여 경, 정덕 연간(1505-1521)에는 36곳에 37,595경에 달했고, 명말까지는 300여 곳에 이르렀다.[72]

명나라는 중엽 무렵부터 규정된 세금을 징수하지 못하였다. 그 때문에 16세기 초의 정덕 연간(1506-1521)부터 명조의 재정은 거의 매년 적자가 계속되었다. 장거정이 내각대학사가 된 융경 원년(1567)에 이르러서도, 12월에 호부상서 마삼(馬森)은 '태창에 현존하는 은은 135만 4,562냥인데 관군의 봉급과 변방 비용으로 나가는 것은 553만여 냥이어서 겨우 3개월분에 불과합니다. 그 때문에 지방관의 세금 독촉은 성화같지만 백성은 더 이상 능력이 없으니, 신령이라도 어쩔 수 없습니다.'[73]라고 상주한 바 있다.

《부역황책》은 10년에 한 번씩 수정하게 되어 있었지만, 인구와 토지의 변화를 추적하는 것은 너무도 어렵고 복잡하였다. 또한 그 수정

---

71) 顧炎武, 《天下郡國利病書》 第22冊, 浙江下, 寧波府志, 田賦書, p.79b.
72) 이민호, 〈장거정(1525-1582) 재정정책의 성격〉, 1995, p.198.
73) 《穆宗實錄》 권15, 융경 원년 12월 무술조, pp.414-415.

책임은 서리와 이장에게 있었는데, 신사와 세호대가들은 그들과 결탁하여 토지등록을 회피하거나 변조하고, 또한 우면특권을 이용해서 세역을 포탈하기 일쑤였다. 힘이 없는 일반 지주들은 자기의 토지를 우면특권을 가진 신사의 명의로 등록[詭寄]하여 세역을 면제받으려 하였다. 이장들이 설사 그러한 부정 사실을 안다고 하여도 그들을 제재할 힘도 없었지만, 또한 그러한 의지도 없었다.

그러나 국가에서 규정한 세금은 징수해야 하였으므로, 세호대가들이 포탈하여 부족하게 된 부분은 모두 힘없는 농민에게 전가되었다. 고염무가 '천하에 백성을 병들게 하는 자는 향신(鄕紳)·생원·서리이다. 이들이 우면을 받아 면제받는 몫은 모두 소민이 부담해야 한다.'[74]는 내용대로이다. 그 때문에 농민들은 농토를 팔아 세역을 보전해도 부족하게 되자 아내와 자녀마저 파는 일이 많았고, 더 이상 견디지 못하게 된 농민들은 전호나 노복으로 전락하거나, 고향을 등지고 객지로 유산할 수밖에 없었고, 심한 경우에는 도적이나 반란군으로 봉기하는 경우도 많았다. 이러한 현상은 명 중기부터 심화되기 시작하였고, 전국이 비슷하였지만 장강 하류와 강서지방이 가장 심하였다.

장거정의 큰아들 경수가 정리한 〈장문충공행실〉[75]에는 당시 이러한 현실에 대하여 '세호대가들은 욕심껏 토지를 겸병하면서도 오히려 내야할 조세는 내지 않는데 그 방법은 여러 가지가 있다. 가난한 백성은 토지도 없이 세금을 부담하면서도 힘이 없어 항의도 못한다. 지방관들이 세금을 독촉하면 빈민들은 아내와 자식을 팔아도 세금을 낼 수 없어 고향을 등지고 도망하거나 도적이 된다. 아버님은 이 때문에 매일 노심초사하시고, 폐하와 나라와 백성을 위해서는 "토지를 측량

---

74) 고염무, 《顧亭林文集》 권1, 〈생원론〉 삼편, 〈中〉.
75) 《張居正集》 第4册, 권47, 附錄1, 張敬修 等, 〈太師張文忠公行實〉, pp.427-428.

하지 않으면 안 된다"고 생각하시면서도 그 뜻을 가슴 속에만 묻어두시고 감히 시행을 못하고 계셨다'고 전하고 있다. 세호대가의 유전무세(有田無稅)와 빈민들의 무전유세(無田有稅)의 폐단을 해결하는 방법은 기존의 고성법만으로는 부족하였으므로, 반드시 '장량'이란 대수술이 필요하다는 것이 장거정의 인식이었다. 그러나 장거정 역시 전국적인 장량은 너무도 엄청난 문제여서 섣불리 추진할 엄두를 내지 못하고, 필요한 여건이 성숙되기를 기다리고 있었던 것이다.

그러나 장거정도 무작정 손을 놓고만 있었던 것은 아니다. 신사와 세호대가의 토지 겸병이 가장 심했던 강남지방에 송의망(宋儀望)을 응천순무로 보내서 상황의 반전을 시도하였다. 과연 만력 2년(1574)에 송의망이 소송지방의 세역개혁을 상주해 왔다. 이에 장거정은 '세호대가의 토지 겸병 때문에 국고가 비고 백성은 가난해 지는데, 황제가 어리니 나 혼자서라도 목숨을 걸고 장량을 실시하여 조세를 공평하게 할 터이니, 그대도 초심을 잃지 말고 유언비어에 현혹되지 않도록 격려'[76]하였다. 만력 4년에는 수리의 대가인 반계순이 강서순무로 임명되어 지역단위로 장량과 일조편법(一條鞭法)을 추진하였다.

만력 5년(1577) 11월에는 장거정의 상주에 따라, 신종은 전국의 모든 은전(隱田=부역황책에 등재되지 않고 누락된 토지)을 조사하도록 명령하였다.[77] 그러나 은전은 모두 종번과 세호대가가 소유한 토지였으므로 장량이 명령대로 이루어질 리 없었다. 특히 복건지방이 그러하였다. 관료사회에서는 '복건은 전부터 다스리기 어려운 곳'[78]이라는 속담도 있었다. 복건지방은 중앙에서 멀리 떨어진 동남 해안지

---

76)《張居正集》第2册, 권19, 書牘6, 〈答應天巡撫宋陽山論均糧足民〉.
77) 談遷,《國榷》권70, 만력 5년 11월조; 谷應泰,《明史紀事本末》권61, 〈江陵柄政〉.
78)《張居正集》第2册, 권24, 書牘11, 〈答福建撫耿楚侗言治術〉.

방으로, 산은 많고 인구에 견주어 농토는 좁았고, 더구나 왜구의 노략질을 가장 많이 받은 곳인데도 세금은 특히 공평하지 못한 곳이었다. 그 때문에 명 중기 이래 농민들의 봉기가 끊이지 않던 곳이다.[79]

만력 6년(1578) 11월에는 '조세가 불공평하여 소민이 허량(虛糧)에 시달리고 있다'는 언관의 지적이 있었다. 이를 근거로 장거정이 상주하자, 신종은 3년 기한으로 전국에 다시 한 번 '통행장량(通行丈量)' 명령을 내렸다.[80]

이에 따라 복건지방에서 제일 먼저 장량이 시작되었다. 장거정은 그렇게 어려운 복건지방에 유능하다고 생각되는 방상붕(龐尙鵬, 만력 4-6년)·경정향(耿定向, 6.8-8년 초)·노감(勞堪) 등 세 사람을 연이어 순무로 추천하였다. 6년(1578) 8월, 경정향이 복건의 '토지를 측량하여 공평하게 조세를 부과하자(丈田淸賦)'는 상소를 올렸고, 장거정도 이에 적극 지지하면서 11월에 자기가 가진 표의권을 이용해서 황제의 유지형식을 빌어, 3년 기한을 주며 전국에 장량을 명령한 것이다. 이어서 7년에도 경정향에게 자신도 '오직 사직을 위해 죽을 각오로 임할 것(苟利社稷, 死生以之)'이니 '귀공도 유언비어와 비방을 두려워하지 말고 진행하라'는 격려의 편지를 보냈다.[81] '오직 사직을 위해 죽을 각오로 임할 것'이라는 말은 전국시대에 자산(子産)이 한 말인데 《좌전》 소공(昭公) 4년조에 나온다. 당시 장량에 반대하는 측에서는 '인의(仁義)'와 '왕도(王道)'를 주창하면서 장거정을 '패도(覇道)'로 몰아부쳤지만, 장거정은 장량에 대한 결연한 의지를 보여 준 것이었다. 장거정은 같은 해에 또 '장량과 공평한 부세 징수는 복건인에게 꼭

---

79) 吳金成, 1998.
80) 王圻, 《續文獻通考》 권3, 田賦考(만력 14년조);《神宗實錄》 권81, 만력 6년 11월 丙子조, p.1732;《明史》 권77, 食貨1.
81) 《張居正集》 제2책, 권24, 書牘11, 〈答福建巡撫耿楚侗談王覇之辯〉.

필요한 것이니 힘껏 노력하라'[82]고 격려하였고, 8년에도 "부디 더욱 자신감을 가지고 노력하라"[83]고 재차 격려하였다. 복건의 복주(福州) 부·복녕주(福寧州) 등 지방지에도 '만력 7년부터 장량이 시작되었다'는 기록이 보이는데, 장량의 내용은 '토지 측량과 공평한 세금 부과'의 두 방향에서 진행되었고, 관전과 민전을 통일적으로 부과하였으며, 토지는 비옥한 정도에 따라 상중하(上中下) 3등으로 나누어 징수토록 하였다.[84] 복건에 적용한 이러한 원칙은 그 후에 전국에 적용되었다.

만력 7년 6월에는 남북직례·산동·섬서지방에 대해 훈척장전(勳戚庄田)의 장량을 재차 명령하였다.[85] 또한 전국에 모든 관둔(官屯)·민둔·목지(牧地)·호수와 저습지 등을 조사하도록 명령하여 80여만 경을 밝혀냈다. 이 모든 토지는 본래 농민의 소유였으나 세호대가들에게 빼앗겼던 것을 되돌려 준 것이었다. 이것은 장거정의 지방세력 억압의 일차적인 조치였다. 같은 해에 강서성 안계(安溪) 등 현에서, 그리고 8년에는 절강성의 8개 현 지방에서 장량이 진행되고 있었다.[86]

이렇게 여러 번에 걸쳐 내려진 장량 명령에 따라 복건에서 제일 먼저 완료되어, 8년 9월에 순무 노감이 그 결과를 보고하였다. 이에 호부에서는 황제의 조칙에 따라 장량 결과를《부역황책》에 기록해서 세호대가의 부정을 막도록 지시하였다.[87]《복건통지》에는 이때의 청장으로 새로운 토지 2,315경(34㎢)이 발견되었다고 한다.[88] 이로 보면, 복건의 장량은 6년 11월 처음 명령한 때부터 장거정의 적극적인

---

82)《張居正集》제2책, 권24, 書牘11,〈答福建巡撫耿楚侗〉.
83)《張居正集》제2책, 권25, 書牘12,〈答福建巡撫耿楚侗言治理安民〉.
84) 樊樹志, 2005, p.284.
85)《神宗實錄》권88, 만력 7년 6월 辛卯조, p.1825.
86) 위경원, 1999, p.607.
87)《神宗實錄》권104, 만력 8년 9월 庚辰조, p.2031.
88) 樊樹志, 1994, 124.

지지 아래 진행되었고, 2년 만인 8년 9월에 완성되었다.

복건에서 이처럼 장량이 성공하자, 장거정은 크게 고무되고 자신감을 얻게 되었다. 그래서 그해(8년) 11월에 대학사 장사유·신시행·호부상서 장학안 등과 회동하여, 그동안 복건에서 장량을 추진하면서 적용한 원칙을 전국에 확대해서 추진하기로 합의한 후에 이를 신종에게 건의하였고, 신종은 이를 전국의 모든 토지를 대상으로 다시 한번 장량 명령을 내렸다.[89] 이 명령에는 "만일 세호대가가 감히 거역하거나 법을 어기면 모두 보고하여 저벌하도록 하라"고 하였다. 이번의 장량 시행은 장거정이 일생 동안 역점을 두어 추진한 개혁 가운데 가장 어려운 것이었다.

호부에서는 황제의 조칙에 따라 장량에 필요한 '8개 시행원칙'을 명령하였는데, 제①항은 장량의 대상이 은전(隱田)을 찾아내는 것이라는 점, 제②항은 각 성의 우포정사가 총책임을 맡고 부주현관이 자기 담당 지역을 책임진다는 점이었고, ③-⑤항은 자수를 권유하고 반항하는 자는 엄벌한다는 점, 제⑥-⑧항은 장량의 기한, 계산방법, 경비 등을 제시한 것이었다. 내용은 3년 안에 완성하는 것을 목표로 하였다.

이렇게 단호한 장량 명령이 떨어지자 전국의 신사와 세호대가 등 기득권세력은 당연히 거세게 반발하였다. 장거정도 이 점을 잘 알기에 각오하고 있었다.[90] 그들은 장량을 위해 현장에 온 관료를 협박하거나 매수하여 측량 결과를 왜곡시키려 하였다. 장거정은 이를 엄격히 경고하였고, 지방관에게는 누구든 두려워하지 말고 법대로 장량하도록 격려하였다. 만일 태만하면 고성법으로 처벌을 받았기 때문에,

---

89) 《神宗實錄》 권106, 만력 8년 11월 丙子, p.2050; 〈太師張文忠公行實〉; 《明史》 권 20, 〈神宗本紀〉.
90) 《張居正集》 第2册, 권26, 書牘13, 〈答山東巡撫何來山〉, p.1018.

지방관들은 당연히 열심히 추진할 수밖에 없었다. 장량 추진 과정에서 수많은 문제가 발생하였지만 장거정은 일일이 그 대책을 회답하였고, 그래도 잘못 처리하거나 나태한 관원은 감봉 처분하였다.

　장량에 대한 장거정의 의지는 대단히 확고하였다.[91] 남경제학관에게 보낸 서신에서는 "이해득실이나 칭찬과 비난을 넘지 못하면 아무것도 이룰 수 없다"[92]고 하였고, 또 "장량은 실로 지난 백 년 동안 이루지 못한 일이지만, 내가 일당백의 기개로 추진하겠다,"[93] "장량은 국가의 대사이지만 오래된 적폐여서 그리 쉽게 이룰 수는 없다. 여러분들은 내가 집권하고 있는 동안 일당백의 기개로 임하고 쉽게 완결지으려 하지 말라."[94]고도 하였다. 장거정은 그야말로 파부침주(破釜沈舟, 솥을 깨뜨려 다시 밥을 짓지 않고, 배를 가라앉혀 다시는 강을 건너 돌아오지 않음, 즉 결사적으로 전쟁에 임함)의 기개로 장량에 임했던 것이다.

　토지 장량은 이미 태조 홍무제 때부터 추진되었다. 홍무 초년부터 일부 지방에 시도해 보다가, 홍무 20년에는 전국적인 장량을 명령하고 그 결과를 《어린도책》(魚鱗圖册, 토지를 측량하고 그 위치를 그린 것)으로 작성케 하였다.[95] 그 결과가 반영된 홍무 24년의 토지 면적은 3,874,746경이었다. 이 수치는 명대의 통계 가운데 가장 신빙성이 높은 통계이고, 이 수치가 명대 모든 조세 부과의 기초가 되었다. 《명사》 식화지에는 홍무 26년의 토지 면적을 8,507,623경으로 기록하고 있지만,

91) 朱健,《古今治平略》 권1,〈國朝田賦〉.
92)《張居正集》 제2책, 권25, 書牘12,〈答南學院李公言得失毀譽〉, p.962.
93)《張居正集》 第2册, 권26, 書牘13,〈答山東巡撫何來山〉, p.1046.
94)《張居正集》 第2册, 권26, 書牘13,〈答江西巡撫王又池〉, p.1064.
95)《太祖實錄》 권 180, 홍무 20년 2월 戊子조;《明史》 권 77, 食貨志 1.《魚鱗圖册》은 섬서·산서·사천·북직예 지역에는 없었다.

이것은 순수한 농경지 통계가 아니고, 황무지까지 합산된 것이었다.[96] 그 후의 토지 통계는, 장거정의 장량 결과가 나오기 전까지는, 거의 모든 사료에서 점차 감소하거나 적어도 증가가 미미하였던 것으로 기록되어 있지만, 추세적으로는 증가해 갔을 것으로 생각된다. 다만 본격적인 장량이 없었던 데다, 종번·신사·세호대가의 토지 겸병, 지방관들의 자질 부족과 거짓 보고 등으로 말미암아 제대로 된 통계가 나올 수가 없었다. 선덕 연간(1426-1435)에는 절강순무 주침(周忱)과 소주지부 황종(況鐘)이 지방 단위로 장량을 추진한 바 있다.

〈그림 62〉 해서상. 호부주사(戶部主事) 시절 가정제의 실정을 직간하였다가 투옥되었으나 재상 서계의 간언으로 목숨을 건질 수 있었다. 응천순무가 되어 일조편법을 시행했을 때 토지를 모두 빼앗기게 된 유력자가 바로 서계였다(《중국역대명인도감》).

정덕 16년(1521)에는 강서 순안어사 당룡(唐龍)이 장량을 상소하였으나,[97] 중앙의 여론이 아직은 성숙하지 못한 상태였다. 가정 연간(1522-1566)에도 어사 곽홍화(郭弘化) 등이 토지 겸병과 조세 포탈을 막기 위해 장량을 청하였지만, 세종은 관료들의 반발을 두려워하여 허락하지 않았다.[98] 또 응천순무 구양탁(歐陽鐸)과 소주지부 왕의(王儀)

96) 藤井宏, 1944·1947. 한편 Wang, Yeh-chien, 1973에서는 1400년 무렵의 토지를 4,261,490경으로 보고 있다.

97) 唐龍, 〈請均田役疏〉, 《明臣奏議》 권16.

98) 《明史》 권78, 食貨志 2.

가 각각 자기 지역에서 장량을 추진하였지만 완성하지는 못했다.

청관(淸官)으로 유명한 해서(海瑞, 1514~1587)는 융경 3년(1569)에 응천 10부 지역의 순무로 부임하여, 금일의 강소(江蘇)와 안휘(安徽) 지방의 장량을 통하여 농민들이 대지주에게 빼앗긴 땅을 원주인에게 돌려주려 하였다. 그러나 다음 해에 '신사를 능멸하고 명예를 탐해 정치를 어지럽혔다'는 죄명으로 탄핵을 받아 해임되고 말았다. 강남의 지방세력이 중앙관과 연결되어 막강한 힘을 발휘하고 있었던 것이다. 만력 15년(1587)에 해서가 죽자, 백성들이 통곡하며 파시(罷市)하고 그의 장례 행렬을 따랐는데 인파가 무려 '100여 리'나 되었다고 한다. 그런데 장거정은 세호대가를 제어하려는 정책은 찬성하였지만, '지주의 토지를 빼앗아 농민에 돌려주는 해서의 정책'에는 찬성하지 않았다.[99]

이렇게 장거정 이전에도 일부 지방관이 해당 지역에서 개인적으로 장량을 추진하였지만 결국은 실패할 수밖에 없었다. 일개 지방관 차원의 장량은 기술·인적 자원·도량형기 등이 제한되어 있었고, 종번·신사와 세호대가·서리·무뢰 등 연합세력의 방해가 대단히 거세었으며, 중앙 정부 내의 여론도 아직 성숙되지 못했기 때문이었다. 다만 갈수록 장량의 필요성을 인식하는 관료가 증가한 것은 긍정적인 변화였다.

장거정도 일찍부터 장량의 필요성을 절감하고 여건이 성숙되기를 기다리다가, 만력 2년에는 응천순무 송의망을 앞세워 소주와 송강지방에서 장량을 추진해 보도록 지시하였다. 만력 5년 11월에는 은전(隱田) 조사를 명목으로 전국에 장량을 명하였지만 진행이 지지부진

---

99)《張居正集》第2冊, 권27, 書牘14,〈答應天巡撫朱東園〉.

하자, 6년 11월에 다시 3년 기한으로 전국에 '통행장량(通行丈量)' 명령을 내렸다. 이를 계기로 복건과 산동 등 일부 지방에서는 장량이 진행되었다. 그러다가 8년(1580) 9월에 복건에서 맨 먼저 성(省) 단위 장량이 완료되자, 이에 크게 고무되고 자신감을 얻은 장거정은 그해 11월에 가장 강력한 장량 명령을 전국에 내린 것이다. 9년 9월에 장량 결과를 보고한 산동성의 보고문에는 '장량과 균량(均糧, 공평한 조세 부과)에 대해서는 이전에 폐하의 조칙을 여러 번 받았으나 지방관들이 준행(遵行)하지 않았고, 오직 산동만 먼저 보고하였다'[100]고 되어 있다. 만력 원년부터 고성법을 시행하여 공직기강을 바로잡으려 하였음에도 불구하고, 장량은 이렇게 여러 번에 걸쳐 명령하고서야 겨우 결과를 볼 수 있을 만큼 기득권 세력의 반발이 거셌던 것이다.

장량은 대체로 만력 9년에서 10년 사이에 점차적으로 완성되었고, 그 결과도 9년에서 10년 12월에 걸쳐 축차적으로 보고되었으며, 조금 늦은 섬서(陝西)·감숙(甘肅)·영하(寧夏)·운남(雲南)성에서는 11년 전반기에 보고되었다.[101] 그 결과 전국에서 새로 증가한 농토는 1,828,543경[102]이었다. 이 수치는 약 106,055㎢나 되는 것으로 남한의 면적(100,210㎢)과 비슷한 넓이였다. 이 수치는 《대명회전》에 나타난 만력 6년의 경지면적 5,106,027경의 35.8퍼센트나 되는 수치였다.[103] 그

---

100) 《神宗實錄》 권116, 萬曆 9년 9월 乙亥조, p.2190.
101) 위경원, 1999, p.603; 樊樹志, 2005, pp.284-285.
102) 樊樹志, 2005, pp. 280-295; 張海瀛, 1993, pp.129-130.
103) 《大明會典》 권17, 호부4, 〈田土〉에는 만력 6년의 경지 통계를 7,013,976경으로 기록하고 있다. 《明史》 권77, 〈食貨志〉, 田制(p.1883)에는 이 수치가 장거정의 장량 결과로 나타난 수치로 보고 있다. 그러나 장거정의 장량은 대개 만력 11년에야 보고가 끝났으므로, 이 수치는 《明史》 편찬자의 오류이다. 또 7백여만 경의 수치에는 이미 홍무 말기부터 호광지방에 불합리하게 가산되어온 1,907,849경의 가공 수치가 포함되어 있다(藤井宏, 1944 참조). 그러므로 만력 6년의 경지 통계는 7,013,976에서 1,907,849을 감한 5,106,127경으로 보아야 하는 것이다.

러므로 장거정의 장량으로 밝혀진 경지는 6,934,570경 정도였다고 생각된다. 이 수치는 명대의 통계 가운데 가장 신빙성이 높은 홍무 24년(1391)의 토지면적 3,874,746경보다 3,059,824(177,470㎢)경이 증가한 수치였다. 190여 년 동안 실질 증가율이 79퍼센트였던 것이다. 그 가운데 전국에서 가장 많이 증가한 지역은 551,900여 경(32,010㎢)이 증가한 호광성이었다. 이 수치는 전국에서 증가한 농토의 30.2퍼센트에 해당하였는데, 강서성 등 주변 지역에서 들어온 객민과 토착인들이 경쟁적으로 황무지나 저습지등을 개간하여 얻은 토지였다.

그런데 장거정은 장량이 거의 완성되어가던 시점에서 사망하였다. 그가 죽고 난 후에 나온 장량에 대한 평가는 긍정적인 면과 부정정인 면으로 양분되었다.[104] 우선 긍정적인 것으로는 "선정(善政)의 극치", "전정(田政)이 맑으면 다른 면은 볼 필요도 없다"는 평가가 있는 반면, 부정적인 평가로는 심지어 "백성의 재앙", "적폐의 극치"라는 표현까지 보인다. 모두가 종번·신사와 세호대가 등 기득권층의 이익과 직접 충돌되는 데서 나온 비판이었다. 그가 사망하자마자 격심한 탄핵을 당한 이유도 바로 이 장량 때문이었다. 신종은 만력 10년 8월에 첫 아들이 태어나자, 9월에 "짧은 자로 측량하여 군민(軍民)에게 누를 끼친 곳은 바로잡도록 하라"고 수정 명령을 내리고, 더 이상의 장량은 금지시켰다.[105]

장량에서 야기되는 부정적인 면은 당연히 배제할 수 없었다.[106] 장거정은 오직 토지 면적의 증가만을 공적으로 생각하였으므로, 지방 관들은 기존의 통계보다 많이 보고하려는 심산에서 심지어 황무지를

104) 위경원, 1999, pp. 610-617.
105) 《神宗實錄》 권128, 만력 10년 9월 辛酉조, p.2378.
106) 《神宗實錄》 권128, 만력 10년 9月 辛酉조, p.2378; 《神宗實錄》 권3, 융경 6년 7월 辛亥조, pp.122-123.

농토로 보고하거나, '짧은 자를 사용'하여 넓이를 늘리려 하였다. 또 지방에 따라서는 관리가 장량을 핑계로 새로운 부정을 저지르고, 장량에 대하여 거세게 항의하던 신사가 현직 관리 대신 청장을 진행하거나, 심지어 현지 신사와 관리가 결탁하여 사리사욕을 취하는 경우도 많았다. 그러므로 장량은 신사와 지주의 협조 없이는 불가능한 일이었다.

그러나 청장을 반대한 것은 실은 대지주들이 기득권을 잃지 않으려는 술수에 지나지 않았다. 이러한 반항과 비난은 이미 장거정 생존시기 이전부터 나타났다. 그 가운데 대표적인 사람은 장거정의 정치적 스승이자 강남지방의 대부호로 고향의 백성들로부터도 원성이 자자했던, 대학사를 지낸 서계였다.

그러나 장량 과정에서 잘못되었다고 지적된 문제들은 장량의 결과로 얻어진 이익에 비하면 극히 작은 문제에 지나지 않았다. 장거정이 죽은 후 4년이 되던 만력 14년에 편찬된 《속문헌통고》에는 "이로써 은전(隱田)과 세금 포탈이 완전히 사라져서, 백성들은 지금 그 혜택을 잘 누리고 있다"[107]고 극찬하고 있다. 또 장거정이 눈감은 지 40년이 지난 후에도 호과급사중 관응진(官應震)은 "증세 없이도 국가재정은 줄어들지 않았고, 빈민들의 삶은 여유로워지고 호민(豪民)의 토지겸병도 사라졌다"[108]고 하였다. 《명사》에서도 "이에 세호대가는 토지를 숨길 수 없게 되고 백성들은 타인의 포탈 부분을 물지 않아도 되었다"[109]고 격찬하고 있다.

그런데 만력 10년은 마침 10년에 한 번씩 《부역황책》(賦役黃册)을

---

107) 王圻, 《續文獻通考》 권3, 田賦考.
108) 董其昌, 《神廟留中奏疏滙要》 吏部 권1(유지금, 2006, 221 轉引).
109) 《明史》 권77, 食貨1.

개편하는 대조년(大造年)이었다. 따라서 "만력 10년에 부역황책을 편찬하라는 성지(聖旨)에 따라 청장으로 밝혀진 액수를 황책에 기록하였다"110)고 한 것처럼 각 성에서는 장량 결과 나타난 토지의 면적을 기초로 하여 새롭게 《어린도책》을 편찬하거나 수정하고, 그 수치를 《부역황책》에 기록하고, 이를 기초로 세역을 부과하였다.111) 그리고 "(청) 순치 3년(1646), 황제의 유지(諭旨)에 따라 호부에서 전량(田糧)의 원액을 조사하여 《부역전서》(賦役全書)를 편찬하였는데 모두 명나라 만력 연간의 수치였다"112)고 하듯이, 장거정의 장량으로 얻은 수치는 장거정이 죽은 후에 명말에도 유효하였고, 청조의 조세 부과의 기준이 된 《부역전서》(賦役全書)의 기초가 되었다. 그러므로 장거정의 토지 장량으로 늘어난, 남한 면적 정도 경지만큼 명조의 세량 수입이 증가될 수 있었다. 장거정의 희망대로 '증세 없는 재정 안정〔不加賦而上用足〕'이 이루어진 것이었다.

장거정이 전국에 걸쳐 추진한 장량은 우여곡절 끝에 거의 완결되었다. 태조 홍무제가 추진한 장량 이래 거의 190여 년 만의 쾌거였다. 이러한 전국적인 장량은 청대의 막강한 황제권력 아래에서도 감히 추진하지 못한 일이었다. 그런데 장거정 이전에 많은 지방관들은 자기 관할구역에서 장량을 시도하면서 '먼저 장량을 마치고 그 결과를 가지고 조편을 실시하자〔丈田淸賦, 先丈田後條鞭〕'는 의견을 개진하였다. 장거정도 "토지를 장량하여 불공평한 조세를 바로 잡는다"면서 장량과 조세제도, 두 가지 개혁의 상호보완의 필요성을 피력한 바 있다.113) 다시 말하면, 장거정이 제안한 '고방본(固邦本)'은 '장량'과 '공

---

110) 《天下郡國利病書》第6冊, 蘇松, 松江府志, 田賦, 田賦加減額數, p.73b.
111) 《神宗實錄》권104, 만력 8년 9월 庚辰조, p.2031; 張海瀛, 1993, pp.128-150; 西村元照, 1971.
112) 《淸史稿》권120, 식화2.

평한 조세 부과', 이 두 바퀴가 있어야 완결되는 것이었다. 그러므로 이번에 성공한 장량은 '고방본'의 바퀴 하나가 성취된 셈이었다.

제7절 조세개혁과 화폐 은본위제

토지 '장량'은 '고방본'을 위한 또 하나의 바퀴, 즉 '공평한 조세 부과'를 위해 필요한 '조세 개혁'의 전제 조건이었다. 그래서 전국에 강력한 장량을 명령하고 두 달 후인 만력 9년(1581) 정월에 신종의 조령(詔令) 형식으로 전국에 걸쳐 일조편법(一條鞭法)[114] 실시를 명령하였다.

명대에 백성들은 나라에 세량(稅糧＝田賦＝夏稅와 秋糧, 양식이나 면포와 같은 실물을 납부하는 세)과 요역(徭役＝정역과 잡역, 노동력을 제공함)을 납부해야 되었다. 명 태조 주원장은 "백성들은 마땅히 자기의 본분을 알아야 된다. 전부(田賦)와 역역(力役)을 나라에 바치는 것이 그것이다. 본분을 충실하게 지키면 부모처자를 잘 보호할 수 있고 가정은 창성하고 몸도 평안할 것이다. 이것이 인의충효(仁義忠孝)의 백성이니, 형벌은 절대로 미치지 않을 것이다."[115]라고 하였다.

---

113) 《張居正集》 第2冊, 권26, 書牘13, 〈答江西巡撫王又池〉; 《張居正集》 第2冊, 권24, 書牘11, 〈答福建巡撫耿楚侗言治術〉; 《張居正集》 제2책, 권24, 書牘11, 〈答福建巡撫耿楚侗〉, p.876.

114) 唐文基, 1991; 山根幸夫, 1966; 岩見宏, 1986; 김홍길, 2007; 오금성, 《신판 강좌중국사》(근간).

115) 《太祖實錄》 권 150, 洪武 15年 11月 丁卯條.

'세량과 요역을 나라에 납부하는 것이 백성의 본분(백성의 의무)'이라고 하여, 국가가 백성의 인신(人身)을 장악하는 것이었다.

그런데 이러한 세역(稅役)제도에는 다음과 같은 결함이 있었다. 무엇보다 종류가 너무도 많고 복잡하였다. 15세기 말 홍치 연간(1488-1505)의 사정을 보면, 세량은 모두 41항목이나 되었고, 그 가운데 하세(夏稅)가 24가지, 추량(秋糧)이 17가지나 되었다. 요역은 그보다도 훨씬 더 복잡하였다. 그 때문에 관료와 신사들도 세역의 내용을 완전히 파악하기가 어려웠다. 당연히 서리같은 실무자들의 부정이 만연하였다. 만력 연간(1573-1619)에는 세량의 항목이 50여 개로 늘어났다. 더구나 규정 외로 징수하는 부분은 알 수도 없었고 국가의 창고에까지 운반하는 비용이 많을 때는 미(米) 1석에서 3석이 드는 경우도 있었다. 또한 세량을 은으로 환산[折銀]할 때는 1냥에 화모(火耗=덤)로 2-5전이나 붙었다. 또 하나의 결함은 세량 규정이 너무 번잡하고 상하 등급의 차이도 너무 큰 점이었다. 최저 등급은 일무(畝)당 삼합일작(三合一勺)이었고 최고는 8승 5합 5작이었다. 또 관전(官田)과 민전의 구별이 있어, 관전은 최저 일무당 5승, 높은 것은 7두 5승이었고, 심지어 1석 이상도 있었다. 이 때문에 무거운 세역을 피하기 위해 《어린도책》을 변조시키거나, 관전을 민전으로 둔갑시키고 무전자(無田者)에게 허세(虛稅)를 물리기도 하였다. 그 때문에 국가는 세량이 규정대로 걷히지 않아서 불만이었고, 백성은 온갖 명목의 착취에 시달려 파산하는 자가 속출하였다.

장거정은 만력 원년에 이미 모든 요역을 공평하게 하는 것이 '고방본'의 기본임을 강조한 바 있다.[116] 장거정이 목표로 한 '증세 없는

---

116) 《張居正集》第2冊, 권18, 書牘5, 〈答保定巡撫孫立亭〉.

재정 안정'의 방법은 장량을 통하여 경지면적을 확실하게 파악하고, 복잡한 항목으로 나뉘어 있던 세량과 요역을 통합하여, 은(銀)으로 납부케 하는 방향이었다. 이렇게 세량과 요역을 실물과 실역(實役)이 아닌 은으로 납부시키는 정책은 이미 15세기 중엽부터 부분적으로 추진되기 시작하였다.

명대에 들어와서 상품의 교환에 은을 사용하는 사례가 점차 증가하면서, 15세기 중엽부터 먼저 세량 부분에서 개혁이 시작되었다. 선덕 8년(1433)에 강남순무 주침이 송강(松江)부에서 원래 미(米)로 납부하던 세량의 일부를 은으로 납부토록 하였다. 정통 원년(1436)에는 화남(華南)의 7개성(절강·강서·호광·남직례·광동·광서·복건)에서 복잡한 세량을 합산하여 은으로 납부케 하였다. 구체적으로는 세량 400만 석을 은 100만 냥으로 환산케 하였다. 이렇게 세량을 은으로 대납케 한 것을 금화은(金花銀)이라 불렀다. 홍치 연간(1488~1505)에 이르면 북방의 세량도 대개 금화은으로 납부하게 되었다.

요역은 세량보다 종류도 훨씬 많고 복잡하였으므로 세량의 은납화(=금화은)보다 반세기쯤 늦은, 16세기 전후의 홍치·정덕 연간(1488~1521)부터 은으로 납부시키는 개혁이 시작되었다. 요역은 현장에 나가서 직접 몸으로 부담하는 실역이기 때문에 역차(力差)라 하였고, 이것을 은으로 납부하는 것을 은차(銀差)라 하였다. 요역에는 정역(正役)과 잡역(雜役)의 두 가지가 있었다. 정역은 이장(里長)이나 갑수(甲首)와 같이 지방의 행정을 보좌하는 역(=力差, 한국의 이장·통장과 같은 역)과 물질로 부담하는 부분의 두 가지가 있었다. 그 가운데 물질 부담 부분은 궁중과 중앙·지방 관청에서 필요로 하는 물품이나 과거 응시생의 여비, 혹은 여러 가지 구휼비(救恤費)가 포함되었다. 이 물질 부담 부분을 합산하여 은으로 납부케 한 것을 이갑은(里甲

銀)이라 하였다. 한편 잡역은 크게 두 가지가 있었다. 하나는 백성이 직접 출두하여 중앙과 지방 관청의 행정과 치안을 보조하는 역인데, 필요에 따라 수시로 부과되다가 정통 연간(1436-1449)부터 정기적으로 부과하게 되었고, 그 후 점차 은으로 납부케 하고 균요은(均徭銀)이라 하였다. 또 하나는 역참(驛站)을 보조하는 역인데, 거의 같은 시기부터 은납화되고 역전은(驛傳銀＝站銀)이라 하였다. 또 15세기 중엽부터 변방의 부족한 군대를 보충하거나 지방의 치안을 보조케 하기 위해서 백성을 동원하는 것을 민장(民壯)이라 하였는데, 이것도 점차 은으로 납부케 하고 민장은(民壯銀)이라 하였다. 요역 부문에서 이렇게 은납화되었던 이갑은·균요은·역전은·민장은을 '요역사차(四差)'라 불렀다.

한편 명 중기부터는 이상의 '요역사차' 외에도, 요역과 비슷하게 실역(實役)을 부과해 오던 노역(勞役)도 은납화되었다.[117] 먼저 장역(匠役)도 은납화되었다. 장호(匠戶, 수공업자)는 국가에서 지정한 관영공장에 가서 3개월 동안 복무케 하였는데, 성화 21년(1485)년부터 은납을 허가하였다. 또한 염정(鹽政)과 마정(馬政)에서도 은납화가 이루어졌다.

그러나 요역사차는 아직도 종류가 많고 번잡하였다. 더구나 그 부과의 기준은 각 호의 토지와 인정(人丁, 成人)의 수에 따라 징수하였으므로, 아직도 중간에 부정이 개입될 소지가 많았고, 신사나 세호대가의 세역 포탈도 계속되었으므로 국가의 세수 부족과 백성이 당하는 수탈은 여전하였다. 일조편법은 이러한 모순을 좀 더 단순하고 명확하게 정비하여 전국에 일원적으로 실시된 제도였다.

---

117) 오금성, 2018(근간).

일조편법은 장거정이 처음 시작한 것은 아니었다. 이미 가정 10년 (1531) 즈음부터 일부 지역에서 세량과 요역을 합산하여 은으로 납부하게 하고, 이것을 '일조편법'이라 하였다.[118] 그 후로 광동(도어사 반계순, 가정 40년)·절강(방상붕, 가정 45년)·남직례(응천 순무 해서, 융경 3년)·강서(해서·유광제·반계순)·복건(방상붕)·호광(만력 4년) 등 장강 이남의 여러 지역에서 복잡한 요역을 합산하여 은으로 납부시키는 개혁이 추진되었다.[119] 이들 지역은 모두 경제적 선진 지역이었고, 개혁적인 지방관이 있었던 시기였다.

그러나 그 과정에서 반대 의견도 많았다. 가장 반대가 심하였던 지역은 장강 하류와 화북지방이었다. 장강 하류지방은 광대한 토지를 소유하고도 세역을 포탈하는 특권지주(신사 등 세호대가)가 많았기 때문이다. 또 화북지방은 대부분 황토지대이고 밭농사 위주인데다 화남지방에 견주면 토지가 척박하여 소출도 많지 않았기 때문에, 만약 세량과 요역을 토지의 면적만을 기준으로 한다면 상공업자는 오히려 완전히 면제되고 가난한 농민의 부담은 오히려 가중된다는 논리였다.

심지어 각 지방에서 일조편법이 상당히 진행되던 만력 5년 11월에는 호부에서도 '조편은 토지의 비척(肥瘠)을 고려하지 않고, 빈농과 부자를 같은 비율로 부과하기 때문에 공평하지 못하다'는 의견을 올렸다. 이에 장거정도 일조편법이 물의를 불러일으킬 소지가 많은 것을 간파하고, 강력한 추진에는 매우 신중을 기하였다.[120]

그러나 장거정의 기본적인 생각은 일조편법이야말로 '백성의 세역 부담은 공평하게 하면서도 국가의 세수도 확보하는 최선의 방법'이라

---

118) 《世宗實錄》 권123, 가정 10년 3월 己酉조, p.2971.

119) 梁方仲, 〈明代一條鞭法年表〉, 2008.

120) 《神宗實錄》 권69, 만력 5년 11월 癸丑朔, pp.1489~1490.

제7절 조세개혁과 화폐 은본위제 _303

는 것이었고, 이미 여러 지역에서 추진되고 있던 일조편법을 적극 지지하였다.[121] 만력 5년에 이부시랑 양위(楊巍)에게 보낸 서신에서도 "일조편법에 대해서는 백성에게 편하다는 사람과 불편하다는 사람, 이해(利害)가 반반이라는 사람이 있는데, 내 생각은 정치는 사람이 하는 것이고, 법은 백성에게 편리해야 하는 것"이라고 하였다.[122] 또 같은 5년에 산동순무 이세달(李世達)에게 보낸 서신에서는 "조편이 불편하다고 하는 사람은 1-2할밖에 안되는데 어찌 남북을 구분할 필요가 있겠는가? 나는 파부침주(破釜沈舟)를 두려워 하지 않고 죽을 각오로 추진할 것"[123]이라고 하면서, 이미 실시하고 있는 지역에서는 계속하여 추진하도록 독려하였다. 장거정은 앞에서 본 토지 '장량'도 오직 사직을 위해 죽을 각오로 임할 것이라는 마음가짐으로 추진하였던 것 같이, 일조편법도 결사적으로 추진할 것임을 피력하고 있다.

그러다가 만력 6년(1578)에 복건 순무 방상붕이 '모든 세량과 요역을 합산하여 은으로 환산해서 부과하는 방법'을 추진하여 어느 정도 성과를 거두었다. 또 같은 해에 시작한 복건의 장량이 8년 9월에 완결되었다. 장거정은 이에 고무되어 전국에 장량을 명령하고(8년 11월), 그 두 달 후인 9년(1581) 정월에 전국에 걸쳐 일조편법 실시를 강력하게 명령한 것이다.

전반적으로 보면, 일조편법은 가정 40년대부터 융경 연간을 거쳐 만력 10년에 이르기까지 중국의 중부와 남부지방에서 먼저 보급되었고, 화북지방은 조금 늦어져서 장거정이 죽은 후인 만력 중엽 무렵부터 점차 시행되었다. 예컨대 산서성에서는 장거정 사후 6년 만인 만

---

121) 《張居正集》第2冊, 권21, 書牘8, 〈答楚按院向明臺〉; 山根幸夫, 《明代徭役制度の研究》, 1966; 小山正明, 〈賦·役制度の改革〉, 1971.
122) 《張居正集》第2冊, 권22, 書牘9, 〈答少宰楊二山言條編〉.
123) 《張居正集》第2冊, 권22, 書牘9, 〈答總憲李漸菴言驛遞條編任怨〉.

력 16년(1588)에야 순무 심자목(沈子木)이 시행을 청하였고,[124] 심지어 만력 말년에야 추진된 곳도 있었다.[125] 그러나 역사적인 대세는 일조편법의 시행 쪽으로 기울고 있었으므로, 결국은 전국적으로 시행되었다.

그런데 일조편법은 장거정이 전국에 명령하기 전까지는 그 내용이 지역에 따라 조금씩 차이가 있었다. 그러나 일조편법의 궁극적인 목표는 ㉠ 세량(＝田賦)과 요역, 기타 잡세의 모든 항목을 합산하여 은으로 납부케 하고, ㉡ 납부 방식도 종래 이갑이 징수하던 것을 관에서 징수하여 관이 운반하도록 하고〔官收官解〕, ㉢ 부과하는 방법은 각호가 소유한 토지의 넓이에 따라 '토지 1무당 은 몇 전' 하는 형식으로 부과하는 것이었다. 그럼에도 불구하고 명말에 실제 시행된 내용은 지역에 따라 세량은 세량대로 합산되고, 요역은 요역대로 합산되는, 말하자면 양조편(兩條鞭) 형태도 많았다. 세량(＝田賦)과 요역의 모든 항목을 완전히 합산하여 토지 넓이에 따라 은으로 납부케 하는 방법이 전국에 걸쳐 완성된 것은 청 중엽의 '지정은(地丁銀)'제였다.

장거정이 일조편법을 강력하게 추진할 수 있었고, 또 그가 살아있는 동안에 상당한 진척도 가능했던 것은 다음 몇 가지 조건이 충족되었기 때문이다. 첫째는 전술한 토지 '장량'이 상당히 진행되고 있었다. 일조편법은 과세 기준을 토지에 두는 제도였으므로, 일조편법이 성공하기 위해서는 토지를 정확하게 파악하는 것이 선결조건이었다. 둘째는 만력 원년부터 실시한 고성법이 '공직기강을 바로 잡는 강력한 메기효과'를 냈기 때문이다. 왕세정은 장거정 집권 아래의 공직기강을 "일단 명령이 떨어지면 비록 만 리나 떨어진 먼 곳이라도 아침에 내

---

124) 《神宗實錄》 권200, 만력 16년 윤6월 을미조, p.3755.
125) 梁方仲, 〈明代一條鞭法年表〉, 2008.

려진 명령이 오후에 시행되었다"고 평하고 있다.[126] 셋째는 반계순·방상붕·송의망과 같은 능력과 의지를 갖춘 관료를 '정선하여 중용'하고, 일단 임명한 후에는 전적으로 믿고 수시로 서신을 보내서 추진 상황을 독려하고 격려하면서 적극적으로 지지해 준 것이다. 넷째, 황제와 모후 이태후의 절대적인 신임을 얻고 있었기 때문이었다.

다섯째, 무엇보다 중요한 것은 이러한 개혁을 추진할 수 있는 '사회경제적 발전'이 이루어졌기 때문이었다. 일조편법의 기본 원리대로 세량과 요역을 화폐로 납부시키기 위해서는 그에 상응하는 경제적 발전이 전제되어야 한다. 환언하면 농업이나 수공업 생산품이 대량으로 화폐로 전환되는, 이른바 상품경제가 발달하지 않으면 세역을 화폐로 납부시키는 것은 불가능한 일이었다. 북송시대 왕안석(王安石, 1021-1086)이 '변법'을 추진할 때도, 면역법(=고역법)의 내용은 노동력을 백성에게 직접 부과하는 대신 동전으로 대신 납부시키는 것이었다. 이렇게 요역을 화폐로 대납시키는 것은 현대적인 눈으로 보면 당연한 것으로, 방향성은 좋았지만 그 후에 계승되지 못하였다. 왕안석이 살던 11세기에는 사회경제적 여건이 아직 구비되지 못했기 때문이었다.

그런데 명 중엽(15C 중엽-16C 중엽)에 이르러 비로소 이러한 사회경제적 요건이 구비되었다.[127] 명 중기부터 전국적으로 농업이 발달하고 경제 중심지가 분화되면서 중국 전역에 걸쳐 인구와 산업의 전 분야가 재편되었다. 특히 융경·만력시기(16세기 후반)에는 전국적으로 상품경제가 대단히 발전하였다. 각 지역에서는 그 지역에 맞는 상품이 생산되고 상공업이 발전하면서 장거리 상업도 발전하였다. 이에 따라 기존의 대도시(베이징·남경 등 기존의 33개 도시)는 계속하

126)《嘉靖以來首輔傳》권7, 〈張居正傳〉.
127) 오금성, 〈明末·淸初의 社會變化〉, 1989·2018(근간).

여 발전해 갔고, 전국
의 교통 요지에는 정
기시와 함께 중소도시
가 수없이 발전하였
다. 마침 이 시기에
외국의 은이 물밀듯이
들어와서, 은을 중심

〈그림 63〉 명대의 화폐 만력통보

으로 한 상품경제의 발전이 새로운 단계로 접어들 수 있게 되었다.
그에 따라 전국적으로 산서상인·휘주상인·강서상인·복건상인·광동상
인·동정상인 등 10여 개의 상인 조직이 나타나 상업에 활력이 생겼
고, 특히 복건상인과 광동상인은 해외무역에도 힘써서 대량의 외국
백은(白銀)이 유입될 수 있었다.128)

　일조편법은 국가와 백성 모두에게 대단히 이로운 개혁이었다. 종전
에는 세량을 실물로 거두었으므로, 국가는 엄청난 양의 곡물을 운반하
여 국가의 창고에 저장하고 화폐로 전환하는 부담을 져야 하였다. 그
러나 이제는 직접 화폐로 거두었으므로 업무가 간소화되고 운영 효율
도 높일 수 있게 되었다. 백성들에게는 종전에 불합리하고 불공평했던
세역의 부담을 어느 정도 극복하여, 신사·세호대가·서리들의 부정 행
위와 조세 포탈을 방지하고 반대로 농민들은 실역에서 벗어나서 자유
롭게 생업에 종사할 수 있게 하였다.

　일조편법 시행으로 가장 큰 덕을 본 것은 역참 주변에 사는 백성
들이었다. 장거정이 역참제를 개혁하려 한 것은 역 주변에 사는 농민
들이 부담하는 고통을 면해 주려던 의도였다. 그런데 조편을 실행하

---

128) 萬明, 《晚明社會變遷 : 問題與研究》, 2005, p.54; 오금성, 2018(근간).

〈그림 64〉 정덕 10년 은정

게 되자 이들의 부담도 모두 은으로 대신 납부하게 되어 친히 몸으로 부담하는 것에서 벗어나게 되었다. 그러므로 백성들의 부담은 훨씬 가벼워지고 정부의 세역 수입은 오히려 증가하게 되어, 양측에 모두 유리한 제도였다. 이로써 장거정이 목표로 한 '증세 없는 재정 안정'을 이루게 된 것이다.

이러한 일조편법에 대해서는 청렴한 관료로 유명한 해서(海瑞)도 극찬하였고,129) 처음에 일조편법을 반대했던 화북의 하남성에서도 '일조편법은 나라와 민생에 모두 도움이 되는, 참으로 좋은 법이다'130) 라고 하였다. 상해(上海)지방의 기록에는 '일조편법은 참으로 간단명료한 법이다. 이 법을 시행한 지가 70-80년이 되었다.'131)라고 하였다. 특히 강서성에서는 "융경 연간에 일조편법으로 바꾸니 모든 백성이 편리하다고 하였다. 백성들에게는 이롭고 사대부에게는 불리하므로 반드시 유지되어야 한다."132)고 하였고, 복건성의 복녕주에서는 "만력 6년에 도어사 방상붕이 일조편법을 시행한 후로 백성들이 비로소 인생의 즐거움을 알게 되었다. 고대의 삼왕(三王)인들 이보다 더 하겠는가!"133)라고 하였으며, 장주부에는 "만력 7년에 일조편법을 시

---

129) 《海瑞集》下編, 書牘類, 〈復張筆峰侍郎〉
130) 顧炎武, 《天下郡國利病書》 제13책, 河南, 〈羅山縣〉, p.63a.
131) 顧炎武, 《天下郡國利病書》 第6冊, 蘇松, 松江府志, 田賦, 〈査一條鞭之故〉, pp.64b-65a.
132) 만력 《吉安府志》 권13, 戶賦志, 徭役.

행한 후로 수백 년 내려온 백성의 질고가 한 번에 사라졌다. 만세토록 이어지면 좋겠다."134)고 하는 기록이 있다.

장거정이 눈을 감은 만력 10년 6월 무렵의 명조의 재정은 "태창(太倉)에 10년분의 곡식과 태복시(太僕寺)에 은 400여만 냥이 저장되어 있었다"는 것이 통설이다.135) 장거정이 죽기 직전에 '태창에 9년분의 곡식이 저장되어 있었고, 비상시에만 사용할 수 있는 것으로 태창에 은 600여만 냥(225,000kg), 태복시에 400만 냥, 남경 창고에 250만 냥. 광서·절강·사천성의 창고에 15만-80만 냥이 저장되어 있었다'고 한다.136) 그래서 《명사》에서는 "정덕과 가정 연간의 재정 적자 이래 만력 10년 동안이 가장 부요한 시기였다"137)고 한다. 그러므로 장거정이 집권하던 10년 동안은 이전의 반세기 이상의 재정 적자를 벗어나 '만력중흥기'였고, 명조가 가장 부요했던 시기였다.

전쟁할 때 가장 무서운 무기는 '죽기로 싸우려는 굳은 의지'라고 한다. 장량과 일조편법은 장거정이 탈정(奪情)까지 정면 돌파하며 파부침주(破釜沈舟)의 기개, 즉 '오직 사직을 위해 죽을 각오〔苟利社稷, 死生以之〕'로 추진한 개혁이었다. 그만큼 그의 개혁 가운데 가장 빛나고 후세에까지 영향을 미친 개혁이었다. '장량'이 성공하였기에 이를 기초로 일조편법이 전국적으로 시행될 수 있었고, 그 두 개혁이 선순환(善循環)을 이루어 청 중기의 지정은제(地丁銀制)의 개혁도 가능하였다.

그런데 장거정 자신은 구체적으로 의도하지는 않았지만, 일조편법

133) 顧炎武, 《天下郡國利病書》 第26冊, 福建, 福寧州志, 綱派, p.63a.
134) 顧炎武, 《天下郡國利病書》 第廿六冊, 福建, 漳州府志, 四差, pp.91ab.
135) 《神宗實錄》 권125, 만력 10년 6月 丙午;《明史紀事本末》 권61, 〈江陵柄政〉;《國権》 권71, 만력 10년 6月 丙午.
136) 장거정의 재정 개혁과 태창 은고의 비축액에 대해서는 黃仁宇, 〈隆慶和萬曆時期, 1567-1620年〉, 1992, p.505.
137) 《明史》 권222, 〈張學顔傳〉.

으로의 개혁은 '증세 없는 재정 안정'을 이룩한 것 외에 부수적으로 또 하나의 중요한 계기를 가져왔다. 장거정은 이미 가정 33년(1554, 30세)에 '농업을 진흥시켜 상업을 돕고, 관세를 가볍게 하여 상업유통을 원활히 해서 농업과 상업을 함께 발전시켜야 한다'는 '농상병중(農商幷重)' 의식을 피력한 바 있다.[138] 이것은 전통적인 '중농억상'(重農抑商) 사상과는 배치되는 혁신적인 생각이었다. 그가 살았던 16세기는 중국을 중심으로 국내는 말할 것 없고 대외적으로도 상업과 은경제가 대도약을 하던 시기였다. 장거정은 이러한 경제적 추세를 올바로 인식하고 그에 맞는 '시변론(時變論)'을 실천한 것이다.

일조편법이 시행되면서 상인과 수공업자(工匠)들은 실제로 현장에 나가 노역을 부담해야 하는 요역의 부담에서 벗어나 자기들이 가진 기능을 자유롭게 발휘할 수 있게 되었다.[139] 그러므로 세량과 요역을 은으로 납부케 하는 일조편법은 한편으로는 당시에 밀물처럼 들어온 외국 은에 힘입어 상품경제 발전의 기반이 되었고, 또 한편으로는 당시의 경제 발전의 방향을 상품경제 쪽으로 유도하는 효과를 발휘하였다. 장거정이 황하·회수와 운하의 치수공사를 적극적으로 추진한 것 또한 전국적으로 물류를 원활하게 하는 중요한 계기가 되었다.

그러므로 장거정이 추진한 일조편법은 중국의 사회경제사 발전 면에서 보면, 다음 세 가지의 대단히 중요한 전기를 마련한 개혁이었다. 첫째, 당말부터 시행된 양세법(兩稅法, 모든 세금을 호세와 지세로 통합하여 여름과 가을, 두 번 징수하는 제도) 체계가 청대 중기의 지정은제(地丁銀制)로 이어지는 교량 역할을 하였다. 그리고 부수적으로는 전국적으로 도시와 상공업의 발전을 자극하여 명말에 상품경제가 폭

---

138) 《張居正集》 第3冊, 권36, 文集8, 〈贈水部周漢浦榷竣還朝序〉.
139) 유지금, 2006, p.227.

발적으로 발전하는 데에 크게 기여하였다. 이로써 그가 젊은 시절부터 그리던 '농상병중'(農商幷重)의 목적을 자연스럽게 달성한 셈이었다. 둘째는 중국의 화폐를 정식으로 은본위제(銀本位制)로 전환하는 계기가 되었다.[140] 이렇게 조세제도가 일조편법으로 개혁됨으로써 중국의 조세제도는 비로소 '근대적' 형태로 진입하게 되었다고 할 수 있다. 참으로 원견탁식(遠見卓識)이었고 확실한 뜻이 있으면 결국 이루어지는 것[有志竟成]이었다.

---

140) 그런데 은본위제라 하여도 서구와 같은 주조화폐가 아니고 계량[稱量] 형태의 화폐였다. 그 때문에 국가가 화폐발행권이 없어 화폐유통량을 조절하는 능력을 상실하여 재정위기에서 벗어날 수 없었다. 이것도 명조 멸망의 한 원인이 되었다. 은본위제 화폐제도는 1935년에야 역사 속으로 사라지게 되었다.

제6장
후폭풍

"재부는 한계가 있고 국고는 비어 있고 백성은 궁핍한데 더구나 사방에서
수재와 한재가 일어나고 있습니다. 앞으로는 부디 모든 비용을 절제하시기
바랍니다. 만일 다시 요구 하신다면 신등은 결코 조지(詔旨)를 받들 수 없습
니다."

— 만력 7년 3월 장거정의 상소 가운데 —

장거정 사후 신종은 재산을 몰수하고 친족을 멸하였지만,
장거정 수보 시절에 몸소 써준 글씨는 고거에 남아 있었다.
이 글씨가 사후 명예가 회복된 상황 변화를 단적으로 보여
준다.

제1절 북변 정세의 변화

만력 10년(1582) 봄에 타타르의 알탄 칸이 죽었다. 그는 이미 가정 초년부터 대동을 침범하였고 몇 번이나 베이징을 위협하기도 하였지만 결국 명조에 투항하고 순의왕(順義王)이란 봉작을 받았고, 명조는 그를 이용해서 타타르 세력을 통제해 왔다. 장거정은 그가 죽기 전부터 그의 사후 타타르부의 활동을 걱정하고 있었다. 타타르부의 영도권이 토만에게 넘어간다면 적지 않은 근심거리가 되기 때문이었다.

장거정은 알탄 칸이 죽기 전후한 시기에 아래와 같이 변진의 독무들과 몇 차례 의견을 교환하였다.[1] ㉠ 선대총독 정락에게는 알탄의 병세가 위중하여 가망이 없을 것 같고, 그가 죽고 나면 타타르에 대한 통제가 어려워 북변이 불안할 수 있으니, '타타르에 변고가 생기면 사태의 변화에 따라 적절하게 대응'하도록 준비시켰다. ㉡ 알탄이 죽은 직후에 타타르 부족 내에 왕위쟁탈전이 벌어질 때는 섣불리 개입하지 말되 '조용히 사태를 주시하며 대응'하고, 그 가운데서 승자가 정해지면 그를 지지하도록 지시하였다. ㉢ 이때는 타타르 영수 가운데 장자 황태길의 계승이 확실시되었으므로, 황태길이 명조에 순종할 의지를 표하고 순의왕 책봉을 제청하는 순서로 진행하면 타타르에 대한 통제는 어느 정도 마무리될 것이라고도 하였다. 그런데 ㉣ 알탄이

---

1) 《張居正集》 第2冊, 권26, 書牘13, 〈答三邊總督鄭範溪〉·〈答大同巡撫賈春宇計俺酋死言邊事〉·〈答大同巡撫賈春宇〉·〈答三邊總督鄭範溪計順義襲封事〉·〈答巡撫蕭雲峰〉.

죽은 후에 장자 황태길이 순의왕 세습을 희망해 왔는데, 이때 그 아들 안토길(安兎吉)이 변경을 노략질하는 사건이 일어났다. 이에 장거정은 선부순무 소대형(蕭大亨)에게 황태길로 하여금 자체 처리하도록 권유하라고 지시하였다.

예상대로 장자 황태길이 순의왕 위를 계승하였다. 그러자 알탄의 후처 삼랑자(三娘子)는 부족을 이끌고 서쪽으로 가버렸다. 장거정은 삼랑자가 알탄의 3년상을 치른 후에 새로운 칸에게 시집가서 계속해서 명조를 위해 우군이 되어주기를 바랐지만,[2] 틀어지고 만 것이다. 이에 선대총독이 급히 그녀에게 사람을 보내 "부인이 새로운 순의왕과 동거해야 명조의 혜택을 받을 수 있습니다. 그렇지 않으면 그저 평범한 타타르 부인이 되고 맙니다."라고 설득했다. 그동안 부귀영화에 익숙해진 삼랑자는 순순히 다시 순의왕의 품으로 돌아왔다.

북변 문제가 어느 정도 해결되자 이번에는 동북변에 문제가 생겼다. 만력 9년에 토만이 수차례 변경을 침범하였다. 그러다가 알탄이 죽고 난 후에 다시 화친을 요구해 왔다. 장거정은 '화친은 결코 오래 가지 않을 터이니 잠정적으로 허락하면서 준비는 계속하여 굳게 하라'[3]고 지시하였다. 10년 3월에는 타타르의 태녕부 부장 속파해(速把亥)가 의주(義州)를 공격해 왔다. 속파해는 지난 20여 년 동안 요동 지방의 화근이었다. 때로는 토만과 연합하여 침공해 왔다가, 명군이 반격하면 재빨리 달아나고 회군하면 다시 침공해 왔다. 이번에 속파해 무리가 들어오자 이성량군이 반격하여 그를 사살하고 타타르 병사 100여 명을 참수하였다. 이로써 20여 년의 화근이 비로소 소멸되었

---

2) 삼랑자가 진공(進貢)하러 입관했을 때, 선대총독 오태(吳兌)가 팔보관과 백봉운의(百鳳雲衣)·홍골타운군(紅骨朶雲裙) 일습을 선물하자 그녀는 대단히 기뻐하였고, 그 후 명과 타타르의 교섭 때 든든한 우군이 되어 주었다.
3) 《張居正集》第2冊, 권26, 書牘13, 〈答遼東巡撫周樂軒〉.

다. 이 소식이 전해지자 신종은 대단히 기뻐하면서, 이성량에게 북경에 저택을 지어주도록 하고 '아들 한 명에게 금의지휘사를 세습'토록 하였다.[4]

제2절 마지막 안간힘

만력 9년 2월, 장거정은 한림원 관원들에게 명하여 《모훈류편》(謨訓類編)을 편집하였다. 명태조의 《보훈》(寶訓)과 역대 황제들의 《실록》을 참조하여 편찬한 책으로, 창업간난(創業艱難)·여정도치(勵精圖治)·근학(勤學)·경천(敬天)·법조(法祖)·보민(保民) 등 모두 40조목으로 되어 있다. 황제에게 강의할 때 사용하기 위함이었는데, 장거정의 고심이 배어 있는 책이었다. 장거정은 신종이 더 이상 열락에 빠지지 않기를 바랐지만, 효과는 전혀 없었다.

만력 9년 4월 18일, 남경급사중 부작주(傅作舟)가 올린 상주에 따라, 장거정은 "지금 장강 남북 각지에서는 매년 재해가 들어 백성들이 굶거나 초근목피로 연명하고 있고 일부는 도적이 되고 있어 크게 걱정이 됩니다"라고 말씀드리고, "그곳은 전부터 재해는 많고 곡식은 모자란 지역으로, 원나라 말기의 반란도 이곳에서 일어났습니다. 급히 구휼하여 안정시켜야 할 것입니다."라고 아뢰었다. 신종은 "선생의 의향대로 하시오"라고 하였다.

---

4) 주둥룬(朱東潤) 지음/이화승 옮김, 2017, p.287.

장거정은 또 "지금 대강 남북에 이렇게 흉년이 들고 하남지방에도 재해가 있으며 수도 부근에는 제때에 비가 오지 않아서 밀과 보리가 말라죽고 있으므로, 앞으로 구휼도 쉽지 않고, 세량 수입은 예전 같지 못할 것이 분명합니다. 황상께서도 세입에 맞추어 궁중의 비용 가운데 줄일 수 있는 항목은 줄이시기 바랍니다. 사묘(寺廟)나 도관(道觀)에 대한 상사(賞賜)는 당연히 금해야 할 것입니다. 승려나 도사에 부탁하여 복을 구하는 것이 어찌 백성을 구휼하여 잘 살게 하는 것보다 크겠습니까?"라고 아뢰자, 신종은 "궁중의 용도는 모두 절약하고 있고, 상사도 상례를 따르고 있어 더 늘지 않았습니다"라고 답하였다. 장거정이 다시 "황상께서 상례(常例)로 생각하시는 부분은 조종(祖宗)의 상례가 아니오니 금년은 잠시 중단하셨다가 내년에 시행하는 것은 어떨지요? 근년에는 수입보다 지출이 더 많은 상태입니다. 재물은 한정되어 있는데 어찌 쓰고 싶은 대로 쓸 수 있겠습니까?"[5]라고 요청했다.

장거정은 궁중의 씀씀이를 줄여 주도록 요구한 것이었지만, 신종은 확답을 피하였고, 장거정도 더 이상 추궁할 수가 없었다. 특히 사묘(寺廟)와 도관(道觀) 문제는 생모 이태후의 소관이었기 때문이다. 이태후는 목종시기부터 사묘 등을 축조하는 일에 열심이었다. 정거정은 그때마다 민생의 어려움을 들어 반대 의견을 피력하였을 뿐, 결국은 묵인하고 양보하는 수밖에 없었다.[6]

장거정은 9년 여름부터 가을 사이에, 약체와 과로로 인한 병으로 앓아눕게 되었다. 장거정의 와병 소식을 들은 신종은 급히 어의를 보내 상태를 물었다. 장거정은 몇 달 동안의 병가를 신청하였다.[7] 이

---

5) 이상 장거정과 신종의 대화는 《張居正集》 第1冊, 권10, 奏疏10, 〈文華殿論奏〉.
6) 《張居正集》 第3冊, 권32, 文集4, 〈敕建萬壽寺碑文〉.

상주를 본 신종은 문서태감 손빈(孫斌)에게 술·음식·과일 등을 보내 위로하면서 우선 집에서 정무를 보도록 하였다. 장거정에 대한 신종의 배려는 한결같았지만, 장거정은 이번의 작은 병은 물론 뒤에 찾아온 심각한 병중에도 정무에서 벗어날 수가 없었다.[8] 9월 말쯤에 병세가 약간 차도가 있자 신종은 다시 문서태감에게 선물을 들려 보내며, 10월 날씨가 선선해지면 내각에 출근할 것을 종용하였다.[9] 장거정은 황은에 거듭 감사하면서도, 내심으로는 체력은 날로 약화되고 국정은 손을 놓아도 괜찮을 만큼 되었으므로 은퇴할 시기가 되었다고 생각하였다.[10] 그래서 이미 병이 나기 훨씬 전부터 퇴직을 생각하고 있었지만, 여건이 허락하지 않았다.[11] 두 태후와 황제의 만류가 너무도 간절했고, 정치적 여건도 여의치 않았다. 한편 신종은 신종대로 자아의식은 점차 커가면서도 여전히 장거정에게 의지하는, 모순되는 심리가 있었다.[12]

9년 10월, 장거정은 1품관으로서 이미 12년이 지나 고만(考滿) 기일이 되었으므로 전례에 따라서 스스로 해직(解職)을 청구하였다. 그러나 신종은 사례태감 장성(張誠)에게 은 2백냥을 들려 보내고 더불어 해마다 녹미 2백석을 더한다는 조칙과 함께 조령으로 복직을 명하였다.[13] 그리고 이부와 예부에게 은례(恩例)를 협의하도록 명하고, 양부에서 보낸 보고에 따라 장거정에게 백작(伯爵)의 녹을 주고 상주

---

7) 《張居正集》第1冊, 권10, 奏疏10, 〈患病謝遣醫并乞假調理疏〉.
8) 《張居正集》第1冊, 권10, 奏疏10, 〈謝賜粥米食品疏〉.
9) 《張居正集》第1冊, 권10, 奏疏10, 〈謝聖諭存問并賜銀兩等物疏〉·〈謝遣中使趣召并賜銀八寶等物疏〉.
10) 《張居正集》第3冊, 권39, 文集11, 〈雜著 12〉, p.654.
11) 《張居正集》第2冊, 권26, 書牘13, 〈答廣西憲副吳道南〉.
12) 《張居正集》第2冊, 권26, 書牘13, 〈答司馬王鑑川言抱恙勉留〉·〈答耿楚侗〉.
13) 《張居正集》第1冊, 권11, 奏疏11, 〈考滿謝手敕賜資疏〉.

국(上柱國)과 태부(太傅)의 함을 더하며,[14] 관은 여전히 수보로 하고, 아들 한 명에게 음서를 주고 지위는 상보사사승을 주도록 하였다.[15] 장거정은 명을 받은 후에 다시 간절하게 사의를 표했다.[16] 신종은 이 상소를 본 후에 백작과 상주국은 면하고 태부의 직함은 그대로 명하였다. 이때까지 신종은 '십 년 동안 정치는 밝게 행해지고 만이(蠻夷)는 모두 굴복하여 그 공적이 현저하고 짐의 마음은 정말 가볍다'[17]면서 공식적으로는 장거정을 아꼈다.

만력 10년 2월, 장거정은 '만력 7년 이전까지 체납되어 온 세량이 얼마인가를 조사하여, 금화은(金花銀)만 징수하고, 그 밖의 체납 세량은 모두 면제시키자'[18]고 상주하였다. 장거정은 이제는 내적으로는 '역전제 정리·장량과 일조편법 시행·용관 감축·탐관오리 정리' 등이 상당히 진척되고 국가 재정도 상당히 안정되었다고 생각하였다. 황하와 회수 및 대운하의 공사도 어느 정도 마무리된 상태였다. 또 외적으로는 북방과 동북변 및 남방 왜구의 위협이 어느 정도 안정되었다. 그러므로 체납된 세량을 면제해 주는 것이 곧 '고방본(固邦本)'의 한 축인 백성들에게 휴양생식(休養生息)할 기회를 주는 동시에 '국가와 백성에게 모두 이익'[官民兩利]이라는 결론에 이른 것이다.

이번의 세량 감면 상주는 장거정이 백성의 질고를 덜어주기 위해

---

14) 백작은 고대 오등작 중 제3위, 명대에는 공·후·백작의 3등만 있었다. 좌·우 상주국은 명대에 정일품 문관에게 상으로 내리는 훈계 중 최고급. 태부는 삼공의 하나로, 태사·태부·태보의 삼공은 모두 사후에 증관(贈官)하는 가함(加銜)으로 사용하는 것이고 생전의 실직은 아니었다. 그러므로 문신으로서 살아서 삼공의 반열에 오른 것은 장거정이 처음이었다.

15) 《張居正集》 第1冊, 권11, 奏疏11, 〈考滿謝恩命疏〉.

16) 《張居正集》 第1冊, 권11, 奏疏11, 〈再辭恩命疏〉.

17) 《張居正集》 第1冊, 권11, 奏疏11, 〈再謝恩命疏〉.

18) 《張居正集》 第1冊, 권11, 奏疏11, 〈請蠲積逋以安民生疏〉.

서 생애 마지막으로 건의한 온정이었다. 그러나 6월에 장거정이 죽자마자 국가재정은 다시 적자로 돌아섰고, 신종은 상세(商稅)와 광세(鑛稅)를 과다하게 징수하여 국가재정은 파탄에 이르고 명조는 멸망의 길을 걷게 되었다.

제3절 장거정의 영면

만력 10년에 들면서 국내외 정치 정세는 순조로웠지만, 장거정은 2월부터 그동안 그를 괴롭혀 온 치질 증세가 점차 악화되었다. 할 수 없이 명의를 불러 수술을 하였지만, 이미 노쇠하여 기력이 많이 떨어져 음식을 들기도 힘들고 거동도 어려운 형편이 되었다. 그래서 요양을 위해 휴가를 신청하였는데,[19] 그로부터 다시는 회복하지 못하고 말았다.

3월 이후 장거정은 계속하여 휴가를 얻어서 집에서 양병하며 표의를 처리하였다. 신종은 여러 차례 태감을 보내 위로금과 옷가지, 간식 등을 하사하고 위문하였다. 신종은 장거정이 오래 병석에 누워 있는 것이 안타까워 눈물을 흘리고 밥맛도 떨어진 일이 있었다고 한다.[20] 내각에는 장사유와 신시행이 있었지만, 여전히 중요한 것은 모두 장거정에게 보내 그의 결정을 기다렸다. 그 때문에 장거정은 막중한 정사를 하루도 놓을 수가 없었다.

---

19)《張居正集》第1冊, 권11, 奏疏11,〈給假治疾疏〉.
20) 張居正集》第1冊, 권11, 奏疏11,〈給假謝恩疏〉·〈恭謝賜問疏〉.

장거정은 집에서 요양하던 중에 이전의 수보이고 스승인 서계의 80세 생일(9월 20일)에 그의 공로를 기려 상을 내려주도록 상소를 올렸다. 스승에 대한 의리는 끝까지 지킨 것이다. 신종은 이 상소를 받자 바로 행인(行人)을 보내 서계를 존문(存問)하고 은 50냥과 의복, 비단과 함께 칙유를 내려 그의 공로를 찬양하였다.[21] 장거정은 또 서계의 생일이 가까워 오자 병중임에도 불구하고 축문을 써 보냈다.[22] 이 축문에서 내치·외정·풍속 등 10년 동안 자신이 이룩한 치적은 모두 스승님의 가르침 덕분이라고 감사하고 있다.

장거정은 병세가 날로 악화되자, 6월 초에 간절한 은퇴 상소를 올렸다. 내용 중에는 일식(6월 1일)과 혜성 출현(4일)을 근거로, 문신 가운데 유일하게 삼공의 위에 오른 자기가 하늘의 변화에 응하여 은퇴해야 할 시기라고 하면서 청하고 있다. 그러나 신종은 '작은 일은 장사유에게 맡기지만 큰일은 경이 처리하라'면서 여전히 윤허하지 않았다.[23]

6월 11(丁酉)일에는 지난 3월에 거둔 요동 진이보(鎭夷堡) 대첩에 대한 신종의 논공행상이 있었다. 신종은 장거정에게는 태사(太師)와 함께 봉록 2백석을 더하고, 아들 1명에게 금의위지휘첨사에서 금의위지휘동지로 올려 세습케 하였다. 그가 눈감기 9일 전이었다. 장거정은 이전에는 상이 내려지면 두세 번씩 사양하였으나, 이제는 정신이 혼미하고 사양할 힘마저 소진되어, 감사하다는 말조차 할 수가 없었다. 신종은 곧 이어 사례태감 장경(張鯨)을 시켜 후한 상사(賞賜)와 함께 수칙(手敕)을 보내 장거정의 치적을 높이 평가하고,

---

21) 《張居正集》第1冊, 권11, 奏疏11, 〈請乞優禮著碩以光聖治疏〉.
22) 《張居正集》第3冊, 권35, 文集7, 〈少師存齋徐公八十壽序〉·〈少師存齋徐相公七十壽序〉.
23) 《張居正集》第1冊, 권11, 奏疏11, 〈乞骸歸里疏〉·〈再懇生還疏〉.

'집에서 요양하면서 회복토록 하라'고 하였지만, 장거정은 제대로 사례도 못하였다.[24) 장거정이 병으로 눕게 되자 전국의 관료들이 쾌유를 비는 제사를 올렸다.[25) 그가 눈감기 전 마지막 10일 동안에 신종은 이렇게 여러 번 하조(下詔)와 수칙을 내리면서 온갖 애정을 다 표현하였다.

6월 12일 이후 장거정의 병세는 더욱 악화되었고, 그저 더욱 간절하게 '살아서 귀향'할 수 있도록 은퇴를 청할 뿐이었다. 그러나 죽기 전의 애절한 마지막 호소마저 신종의 마음을 움직이지 못했다.[26) 장거정은 이제 어떤 말도 할 힘이 없을 정도가 되었다. 신종은 죽기 이틀 전인 18일에도 사례태감 장경에게 수칙을 들려 보내 위로하였다. 장거정은 혼미한 중에도 풍보와 상의해서 밀주(密奏)를 통하여 전 예부상서 반성(潘晟)과 이부좌시랑 여유정(余有丁)을 입각시키도록 추천하였다. 신종은 다음 날 바로 반성을 예부상서겸무영전대학사, 여유정을 예부상서겸문연각대학사로 임명하였다.[27) 또한 호부상서 장학안(張學顔)·병부상서 양몽룡(梁夢龍)·예부상서 서학모(徐學謨)·공부상서 증성오(曾省吾) 및 시랑 허국(許國)·진경방(陳經邦)·왕전(王篆) 등을 추천하였지만, 너무 많아 일시에 다 등용할 수 없어 이름을 병풍에 붙여 놓고 후에 임용하기로 하였다.

6월 19일, 장거정의 병세는 이미 어떻게 손쓸 수 없을 정도로 위급해졌다. 신종은 태감을 보내 앞으로의 일을 물었다. 그러나 장거정은 혼수상태에서 알아들을 수 없는 몇 마디를 했을 뿐이었다. 그리고 다음 날(20일, 丙午, 양력 7월 9일) 눈을 감았다.[28) 대학사로 16년

24) 《張居正集》第1冊, 권11, 奏疏11, 〈恭謝手敕疏〉.
25) 于愼行, 《穀山筆塵》권4, 〈相鑒〉; 유지금, 2006, p.300.
26) 《張居正集》第1冊, 권11, 奏疏11, 〈再懇生還疏〉.
27) 《神宗實錄》권125, 만력 10년 6월 甲辰,乙巳조, p.2334.

동안 섬긴 명조, 수보로 10년 동안 보필해 온 어린 황제, '부국강병'과 '고방본'을 외치며 헌신했던 1억 5천만 명의 백성을 뒤로 한 채, 겨우 58세의 나이로 홀연히 세상을 떠났다. 베이징의 집에는 70여 세의 노모·30여 년의 반려자 아내·여섯 아들·여섯 손자들이 남아 있었다. 그는 '태사겸태자태사이부상서중극전대학사(太師兼太子太師吏部尙書中極殿大學士)'라고 하는 명대 최고의 지위에 있었고, 그가 14년 전에 건의한 〈진육사소〉의 내용을 거의 다 이룬 시점이었다.

장거정의 운명 소식을 들은 신종은 조회를 하루 쉬도록 하였고, 총신(寵臣) 사례태감 장성(張誠)을 보내 장례준비를 진행토록 하였으며, 부의금 5백냥과 함께 필요한 물품을 보냈다. 양궁 황태후도 부의금 5백냥을 보냈다. 예부의 건의에 따라 제단은 통상 16단이던 것을 7단을 더 설치하도록 하고, 또 시호를 문충(文忠)이라 하며 상주국(上柱國)을 추증하였으며, 아들 한 사람에게 상보사승을 제수하였다. 장거정의 영구가 베이징을 떠날 때에는 사람을 보내 호송케 하였고, 태복시소경 우경(于鯨)과 금의위지휘첨사 조응규(曹應奎) 등에게 고향 강릉까지 수행토록 하였다. 《신종실록》에 따르면, 장거정의 영구를 호송하는 데에는 70여 척의 배를 3천여 명의 선부가 끌었는데 길이가 장장 10여 리에 달했다고 한다. 모친 조씨도 사례태감 진정(陳政)의 호송을 받으며 고향으로 돌아갔다. 35년 전(가정 26년, 1547) 회시를 보러 베이징에 올라왔던 23세의 청년은 이제 명대 최고 지위에 오른 '문충공'이 되어 고향으로 돌아온 것이다. 그런데 장거정의 사망은 많은 사람에게 충격과 슬픔을 주었지만, 세호대가 등 기득권층에게는

---

28) 장거정의 저작으로는 《張太岳集》(=張文忠公全集=張居正集 共48권→ 奏疏 13권, 書牘 15권, 文集 11권, 詩 6권, 女誡直解 1권, 附錄 2권)·《帝鑑圖說》·《通鑑直解》·《四書直解》·《尙書直解》·《詩經直解》·《貞觀政要解》·《謨訓類編》·《大寶箴注》 등이 있다.

참으로 즐거운 소식이었다.

제4절 정치적인 후폭풍

장거정에게 주어진 시호(諡號)는 '문충(文忠)'이었다. '문'은 명대에 한림원 경력자에게 주는 일반적인 시호이고, '충'은 특별히 하사한 것이었다. 명대의 시법(諡法)에 따르면 '충'은 국가를 위해 특별히 충성한 사람에게 주는 시호였다. 그러므로 적어도 신종이 장거정에게 '문충'이란 시호를 줄 때까지의 인식은 그의 공적을 무한히 상찬한 것이었다. 장거정과 동년 진사인 왕세정은 장거정을 평하여 '위기를 극복하여 사직을 구하고, 황제의 권위를 되찾았다'고 평하였고, 당시에 "쇠퇴해 가던 나라를 바로 세웠다"는 의미에서 구시재상(救時宰相)으로 평가하였다.

그런데 장거정이 죽고 상사(喪事)가 채 끝나기도 전에 정치적인 후폭풍이 거세게 몰아쳤다. 기득권세력의 장거정 탄핵 상소가 우후죽순처럼 올라왔다. 그 주연은 장거정을 그렇게 존경하며 따랐던 신종이었고, 조연은 장거정이 아끼며 추천했던 장사유와 신시행 및 기득권층이었다.

장거정이 10년 동안 부국강병을 목표로 휘두른 권력은 사실은 황제의 것이었다. 장거정의 그러한 권력행사는 다른 의미에서 보면 황제인 신종의 권위 실추(失墜)를 의미하였다. 그래서 장거정이 생전에 보였던 '위국충정'은 죽은 후에는 '황제를 능멸했다'는 논리로 변질될 수 있었다. 그러므로 장거정 집권 10년 동안 두 사람은 의식하지 못했지만 사실은 대립적인 위치에 있었던 것이다. 또한 장거정이 추진한 모든 개혁은 기득권 세력에게는 자기들의 이권을 침해하는 것일 뿐이었다. 그 때문에 장거정은 한평생 보국안민(輔國安民)을 위해 혼신의 힘을 다했지만, 세호대가에게 남긴 것은 한없는 원한뿐이었다.

장거정이 눈감기 이틀 전에 추천했던 전 예부상서 반성의 입각에 대하여 어사 뇌사정(雷士楨)·위윤정(魏允貞)·왕국(王國)과 급사중 왕계광(王繼光) 등의 탄핵 상소가 연이어 올라왔다.[29] 그때 반성은 이미 고향인 절강의 신창(新昌)을 떠나 베이징으로 향하고 있었는데 탄핵을 받자 중도에서 사직 상소를 올리고 신창으로 돌아갔고, 장사유는 즉시 표의를 올렸고 신종도 즉시 윤허하였다. 반성은 장거정이 진사에 합격할 때의 좌주(座主, 시험관)였고, 일찍이 융경 4년(1570)과 만력 6년(1578)에 두 번이나 예부상서를 지낸 바 있지만, 청렴하지 못하여 두 번 다 탄핵을 받고 고향에 머물러 지냈다. 그렇지만 노회하고 아첨을 잘 하는 인물이어서, 줄곧 장거정과 풍보에게는 신임을 얻고 있었다. 그러므로 장거정이 반성을 추천한 이유는 자기가 눈감은 후에 일어날지도 모를 위험 요소들을 모면해 보려는 것이었고, 풍보가 추천한 이유는 그가 장거정의 대리인이 되어주기를 바랐기 때문일 것이다. 그러나 내각 수보 장사유와 대학사 신시행 역시 정치 감각이 뛰어난 사람들이었으므로 그것이 자기들을 견제하기 위한 수단임을 꿰뚫어 보고, 즉시 뇌사정 등을 사주하여 반성의 임직을 막는 상소를 올리도록 하였다. 놀라운 것은 이러한 움직임이 장거정이 눈감은 지 겨우 3-4일 째 되는 날, 장례절차가 진행되는 과정에 이루

---

29) 《신종실록》 125, 10년 6월 乙酉.

어졌다는 점이었다. 또 오래지 않아 장거정의 문하생인 공부상서 증성오(曾省吾)·이부시랑 왕전(王篆)과 내각 수보 장사유 사이에 충돌이 발생하였다. 바꾸어 말하면, 장거정의 혁혁한 공과 막강한 권력도 사망과 동시에 끝났다는 것이다. 반성 사건은 소위 구파(장거정과 풍보)와 신파(장사유와 신시행) 세력 사이에 벌어진 전초전에 지나지 않았다.

중앙의 정치 풍향은 이렇게 급격하게 바뀌고 있었다. 신종은 이미 장거정이 죽기 전부터 총신인 사례태감 장성에게 비밀리에 장거정과 풍보를 감시하도록 하였다. 그런데도 풍보는 장거정이 눈감은 지 3개월이 지나도록 변화해 가는 풍향계를 감지하지 못하였다. 그리고 장사유가 반성을 배척한 것과 이부상서 왕국광이 재빨리 장사유와 신시행에게 붙은 것에 대해서만 불만을 품고 있었다. 그래서 10월 13일에는 운남도어사 양인추(楊寅秋)를 사주하여 이부상서 왕국광이 '권력을 남용하여 뇌물을 받고 황제를 능멸하였다'는 죄목으로 탄핵케 하고, 15일에는 어사 조일기(曹一夔)를 시켜 왕국광과 장사유를 탄핵케 하였다.[30]

풍보의 이러한 행동은 반대파에게 오히려 절호의 빌미를 제공하였다. 장사유와 신시행을 우두머리로 한 신파로서는 철저하게 장거정의 영향력을 삭제하고 풍보의 힘을 없애야만 자기들의 권위와 영향력이 공고해질 수 있었다. 장거정과 풍보를 청산하는 방법은 외연에서부터 시작해야 되었다. 왜냐하면 장거정은 집권 10년 동안에 공적이 대단하였고 세력과 영향력도 막강해서 섣불리 정면으로 공격할 수 없었기 때문이었다. 그래서 먼저 풍보의 심복으로 장거정과 풍보 사이의 연결

---

30) 위경원, 1999, p.846.

고리 역할을 해 왔던 금의 위지휘동지 서작(徐爵), 다음에 풍보, 그리고 마지막으로 장거정으로 집중시키는 방법을 택하였다. 이 방법은 신종의 의중을 떠볼 수도 있고, 상대파가 그리 심각하게 감지하지 못하기 때문이었다.

장거정의 유산과 풍보를 제거하는 단계에서는 어사와 급사중 등 언관이 선봉에 섰다. 12월 7일, 산동도 감찰어사 강동지(江東之)가 먼저 서작의 죄를 탄핵하였다. 이는 장사유와 신시행의 의중에 따른 것이었다. 상소

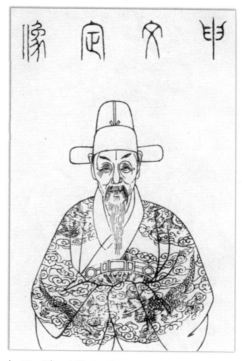

〈그림 65〉 대학사 신시행상. 장거정의 추천으로 대학사가 되었지만, 장사유에 이어 수보가 된 후로는 신종에게 영합하여 장거정의 개혁을 파기하며 명철보신으로 일관하였다.(《중국역대명인도감》).

는 서작이 '금의위관이면서도 단 하루도 출근하지 않았고, 수시로 궁에 들어가 풍보와 밀담하면서 황제를 기만한 자이므로 처벌하라'는 것이었다. 강동지의 상소는 명의상으로는 서작을 탄핵한 것이지만, 실제로는 풍보를 겨냥한 것이었다. 서작을 처벌하면 자연스럽게 풍보를 추구하는 수순으로 이어지게 된다. 신종은 '서작을 체포하여 심문'케 하고, 동시에 풍보의 추천에 따라 이부상서가 된지 얼마 안된 '양몽룡을 파면하고 형부에 하옥'토록 명령하였다.[31]

강동지에 이어 장사유의 문생인 강서도어사 이식(李植)이 풍보의

12가지 죄상을 탄핵하였다.[32] 주된 내용은 '① 황권을 침해하고, ② 뇌물을 받아 막대한 재산을 모았으며, ③ 권력의 핵심과 가까이 지내 며 권력을 농락하였다'는 것이었다. ③번은 분명히 장거정을 향하고 있음은 누구나 알 수 있는 내용이었다. 이 상소를 받자 신종이 "이 상소가 올라오기를 기다린 지 오래다"[33]라고 하였다는 기록도 있다. 신종이 돈을 탐하는 것을 잘 아는 총신 사례태감 장성과 장경은 신 종에게 '풍보의 재산이 황제를 능가한다'고까지 하였다. 철저하게 신 종의 탐욕을 부채질한 것이다.

신종은 강동지의 탄핵이 올라오자 즉시 '풍보는 군주를 기만하고 국가를 좀먹어 본래는 극형에 처해야 옳으나 작은 공로가 있음을 감 안하여 잠시 관대하게 처분하니, 남경으로 가서 자숙토록 하라'[34]고 명령하고, 이어서 '가족과 친척, 황궁 내에 있는 풍보와 가깝던 환관을 제거하고 풍보의 재산을 몰수'하도록 명령하였다.[35] 이 명령에 따라 풍보를 체포하여 12월에 남경에 연금시키고 재산을 조사해 보니, 은 1 만 9천여 냥과 주택 가액 6만 9천여 냥[36]이었다고도 하고, 또 금은 100여만 냥과 기타 보물이 무수하였다[37]고도 한다. 당시의 소문으로 는 이때 발견된 재산은 풍보의 실제 재산의 1/10 내지 1/5에 지나지 않았고, 나머지 재산은 사전에 빼돌렸다는 것이 정설이다.

명대의 환관으로 축재를 가장 많이 한 사람은 무종 정덕 연간

---

31) 《神宗實錄》 권131, 만력 10년 12月 辛卯조; 江東之, 《端陽柯集》(不分권), 〈題爲盜 犯冒濫顯秩, 竊弄威權, 懇乞聖明亟賜正法事〉(위경원, 1999, p.848 轉引).
32) 《神宗實錄》 권131, 만력 10년 12月 壬辰조, p.2436; 위경원, 1999, pp.849-850.
33) 《國榷》 권71, 만력 10년 12월 壬辰.
34) 《萬曆邸抄》 만력 10년 12월, p.141; 《神宗實錄》 권131, 만력 10년 12월 壬辰조. 풍보는 남경의 효릉(孝陵)에 연금되어 살다가 죽은 후에는 부근에 매장되었다.
35) 《萬曆起居注》 만력 10년 12월 8일(위경원, 1999, p.851).
36) 《萬曆邸抄》 만력 11년 正月, p.148.
37) 《明史》 권305, 〈馮保傳〉, p.7803.

(1506-1521)의 유근(劉瑾)이었다. 그가 처형(정덕 5년, 1510)된 후 몰수된 재산은 황금 250냥, 은 5,000여만 냥, 그 밖에 셀 수 없이 많은 보석이 있었다고 한다.[38] 당시 명조의 연간 조세 수입은 은으로 환산하면 2천만 냥 정도였으므로, 국가 예산 몇 년분에 해당되는 거액이었다. 이러한 엄청난 재산은 그가 무종을 모신 지 6-7년 만에 모은 재물이었다.

여하튼 몰수된 풍보의 재산은 소문만큼 놀라울 정도는 아니었지만, 일개 환관이 이 정도의 재물을 모았다면 황제의 권위가 얼마나 실추되었고, 관료사회에 뇌물이 얼마나 많이 오갔는지를 말해 주는 사례였다. 신종은 이와 동시에 장거정의 문하생인 양몽룡·증성오·왕전 등을 파면시켰다.

풍보를 제거한 신종은 장거정에 대한 보복을 시작하였다. 장거정의 병이 위중할 때는 수많은 관료들이 제를 올리고 기도하며 수보의 쾌유를 빌었다. 그러나 그가 눈을 감자 순식간에 사정이 바뀌어, 어사와 급사중 등 언관들이 연합하여 그를 공격하기 시작하였다.

12월 14일에는 섬서도감찰어사 양사지(楊四知)가 장거정의 14대 죄를 탄핵하는 상소를 올렸다. 주된 내용은 '황제를 능멸하고 패륜을 저질렀고, 재물을 탐하고 사치하였으며, 권세를 이용하여 사당(私黨)을 만들었다'는 것이었다. 이 비판은 시류에 편승해서 장거정의 과오를 지나치게 과장한 것이었지만, 신종의 비위를 맞추는 데는 성공하였다. 이에 신종은 '장거정은 짐이 완전히 믿고 후히 대접하는 것을 이용하여 진충보국은 하지 않고 사익을 취하여 은혜를 저버렸다. 그

---

38) 趙翼, 《廿二史箚記》 권35, 〈명대환관〉. 몇 년 전 미국의 《월스트리트 저널》(아시아판)에 1001부터 2000년까지 전 세계의 최고 부자 50명을 소개했는데, 유근은 금 1,200만 온스(약340t), 은 2억 5,900만 온스(약 8,348t)였다고 한다.

러나 선황의 고명을 받아 어린 짐을 10년 동안 보좌한 공이 있고 또 이미 사망하였으니 더 이상 묻지 않겠다'는 조를 내렸다.[39] '더 이상 묻지 않겠다'는 것은 반장거정 여론이 좀 더 높아지기를 기다리는 고도의 책략이었다. 그러다가 장사유의 문생인 강서도어사 이식(李植)이 결정적인 상주를 올렸다. '장거정은 황권을 침해하고 수많은 뇌물을 받았으며, 탈정으로 패륜(悖倫)을 저질렀고 변법으로 헌정을 문란케 하였으며, 정장(廷杖)으로 언관의 입을 막는 등 그의 죄는 이루 헤아릴 수 없이 많다. 그러므로 부관참시해도 오히려 모자라니 먼저 그의 죄를 온 세상에 밝히고 그 후에 재산을 몰수해야 한다.'는 내용이었다.[40] 이때 어사 강동지(江東之)와 양가립(羊可立)도 합세하여 장거정을 매도하여, 10년에 걸친 장거정의 공적을 모두 깎아내리고 오히려 난신적자(亂臣賊子)로 몰아붙였다.[41]

언관들은 장거정의 추천으로 중직에 올랐던 인재들을 일일이 거명하여 탄핵해서 파면시켰다. 이부상서 양몽룡(梁夢龍)·왕국광(王國光, 병부상서→이부상서)·형부상서 반계순·남경형부상서 은정무, 호부상서 장학안과 병부상서 오태, 예부상서 서학모·공부상서 증성오·이부시랑 왕전·후광총독 진서(陳瑞)·계요총독 척계광·산서총독 고문(高文)·난징첨도어사 여곽(呂藿)·후광순무 진성(陳省)·좌첨도어사 왕종재(王宗載) 등이었다. 이성량도 탄핵을 받았지만 신종이 눈감아 주었다. 물론 이들 가운데는 알곡(良)과 피(莠)가 섞여 있었다. 그러나 대다수

39)《神宗實錄》권131, 만력 10년 12월 戊戌조, p.2440.
40) 李植,《言事記略》권1,〈懇乞聖明獨斷以昭臣鑒以振朝綱事題本〉(위경원, 1999, pp.852-53 轉載).
41) 이식·강동지·양가립 3인은 이때의 탄핵을 계기로 신종의 눈에 들어 종7품의 어사에서 일거에 7급을 뛰어 정4품의 경당현직(京堂顯職)에 올랐다.《明史》권236,〈李植傳〉, p.6143.

는 장거정이 오랫동안 관찰하여 등용하여 배양(培養)시키고 실적도 많았던 인재들이었다. 이들이 일시에 물러나면서 장거정이 10여 년에 걸쳐 추진한 개혁은 중단되고 말았다.

사태는 여기서 그치지 않았다. 신종이 위와 같이 명령한 4일 후인 12월 18일에는 사천도어사 손계광(孫繼先)이 그동안 장거정에게 거역하다가 정장을 맞고 귀양갔던 관료들을 '직언할 줄 아는 용감한 인재'라면서, 이름을 일일이 거명하고[42] 일률적으로 복직시켜 주도록 상주를 올렸고, 이과급사중 진여교(陳與郊)와 운남도어사 향일홍(向日紅) 역시 상소를 올려 거들었다. 이에 신종은 '짐이 한때 간신의 말을 잘못 듣고 죄를 주었으니, 이제 모두 기용하라'고 하조하였고, 11년 정월에 모두 원래의 관직에 복직토록 명령하였다.[43] 그들이 원래 받은 처분의 합당성 여부는 전혀 고려되지 않은 채 감정적인 명령을 내린 것이다. 이러한 대규모 파면과 대규모 복관은 장거정에 대한 신종의 애증(愛憎)을 반영한다. 이렇게 정치세력이 일거에 역전되는 중대한 변고는 모두 장거정이 눈감은 지 겨우 반년 이내에 발생한 것이었다.

후에 청나라에 항복하여 《이신전》(貳臣傳)에 이름이 실려있는 전겸익(錢謙益, 1582-1664)은 이때의 신종의 인사를 "여우나 쥐새끼들"이라고 하여, 대단히 부정적으로 평가하고 있다. 장거정이 10년이라는 짧은 기간 동안에 그렇게 광범한 개혁에 성공할 수 있었던 것은, 그가 인재를 잘 골라 적재적소에 배치하고 소신껏 일할 수 있도록 계

---

42) 오중행(吳中行)·조용현(趙用賢)·애목(艾穆)·심사효(沈思孝)·추원표(鄒元標)·여무학(余懋學)·조응원(趙應元)·부응정(傅應禎)·주홍모(朱鴻謨)·맹일맥(孟一脉)·왕용급(王用汲) 등이다.

43) 《神宗實錄》 권131, 만력 10년 12월 壬寅조, pp.2442-43; 《神宗實錄》 권132, 만력 11년 정월 기미조.

속 밀어주었고, 그들은 또 이를 의지하여 열심히 추진하였기 때문이었다.

장거정이 눈을 감자마자, 만력 10년 후반기부터 시작된 이러한 급전직하의 변화는 장거정 사망 후 연이어 수보가 된 장사유와 신시행과 관계가 있었다. 이들은 장거정 사후 의식적으로 모든 정책을 반장거정쪽으로 유도하여 신종과 기득권세력의 마음을 사려 하였다. 장거정 재직 당시에 그의 추천으로 입각한 대학사는 여조양·장사유·마자강·신시행 등 네 사람이었다. 그러나 내각의 표의는 모두 장거정 혼자서 처결하였고, 다른 네 사람은 그저 손을 놓고 바라만 볼 뿐이었다. 장거정은 단순한 수보가 아니라 이태후와 신종으로부터 '원보(元輔)'로 불리었고, 신종은 차보 이하의 모든 대학사에게 '원보의 명령을 따르라'고 명령하였기 때문이다.

장사유는 산서상인 가문 출신으로 재략도 있고 시무와 관료사회에도 밝았다. 또 변경의 일에도 밝아서, 융경 연간에 알탄이 봉공하게 되는 과정에서도 상당한 영향력을 발휘하였다.[44] 후에 수보가 된 왕석작(王錫爵)은 장사유를 가리켜 '가슴 깊이 모략을 감추고 있어 다른 사람이 헤아리기 어렵다'고 평하였다.[45] 그러한 장사유도 표면상으로는 장거정에게 공순하였지만, 가끔 자기가 작성한 표의가 장거정의 마음에 들지 않은 때도 있었으므로 점차로 그를 싫어하게 되었다. 장사유가 장거정과 사이가 벌어지게 된 것은 정치적인 이유뿐 아니라, 장거정이 풍보와 밀착하여 고공을 밀어낸 것에 대한 반감도 있었다. 장사유는 가정 32년(1553) 진사에 합격하였다. 이부상서 양박과는 같은 마을이고, 왕숭고의 외조카였다. 양박과 왕숭고는 장기간 변경의 일을

---

44) 《明史》 권218, 〈張四維傳〉; 小野和子, 1986.
45) 王錫爵, 〈大學士張公四維墓表〉, 焦竑, 《國朝獻徵錄》 권17.

맡았으므로 자연히 그 영향을 받아 장사유도 변방 문제에 밝았으므로, 고공의 칭찬을 받았고 장거정과도 사이가 좋았다. 집안에 돈이 많아 관계에서 유영하는 데 상당히 유리하였고, 신종의 모친 이태후의 부친인 이위(李偉)와도 친하였다. 생전에 장거정은 그를 대단히 공손한 동료로 생각하였다. 그러나 장거정이 수보로 있는 내각에서는 차보(次輔) 이하의 대학사는 단지 장거정의 조수에 지나지 않았다. 장사유는 그 때문에 아마도 불만이 많았던 듯하다. 지내놓고 보니, 장사유는 장거정에 대해서 겉으로는 아주 공손하였고 장거정이 화를 낼 때도 은인자중하였다. 그러다가 만력 10년에 장거정이 죽자마자, 비로소 보복의 발톱을 보이기 시작하였다. 그는 언관을 시켜서 장거정을 탄핵토록 하여 그의 가산을 몰수했고 관함(官銜)과 시호(諡號)를 박탈하였으며, 그 때문에 장남 경수는 자살하고 말았다. 경수가 죽기 전에 남긴 혈서 끝부분에는 "산서 포주(蒲州)의 재상 장 공(四維)에게 전하시오. 이제 장씨 가문의 일이 끝났으니, 오래오래 천자를 잘 보필하라고."[46]라고 되어 있는 데서 이러한 사정을 추측할 수 있다. 그러나 장사유는 장거정이 숨진 만력 10년 6월 말부터 다음해 4월 정우로 사직할 때까지 겨우 10개월 동안 수보로 있었을 뿐이었다.

한편 신시행[47]은 만력 6년 3월에 입각하여 19년 9월에 치사하였고, 11년 3월에 장사유에 이어 8년 동안 수보로 재임하였다. 장거정 재직 시에는 모든 일에 아부하여 장거정과 친근하였지만, 장거정이 눈감자 시세의 순류에 따라 신종에게 영합하고 요역 징수·역참제·형옥(刑獄) 등을 관대하게 행한다는 명목으로 장거정의 개혁을 파기하였다. 신시행은 처음부터 끝까지 명철보신(明哲保身)으로 일관한 인물이었다.

---

46) 《張居正集》 第4冊, 권47, 附錄1, 張敬修, 〈禮部儀制司主事敬修血書〉.
47) 《明史》 권218, 〈申時行傳〉; 《國朝獻徵錄》 권17, 〈大學士申公時行神道碑〉.

〈그림 66〉왕석작상. 북송 때 명사 왕단 (王旦)의 후예로 신종의 총애를 받아 사후에 태보로 추증받았다(《중국역대명인도감》).

그러므로 장거정의 개혁 가운데 상당한 부분이 중도요절하게 된 것은 반대파들의 반대 때문이 아니라 그가 임명한 계승자의 손으로 이루어진 것이었다. 허국과 왕석작이 정무를 주지하던 때에도 장거정과 반대로만 나갔다. 이러한 사태에 대하여 왕세정은 '이 때문에 법과 기강이 점차 무너지고 조종의 법도가 사라지게 되었다'고 하였다.48) 《명사》의 편자가 '신시행 등 여러 사람(왕석작·심일관·방종철)은 기쁨은 함께 하면서도 잘

못을 바로잡을 능력은 없었다. 밖으로 청의(淸議)는 두려워하면서도 안으로 은총만 탐하며, 아부나 하면서 그럴싸하게 이름이나 얻고, 서로 돕고 화합하는 일은 못 본 척 피해버렸다. 고굉지신(股肱之臣)이 게으르면 만사는 끝장이다'라 한 것은 정곡을 찌른 평가였다.49) 여조양·장사유·마자강·신시행 네 사람은 장거정이 추천하여 입각한 사람들이었으나, 장거정이 독단할 때에는 쥐 죽은 듯이 내색을 않고 있다가, 그가 죽은 후에는 이렇게 일시에 반감을 폭발시킨 것이었다.

신종은 이렇게 장거정이 사임시키거나 유배시킨 용관(冗官)들을

---

48) 《嘉靖以來首輔傳》 권7, 〈張居正傳〉;《明史》 권218, 〈申時行傳〉.
49) 《明史》 권218, 〈申時行傳〉〈贊〉.

모두 복직시키고, 오히려 장거정이 추천한 인재들을 파면시켜 버렸다. 사태는 여기서 멈추지 않았다. 장거정이 추진하였던 중요한 제도들도 하나하나 중도 폐지되었다. 토지 장량도 중지시켰다. 장거정은 관원들이 임의로 역전을 이용하지 못하도록 역참제를 정리하였으나 그 금령을 취소시켰다. 또 고성법을 이용하여 공직기강을 바로잡고 근무 능률을 향상시킬 수 있었으나, 신종은 수보 신시행의 건의에 따라 고성법을 폐지시켜 버렸다. 장거정은 백성에게 부담이 되는 생원의 수를 줄이려 하였고 그 내용은 국가의 법령으로 채택되었으나, 그것도 폐지하였으므로 명말에 생원의 수가 폭증하여 백성은 더욱 어려워졌다. 장거정은 세종 가정제의 유조(遺詔)를 지켜 외척의 봉작은 세습할 수 없도록 하였으나 역시 없던 일이 되었다.

장거정이 서거한 지 9개월 만인 만력 11년(1583) 3월, 신종은 장거정에게 내렸던 상주국과 태사의 관함을 박탈하고, 음관으로 금의위 지휘(4품)에 오른 넷째 아들 간수를 평민으로 강등시켰으며, 8월에는 '문충' 시호마저 박탈해 버렸다.[50]

11년 3월, 산서도어사 위윤정(魏允貞)이 그동안 쌓인 적폐청산을 상주하였다.[51] 첫째는 문무관의 임면은 이부와 병부에 있으니, 장거정과 같이 대학사가 개입하지 못하도록 하라는 것, 둘째는 과거시험에 회피(回避)제를 확실히 하여 보신(輔臣)의 자제가 실력도 갖추지 못한 채 합격하는 일이 없도록 하라는 것, 셋째는 장거정은 과도관을 모두 당파로 채워 언로를 마음대로 지배하였으니, 앞으로는 간관을 신중하게 등용하라는 것, 넷째 변방을 충실히 하라는 것 등이었다.

---

50) 《神宗實錄》 권135, 만력 11년 3월 甲申조, p.2509; 《神宗實錄》 권140, 만력 11년 8月 戊午조, p.2610.
51) 《神宗實錄》 권135, 만력 11년 3월 병술조, pp.2511-14.

그러나 대학사 장사유와 신시행이 그 오해를 변론하였고, 신종도 '내용이 너무 과장되어 있으니 도찰원에서 참고하라'고만 하였다.

같은 3월에, 3년마다 한 번씩 치르는 전시가 있었다. 전시의 문제인 책제(策題)는 대개는 상투적인 유교적 관념을 출제하지만, 가끔은 당시의 중요한 국가 현안을 묻는 경우도 있었다.[52] 그해의 책제[53]는 무려 538자나 되는 장문이었는데 그 대요는 아래와 같았다.

　　짐이 제위에 오른 지 어언 11년이 되는 동안 늘 근신하며 나라를 다스려 왔다. 그런데 공직기강은 날로 해이해 가고 부패와 법령 위반 사건은 점점 증가하며, 토지는 늘어나는데 백성은 곤궁하고, 학교는 잘 관리되는데 사풍은 이완되며, 변방은 안정되었는데 병사들은 불안해 하고, 질서유지를 위해 열심히 노력하는데도 도적은 끊이지 않는다. 그 이유는 무엇인가? 짐이 부덕한 때문인가? 짐이 우유부단한 때문인가?

황제가 이렇게 자기 반성적이면서, 당시의 국가 현안을 적나라하게 표현한 문제는 황제 자신의 지시 없이는 신하들이 자의로 출제할 수 없는 일이었다. 이 책제에 바로 당시의 혼란한 정국이 반영되어 있는 것이었다.

장거정에 대한 비판과 악담은 날로 거세어졌다. 어사 정차여(丁此呂)는 경수·사수·무수 삼형제가 향시와 회시를 볼 때 시험관이 장거정에게 아부했고, 예부시랑 하락문(何雒文)은 사수와 무수의 전시 책제의 답안지를 다른 사람이 대신 써 주었다고 무고하였다. 그러나 수보 신시행은 '시험관은 단지 답안지의 문장만 볼 뿐 성명은 알 수 없으므로, 이것 때문에 죄를 줄 수는 없다'고 하여 시험관은 면죄되었

52) 오금성, 〈明代 殿試의 策題에 대하여〉, 1975.
53) 《神宗實錄》 권135, 만력 11년 3월 丁酉조, pp.2520-2522.

으나 해직되고 말았다.54) 더욱 심한 경우는 남경이과급사중 유일상(劉一相)이었다. 그는 예부시랑 고계우(高啓愚)가 남경 향시를 주관할 때 "순 임금도 우 임금에게 명하였다"라는 책제를 냈는데, 그 의미는 장거정에게 '선양을 받도록 권'하는 뜻이었다고 무고하여 장거정에게 '반역'의 죄를 씌우려 하였다. 그러나 신종은 대노하여 고계우를 파면시켜 버렸다.55)

신종은 결혼한 후부터 재물에 대한 욕심을 드러내기 시작하였는데, 장거정이 눈감은 후에는 중신들도 생각나는 대로 그의 탐욕을 부채질하는 경우가 많았다. 총신인 사례태감 장성과 장경은 장거정이 환관 풍보보다도 재물을 더 많이 모았을 것이라고 부채질하였다. 10년 말에 직례순안어사 왕국(王國)은 '장거정 사후 장경수가 황금 3만 냥·은 10만 냥·기타 값진 보물을 풍보에게 뇌물로 보냈다'고 하였다.56) 어사 양사지(楊四知)도 '장거정의 집에는 은으로 만든 화분 3백개·아들들이 부쉬 버린 옥그릇이 수백 개나 된다'고 하였다.57) 그러나 모두 무고였다.

11년 9월에는 결정적으로 신종의 탐욕을 자극하는 상소가 올라왔다. 운남도시어사 양가립(羊可立)이 "장거정은 폐서인 된 요(遼)왕부의 저택과 토지를 갈취하였으니 조사해 달라"는 상주를 올렸고, 신종은 기다렸다는 듯이 "무안관이 조사하여 상주하라"고 명령하였다.58) 요왕 헌절(憲㸅)이 폐서인된 것은 융경 2년(1568)이었으니, 이미 15년이나 지난 일이지만 다시 문제가 된 것이었다. 이에 자극을 받은

---

54) 주동룬(朱東潤) 지음/이화승 옮김, 2017, p.296 참조.
55) 《神宗實錄》 권148, 만력 12년 4월 乙丑조, p.2763.
56) 《神宗實錄》 권131, 만력 10년 12월 갑오조, p.2438.
57) 沈德符, 《萬曆野獲編》 권9, 〈言官論人〉, pp.233-234.
58) 《神宗實錄》 권141, 만력 11년 9월 壬午조, p.2622.

듯, 12년 4월에는 요왕 주헌절의 차비(次妃) 왕씨가 "장거정이 요왕을 모함하여 황제로부터 받은 재산과 보화를 강탈해갔다"고 상주하였다. 당시 '장거정이 요왕부의 재물 100만 냥 이상을 강탈해서, 재물이 왕궁과 맞먹는다'는 유언비어가 떠돌았다.

양가립과 왕씨의 상주는 신종의 탐욕에 불을 지른 격이었다. 신종의 탐욕의 마지막 티핑포인트(Tipping point)[59]를 건드린 것이다. 이에 신종은 '베이징과 고향에 있는 장거정의 모든 재산을 몰수하여 팔아서 궁중에 들이라'는 명령을 내렸다. 《명률》(明律)에 따르면, 관료의 재산 몰수의 경우는 모반·반역·간당(奸黨)의 3개조가 있는데 장거정에게는 그 어느 것도 적용될 수는 없었지만,[60] 황제의 조지(詔旨)는 그대로 법이었다. 조사관으로는 사례태감 장성과 형부좌시랑 구순(丘橓)이 대표가 되어, 좌급사중 양정상(楊廷相)·금의위도지휘 조응괴(曹應魁) 등을 이끌고 먼저 강릉으로 내려가서 그곳에서 무안관과 회동하여 조사하도록 하였다.[61] 장성은 신종의 총신인데, 전에 장거정에게 문책을 당한 일이 있었다. 또 구순[62]은 사람됨이 경박하여 장거정이 멀리하고 등용하지 않았으므로 원한을 품고 있던 인물이었다. 그러므로 신종이 그 두 사람에게 명령한 것은 의도적인 것이었다.

이에 좌도어사 조금(趙錦)[63]이 바로 상소를 올려 "장거정이 권력을 휘둘렀지만 다른 뜻이 있어서가 아니고 국정을 성실하게 수행하기 위함이었습니다. 장거정의 집에 재물이 없다고는 못하겠지만 풍보와

---

59) 제1장 각주 11 참조.
60) 《明史》 권193, 〈翟鑾傳〉.
61) 《神宗實錄》 권148, 만력 12년 4월 乙卯조; 樊樹志, 2008-A, pp.204-213.
62) 淸, 徐乾學, 《明史列傳》 권79, 〈丘橓傳〉(위경원, 1999, p.857).
63) 《神宗實錄》 권148, 만력 12년 4월 丙辰조, pp.2757-59; 趙錦, 〈請矜宥張居正疏〉, 孫承澤, 《春明夢餘錄》 권45; 《明史》 권210, 〈趙錦傳〉. 조금은 전에 장거정에게 파관되었다가 장거정이 죽은 후에 복직되었다.

〈그림 67〉 현재 호북성 형주시 소재 장거정 고가.

비할 바 못되고, 옛날 엄세번에 견주면 1/10도 안됩니다. 더구나 장거정은 이미 죽었고 그가 받은 관작과 시호, 아들에게 준 음직마저 모두 회수하지 않았습니까? 그는 선제의 고명을 받고 어린 시절의 폐하를 충심으로 도와 나라 안팎이 모두 태평하니 그 공적이 대단히 큽니다. 부디 관대하게 처분하시어 성덕을 보이소서."라고 하였다. 신종은 오히려 "장거정은 짐의 은혜를 입고도 법을 능멸하고 마음대로 왕부의 재산을 갈취하는 등 그 죄가 큰데, 대신들은 어찌 그의 선처만 바라는 건가?"라고 책망만 하였다. 또 이부상서 양위(楊巍)는 '고인은 고명대신으로 10년 동안 전심으로 충성하였음'을 들어 선처를 호소했다. 그러나 신종은 끝내 못 들은 체하였다.

형부좌시랑 구순은 강릉으로 떠나기 전, 조정의 몇몇 대신들의 서신을 받았다. 내각수보 신시행은 "고인에게 무고한 점이 있다"는 서신을 보냈고, 갓 입각한 대학사 허국은 '가볍게 처신하다가 후일 여론의 비판을 받지 말라'면서 신중하라는 서신을 보냈다. 특히 한림원 좌유덕 시강학사로 신종의 일강관이었고, 역시 장거정에게 관직을 박탈당했던 우신행(于愼行)[64]도 신중히 처신할 것을 권유하였다. 그러나 구순은 못 들은 체하였다.

구순이 강릉에 도착하기 전에, 형주부와 강릉현의 관리들이 장거정의 집에 와서 가족 모두를 빈 방에 몰아넣고 문을 봉쇄한 후 출입을 금지해 버렸다. 장거정이 살아 있을 때라면 상상도 못할 일이었다. 5월 5일에 장성과 구순이 도착해서 문을 열어 보니 이미 10여 인이 굶어 죽은 상태였다.

장성과 구순이 장거정의 집에서 찾아낸 재산은 황금 2,400여 냥·은 107,700여 냥·금그릇 3,710여 냥·금장식 900여 냥·은그릇 5,200여 냥·은장식 1만여 냥·옥띠 16조가 있었고, 그 외에 비단과 보석류는 계산에 넣지 않았다. 또 베이징의 집을 계산해보니 10,670냥이었다.[65] 고향 집에서 몰수한 재산은 110대의 수레에 실어 궁으로 옮겼다. 그러나 장거정의 가산은 세종 시기의 수보인 엄숭의 1/20에도 못 미치는 액수였다.[66] 태감 장성은 장거정의 재산을 몰수한 공으로 환관의 두목인 사례장인태감이 되고 동창의 총독이 되어 풍보가 가졌던 권력을 모두 차지하였다.

여하튼 장거정은 지난 10년 동안 두 황태후와 황제의 명령을 거역

---

64) 《明史》 권27, 于愼行傳, pp.5737~5739; 《國榷》 권72, 만력 12년 4월 丙寅.
65) 《神宗實錄》 권148, 만력 12년 4월 乙卯조, pp.2756~57; 《明史紀事本末》, 권61, 〈江陵柄政〉.
66) 장거정의 고향집에서 나온 재산은 대개 부친 장문명과 형제들이 받은 것이었다. 이성량의 감사 표시를 물리쳤듯이(제4장), 장거정은 뇌물에 대해서는 비교적 엄격하였다.

하면서까지 궁정과 국고의 비용 절감을 외쳤지만, 정작 자기 자신은 호사와 실리를 누렸음이 증명된 셈이 되었다. 그러나 '풍보보다 더 많아 200만 냥은 될 것'이라고 예상했던 것보다는 너무도 초라한 액수였고, 황제의 짐작과도 거리가 멀었다. 그래서 장성과 구순은 '은 30여만 냥을 증성오·왕전·부작주(傳作舟)의 집에 숨겨 놓지 않았느냐'면서, 장자 경수(예부주사, 정우로 집에 와 있었음)를 모질게 고문하였다. 경수는 견디기 어려워 그날 밤 '천여 자의 혈서'를 남기고 자결하고 말았다. 3남 무수는 우물에 뛰어들고 단식도 하는 등 3번이나 자살을 시도하였으나 모진 생명은 끊지 못하였다.[67]

경수의 자살은 조정을 진동시켰다. 내각수보 신시행과 이부상서 양외 등 조정 대신들은 신종에게 앞다투어 관대하게 처분해 주도록 상소하였다. 특히 형부상서 반계순은 "고인의 모친은 이미 8순이니 특별히 은혜를 베푸시라"고 건의하였다.[68] 여론이 이렇게 돌아가자 신종은 집 한 채와 농지 10경을 남겨 노모를 봉양토록 하여, 쥐꼬리만한 자비를 베풀었다.[69]

12년 8월에, 요왕부 사건을 끝내면서 신종은 다음과 같은 상유(上諭)를 내렸다.

번왕을 모독하고 왕부의 저택을 갈취하고 언관을 억압하여 황제의 총명을 흐렸다. 요왕부의 토지를 사점(私占)하고, 장량을 구실로 천하를 혼란케 하였다. 정권을 독점하여 정치를 혼란케 하였고, 역모를 꾸며 황위를 찬탈

---

67) 셋째 아들 무수는 만력 8년 장원했을 때 26세, 숭정 7년 사망할 때 이미 80세였다. 《文忠公張太岳先生文集》 46권의 반수 이상은 그가 수집한 자료이다.

68) 《明史》 권223, 〈潘季馴傳〉. 그러자 12년 7월에 강서도어사 이식이 "朋黨奸逆, 誣上欺君"이라 탄핵하였고, 결국 혁직위민(革職爲民)되고, 고명(誥命)도 회수되었다. 《神宗實錄》 권151, 만력 12년 7월 癸卯조, pp.2802-03; 《明史》 권236, 〈李植傳〉, p.6143.

69) 《神宗實錄》 권149, 만력 12년 5월 癸卯조, pp.2778-79.

〈그림 68〉 장거정 고거 내부 천고일상(千古一相) 현판

하려 하였다(謀國不忠). 당연히 부관참시해야 하겠으나 다년간의 노고를 감
안하여 관대하게 조처한다. 동생과 자식은 변방으로 보내 영원히 군역을
담당케 하라.[70]

　　신종은 장거정이 '역모를 꾸며 황위를 찬탈하려 하였다'(謀國不忠)
고 했다. 신종이 평소 장거정에게 "사직지신(社稷之臣)," "고굉지보(股
肱良輔)," "전충전효(全忠全孝)"라고 하는 등의 감미로운 언사와 약속
은 모두 뜬구름이 되고 말았다.[71] '만고의 충신'이 일거에 '천하의 난
신적자'로 격하되고 말았다. 무쌍의 권력을 누리던 재상이 이렇게 비
참하게 몰락하고 만 것이다. 전통시대에 황제와 신하의 위상은 이와
같았다.

　　그러나 장거정은 일생 동안 겨우 열 살 된 소년 황제 신종을 헌신

70)《神宗實錄》권152, 만력 12년 8월 丙辰조, p.2819.
71)《張居正集》第1冊, 권5, 奏疏5,〈考滿謝手勅加恩疏〉;《國榷》권72, 만력 12년 8월
　　병진조.

적으로 보필하여 '만력중흥(萬曆中興)'을 이루었다. 이 모든 것은 황제 자신과 모친 이태후가 적극 지지한 일이었다. '모국불충'(謀國不忠)이라는 신종의 평가에 대해서 역시 장거정에게 관직을 박탈당했던 우신행(于愼行)은 '고래로 간웅들이 나라를 찬탈하려 할 때는 먼저 많은 사람들의 인심을 샀는데, 장거정은 십 년 동안 집권하면서 수행한 모든 일이 인심을 잃은 것뿐이니, 이로써 그의 본뜻을 알 만하다'[72]라고 옹호하고 있다.

여하튼 이것이 22세 된 신종이 장거정에게 내린 최종적인 평가였다. 장성한 신종이 장거정에게 품어 왔던 속마음이었고, 몇 년 전부터 지녀 왔던 분노가 어느 정도였는지를 추측할 수 있는 대목이다.

제5절 사서에 나타난 장거정 평가

신종은 장거정이 눈감은 후로 장거정에게 쌓여온 '애증(愛憎)'을 남김없이 표출하면서 자신의 길을 걸었다. 그로 말미암은 결과로 무엇보다 심각한 것은, 정거정이 10년 동안 애써 추진하였던 개혁이 거의 물거품이 될 위기에 놓이고 거대한 나라에 쇠망의 징조까지 보이기 시작한 것이었다. 그러한 위기가 점차 현실화되자, 관료사회의 여론은 장거정이 추진한 개혁이 옳았다는 인식이 강해졌다.

《신종실록》에서 장거정에 대한 평가를 살펴보자.

---

72) 于愼行, 《穀山筆塵》 권4, 〈相鑒〉.

조종의 법도를 힘써 지켰고 황제는 성심껏 받아들였다. 10년 동안 나라는 잘 다스려지고 사이(四夷)는 모두 굴복하였다. 국고에는 수년분의 곡식이 쌓이고 4백여만 냥이 저축되었다. 황제의 덕과 권위를 세우고 외척을 억제하고 고찰을 엄격히 하여 공직기강을 바로잡고 역참제를 정비하는 등 참으로 경세제민(經世濟民)의 인재였다. 비록 이전의 어진 재상이라도 어찌 이보다 더 할 수 있겠는가![雖古賢相何以加焉] 그러나 의심이 많고 도량이 좁아 언관을 억압하고 아첨배를 맹신하고, 탈정(奪情)한 것은 애석한 일이다. 황제를 능가하는 권력을 휘두르다가 눈을 감자마자 참화를 당한 것도 이상할 것 없다. 식자들은, 장거정의 공적은 사직을 구한 데 있고 잘못은 가정을 지키지 못한 데 있다고 한다. 그가 죽은 지 수십 년 만에 사람들이 그 공적을 호소하자, 천계 원년 신유(사후 40년)에 그의 관직을 회복시켜 주었다.73)

《신종실록》은 그의 업적을 종합적으로 평가하고 있음을 볼 수 있다. 이러한 추세 속에서 명나라가 망하기 불과 4년 전인 숭정 13년 (1640)에 이르러서야, 이부상서 이일선 등이 그를 기리는 상소를 올렸다.

이전 수보 장거정은 선황의 고명을 받고 10년 동안 어린 황제를 보좌하면서 온갖 어려움과 원망을 견디며 적폐를 척결하고 만력신정(萬曆新政)을 이뤄냈습니다. 그때는 나라 안팎이 잘 다스려져 평안하였습니다. 나라는 부요하고 기강과 법도가 잘 세워져 있었습니다. 이제 시간이 흘렀지만 사람들은 더욱 그를 그리워하고 있습니다.74)

그에 따라 장거정의 '시호와 관함을 회복시켜 주고, 자손들의 습직도 회복시켜 주라'는 조지가 내려졌으며, 장거정의 고택은 장문충공사

---

73) 《神宗實錄》권125, 만력 10년 6월 丙午조, pp.2334-36.
74) 《明史》권213, 〈장거정전〉; 《明史》권254, 〈李日宣傳〉.

(張文忠公祠)로 바뀌었고, 후인들도 우러러 보게 되었다. 장거정이 눈감은 지 58년 만에야 완전히 복권된 것이다.

　이부상서 이일선 등이 이렇게 상주할 때는 명나라 쇠망의 기운이 바로 눈앞에 다다른 시점이었다. 당시 밖에서는 만주족이 코앞까지 엄습해 오고, 안에서는 전국에서 내란이 소용돌이치던 시기였다. 참으로 '부국강병'을 이룩해 낸 장거정 같은 인물이 그리워질 때였다. 자기 자신도 겨우 5세에 즉위하여

〈그림 69〉 장거정 고가 내부 장거정 동상

숙부 예친왕(睿親王) 도르곤(多爾袞)의 '독단적'인 섭정을 받았던 청나라 순치황제(1644-1661)는 '장거정의 죄를 독단이라 하는 것은 잘못이다. 당시 황제는 어리고 나라는 위태로웠으므로 어쩔 수 없이 혼자서 추진할 수밖에 없었다.'[75]고 변호하였다. 청초에 유명한 시인 왕계무는 장거정의 사당 앞에 서서 "나라는 위험이 닥친 후에야 재난이 보이는 것이다. 눈앞에 국사(國士)를 두고도 자네는 아는가 모르는가?"[76]라는

75)《張居正集》第4冊, 권47, 附錄1, 張同奎, 〈上六部稟貼〉, p.548.
76)　王啓茂, 張文忠公祠〉,《張居正集》第4冊, 권47, 附錄1, p.540 ; 王士禎,《池北偶談》

애절한 시를 남겼다. 청대의 임로가 "평범한 재상 100명보다 꼭 필요할 때 '구시재상'(救時之相) 한 명을 얻는 것이 더 낫다"[77]고 한 말은 적절한 평가였다.

《명사》〈본전〉 찬(贊)에서는 '장거정은 시변(時變)을 통찰하고 용감하게 정사를 돌보아, 신종 초에 무너져 가는 사직을 바로 세웠으니 동량지신(棟樑之臣)이라 아니할 수 없다'[78]고 하였고, 역사가 담천(談遷)도 "장거정의 업적은 공(功)이 십(十)이라면 죄는 일(一)이다[功十而罪一]"[79]라고 평하였다. 고염무의 말처럼 "나라가 극도로 혼란에 빠지고 나서야 비로소 경륜이 뛰어난 어른을 그리워하게 되는 것이다."[80]

명말의 지식인들은 나라의 운명이 경각에 달려 있을 무렵에 이르러서야 비로소 장거정이 집권하던 시기의 흥왕 국면을 상기하면서 그의 업적을 기리고 있지만, 가고 없는 장거정을 다시 불러올 수는 없었다. 장거정은 '탈정(奪情)'하였음에도 불구하고, 명대의 '걸출한 재상'이었다. 현재 중국에서는 '중국십대명상(中國十大名相)'의 한 사람으로 평가하고 있다.

권13(위경원 897 轉引).

77) (청) 林潞, 〈江陵救時之相論〉, 《淸經世文編》 권14; 《張居正集》 第4冊, 권47, 附錄1, 〈江陵救時之相論〉, pp.528-530.
78) 《明史》, 권213, 〈張居正傳〉, 贊.
79) 《國榷》 권72, 만력 12년 5월, 談遷曰.
80) 《日知錄》 권13, 〈重厚〉 三上, p.55.

후 기

중국 역사상 수많은 개혁가가 있었지만, 개혁의 내용이 다음 시대로 계승
발전된 점으로는 장거정의 개혁도 결코 뒤지지 않는다. 역사적으로 볼 때 어
느 시대이건 개혁은 '시의성'과 '방향성'이 맞아야 그 '정당성'을 인정받을 수
있었다.

제1절 장거정이 개혁에 성공할 수 있었던 배경

장거정이 내각 수보(首輔)로 집권한 10년 동안은 개혁을 위한 체제 정비 시기인 전반 5년, 부국강병을 위해 본격적으로 개혁을 추진한 후반 5년으로 구분할 수 있다. 장거정이 추진한 개혁은 크게 6가지였다. 즉, ① 고성법을 실시하여 공직기강을 바로잡고 무능하거나 불필요한 관원을 제거하고, 인재를 적재적소에 임용하여 관료의 근무 능률을 높였고(官紀肅正), ② 전국적으로 토지를 측량하고 일조편법이란 새로운 조세제도를 실시하여, 종번(宗藩)과 세호대가의 기득권을 억제하고 백성의 세금 부담을 덜어주면서도, 반세기 이상 계속되어 온 재정 적자에서 벗어나 10년분의 양식을 비축하고 4백만 냥의 은을 저축하여 재정을 안정시켰다(財政整理). ③ 국방력을 증강시켜 북변의 방어를 강화하고, 동남해안의 왜구를 구축하여 변방을 안정시켰다(國防强化). ④ 역전제도를 정리하여 관료의 특권을 줄이면서 농민의 불편을 완화시키고(교통·운수), ⑤ 황하와 회수의 수리 공사를 완성하여 홍수 피해를 줄이고, 대운하를 정리하여 전국적으로 물류를 원활하게 하였다(수리·하공·조운). 이로써 일조편법과 화폐 은본위제의 효과와 더불어 상공업과 도시의 발전을 촉진시키는 촉매제 역할을 하였다. ⑥ 생원의 정원을 감축시키고 서원강학을 금지시켜서, 도덕군자인양 공리공담이나 늘어놓으면서 향촌에서 백성 위에 군림하던 지식인들의 행태를 바로잡았다(士風 정돈, 사상통제). 명나라(1368-1644) 276년 동안 164명의 재상이 나왔지만, 장거정과 같은 업적을 남긴 인물은 없었다.

명말의 지식인들은 장거정을 '단순한 권신(權臣)이 아니라, 우주를 짊어질 수 있는 출중한 재략과 지혜를 가진 인재'로 평가하였다. 장거정은 겨우 10살 된 어린 황제를 모시고 내각 수보로 집권한 10년 동안, 자신이 14년 전에 올렸던 〈진육사소〉의 내용을 거의 다 마무리하였다. 오늘날의 관점에서 보면, 그 외에도 필요한 개혁은 많았다. 그러나 적어도 장거정은 자기가 필요하다고 생각한 개혁은 대부분 실천하였다. 장거정이 그렇게 할 수 있었던 것은, 16세기 중기의 중국 사회가 장거정의 개혁을 갈망하고 있어, 모든 여건(時宜性)이 기막히게 잘 맞았기 때문이었다.

첫째로 장거정은 참으로 운이 좋은 사람이었다. 장거정은 재상으로서 때(時運)를 잘 타고 난, '중국 역사상 최고의 행운아'였다. 장거정이 관료로 성장해 가던 16세기 중엽의 명대 사회에는 수많은 '적폐'가 산적해 있었다. 그것은 누구나 느끼던 문제였고, 그것들을 과감하게 해결해 줄 수 있는 투철한 의지와 용기가 있는 개혁가가 절실하던 시기였다. 그러므로 장거정이 추진한 개혁은 시의성(時宜性)과 정당성(正當性)을 모두 얻게 되었다. 장거정이 설사 58세에 죽지 않고 좀 더 살았더라도 그가 추진한 정책을 더욱 심화시켰을지는 모르지만, '새롭게 어떤 정책을 시도할 수 있었을까' 하는 의문이 든다. 왜냐하면 그 이전의 모든 정치가들이 그리도 갈망하던 '부국강병'을 거의 다 이루었기 때문이다. 그리고 그가 떠난 후로 청말에 이르기까지 3백 수십 년 동안 장거정과 같은 지위에서 장거정처럼 나라를 위해 광범한 개혁을 도모한 인물은 없었다.

장거정이 집권할 당시에는 마침 신종이 너무 어려서 황제로서의 실질적인 구실을 할 수 없었다. 그런데 지덕(智德)을 겸비하고 결단력까지 갖춘 여걸로서 막강한 정치적 영향력을 가진 생모 이태후는 응당 섭정이 가능함에도 불구하고 정치에는 간여하지 않고, 정치 일체를 장거정에게 위임하였다. 이러한 모후의 뜻에 따라 나이 어린 신종도 "모든 정사를 선생에게 맡기겠다"고 하면서 '대권'을 완전히 장거정에게 위임하였다. 그래서 《명사》에서는 '만력 초에 장거정에게 모든 정사를 위임하여 부국강병을 이룬 것은 이태후의 공'으로 돌리고 있다. 이에 더하여 장거정은 궁내에서 막강한 권력을 쥐고 있던 사례 장인태감 풍보의 협조를 받았다. 장거정은 이태후·풍보와 더불어 완벽한 철삼각(鐵三角)의 팀웍을 갖추었다. 더구나 장거정의 10년 집권 시기에는 그만한 자질을 가진 경쟁 상대도 없었다. 당시에는 도대체 장거정만한 인물이 없었다. 장거정은 이렇게 참으로 절묘한 시기에 운 좋게 '청운의 꿈'을 펼칠 수 있는 '무대'를 얻었다.

신종이 겨우 10세의 어린 나이로 황제가 된 것은 아버지 목종 융경제가 겨우 36세로 요절한 때문이었다. 장거정이 자기 뜻대로 모든 개혁을 추진할 수 있었던 것은 이렇게 황제가 너무 어려서 친정할 수 없었기 때문이다. 그런데 만일 목종이 36세로 요절하지 않았다면, 목종의 전폭적인 신임을 등에 업고 막강한 권력을 휘두르던 고공(高拱)이 죽기 전까지 수보의 자리를 8년 더 지키면서 상당한 업적도 올렸을 것이다. 당연히 수보 자리는 그리 쉽게 장거정에게 넘어오지 못했을 것이다. 아니 고공에게 밀려난 대학사 네 사람처럼 장거정도 고공에게 밀려났을지도 모른다. 또 목종이 더 오래 살았더라면, 신종이 등극할 때에는 이미 친정할 수 있을 정도로 장성하였을 것이므로, 설사 장거정이 고공에 이어 수보가 되었더라도 그렇게 자기 뜻대로 개혁을 추진하지도 못했을 것이다. 속담에 '영웅은 시대에 맞춰 태어난다'고도 하고, '시대가 영웅을 만든다'고도 한다.

경제 여건도 장거정을 도왔다. 세계사에서 1570년대에서 1630년대에 이르는 70여 년의 시기는 '상업의 시대'로서 대량의 은이 흘러 다녔다. 이 시기에 세계의 백은이 집중적으로 중국에 유입되었다. 그 시기에 조선에서, 일본에서, 서양에서 백은이 물밀듯이 중국에 들어왔다. 바로 장거정이 집권하던 시기였다. 어떤 논자는 당시 전 세계에서 유통되던 은의 1/4 이상이 중국으로 유입되었을 것으로 추측한다. 장거정은 그러한 은을 이용할 수 있었던 운 좋은 사람이었다. 당시 외국 은이 그렇게 많이 유입되지 않았다면, 장거정이 마지막에 추진한 일조편법은 성공적으로 정착하기가 어려웠을 것이다. 장거정이 일조편법과 농상병용(農商竝用) 정책을 펼 수 있었던 것은 그러한 배경이 있었다.

장거정은 '죽는 운도 타고 난 사람'이었다. 장거정은 58세로 눈을 감아 요절한 것 같지만, 실은 '가장 적당한 때에 세상을 떠난 행운아'였다. 무엇보다도 신종이 아직 장거정을 '원수'로 보기 전에 눈을 감았다. 신종의 성격과 성품으로 보거나, 관료들에게 점차 증폭되어 가던 반장거정 정서를 고려할 때, 만일 장거정이 그때 죽지 않았다면 아마도 자기 명대로 살지 못했을 것이라는 생각이 든다. 신종이 장거정 사망 후에 반장거정 여론을 마무리하면서 '역모를 꾸며 황위를 찬탈하려 하였으니, 당연히 부관참시해야 하겠으나 참는다'고 한 것을 보면 그렇다. 한국 역사학계에서도 이순신 장군이 만일 노량해전에서 전사하지 않았다면, '아마도 선조에게 사약을 받거나 처형되었을 것'이라는 의견이 있다. 필자도 그에 동의하면서, 장거정도 그러하였을 것으로 생각한다.

둘째, 장거정이 개혁에 성공할 수 있었던 것은 그의 타고난 기본 자질 때문이었다. 장거정은 다른 사람을 압도할 수 있도록 풍채가 좋앉고, 정치적 감각과 통찰력·확실한 목표·과감한 결단력과 추진력·도광양회(韜光養晦, 자신의 재능을 드러내지 않고 기회가 올 때까지 참고 기다림)하는 인내심에다 성실함까지 고루 갖춘 인물이었다.

16세기 중기에 당면한 정치 사회적 적폐의 원인을 깨닫고 대대적인 개혁의 필요성을 자각한 정치가는 많았다. 당시에는 그만큼 개혁에 대한 절실한 시대적 요구가 있었다. 그러나 개혁은 아무나 할 수 있는 것이 아니다. 그럴 만한 자리에 있어야 하고 여건이 갖추어져야 하고, 그럴 만한 능력과 의지 또한 갖추어야만 가능한 일이다. 운이 아무리 좋아도 그 좋은 운을 이용할 수 있는 능력이 필요하다. 기회는 자질을 갖춘 사람에게만 주어진다. 장거정의 자질을 처음 알아본 백락(伯樂)은 형주지부 이사고였다. 장거정이 서길사 시절에는 서계가 그의 자질을 알아보고 번번이 다른 사람보다 특진(特進)시켜 주었고, 고공도 처음에는 그의 자질을 인정하여 '재상감'으로 격려하였다. 사실은 서계와 고공이 없었다면 장거정의 개혁은 있을 수 없었다. 한국사 학계에서 '세종의 업적 가운데 태반은 아버지 태종의 공'이라고 하는 것과 유사하다.

장거정은 자신이 필요하다고 생각한 일에 대해서는 결코 후퇴하거나 위축되는 일 없이, '살신(殺身)·파가(破家)·파부침주(破釜沈舟)·순국(殉國)의 정신'으로 임했다. 장거정이 평소에, "일시적인 칭찬이나 비난은 물론, 영원한 시비도 돌보지 않겠다.""폐하의 나이가 어려서 나 혼자서 천하의 막중한 일을 책임지고 있으니, 가정이 망하고 목이 떨어지더라도 완성해야 하지 않겠는가,""정사에 임하는 자는 비방을 피할 수는 없다. 칭찬이나 비난에 일희일비한다면 어떻게 천하사를 이룰 수 있겠는가."라고 한 말들에서 그러한 의지를 엿볼 수 있다. 앞에서 언급한 여러 가지 개혁에 대한 반대 여론이 비등할 때, 장거정이 만일 좌고우면했다면 그러한 개혁은 불가능하였다. 장거정은 모든 비방과 공격을 결코 두려워하지 않고, '죽으면 죽으리라'는 각오로 사직과 억조창생을 위하여 용감하게 정면 돌파하였다.

마키아벨리는 '미움을 받을 용기가 있는 인물'이 바로 이상적인 지도자라고 하였다. 장거정은 '천하의 일을 돌보는 것이 자신의 사명'이라고 자부하는, 개인보다 국가를 우선시하는 투철한 지도자였다. 그가 "나는 단지 국가와 사직의 안정만 바랄뿐, 원한이나 원수는 결코 두려워하지 않는다"고 하고, "대장부가 일단 몸을 국가에 내놓았으면 분골쇄신 할 뿐"이라고 한 표현이 그것이다. 그 일례로 다음과 같은 일화가 있다. 만력 6년(1578)에 연호(練湖, 강소성 단양현 서북에 있는 호수)의 물이 마르자 호숫가에 기름진 고수부지가 생겼는데, 이것을 주변의 세호대가들이 강점해 버렸다. 하조순안 임응훈(林應訓)이 호수를 조운에 이용하기 위해서, 세호대가들이 강점하고 있는 그 땅을 돌려받아 연호를 수복하자는 건의를 하였다. 당연히 세호대가들의 반대가 거셌다. 이때 장거정은 "공(公)을 이롭게 하면 반드시 개인이 불리해지므로 원한을 품고 비방하는 것은 당연합니다. 나는 수년 전부터 수없이 원한을 사 왔고 간악한 인간들이 대놓고 배척하고 암암리에 다른 사람을 사주하는 것을 하루도 잊은 적이 없습니다. 내 앞에 쳐 놓은 덫이나 함정, 화살이 아무리 많아도 나는 결코 두려워하지 않습니다."라고 하조순안을 격려한 것이다. 그러기에 《명사》 본전에서도 "장거정은 정사를 돌보면서 오직 황권을 바로 세우고 상벌을 엄격하게 하여 공직기강을 바로 잡았다"고 평하고 있는 것이다.

사실 장거정은 고향 강릉과 베이징을 오간 것 외에는 지방관을 지내본 경험이 없으므로, 지방의 인정이나 실상을 잘 이해하지 못하였다. 그런데도 장거정은 공직기강·경제와 민생·국방·운하와 수리·역전 등 거의 모든 면을 균형 있게 정리하였다. 어떻게 가능했을까?

그것은 바로 그가 타고난 자질 외에 근면과 성실성을 구비한 때문이었다. 그는 대학사가 되기 전 한림원 서길사 시절에 누구보다도 성실하고 근면하여 많은 것을 습득하였다. 어떤 사람은 장거정이 '그저 창 너머로 꽃구경이나 하였다'고 한다. 그러나 다른 서길사들은 음풍농월(吟風弄月)하며 권세가에 연줄을 대려는 노력에 몰두하고 있을 때, 그는 역대의 정치제도와 경사자집(經史子集) 등 고전을 열심히 읽으면서 치국흥망(治國興亡)의 도리를 연구하였다. 또 한림원 편수로 승진한 후에도 상경한 지방관을 방문하여 민정·변경 사정·산천 형세·풍토 인정·사회 상황 등을 물어서 지방 정세를 익혔다. 특히 변방 문제와 치수 문제에 대해서는 전문가의 의견을 열심히 경청하고 그 의견을 존중할 줄 알았다. 병을 핑계로 고향에 내려가 있을 때에도 열심히 고전을 읽고, 지방 사정을 살폈다. 이렇게 꾸준히 준비하고 노력한 덕에 장거정은 지방관 경험이 전혀 없으면서도 베이징에 앉아서 지방 행정과 국방을 원격 조정할 수 있었다. 미래는 꿈과 이상을 가지고 준비하는 사람의 것이다.

장거정은 또 '인재를 알아보고 적재적소에 배치하는 능력'도 갖춘 인물이었다. 장거정은 인재를 등용할 때 오직 '실무 능력과 전문성'만을 중시하였다. 그는 융경 2년에 올린 〈진육사소〉의 '핵명실'조에서 인재의 등용은 '친소(親疏) 관계·사제 관계·자격이나 명성·여론' 등에 좌우되어서는 안 된다고 하면서 자신도 그렇게 실천하였다. 심지어 자기가 몰아낸 이전 수보 고공이 추천했던 인물도 능력이 있으면 그대로 인정하였다. 조선 선조 때의 재상 유성룡은 종6품에 불과한 정읍현감 이순신을 일거에 7계급이나 승진시켜 전라좌수사(정3품)로 추천하였다. 그것도 육군에서 수군으로. 장거정도 이렇게 사람을 알아보고 한번 임명한 후에는 끝까지 믿고 철저하게 밀어주었다.

내각 수보는 만기(萬機)를 총람할 수 있는 승상(丞相)이 아니고 직무상으로는 황제의 고문에 지나지 않았으므로, 장거정은 정책의 결정권이나 관료의 임면권은 없었다. 그 때문에 자신의 계획을 추진하기 위해서 개인적으로 중앙 관청의 장관이나 혹은 지방의 총독·순무에게 서신을 보내어 상주할 내용을 귀띔해 주었다. 그런 후에 상주가 올라오면, 자신은 수보로서 그것을 허가하는 표의(票擬)를 기초하고, 황제의 이름으로 명령〔聖意·聖旨·上諭〕하였다. 때로는 지방관들의 동의를 유도하기 위해 넌지시 승진을 암시하는 서신을 보내기도 하였다.

장거정의 성공은 시(時)요 세(勢)요 운(運)이었다. 장거정 이전에 수보였던 서계(徐階)와 고공(高拱)도 출중한 능력을 가진 명재상이었고, 장거정과 함께 '명대 3대 재상'으로 평가된다. 그런데 서계는 인사는 잘하고 조정 능력도 뛰어났지만, 당장 기울어가는 국가와 사회에 대한 뚜렷한 방책은 내놓지 못했다. 고공은 변경을 안정시키고 시국에 대한 개혁 비전을 제시하기는 하였지만, 광범하고 구체적인 내용 면에서는 모자랐다. 두 사람은 적극적인 국세 전환보다는 그저 현상 유지에 연연하였다. 오직 장거정의 방책만이 모든 것을 갖추었고 또 장거정만이 적극적으로 개혁을 추진하였다. 물론 장거정의 개혁은 서계와 고공의 영향을 많이 받은 것임은 부인할 수는 없다. 이상을 종합해 보면, 장거정은 난세를 통찰하고 있던 '준비된 수보'였고, '하늘이 낸 지도자'(Born Leader)였다.

진시황은 생존 당시에는 많은 원성을 산 인물이지만, 최초로 중국을 하나로 통일한 영웅이었다. 마오쩌둥(毛澤東, 1893-1976)은 문화대혁명의 오류를 범하였지만 현대 중국을 건국한 인물이다. 중국의 역사에는 진정한 통일이 두 번 있었다. 한 번은 진시황(BC 259-BC

210)이 이룩한 '영토 통일'이었고, 또 한 번은 마오쩌둥이 이룩한 '언어 통일'이었다. 그 두 번의 통일의 결과가 어떤 의미를 갖는 것인지는 오늘날의 한반도와 세계정세를 보면 알 수 있다. 미국에서는 링컨 대통령의 '노예제 폐지 명령'으로 남북전쟁이 일어났다. 그러나 노예제 폐지는 역사의 발전 방향으로 보면 지극히 옳은 정책이었다.

반장거정 세력은 장거정이 황제 위에 군림하면서 보여준 인사권 독단과 용관 퇴출·환관과 결탁·고공 축출·탈정(奪情)·언론 규제·세 아들의 과거 합격·사치와 치부(致富)·왕대신 사건 등에 대하여 비판하였다. 그러나 '그러한 비판 내용은 장거정의 혁혁한 공적에 비하면 옥의 티에 불과하고, 그런 것 때문에 그에 대한 긍정적인 평가를 해치지는 못 한다'는 것이 일반론이다. 중국 최초의 걸출한 개혁가로 2류 국가인 진(秦)나라를 초강대국으로 만든 상앙(商鞅)도 환관을 이용하였고, 고공도 두 번이나 자기 사람을 등용하면서 환관과 결탁하였다. 또 만일 고공이 제거되지 않았다면 아마도 장거정의 개혁은 없었을 것이다. '탈정'에 대해서는 '패륜아'요 '짐승'이라고까지 매도되었으나, 탈정에 대한 비판의 본질은 장거정을 현직에서 낙마시키려는 '정치 논리'에 지나지 않았다. 일본의 도쿠가와 이에야스(德川家康, 1542-1616)는 살아남기 위해 장남도 자신의 명령으로 처형시켰다. 장거정의 개혁에 대한 반장거정 세력의 비판은 '패도(霸道)만 강행할 뿐, 왕도(王道)를 행하지 않는다,' '부강(富強)만 강조할 뿐 인의(仁義)는 경시한다'는 내용이었다. 그러나 그들은 당시와 같은 난국에 나라와 백성은 어찌 되든 '도덕이나 윤리 타령으로 기득권이나 지키려는 심산'이었을 뿐, 장거정이 추진한 개혁이나 앞으로 추진할 개혁에 대한 계획도 대안도 없었고, 그러한 의지나 능력도 없었다. 역사의 진행 방향에서 보면, 장거정의 탈정은 옳은 결단이었다. 탈정을 했기에 모든 개혁이 빛을 본 것이다. 그래서 장거정은 명대의 걸출한 재상이었고, 구시재상(救時之相)이었다.

제2절 장거정 개혁의 의미와 이념

중국 역사상 수많은 개혁가가 있었지만, 개혁의 내용이 다음 시대로 계승 발전된 점으로는 장거정의 개혁이 단연 돋보인다. 역사적으로 볼 때 어느 시대이건 개혁은 '시의성(時宜性)'과 '방향성'이 맞아야 그 '정당성'을 인정받을 수 있다. 장거정이 추진한 개혁은 이러한 조건을 두루 갖추었다. 북송 말 왕안석의 개혁은 대부분 단절되었지만, 장거정의 개혁은 청대로 계승 발전된 것이 많았다.

오늘날까지도 장거정이 추진한 정책 가운데 '고성법을 빼면 진정한 개혁은 하나도 없었다'고 하는 사람이 있다. 그래서 어떤 사람은 개혁이 아니고 '신정(新政)'이라고도 한다. 그러면 '개혁'이란 완전한 무에서 유를 만들 정도가 되어야만 하는가? 그렇게 생각하면, 이 세상에 온전한 '개혁'이나 '발명'이 있을 수 있는가? 잘 생각해 보면, 고성법도 이전에 시행되고 있던 고핵법·고찰법 등을 발전시킨 것이었다. 장거정이 추진한 정책은 모두 이전에 많은 관료들이 지방에서 실시하거나 단편적으로 주장하던 착안이나 추진하던 개혁의 내용을 종합하여, 당시의 정세에 맞게 고쳐서 그 넓은 전국 일원에 과감하게 실행에 옮긴 것이었다. 진주알은 아름답지만 그것들을 실에 꿰어 목걸이를 만들어야 가치가 있다. 보석의 원석이 아무리 많아도 그것을 갈고 닦아서 작품을 만들어야 가치가 높아진다. 화룡점정(畵龍點睛)이란 말이 있다. 아무리 용을 그려 놓아도 눈을 그려 넣지 않으면 날지 못하지 않은가? 바로 용 그림에 눈을 그려 넣어야 훨훨 나는 것과 마찬가지이다.

장거정은 송대의 범중엄(范仲淹)이 제창한 이래 중국 사대부의 사명의식(使命意識)이 되었던, "천하가 근심하기에 앞서 근심하고, 천하가 기뻐한 후에 기뻐한다"는 선우후락(先憂後樂)의 공의식(公意識)을 실천한 인물이었다. 이 세상에 완벽한 사람은 없으므로, 그가 눈감은 후에 주어진 '문충(文忠)'이란 시호처럼 그만하면 장거정은 '충신'이었다.

장거정은 한편으로는 '시대에 맞게 법을 시행한 시변론자(時變論者)'였다. 시변론은 '어떤 시대건 그 시대에 맞는 통치 원리가 있다'는 뜻으로, 진나라 승상 이사(李斯, BC 284-BC 208)가 봉건제 대신 군현제를 주장할 때 사용하여 주목을 받은 논리이다. 장거정이 이미 31세 되던 해(1555)에 쓴 〈형주부제명기〉에는 '옛날의 성인도 시대의 변화에 따라 적폐를 개혁하였으니, 후대의 치자(治者)도 그와 같이 변화된 시대에 맞춰 개혁해 나가야 한다'는 부분이 있다. 전술한 〈진육사소〉의 〈진기강〉조는 바로 그러한 생각을 모아 놓은 것이었다. 또 대학사 시절인 융경 5년(1571)에도 '예나 지금이나 법이 있다. 그 법은 가볍게 고쳐서도 안 되고 적당히 계승해서도 안 된다. 법은 영원한 것이 아니고 백성에게 맞아야 한다. 옛날과 지금은 시대가 변하였으므로 오늘날의 시속에 맞추어 법을 바꿔야 한다.'고 하였다. '설사 법과 제도를 성인이 만들었다 해도, 변화된 시대의 정황에 맞게 개혁해야 한다'는 생각이었다. 그러기에 《명사》 〈장거정전〉에서는 '시대의 변화를 인식하고 용감하게 개혁을 추진한 인물'로 평하고 있다.

장거정은 '법은 백성이 평안한가의 여부에 맞추어야 한다'면서 "국가의 일은 입법(立法)이 어려운 것이 아니라 그 법을 실행하는 것이 어렵다"는 명언을 남겼다. 법과 제도를 바꾸거나 실행하는 것은 결국 담당자의 의지에 달린 것이다. 그래서 장거정은 '마차가 앞으로 나아가지 않으면 말을 채찍질해야 하고, 법이 실행되지 않으면 관료를 채근해야 한다'고 하였다. 법은 마차와 같고 관료는 말과 같다. 마차가 움직이지 않는 것은 말이 힘을 쓰지 않기 때문이듯이, 법과 제도가 시행되지 않는 것은 그 집행을 맡은 관료가 노력하지 않기 때문이다. 그래서 장거정은 '정치의 요체는 백성을 평안하게 하는 것이고, 그렇게 하는 것은 수령(守令)의 책임'이라고 하였다. 그가 모든 적폐의 원인을 '인재요 관재'라고 생각해서, 제일 먼저 고성법을 만들어 공직기강을 바로잡으려 한 것은 그 때문이었다.

장거정이 추진한 개혁은 모두가 종번·신사와 세호대가 등 기득권층의 이익을 훼손하는 것이었으므로, 당연히 거센 반발에 직면하였다. 그러기에 개혁은 어려운 것이고, 이전 개혁가의 경우에도 모두 그러하였다. 장거정이 추진한 개혁도 당연히 미진한 점도 많았다. 우선 개혁의 핵심이라고 할 수 있는 장량(토지측량)은 세호대가의 은전(隱田)을 찾아내서 어느 정도 서민의 부담을 완화시킨 점은 있었고, 또 일조편법의 시행으로 농민·상인·수공업자의 세역 부담을 가볍게 하여 상품경제의 발전을 촉진한 점은 있었다. 그러나 빈부격차를 촉진하는 토지 겸병 문제를 근본적으로 해결하지는 못하였다. 세호대가가 가진 기득권을 근본적으로 부정할 수는 없었기 때문이다. 이 문제는 우리 앞에 놓인 영원한 숙제이다. 또한 신종·이태후와 친정 아버지 이위(李偉)·풍보 등에게는 적당한 선에서 양보하고 타협한 부분도 있었다. 그것은 장거정이 개혁을 추진하기 위한 거시적인 '고육책(苦肉

策)'이었다. 중국 최초의 걸출한 개혁가 상앙은 그렇지 못해서 거열
(車裂)을 당하였다.

세상은 도덕성과 능력을 동시에 갖춘, 정인군자(正人君子)를 원한
다. 장거정에 대한 여러 가지 도덕적인 비난은 응당 받을 만한 것이
었다. 그러나 장거정도 육욕칠정(六欲七情)이 있는 인간이고 죄인이었
으므로 속세에서 초연할 수는 없었다. 결코 전지전능한 신이 아니었
다. 장거정을 그렇게 비난하던 자들도 그러하였듯이….

영국의 역사가 카아(E.H. Carr)는 '역사는 현재와 살아 있는 과거
와의 대화'라고 정의하였다. 역사는 반복하여 집필할 수 있고, 해석도
그 역사가의 시대를 배경으로 변화될 수 있다는 의미이다. 역사는 한
사람이 완벽하게 집필할 수는 없다. 또 역사란 대표적인 사실만 기술
하는 것이다. 요리사는 가게에서 사온 식재료를 가지고 자기의 입맛
대로 음식을 만든다. 그러므로 같은 식재료를 가지고도 요리사에 따
라 요리의 종류와 맛은 천차만별이다. 역사 서술도 그렇다. 이 책에
서 그려 본 장거정의 일생에 대해서도 요리사(역사가)에 따라 각기
다른 음식을 만들 수 있을 것이다.

다만 한 인물을 올바로 평가하기 위해서는 그의 평생 언행의 공과
(功過)와 그가 살던 시대에 일어난 일들을 모두 한곳에 모아 놓고 긴
안목으로 바라보고 객관적으로 평가해야 할 것이다. 조상이 지은 죄
까지도 숨기지 않고 남김없이 적어놓은 성경처럼! 목적을 위해 거두
절미(去頭截尾)하거나 단장취의(斷章取義)하는 것은 정치적 선동이지
역사는 아니다. 과거는 부정한다고 없어지는 것도 아니고, 바꿀 수
있는 것도 아니다. 그러기에 개관논정(蓋棺論定)이 필요한 것이다.

도판목록

1. 그림

2. 지도

3. 표

참고문헌

A. 史料

江東之, 《端陽柯集》, 不分卷, 萬曆刊本.

高拱, 《病榻遺言》, 《紀錄彙編》(沈節甫 纂輯, 臺灣商務印書館, 1969).

高拱, 《南宮奏牘》/《高文襄公集》(萬曆 刊本).

顧公燮, 《消夏閑記摘抄》, 《歷代小說筆記選》 第2冊, 臺灣商務印書館, 1980.

顧炎武, 《顧亭林文集》, 北京: 中華書局, 1983 再版本.

顧炎武, 《日知錄集釋》, 臺灣: 世界書局, 1990.

顧炎武, 《天下郡國利病書》, 顧氏手稿本, 中文出版社 影印, 京都, 1975.

谷應泰, 《明史紀事本末》, 上海古籍出版社, 1994.

郭正域, 《合併黃離草》, 萬曆年間 刊本.

《吉安府志》, 萬曆 13年刊本.

駱問禮, 《萬一樓集》, 萬曆刊本.

南炳文·吳彥玲 輯校, 《輯校萬曆起居注》.

談遷, 《國榷》, 中華書局, 1958.

唐龍, 《明臣奏議》(清, 高宗 勅選, 叢書集成初編本, 上海, 商務印書館, 1935).

唐龍, 《昭代經濟言》, 叢書集成簡編本, 臺灣商務印書館, 1966.

董其昌, 《神廟留中奏疏滙要》, 天啓刊本.

《萬曆起居注》, 北京大學出版社影印本, 1988.

《萬曆邸抄》, 大明抄書本, 1968年 臺灣 古亭書屋 影印本.

《明實錄》, 臺北, 中央研究院歷史語言研究所, 1966 校印本.

文秉, 《定陵注略》, 靜嘉堂文庫藏 鈔本.

潘季馴, 《潘司空奏疏》(載《欽定四庫全書》 吏部).

潘季馴, 《河防一覽》, 萬曆刊本.

潘林 編注, 《張居正奏疏集》上下, 華東師範大學出版社, 2014.

范仲淹, 《范文正公集》, 康熙44年 刊本.

《保定府志》, 萬曆35年 序刊本.

徐乾學, 《明史列傳》(《明代史籍汇刊》本, 1970).

徐學聚, 《國朝典彙》, 崇禎9年刊本.

席書 編, 《漕船志》.

葉子奇, 《草木子》, 元明史料筆記叢刊本.

《韶州府志》, 嘉靖21年 序刊本.

孫承澤, 《春明夢餘錄》, 香港:龍文書店, 1965 影印本.

《順德縣志》, 萬曆刊本.

《承天府志》, 萬曆30年 刊本.

申時行 等. 《大明會典》(萬曆15年 刊本, 東南書報社, 臺北, 1964).

申時行, 《召對錄》(萬曆刊本) /《賜閑堂集》(萬曆刊本).

沈德符, 《萬曆野獲編》, 北京:中華書局, 1980 再版本.

余繼登, 《典故紀聞》, 中華書局, 1981.

呂坤, 《實政錄》, 萬曆 26年 刊本.

王夫之, 《宋論》, 同治4年刊本.

王士禎, 《池北偶談》, 乾隆刊本.

王世貞, 《弇山堂別集》, 中華書局, 1985.

劉仕義, 《新知錄摘抄》, 叢書集成本.

張萱, 《西園聞見錄》, 北京哈佛燕京學社 活字本, 民國 29年.

吳敬梓, 《儒林外史》, 上海古籍出版社, 1984.

王圻, 《續文獻通考》, 萬曆 31年 刊本.

王世貞, 《嘉靖以來首輔傳》, 萬曆刊本.

王鴻緒, 《明史稿》, 雍正元年刊本.

龍文彬, 《明會要》, 世界書局 交點本, 1963.

于慎行, 《穀山筆麈》, 中華書局, 1984.

劉獻庭,《廣陽雜記》, 中華書局, 1985.

李贄, 《藏書》, 中華書局 交點本.

李植, 《言事記略》, 萬曆刊本, 日本, 尊經閣藏.

張居正, 《張太岳集》, 全 46卷, 萬曆刊本, 上海古籍, 1984.

張舜徽 編, 《張居正集》(1-4, 湖北人民出版社, 1987-1994)

張廷玉 等, 《明史》, 中華書局 校勘 標點本.

《漳州府志》, 光緒 刊本.

《長興縣志》, 嘉慶 10年刊本.

錢謙益, 《牧齋初學集》, 上海古籍出版社.

田藝蘅, 《留青日札摘抄》, 紀錄彙編本.

鄭曉, 《今言》, 中華書局 交點本.

趙官 等,《后湖志》, 南京圖書館臟本.

趙翌, 《廿二史箚記》, 世界書局 印行本, 1968.

趙貞吉, 《趙文肅公文集》, 萬曆刊本.

趙憲, 《重峰集》, 朝天日記本.

朱健, 《古今治平略》, 萬曆刊本.

《中宗實錄》/《孝宗實錄》, 朝鮮.

陳子龍 等編, 《皇明經世文編》, 臺北:台聯國風出版社, 1968.

趙爾巽, 《清史稿》, 關內本.

焦竑, 《國朝獻徵錄》, 臺灣:學生書局, 1965年 影印本.

何良俊, 《四友齋叢說》, 中華書局, 1959.

夏燮, 《明通鑒》, 中華書局交點本.

賀長齡, 《清經世文編》, 道光刊本.

海瑞, 《海瑞集》上下, 中華書局, 1962.

《荊州志》, 萬曆22年 序刊本.

《湖廣總志》, 萬曆19年 序刊本.

胡續宗, 《願學編》, 萬曆刊本.

《淮安府志》, 乾隆13年 序刊本.

《欽定續文獻通考》, 臺灣:新興書局, 1965.

B. 著書

기시모토 미오·미야지마 히로시 지음/김현영 등 옮김, 《조선과 중국, 근세 오백년을 가다》, 역사비평사, 2003.

김호동, 《마르코 폴로의 동방견문록》, 사계절, 2000.

김호동, 《아틀라스 중앙유라시아사》, 사계절, 2016.

데라다 다카노부(寺田隆信) 지음/서인범·송정수 옮김, 《중국의 역사, 대명제국》, 혜안, 2006.

레이황(黃仁宇) 지음/김한식 외 옮김, 《1587, 만력15년》, 새물결, 2004.

리처드 세일러(Richard H. Thaler)·캐스 선스타인(Cass R. Sunstein) 지음/안진환 옮김, 《넛지(Nudge) : 똑똑한 선택을 이끄는 힘》, 2009.

말콤 글래드웰(Malcolm Gladwell) 지음/임옥희 옮김, 《티핑 포인트 : 베스트 셀러는 어떻게 뜨게 되는가?》, 이글리오, 2000.

朴元浩 등, 《명사식화지 역주》, 소명출판, 2008.

사카쿠라 아츠히데(阪倉篤秀) 지음/유재춘·남의현 옮김, 《장성의 중국사》, 강원대학교 출판부, 2008.

아라미야 마나부(新宮學) 지음/전순동·임대희 옮김, 《북경 천도 연구》, 서경문화사, 2016.

吳金成, 《中國近世社會經濟史研究－明代紳士層의 形成과 社會經濟的 役割－》, 一潮閣, 1986.

吳金成, 《國法과 社會慣行－明淸時代 社會經濟史 研究－》, 지식산업사, 2007(吳金成, 2007A).

吳金成, 《矛·盾의 共存－明淸時代 江西社會 硏究－》, 지식산업사, 2007(吳金成, 2007B).

원정식, 《종족 형성의 공간과 문화－15·16세기의 복건 新縣을 중심으로》, 위더스북, 2012.

윤성익, 《명대 왜구의 연구》, 경인문화사, 2007.

曹永祿, 《中國近世政治史硏究－明代 科道官의 言官的 機能－》, 知識産業社, 1988.

조영헌, 《대운하와 중국상인－회·양지역 휘주상인 성장사, 1415~1784－》, 민음사, 2011.

주둥룬(朱東潤) 지음/이화승 옮김, 《장거정평전》, 더봄, 2017.

줄리아 로벨 지음/김병화 옮김, 《장성, 중국사를 말하다 : 문명과 야만으로 본 중국사 3천 년》, 웅진지식하우스, 2007.

차혜원, 《저울 위의 목민관－명대 지방관의 인사고과와 중국사회－》, 서강대학교출판부, 2010.

티모시 브룩 지음/박인균 옮김, 《베르메르의 모자》, 추수밭, 2008.

姜德成, 《徐階與嘉隆政治》, 天津古蹟出版社, 2002.

邱仲麟, 《獨裁良相－張居正－》, 萬象圖書公司, 1993.

唐文基, 《明代賦役制度史》, 中國社會科學出版社, 1991.

唐新, 《張江陵新傳》, 臺北 : 臺灣中華書局, 1968.

鄽波, 《風雨張居正》, 北京 : 中國民主法制出版社, 2009.

林仁川, 《明末淸初私人海上貿易》, 華東師範大學, 1987.

萬明, 《晚明社會變遷 : 問題與研究》, 商務印書館, 2005.

巫仁恕, 《激變良民 ; 傳統中國城市群衆集體行動之分析》, 北京大學出版社, 2011.

樊樹志, 《萬曆傳》, 人民出版社, 1994.

樊樹志, 《晚明史(上下)》, 復旦大學出版社, 2005.

樊樹志, 《張居正與萬曆皇帝》, 中華書局, 2008(2008－A로 표기함).

樊樹志, 《鐵血首輔張居正》, 上海 : 上海文藝出版社, 2008(2008－B로 표기함).

蘇同炳, 《明代驛遞制度》, 臺北, 1969.

梁啓超, 《中國歷史研究法補編》, 中華書局, 2010.

楊益, 《張居正全傳 : 從寒微草根到救時宰相》, 武漢 : 華中科技大學出版社, 2010.

楊正泰,《明代驛站考》(增訂本), 上海古籍出版社, 2006.

王天有,《明代國家機構研究》, 北京大學出版社, 1992.

王春瑜・杜婉言,《明朝宦官》, 北京:紫禁城出版社, 1989.

姚漢源,《京杭運河史》, 中國水利水電出版社, 1998.

韋慶遠,《張居正和明代中後期政局》, 廣東高等教育出版社, 1999(韋慶遠,《暮日耀光 : 張居正與
　　　明代中後期政局》上・下, 江蘇鳳凰文藝出版社, 2017은 서명만 바꾼 것).

劉志琴,《張居正評傳》, 南京:南京大學出版社, 2006.

李國鈞,《中國書院史》, 湖南教育出版社, 1994.

張居正,《帝鑒圖說》(塗道坤 譯釋), 時代文藝出版社, 2001.

張居正,《張居正奏疏集》, 上海: 華東師範大學出版社, 2014.

張海瀛,《張居正改革與山西萬曆淸丈硏究》, 山西人民, 1993.

張顯淸,《嚴嵩傳》, 黃山書社, 1992.

錢穆,《中國歷代政治得失》(重印本), 香港大學, 1980.

田澍,《嘉靖革新研究》, 北京, 中國社會科學出版社, 2002.

曹國慶 等,《嚴嵩評傳》, 上海社會科學院, 1989.

陳生璽,《帝國暮色 : 張居正與万歷新政》, 杭州:浙江古籍出版社, 2012.

陳翊林,《張居正評傳》, 中華書局, 上海, 1956.

許大齡,《明史》, 中國大百科全書出版社, 2010.

黃仁宇,《萬曆十五年》(增訂紀念本), 中華書局, 2014.

谷光隆,《明代河工史硏究》, 同朋舍, 1991.

山根幸夫,《明代徭役役制度の研究》, 東京女子大學學會, 1966.

山根幸夫,《圖說中國の歷史, 7 明帝國と日本》, 講談社, 1977.

石原道博,《倭寇》, 東京, 1964.

岩見宏,《明代徭役制度の研究》, 同朋社, 1986.

田中建夫,《倭寇と勘合貿易》, 東京, 1961.

田村實造,〈明代の北邊防衛體制〉,《明代滿蒙史研究》, 東京, 1961.

佐久間重男,《日明關係史の研究》, 東京, 1992.

Heinrich, Herbert W., *Industrial Accident Prevention : A Scientific Approach*, NY. 1931.

Meskill, John, Academies in Ming China, A Historical Essay, The U. of Arizona P., 1982.

Schäfer and Kuhn, *Weaving and Economic Pattern in Ming Times, 1368-1644 : the
　　　production of silk weaves in the state-owned silk workshops*, Heidelberg : Edition
　　　Forum, 2002.

Waldron, Arthur, *The Great Wall of China : From History of Myth*, Cambridge University
　　　Press, 1990.

Wang, Yeh-chien(王業鍵), *Land Taxation in Imperial China, 1750-1911*, Harvard University
　　　Press, 1973.

C. 論文

김홍길,〈명대의 궁궐 목재 조달과 삼림환경〉, 임병덕・정철웅 편,《동양사》, 책세상, 2007.

김홍길,〈세역제도〉, 오금성 외,《명청시대사회경제사》, 이산, 2007.

金鍾博,〈明萬曆時張居正的土地丈量〉,《祥明女大論文集》 17, 1986.

閔斗基, 〈중국의 전통적 政治像-봉건군현논의를 중심으로-〉, 《中國近代史研究》, 일조각, 1973.

吳金成, 〈張居正의 敎育政策 -地方敎育振興策을 중심으로-〉, 《歷史敎育》 14, 1971.

吳金成, 〈明代 提學官制의 一研究〉, 《東洋史學研究》 6, 1973.

吳金成, 〈明代 殿試의 策題에 대하여〉, 《東洋史學研究》 8·9合輯, 1975.

吳金成, 〈明末·淸初의 社會變化〉, 《講座中國史 Ⅳ -帝國秩序의 完成-》, 지식산업사, 서울, 1989.

吳金成, 〈明 中期의 人口移動과 그 影響-湖廣地方의 人口流入을 中心으로-〉, 《歷史學報》 137, 1993.

吳金成, 〈張居正의 改革政治와 그 性格〉, 《黃元九敎授停年記念論叢, 東아시아의 人間像》, 혜안, 1995.

吳金成, 〈王朝交替期의 地域社會 支配層의 存在形態-明末淸初의 福建社會를 中心으로-〉, 《近世 東아시아의 國家와 社會》, 知識産業社, 1998.

吳金成, 〈《金瓶梅》를 통해 본 16세기의 中國社會〉, 《明淸史研究》 27, 2007(2007로 약칭함).

吳金成, 〈중국의 과거제-그 이념과 정치·사회적 영향-〉, 《한국사 시민광좌》 46, 2010.

吳金成, 〈從社會變遷視角對明中期史的再認識〉, 《古代文明》 제5권 4기, 2011(→《復印報刊資料 明淸史》 2012年-第2期).

吳金成, 〈명중기의 사회변화〉, 서울대 동양사학과, 《新版講座中國史》(明淸篇, 下), 2018(印刷中).

李敏鎬, 〈장거정(1525-1582) 재정정책의 성격〉, 《東洋史學研究》 50, 1995.

조영헌, 〈대운하〉, 오금성 외 지음, 《명청시대 사회경제사》, 이산, 2007.

曹永憲, 〈'大運河時代'(1415-1784), 중국의 商業과 邊境 정책〉, 《史叢》 81, 2014(조영헌-2014-A로 약칭).

曹永憲, 〈'17세기 위기론'과 중국의 사회 변화-명조(明朝) 멸망에 대한 지구사적 검토-〉, 《역사비평》 107, 2014(조영헌-2014-B로 약칭).

茅海建·宋堅之, 〈張居正綜覈名實和他的考成法〉, 《中國古代史論叢》, 1981-2.

呂景琳·若亞, 〈略論明代驛傳之役〉, 《明史研究》 5, 1997.

余三樂, 〈萬曆初年驛遞裁革案初探〉, 《北京社會科學》 1988-2(→《復印報刊, 明淸史》, 1988-7).

梁方仲, 〈明代一條鞭法年表〉, 《明代賦役制度》, 《梁方仲文集》, 中華書局, 2008.

劉志琴, 〈論張居正改革的成敗〉, 《明史研究論叢》3, 1985.

蔣長芳, 〈張居正的考成法及其在改革中的作用〉, 《學術研究》, 1980-1.

田澍, 〈嘉靖革新視野下的張居正〉, 《明淸史》(復印報刊資料), 2012-9期.

茅海建·宋堅之, 〈張居正綜覈名實和他的考成法〉, 《中國古代史論叢》, 1981-2.

黃仁宇, 〈隆慶和萬曆時期, 1567-1620年〉, 牟復禮·崔瑞德, 《劍橋中國明代史》(上卷), 1992.

藤井宏, 〈明代田土統計に關する一考察〉(1, 2, 3), 《東洋學報》30-3·4, 33-1, 1944·1947.

濱島敦俊, 〈民望から鄕紳へ—十六七世紀の江南士大夫-〉, 《大阪大學大學院文學研究科紀要》41, 2001.

西村元照, 〈張居正の土地丈量〉(上下), 《東洋史研究》30-1, 2, 1971.

城地孝, 〈隆慶和議の政治過程—明代後期の內閣專權の背景—〉, 《東洋學報》86-2, 2004.

小山正明, 〈賦·役制度の改革〉, 《岩波講座世界歷史》12, 岩波書店, 1971

小野和子, 〈東林黨と張居正-考成法を中心に-〉, 《明淸時代の政治と社會》, 京都, 1983.

小野和子, 〈山西商人と張居正-隆慶和議を中心に-〉, 《東方學報》58, 1986.

岩井茂樹, 〈張居正財政の課題と方法〉, 岩見宏·谷口規矩雄 編, 《明末淸初期の研究》, 京都大學人文科學研究所, 1989.

重田德, 〈淸初における湖南米市場の一考察〉, 《淸代社會經濟史研究》, 東京, 1975.

川勝 守, 〈徐階と張居正〉, 《山根幸夫敎授退休記念明代史論叢》(上), 汲古書院, 1990.

川勝 守, 〈張居正丈量策の展開〉, 《中國封建國家の支配構造》, 東京, 1980(←《史學雜誌》80-3, 4, 1971).

片山誠二郎, 〈明代海上密貿易と沿海鄕紳層〉, 《歷史學研究》164, 1953.

片山誠二郎, 〈月港'二十四將'の反亂〉, 《淸水博士追悼記念明代史論叢》, 東京, 1962.

찾아보기

ㄱ